曾憲通　陳偉武　主編

禤健聰　編撰

出土戰國文獻字詞集釋

卷二（下）

中華書局

迹 䢌 速 㴉

睡虎地 · 封診 71　詛楚文

㞷璽彙 4080

○**郭沫若**(1947)　(編按:詛楚文)逑字舊多釋迹,並改變原字,今諦審確是逑,即讀爲求。"兌求"者言欲求得商於之地,春季曾戰於丹陽以求,"今又悉興其衆"以求,故言"復"。

《郭沫若全集 · 考古編》9,頁 310

○**何琳儀**(1998)　若依許慎之説,迹從亦聲,則與速聲韻遠隔。其實迹乃速之形訛,即束旁由秦國文字⿱、⿱、⿱訛作亦形。由漢代文字速作䢌(帛書老子乙前四上)、⿺(帛書老子甲一四四),亦可見其嬗變之迹。

秦器速,讀迹,踪迹。

《戰國古文字典》頁 768

△**按**　"迹"《説文》籀文作"速"。詛楚文之字,不同版本字形有所差異,應釋爲"速(迹)"。《璽彙》4080 之字當隸作"㞷",從止,束聲,爲"迹"字異體。古文字辵旁與止旁相通。"㞷"字止部重見。

達 䢭 遾

集成 2840 中山王鼎　　集成 9734 舒鎂壺　　集成 157 䲹羌鐘　　侯馬 67:1

遾侯馬 67:3

○**徐中舒**(1932)　(編按:䲹羌鐘)達征見師袁敦及遹敦,《説文》:"帥,古文作達。"

《徐中舒歷史論文選輯》頁 214,1998;原載《䲹氏編鐘圖釋》

○**唐蘭**(1932)　(編按:䲹羌鐘)達,《説文》:"先導也。"近出小臣謎簋:"王令易自達征自五齵貝。"則達征爲周人習語也。

《唐蘭先生金文論集》頁 3,1995;原載《國立北平圖書館館刊》6-1

○**郭沫若**(1935)　達乃虛辭,無實義,䲹羌鐘亦言"達征秦迮齊",《尚書》多用率字。

《兩周金文辭大系圖録考釋》頁 24,1957

○**楊樹達**（1959）　（編按：驫羌鐘）達者，《説文・辵部》云："先道也。"經傳多作帥字，《左傳》恆言帥師，是也。

《積微居金文説》（增訂本）頁 141

○**山西省文物工作委員會**（1976）　（編按：侯馬盟書）達從——達，率字的繁體字。《左傳・宣公十二年》"今鄭不率"，注："率，遵也。"率從，遵從的意思。

《侯馬盟書》頁 40

○**張政烺**（1979）　（編按：中山王鼎"亡不達尸"）率，用也。

　　（編按：舒盄壺"達師征郾"）《説文》："達，先導也。"經傳以率或帥爲之。

《古文字研究》1，頁 225、240

○**朱德熙、裘錫圭**（1979）　（編按：中山王鼎"亡不達尸"）《爾雅・釋詁》："率，循也。"

《朱德熙古文字論集》頁 103，1995；原載《文物》1979-1

○**于豪亮**（1979）　（編按：中山王鼎）"亡（無）不達（率）仁"，《爾雅・釋詁》："率，循也。"《左傳・宣公十二年》"今鄭不率"，注："率，遵也。"

《考古學報》1979-2，頁 172—173

○**商承祚**（1982）　（編按：中山王鼎"亡不達尸"）達，《玉篇》以爲古文帥字，率有帥音，故借以爲帥耳。率，遵也，循也。孟鼎作 $\textcircled{}$ ，毛公厝鼎作 $\textcircled{}$ ，從行，即此達所從出。

《古文字研究》7，頁 51

○**朱德熙**（1985）　（編按：驫羌鐘）銘文應在"達"字下讀斷，"達"字則是"帥"的假借字。在"驫羌作代厥辟韓宗敔帥"裏，"帥"是"作"的賓語，"代厥辟韓宗敔"是"帥"字的修飾語。

《朱德熙古文字論集》頁 170，1995；原載《中國語言學報》2

○**何琳儀**（1998）　侯馬盟書"達從"，讀"率從"。《詩・小雅・采菽》"平平左右，亦是率從"，箋："率，循也。"驫羌鐘"敔達"，讀"列帥"。《荀子・富國》"將率不能則兵弱"，注："率與帥同。"中山王鼎"達尸"，讀"率夷"，與"率常"義同（夷訓常）。《左・哀六》："允出茲在茲，由己率常可也。"遵行常道。中山王鼎"斳達"，讀"親率"，親自率領。《淮南子・時則》"天子親率"，注："率，將也。"

《戰國古文字典》頁 1282

△**按**　《説文》："達，先道也。从辵，率聲。"又："衛，將衛也。从行，率聲。"分"達、衛"爲二字，然"先道"與"將衛"本義相關，戰國文字形義未見分立。作"衛"者主要見於秦系文字，六國古文多見寫作"衛"之例（參行部"衛"字條）。"達"或即"衛"之省，盟書或又省从止。

邁  蘁

近出 60 王孫誥鐘　　集成 4630 陳逆簠

○**李守奎**（2003）　（編按：王孫誥鐘）均讀作萬，當是萬字異體。

《楚文字編》頁 94

△按　陳純簠之字从止，當爲“邁”字異體。“邁”在金文中常用爲“萬”。

巡

璽彙 0997　　璽彙 1454　　行氣玉銘　　璽彙 1430　　璽彙 4139

○**吳振武**（1983）　1430 宋𢌞・宋近。

4139 𧶜𢌞・甾（肖-趙）近。

《古文字學論集》（初編）頁 498、521

○**許國經**（1989）　（編按：行氣玉銘）通“循”，義爲順行，遵從。唐玄應《一切經音義》卷一：“循亦巡也。”清朱駿聲《説文通訓定聲・屯部》：“循，假借爲巡。”

《湖北大學學報》1989-1，頁 21

○**何琳儀**（1998）　行氣玉銘巡，讀順。

《戰國古文字典》頁 1331

△按　戰國文字川旁常省作巛，《璽彙》1430、4139 諸字，《戰國古文字典》（1331頁）、《戰國文字編》（90 頁）隸於“巡”字下，當可從。璽文“巡”用爲人名。

徒 赴 赾

集成 428 冉鉦鋮　　石鼓文・鑾車　　徒 睡虎地・秦律 101　　近出 1216 三年吕不韋矛

徒 包山 226　　曾侯乙 150　　上博四・曹沫 32　　上博五・鮑叔 1

集成 12110 鄂君啟車節　　集成 11024 武城戈　　璽彙 0011　　璽彙 0022

璽彙 2616　　璽彙 2615　　陶彙 3・718　　璽彙 0022

上博六・用曰 10

○**强運開**（1935）　（編按：石鼓文）《説文》：“步行也，从辵，土聲。”段注云：“賁，初九舍車而徒，引申爲徒搏、徒涉、徒歌、徒擊鼓。”考揚敦作𢓊，余𢓊鉦作𢓊，與鼓文同。

《石鼓釋文》丁鼓，頁 4

○**郭沫若**（1958）　（編按：鄂君啟車節）徒是徒役。

《文物參考資料》1958-4，頁 5

○**蔡全法**（1986）　“徒”字陶豆：

　　一件，泥質灰陶，戰國時器，1985 年 5 月，西城 T23H56 出土。“徒”乃刻寫之陰文，位於豆盤内底中部，从彳从走，金文、盟書、陶、璽文字俱可證爲“徒”，“徒”字刻寫於陶器上，很可能爲刑徒用器或刑徒被用於製陶手工業勞動有關。

《中原文物》1986-1，頁 79

○**何琳儀**（1998）　齊兵徒，步兵。《詩・魯頌・閟宫》：“公徒三萬。”齊璽、齊陶“司徒”，官名。

　　燕璽“司徒”，官名。燕璽“徒口”，地名，疑與《漢書・地理志》遼西郡“徒河”有關。

　　温縣盟書徒，黨與。《左・宣十二年》“原屏咎之徒也”，注：“徒，黨也。”晉璽徒，姓氏。當係司徒、徒人、徒河氏所改。見《姓氏尋源》。晉璽“司徒”，複姓。

《戰國古文字典》頁 528

○**張光裕**（2006）　（編按：上博六・用曰 10）赶（徒）。

《上海博物館藏戰國楚竹書》（六）頁 296

△**按**　上博六《用曰》簡 10“勞人無赶”，“赶”可從張光裕讀爲“徒”，然則“赶”當是“徒”字異體，从走，土聲，古文字走旁與辵旁義近可互易。“赶”走部重見。

【**徒口**】璽彙 0118

○**何琳儀**（1998）　見“徒”字條。

【**徒戈**】集成 11049 仕斤徒戈，等

○**孫稚雛**（1982）　徒戈，指徒卒、徒兵（猶今之步兵）所用之戈。

《古文字研究》7，頁 106

○**張崇寧**（1989）　“徒戈”是徒卒使用之武器，徒卒是隨着兵車步行的兵卒，在文獻中步行者稱爲“徒兵”或“徒卒”，乘車者稱爲“甲士”。如《左傳・隱公四年》“諸侯之師敗鄭徒兵”，襄公元年“敗其徒兵於洧上”，哀公十一年“以武城人三百爲己徒卒”，隱公九年記載更爲明確：“彼徒我車，懼其侵軼我也。”徒

戈的名稱在金文中是習見之辭,如"陳子山徒戈"(《貞松堂集古遺文》一、二、三),"乇斤徒戈"(《三代吉金文存》二〇、七一),"虢太子元徒戈"(《上村嶺虢國墓地發掘報告》)。

《文物季刊》1989-1,頁41

【徒府】官印 0006

○**羅福頤**(1987)　宦者謂之中官。《後漢書·何進傳》:袁紹勸進誅中官,以其計白太后,太后不聽。曰:中官統領禁省,自古及今,不可廢也。此印殆宦者所掌刑徒之府。

《秦漢南北朝官印徵存》頁2

○**王人聰**(1990)　中官徒府　鼻鈕　邊長 2.3×2.3 釐米,厚 0.4 釐米,通高 1.5 釐米　故宮博物院藏

　　中官,爲宮中宦者之稱,《後漢書·何進傳》:"中官統領禁省,自古及今,漢家故事,不可廢也。"《史記·李斯列傳》"二世拜趙高爲中丞相",趙高係宦者,故稱中丞相。徒,指刑徒,《漢書·百官公卿表》:宗正"屬官有都司空令丞"注引如淳曰:"律,司空主水及罪人。賈誼曰,輸之司空,編之徒官。"徒府,應係與徒官性質相同的管理刑徒的機構。秦時常役使刑徒服徭役及擔負各種土木工程,秦簡《徭律》:"興徒以爲邑中之紅(功)者,令紃(嬸)堵卒歲。未卒堵壞,司空將紅(功)及君子主堵者有罪,令其徒復垣之,勿計爲繇(徭)。"《史記·秦始皇本紀》:"始皇初即位,穿治酈山,及并天下,天下徒送詣七十餘萬人。"此印字體秦篆,印面有田字格,亦係秦印。

《古璽印與古文字論集》頁54,2000;原載《秦漢魏晉南北朝官印研究》

○**王輝**(1990)　中官指宮内之官。《國語·晉語四》:"胥籍……董韓,實掌近官。諸姬之良,掌其中官。異姓之能,掌其遠官。"韋昭注:"中官,内官。"《官印徵存》推測"此印殆宦者所掌刑徒之府",或是。

《文博》1990-5,頁242—243

【徒卒】睡虎地·雜抄 34

○**睡簡整理小組**(1990)　《商君書·境内》:"爵自二級以上至不更,命曰卒。"

《睡虎地秦墓竹簡》頁88

【徒食】睡虎地·雜抄 12

○**睡簡整理小組**(1990)　徒,意爲衆,徒食指一起領食軍糧的軍人。

《睡虎地秦墓竹簡》頁82

【徒淫】近二 1247 廿四年上郡守戈

○**董珊**（2004）　秦兵置用地“徒淫”還見於：1.三年呂不韋矛（《考古》1996 年 3 期 86 頁）；2.三年上郡殘戈内（《集成》11287）。地名“徒淫”當爲《漢書·地理志》西河郡屬縣“徒經”，“經”字爲“淫”之誤，張家山 247 號漢墓竹簡《二年律令·秩律》452 簡中亦寫作“徒淫”（見《張家山漢墓竹簡［二四七號墓］》圖版 44 頁，文物出版社 2001 年。該書 196 頁釋文誤釋爲“徒涅”，注釋已懷疑是西河郡屬縣“徒經”），王莽曾改此地名爲“廉恥”，亦從“淫”字取義。

《古代文明》3，頁 349

【徒馭】石鼓文·鑾車

○**張政烺**（1934）　《詩·黍苗》：“我徒我御。”《傳》：“徒，行者。御，車者。”

《張政烺文史論集》頁 21，2004；原載《史學論叢》1

【徒語】睡虎地·爲吏 2

○**睡簡整理小組**（1990）　（**編按**：辭云“肖人矗心，不敢徒語恐簡惡”）徒語，疑爲説空語的意思。

《睡虎地秦墓竹簡》頁 174

【徒隸】睡虎地·爲吏 28

○**陳玉璟**（1985）　《爲吏之道》：“徒隸攻丈，作務員程。”

　　這個詞，在秦簡中只此一見，整理小組未作注釋。考其歷史，它與“徒”的發展演變是一致的。

　　西周、春秋時期，“徒隸”義爲奴隸。

　　《管子·輕重乙》：“今發徒隸而作之，則逃亡而不守。”

　　戰國時期，“徒隸”義的内涵便開始轉移，從而產生了新的含義，其義爲刑徒。

　　《戰國策·燕策一》：“若恣睢奮擊，呴籍叱咄，則徒隸之人至矣。”

　　秦漢三國時期，它的詞義便這樣穩定下來。

　　《漢書·百官公卿表》：“司隸校尉。”顏師古注：“以掌徒隸而巡察，故云司隸。”

　　又《司馬遷傳》：“見獄吏則頭槍地，視徒隸則心惕息。”

　　《三國志·蜀志·彭羕傳》：“羕仕州不過書佐，後又爲衆人所謗毁於州牧劉璋。璋髡鉗羕爲徒隸。”

《安徽師大學報》1985-1，頁 82

邎 邎 䌛

郭店·語一 20 郭店·語三 49

郭店·語一 21 郭店·語一 104

○**荊門市博物館**(1998) 邎(由)。

《郭店楚墓竹簡》頁 194

○**陳偉武**(2002) 郭簡有"邎"(13.19)、有"䌛"(13.104),前者亦見於《字典》,後者爲前者之省體。

《中國文字研究》3,頁 126

△**按** 《説文》:"邎,行邎徑也。从辵,繇聲。""邎"爲從由義之本字,傳世文獻易"由"爲之。簡文即用此義,如郭店《語叢一》簡 20"或邎中出,或邎外入",《語叢三》簡 49"思無不邎我者"等。

延 迊 征

璽彙 2626

上博三·周易 24 上博三·周易 47 楚帛書 集成 2840 中山王鼎

○**羅福頤**(1981) (編按:璽彙 2626)迊。

《古璽文編》頁 39

○**吳振武**(1983) 2626 迊之璿·延(征)生璿。

《古文字學論集》(初編)頁 508

○**林素清**(1990) (編按:《古璽文編》)二·一二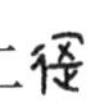,字隸定爲伍。然而,參考戰國文字正字多作形,五字多作、,可知或應隸定爲延較佳。

《金祥恆教授逝世周年紀念論文集》頁 101

△**按** 《説文》:"延,正行也。从辵,正聲。征,延或从彳。"戰國文字以作"征"爲常。張桂光(《戰國文字形符特徵的探討》,《古文字論集》107 頁,中華書局 2004 年)謂"五和正之别在横筆的平()與曲(、、)",故知《璽彙》2626 之字確爲"延"。

【征虫】上博六·用曰 5

△按　當讀爲"征蟲"。

【征秦】集成 157 驫羌鐘

○吳其昌（1931）　然則東擊齊，又何以欲同時西征秦耶？且征秦何以反東向入齊長城而會於平陰耶？曰：此秦非陝西之秦，乃山東齊魯之交之秦也。齊魯之交，亦有"秦"地，故《左傳》記魯大夫莊公九年有"秦子"，襄公十年有"秦堇父、秦丕茲"，昭公二十五年有"秦遄"，又孔子弟子有"秦商"，皆此齊魯之交，秦地之人也。又《春秋經》莊公三十一年："秋，築臺于秦。"杜注："東平范縣西北有秦亭。"是其地也。故東趞齊而即征秦也。

《國立北平圖書館館刊》5-6，頁 48

○唐蘭（1932）　按征秦迮齊，非一時事也。征秦者，晉悼公之十四年，周靈王之十三年，《春秋·襄公十四年》所謂"夏四月，叔孫豹會晉荀偃、齊人、宋人、衛北宮括、鄭公孫蠆、曹人、莒人、邾人、滕人、薛人、杞人、小邾人伐秦"者是也。

《唐蘭先生金文論集》頁 3，1995；原載《國立北平圖書館館刊》6-1

○陳連慶（1979）　"征秦"就是爭奪河西地。

《吉林師大學報》1979-3，頁 81

○湯餘惠（1993）　征秦，見《史記·六國年表》："秦簡公二年（公元前 413 年），與晉戰，敗鄭下。"

《戰國銘文選》頁 11

隨䚦　迶遃

睡虎地·語書 10　　集粹　璽彙 5481

○張守中（1994）　（編按：睡虎地簡）隨　語一○　通惰　繪隨疾事。

《睡虎地秦簡文字編》頁 19

△按　《説文》："隨，從也。從辵，墮省聲。"又："陸，敗城皀曰陸。從皀，坴聲。墮，篆文。""隨"實可分析爲從隋得聲。《説文》："隋，裂肉也。從肉從陸省。"戰國古文"隨"多從陸省。《璽彙》5481 之字易從田作。

迌跙　遷

包山 188

○**何琳儀**（1998）　遡，从辵，叔聲。遣之繁文。

《戰國古文字典》頁 571

○**李守奎**（2003）　《説文》籀文作遣。

《楚文字編》頁 95

○**陳偉等**（2009）　徂，今按:簡文从"辵"从楚文字"且"，當釋爲"徂"。《古文四聲韻》卷一録《古尚書》"徂"字可參看。

《楚地出土戰國簡册》（十四種）頁 90

△**按**　字从叔，當"退"之異寫。《説文》:"退，往也。从辵，且聲。退，齊語。徂，退或从彳。遣，籀文从虘。""且"旁戰國文字尤其是楚文字多作"虘"，或增又旁作"叔"，與《説文》"虘、叔"義不相涉。字在簡文中用爲地名。

述　録

睡虎地·日甲 130　郭店·語一 42　集成 9735 中山王方壺　璽彙 1945

詛楚文　集成 980 魚鼎匕　望山 1·150　郭店·成之 6　郭店·成之 17

上博二·容成 44　上博三·亙先 12　新蔡甲三 312　新蔡甲三 400

集粹　璽彙 0333

楚帛書

○**中大楚簡整理小組**（1977）　（編按:望山 1·150）愆字又見於第 43 簡。金文遂作愆（盂鼎）、愆（小臣遫殷）、愆（魚鼎匕），此簡文與魚鼎匕遂字同。

《戰國楚簡研究》3，頁 22

○**張政烺**（1979）　（編按:中山王方壺）愆見盂鼎譔鼎（《金文編》82 頁），讀爲遂。

《古文字研究》1，頁 219

○**于豪亮**（1979）　（編按:中山王方壺）述讀爲遂，《三體石經·春秋·僖公三十年》遂字作述。《詩·定之方中》釋文引《鄭志》:"述讀如遂事不諫之遂。"

《考古學報》1979-2，頁 180

○**羅福頤等**（1981）　（編按:璽彙 1945、2184）迷。

《古璽文編》頁 37

○**商承祚**（1982）　（編按:中山王方壺）此遂字與盂鼎之遂同。

《古文字研究》7，頁 68

○**吳振武**(1983)　　1945　郐迷·郐(徐)□。

2184　𤟟迷·郢(鄩-强)□。

《古文字學論集》(初編)頁 502、505

○**陳邦懷**(1983)　(編按:中山王方壺)述𨒀(讀爲遂　方壺)　述定君臣之媢

按,盂鼎銘"我聞殷述命",借述爲墜。此借述爲遂。

《天津社會科學》1983-1,頁 65

○**饒宗頤**(1985)　(編按:楚帛書)𨓏曾憲通以爲述字,借爲遂,此句讀作"祀則遂"。按歲謂太歲,吉凶之事,以避太歲爲主。古代歲星有專書。《七録》稱"甘公,楚人,戰國時作《天文星占》八卷"(《史記·天官書》正義引)。甘氏有《歲星經》,全文見《開元占經》二十三引,《漢志·曆譜家》有太歲諜二十九卷。

右辭西、至、歲、祭、遂協韻。此文强調歲祭,可與甘德《歲星法》參看,後代之《荆州占》,亦其遺説。

《楚帛書》頁 67

○**曾憲通**(1993)　(編按:楚帛書)述字盂鼎作𨒀,小臣謎毁作𨓏,中山王方壺作𨓏,俱與帛文近。以上器銘均借述爲遂,帛書此處宜讀作遂,"祭祀則遂"文意通達無礙。三體石經古文隧字作𨓏,與中山王壺銘同。《説文》遂古文作𨑰,乃𨓏字之訛,可見古文亦借述爲遂。

《長沙楚帛書文字編》頁 40

○**張守中**(1994)　(編按:睡虎地簡)述　日甲一三〇　通術　直述吉。

《睡虎地秦簡文字編》頁 19

○**曾憲通**(1996)　《説文·辵部》:"遂,亡也,从辵,㒸聲。𨑰,古文遂。"遂在先秦典籍中十分常見,可是在出土文獻中卻出現甚遲。《甲骨文編》和《甲骨文字典》均有逐無遂;《金文編》遂下所收均是述字;《古文字類編》所録二遂字皆當入逐字,其中侯馬盟書一文作𨓏乃隧即墜(地)字之寫訛;《古璽文編》録一印文作𨓏,上作"小"非"八",與漢代武威簡、西狹頌、孟考琚碑文寫法相同,時代較晚;《漢語古文字字形表》録一印文作𨓏亦較晚出。餘如《古陶文字徵》《先秦貨幣文編》以及包山楚簡、睡虎地秦簡等,均未見遂字。要之,在出土的先秦文字中,目前尚未發現《説文》所載从辵㒸聲的遂字,而傳世典籍中的遂字,出土文獻中通常假述字爲之。

考述字形體之構成,大致可分爲三類:

(甲)从彳作,如:

𨓏魚鼎匕　　𨓏古璽 0333　　𨓏信陽楚簡　　𨓏望山楚簡

以上四字所从之🔣與甲骨文🔣字一脈相承。唐蘭先生在《殷虛文字記》中指出：“右🔣字商承祚釋祐，誤。按《説文》尤字正作🔣。金文盂鼎：‘我勝殷述令’之述從🔣（舊釋爲遂非是。述令借爲墜命）。魚鼎匕述字从🔣，均可證。”又説：“尤字本作🔣，从又，又者手形，其本義未詳，然要非秫之省也。”按从辵从🔣之🔣，當是小篆🔣字之所本。唐先生據甲骨文指出尤爲本字是非常正確的，作秫者乃添加形符的纍增字，許氏以尤爲秫之省可謂本末倒置。述之籀文作遱者乃述之繁構。睡虎地秦簡《日書》“直述”字作🔣，馬王堆帛書《老子》甲本作🔣，乙本前作🔣，武威漢簡作🔣，一直沿用至今。

（乙）从🔣作，如：

🔣 盂鼎　　🔣 小臣遾簋　　🔣 遾盂　　🔣 史述鼎

以上諸體皆見於古金文。盂鼎“我聞殷述令”與魏三體石經《尚書·君奭》“乃其述命”同，述字所从之🔣，舒連景氏以爲“像手中細粒下墜形，當即墜落之本字”。李裕民氏則以爲“不像稷一類的農作物”而釋爲“呆之省形”。今按述字所从之🔣乃从又，又即手。此字於手形四周布滿顆狀物，朱芳圃先生以爲“象稷黏手之形”，堪稱卓識。朱氏指出：“《説文·禾部》：‘秫，稷之黏者，从禾，尤象形。尤，秫或省。’考尤爲初形，秫爲後起字，金文作🔣，象稷之黏手者。”朱氏此説，廓清了金文🔣字非遂乃述之疑惑，並爲正確解釋遂之古文奠定了基礎。古人造字，或以形象物，或以物狀性，此形以顆粒黏手爲其特徵，則秫爲稷之黏者的特性自明。楚帛書乙篇有殘文作🔣者，亦具備“又”形周圍布顆粒狀的特徵，似可視爲述字的變體。帛文云“祭祀則述”，述讀爲遂，文義暢達無礙。史述鼎銘所从之尤形體略有變化，接近米形。介於乙類和丙類之閒，是二者之閒的一種過渡形態。

（丙）从🔣作，如：

🔣 中山王譻壺　　🔣 詛楚文

上揭二形所从之🔣及🔣雖尚存“又”及顆粒之行，但與乙類比較已發生不少變化。詛楚文云“述取吾邊城”，中山王譻壺云“述定君臣之媦（位）”，二述字此處均讀爲遂。傳世之品與新出之器其字形、用法如此密合，謂先出之器爲後人僞托，其誰信之？《古璽文編》迷字下録有🔣、🔣二文，吳振武同志因其與他處🔣字不類，疑其並非迷字而建議改入附録，今以中山王譻壺銘文🔣字證之，此二印文均應釋爲述字。《古璽文編》將述誤釋爲迷，與《汗簡》將述字誤作迷字如出一轍。

值得指出的是，丙類述字見於中山王壺銘、詛楚文及諸璽文，當是流行於

戰國時期的通行體,與來源於當時東方六國的傳抄古文有着血脈相通的關係,即所謂"一家之眷屬"。試看下列諸例:

以上五體,除A形見於夏竦《古文四聲韻》所録雲臺碑、釋文作"述"外,其餘皆借爲"遂"字。B、C二形均見於魏三體石經古文。其中B形見於《尚書·君奭》"乃其述命",隸書作"乃其隧命"(今本隧作墜),古文作𨑒,與詛楚文十分雷同。C形見於《春秋》僖公三十一年"公子述如晉",句中用爲副詞之遂,與中山王𡣿壺銘文及詛楚文述字用法相同。此處古文作𨒪,比《君奭》篇述字下體多一短橫。然此體即成爲《汗簡》𨑒字和《説文》𨒪字訛變之濫觴。其聲符遞嬗之迹大體經過:屮→𦬊→米

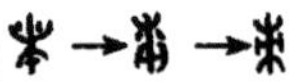

即上體兩點下移,與下體短橫上移,於中閒匯合而成《汗簡》的𨑒字,幾與《説文》迹之籀文無別。另一演變的軌迹是:屮→𦬊→米→𦬊

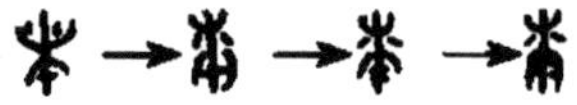

即除上體兩點下移外,下體再添一短橫,進而衍化成四點,便成爲《説文》古文的𨒪字。𨑒和𨒪經過隸變,表現在各種古寫本中還有許多變體,如《汗簡》古文之𨑒,敦煌石窟出土本、豐宮崎本、内野本均作迏,内野本又作速,同於《説文》迹之籀文。《説文》古文之𨒪,觀智院本作�,九條本、巖崎本、雲窗叢刻本皆作迏。鄭珍《汗簡箋正》論及速、迏二體時指出:"古作迏,薛本同。亦有訛作速、作迏者,此形又訛作迹之籀文。"這就是王重民先生所謂"速非遲速字,迏非迏亡字"的真相和由來。

從上述的情況看來,遂字從辵豕聲,述字從辵尤聲,二者形體迥别,其發展線索也可謂涇渭分明,可是爲什麽在古代文獻中卻常常糾纏不清呢? 這是由於這兩個字的讀音和意義十分接近的緣故,換句話説,作爲遂、述這兩個符號所記録的詞是音義近似的同源詞,所以才會出現如此紛繁的現象。

從音來説,豕與尤古音同屬入聲物部,聲紐上古同爲齒音,故凡從豕從尤得聲的字,例相通假:《禮記·學記》"術有序",鄭注:"術當爲遂,聲之誤也。"《左傳·文公十二年》:"秦伯使術來聘。"《穀梁傳》同,《公羊傳》術作遂,《漢書·五行志》引作遂。《史記·魯周公世家》"東門遂殺適立庶",《索隱》:"遂《繫本》作述,鄒誕本作秫。"《史記·封禪書》:"諸布、諸嚴、諸述之屬。"《索隱》:"述,《漢書·郊祀志》作遂。"《墨子·備城門》:"爲衝術。"上文"衝術"作"衝隊"。又《老子》九章:"功遂

身退。”馬王堆漢墓帛書本和郭店竹書本遂都作述,皆其例。

遂與術不但音同,而且意義十分接近,典籍常相通用。《廣雅·釋詁》“術,道也”,《釋宮》“遂,道也”,可見遂術同訓。又《倉頡篇》“邑中道曰術”。《呂氏春秋·孟春紀》“審端徑術”,注:“端正其徑路。”《漢書·武五子傳》:“橫術何廣廣兮,固知國中之無人。”臣瓚曰:“術,道路也。”《刑法志》“園囿術路”,如淳曰:“術,大道也。”術或作遂。《墨子·號令》:“當遂材木不能盡內,既燒之,無令客得而用之。”孫詒讓《閒詁》引畢沅云:“遂同術。”《史記·蘇秦張儀列傳》:“越王句踐戰敝卒三千人,禽於干遂。”《索隱》:“干爲江旁之地,遂者道也。”又述與術亦音同義屬,每每互作。《說文》訓述爲循,意謂循道而行,引申之義也。《詩·日月》“報我不述”,《釋文》:“述,本亦作術。”“不術”即“不述”,言不循禮道之謂也。《禮記·祭義》:“結諸心,形諸色,而術省之。”鄭注:“術當爲述,聲之誤也。”《祭義》此句言孝子思親之志,既結之於心,又形之於色;“術省之”者,言遍循孝道而省視之,反復不忘也。

邑中之道爲術,宮中之道爲遂,引申之,郊外之道亦謂之遂。《周禮·遂人》“五縣爲遂”,鄭注:“鄰、里、酇、鄙、縣、遂,猶郊內比、閭、族、黨、州、鄉也。”《尚書·費誓》“魯人三郊三遂”,言魯侯率郊內三鄉與郊外三遂之兵力(另一郊一遂爲留守),往伐徐夷,在魯之東郊費地盟誓。孔《傳》曰:“總諸國之兵而但稱魯人者道近也。”又云:“郊遂多積芻茭供軍牛馬。”孔穎達《疏》云:“三郊三遂”謂魯人三軍。諸侯大國三軍當出自三鄉,鄉爲正而遂爲副,鄉在郊內而遂在郊外。此言“三郊三遂”者,三郊謂三鄉也。蓋言三鄉之民分在四郊之內,三遂之民分在四郊之外。明東郊令留守不令峙楨榦芻茭也。此處遂字之義又由郊外之道引申而爲軍旅、田役、貢賦之編制矣。

綜上所述,遂與述(術)是一組形相因、義相屬、聲相諧的同源字。在傳世典籍中它們彼此互相通用,在出土先秦文獻中則往往以述代遂,而以傳抄古文尤爲突出,《說文》遂之古文借述字爲之,就是這一現象的反映。今本《尚書》“三郊三遂”,古文《尚書》作“三郊三遹”,遹即述字古文之寫訛。通過以上對“述”字形音義的全面考察,可知由述字古文省變而爲速、爲遬,繁變而爲遹、爲遄。其與遲速之速、遄亡之遄,來源有別,音義各殊。它們之間的關係是形同而字異,充其量,只不過是在某種特定條件下“曇花一現”的異代同形而已。這是不可不辨的。

《古文字與出土文獻叢考》頁 76—79,2005;
原載《于省吾教授百年誕辰紀念文集》

○**劉信芳**（1996）　　(編按:楚帛書)述字從曾憲通釋,讀如“遂”。《禮記・緇衣》:
“百姓以仁遂焉。”疏云:“遂,達也。”《詩・小雅・雨無正》:“飢成不遂。”毛
傳:“遂,安也。”

《中國文字》新 21,頁 98

○**何琳儀**（1998）　　(編按:璽彙 0333)古璽(疑齊璽)述,讀遂。《周禮・地官・遂
人》:“五鄙爲縣,五縣爲遂。”

《戰國古文字典》頁 1244

○**崔永東**（2001）　　(編按:郭店・成之 6)裘錫圭先生按:“……疑此句‘君子’之
‘子’爲衍文,句文當讀爲:戰與型(刑),人君之述(墜)悳(德)也。”(荊門市博
物館編《郭店楚墓竹簡》第 169 頁,文物出版社 1998 年)愚以爲此説不妥,“君
子”之“子”不當視爲衍文,此“君子”與上文“古(故)君子之立民也”之“君
子”意同,均指君主而言。述:當讀爲“墮”(聲近)。“述德”是道德墮落的意
思。型(刑)人:裘錫圭先生解爲“對人用刑”(同上書,第 169 頁)是正確的。
句意爲:發動戰爭,動用刑罰,這是君主道德墮落的表現。

《簡帛研究二〇〇一》頁 69

○**濮茅左**（2001）　　(編按:上博一・性情 8)道四述也,唯人道爲可道也　“道四述”
之“道”,可讀爲“導”。“述”通“術”,古文字中從辵、從行同義。“四述”,即
《詩》《書》《禮》《樂》四種經術總稱。

《上海博物館藏戰國楚竹書》(一)頁 230—231

○**李零**（2002）　　(編按:上博二・容成 35“桀不述其先王之道”)述　追隨。

　　(編按:上博二・容成 37)述迷　即“遂迷”。這幾句似乎是説,伊尹受命爲佐,
采取某種措施,讓桀自以爲得到人民的信任,造成迷惑。

　　(編按:上博二・容成 39)戎(?)述　“戎”,或是“武”字的訛寫。“述”同“遂”。
“武遂”在今山西垣曲東南臨黃河處。湯從這裏進攻住在安邑的桀,位置比較
合適。又《書・湯誓・序》:“伊尹相湯伐桀,升自陑,遂與桀戰于鳴條之野,作
《湯誓》。”孔傳:“桀都安邑,湯升道從陑出其不意。陑在河曲之南。”“武遂”
也可能是相當《湯誓・序》的“陑”。

　　(編按:上博二・容成 40)鳴攸之述　即“鳴條之遂”,湯敗桀於鳴條之野,見
《書・湯誓・序》《史記・殷本紀》、今本《竹書紀年》。鳴條在今山西運城東
北,與古安邑鄰近。此“遂”字並上“武遂”之“遂”,可能都是指山陘即山閒
通道。

（編按：上博二·容成 44 "能述者述,不能述者内而死"）述　　即"遂",通過。

○河南省文物考古研究所、河南省駐馬店市文化局、新蔡縣文物保護管理所（2002）　（編按：新蔡簡）"述",義待考,疑讀爲"遂"。"述"與"遂"文獻及古文字中通假。《周禮·地官·遂人》:"五鄙爲縣,五縣爲遂。"此類簡有"某某里人禱於其社……","遂"與"里"應同類。

○陳偉（2003）　（編按：新蔡簡）述,原屬上讀。疑當屬下讀。（中略）"述"確有可能依原考釋所云讀爲"遂",用作連詞。

○賈連敏（2004）　（編按：新蔡簡）在上揭第一類第一種簡中有"述"字,凡 20 見。從完整的辭例看,"述"皆綴於人名之後稱"某某之述"。可見"述"應是一個名詞,它爲這些人所領屬。從下文可知它包含了一定的地域範圍。我們認爲"述"可讀爲"遂"。在出土古文字材料和先秦文獻中"朮、述"常讀爲"遂",例不備舉。

"遂"在先秦文獻中,有廣、狹之義。廣義的"遂"指邦國之野。如《周禮·地官·遂人》:"遂人掌邦之野。"《書·費誓》:"魯人三郊三遂。"蔡沈傳:"國外曰郊,郊外曰遂。"狹義的"遂"指有編制的地域區劃,《周禮·地官·遂人》:"五鄙爲縣,五縣爲遂。"此遂範圍很大。《管子·度地》:"百家爲里,里十爲術,術十爲州。""術"即"遂"。這個遂範圍不大。

簡文中的"遂"是什麼性質,不太明確,但簡文中的人名和地名等因素提供了一些線索。"述"前的人名,從其稱謂看,應該是一些官吏或貴族。其中一些是地方官吏,"述"後記録了一些祭禱用牲的地名,多爲兩處。由此可知"述"的範圍應該不會太大。我們覺得簡文中的"述(遂)"可能是這些官吏或貴族的采邑。《周禮·地官·敘官》:"遂人,中大夫二人。"注曰:"遂人,主六遂,若司徒之於六鄉也。六遂之地,自遠郊以達於畿,中有公邑、家邑、小都、大都焉。"可見"遂"地包括有王公子弟、卿大夫等各級貴族的采邑。因這些采邑地處廣義的遂地,或許當時均可統稱爲"遂"。從簡文看,這些官吏多爲地方官吏,貴族的地位也不會太高,所以采地可能也只有兩三地。從其用牲的數量和種類看,這些地名可能爲"邑"類。

○許全勝（2004）　（編按：上博二・容成39—41）此節簡文述湯伐桀之史事，（中略）今按，李注以“戎遂”爲“武遂”之訛無據，固不可信，然其所謂“武遂”或相當於《湯誓》序之“陑”則頗堪重視。李注已引《書・湯誓》序云：“伊尹相湯伐桀，升自陑遂，與桀戰於鳴條之野，作《湯誓》。”“陑遂”之“遂”，李注從舊讀屬下爲句，愚謂當屬上讀。上古音“戎”屬日母冬部，“陑”屬日母蒸部，二字聲母相同，而冬、蒸二部字音有關，例如《左傳》昭公四年“夏桀爲仍之會”之“仍”，《史記・楚世家》作“有仍”，《韓非子・十過》作“有戎”，“仍”即屬蒸部。尤可注意者，“仍”與“陑、陾”古通。《詩・大雅・緜》“捄之陾陾”，“陾陾”《詩考》引《説文》作“仍仍”，引《玉篇》手部作“陑陑”。據此可推知“戎、陑”二字亦可相通，故《湯誓》序之“陑遂”即簡之“戎遂”。

《呂氏春秋・簡選》記湯伐桀，有地名曰“郕遂”：“殷湯良車七十乘，必死六千人，以戊子戰於郕遂，禽推移、大犧，登自鳴條，乃入巢門，遂有夏。”今按，“郕遂”之戰位於鳴條之戰前，與簡文“戎遂”相當，故頗疑即“戎遂”之誤。郕，從邑，成聲。“成、戎”二字形近易訛，蓋“戎”先誤爲“成”，以其爲地名，後人又妄加邑旁作“郕”矣。

《史記・殷本紀》：“桀敗於有娀之虚，桀奔於鳴條，夏師敗績。”“有娀”即“有戎”，據上所考可知亦即“有仍”。《路史・後紀》十三卷下“有娀之虚”作“娀虚”。“有娀之虚”或“娀虚”，即“戎遂、陑遂”。虚，高丘也，《詩・鄘風・定之方中》：“升彼虚矣，以望楚矣。”遂，亦高地也，《説苑・尊賢》“晉文侯行地登隧，大夫皆扶之，隨會不扶”（事又見於《新序・雜事一》“趙簡子上羊腸之坂，群臣皆偏袒推車，而虎會獨擔戟行歌不推車”，惟人不同）。“隧、遂”古通。由簡文“陞自戎遂”“降（應作“陞”，説見下）自鳴條之遂”，可知戎遂、鳴條之遂爲高地無疑，而湯則據此戰略要地，以利用兵，克敵制勝。

今考夏桀之時以遂爲地名者，尚有“聆遂”。《國語・周語上》：“昔夏之興也，融（《説苑・辨物》作‘祝融’）降於崇山；其亡也，回禄信於聆隧。”今按，聆隧，《左傳》莊公三十二年、昭公十八年孔疏、《後漢書・楊賜傳》李注引作“黔隧”，《説文》耳部引作“聆遂”，《説苑・辨物》作“亭隧”。今本《竹書紀年》云：“（桀）三十年冬，聆隧災。三十一年，商自陑征夏邑。”《墨子・非攻下》略云：“至乎夏王桀……天乃命湯於鑣宮，用受夏之大命……湯焉敢奉率其衆，是以鄉有夏之境，帝乃使陰暴毀有夏之城。少少，有神來告曰：‘夏德大亂，往攻之，予必使汝大堪之，予既受命於天，天命融隆火於夏之城閒西北之隅。’”今按，“聆、黔”古音皆在群母侵部，“戎”在日母冬部，韻母極近，而聲母相差較遠,故聆遂與戎遂應非一地。由簡文"(湯)陞自戎述(遂),内(入)自北門",可知戎遂在夏都之北。徐元誥《國語集解》云,《墨子·非攻下》"天命融隆火於夏之城間西北之隅",當即聆隧地所在。其説如可信,則聆遂與戎遂相距當不甚遠。

"遂"字作地名用,前人多誤爲副詞,如上引《書·湯誓》序和《吕氏春秋·簡選》即其例。下再舉《史記·夏本紀》之例:"湯修德,諸侯皆歸湯,湯遂率兵以伐夏桀。桀走鳴條遂,放而死。"今按,"鳴條遂"即簡文"鳴條之遂"。昔者讀爲"桀走鳴條,遂放而死",誤矣。簡文"降自鳴條之遂",《吕覽》作"登自鳴條"。登,陞也,故"降"應是"陞"之形訛。

《上博館藏戰國楚竹書研究續編》頁 372—374

○**大西克也**(2006)   新蔡簡新見的"述(遂)"這一個地理名詞,其含義與"州"一樣指官員的俸邑。兩者離國都有遠近之別,"州"在國都附近,"述"在遠處。傳世文獻所説的"遂,謂王國百里外",恐怕也是其在後代的某種反映。

《古文字研究》26,頁 272

○**楊華**(2007)   從新蔡祭禱簡的記載看來,戰國時期楚地基層社會組織似乎與《周禮·大司徒》的記載更相近:設若閭即是里(社)、一里五比共 25 家("五比爲閭"),那麼四閭(里、社)共 100 家,同爲一"族"("四閭爲族"),則與楚簡中一"述"(遂)的規模相仿佛。換言之,新蔡簡所見的基層社邑情況是:一述(遂)之人皆是同族,聚族而居,生死相助,故而以其族長之私名冠之。

《新出簡帛與禮制研究》頁 155

○**宋華强**(2010)   (編按:新蔡簡)"司城己之窠人刊[於]下獻""某人之述刊於某地"這種句式,和另一類祭禱文書簡"某里人禱於某社"完全一樣,所以大西克也把"司城己之窠人"看作主祭者是有道理的。只是他並没有對"窠人"的具體身份加以説明,(中略)"窠(隋)人"大概就是司城己所居之里或閭中社宰一類的官員,所以讓他主持祭禱。

如此"述"也應該是一種身份標識名或職官名,疑當讀爲"閭率"之"率"。"述"是船母物部字,"率"是生母物部字。韻部相同,聲母一屬齒音莊組,一屬舌音章組,可以相通。

《新蔡葛陵楚簡初探》頁 329—330

△**按** 《説文》:"述,循也。从辵,朮聲。遹,籀文从秫。"而《説文》訓"遂"爲"亡",則以"述"爲順遂之遂的本字,戰國文字"述"與"遂"用法相同,如郭店《成之聞之》簡 6"戰與刑人,君子之述德也"等,難説孰爲本字、孰爲借字,曾

憲通（1996）對二字關係已論之甚詳。新出楚簡已見“遂”字，用法與傳世文獻大致相同，參本卷“遂”字條。

　　又，疑新蔡簡之“述”與《容成氏》“戎述、鳴條之述”之“述”義近。

【述惕之心】上博三・彭祖6

○李零（2003）　述（怵）惕之心。

　　　　　　　　　　　　　　　　《上海博物館藏戰國楚竹書》（三）頁307

○陳斯鵬（2004）　☒蚀＝（忽忽）之惎（謀）不可行，述（怵）惕之心不可長。遠慮甬（用）索（素），心白身澤（釋）。余告女（汝）咎。

　　蚀，原寫作⿰，《李釋》只認出下部从“心”。按：竹簡雖略有殘損，但字上从“虫”仍可辨識。字當可分析爲从心，虫聲，疑可讀爲“忽”。虫、忽，古音曉母雙聲，微、物對轉。“忽忽”，《晏子春秋・外篇》“景公築長庲臺晏子舞而諫”章“忽忽矣，若之何”“惙惙矣，如之何”，王引之《經義述聞》云：“忽忽、惙惙，皆憂也。”“忽忽之謀”言憂慮不定，故不可行。“怵惕”亦憂懼之義。《禮記・祭義》：“春，雨露既濡，君子履之，必有怵惕之心，如將見之。”《尚書・冏命》：“怵惕惟厲，中夜以興，思免厥愆。”儒家多著眼於戒懼黽勉之意而對“怵惕之心”持肯定態度；簡文卻有意加以否定，蓋在道家看來，“怵惕之心”徒擾心境，故不可滋長。可見其思想意趣迥然不同。《説苑・談叢》云：“忽忽之謀，不可爲也；惕惕之心，不可長也。”當與簡文同出一源；惟“怵惕”作疊音詞“惕惕”，以與“忽忽”相應。舊或謂“惕”爲“惕”之誤，今得此簡，其説可不攻而破。又，睡虎地秦簡《爲吏之道》有“術（怵）愁（惕）之心不可長”之語，與《彭祖》完全相合，蓋先秦之恆語也。

　　　　　　　　　　　　　　　　　　　　　《華學》7，頁160—161

○陳偉武（2004）　《彭祖》簡6：“……忽＝之惎（謀）不可行，述（怵）惕之心不可長，遠慮甬（用）素心白身澤（釋），余（余）告女（汝）咎。”李零先生注：“首字上部不清，下部从心，且有重文符。‘惎’讀‘謀’。”

　　今按，類似語句亦見於睡虎地秦簡《爲吏之道》：“戒之戒之，材（財）不可歸；謹之謹之，謀不可遺；慎之慎之，言不可追；綦之綦［之］，食不可賞（嘗）。術（怵）愁（惕）之心不可長。”整理小組於末字“長”字之前擬補“不”字，注云：“可字下面的不字原脱，據文義試補。”其實，據新出楚簡《彭祖》知“忽＝之謀不可行，怵惕之心不可長”爲協韻格言，秦簡並未脱誤，若於“長”字前擬補“不”字，顯與原意相悖。《説苑・説（編按：“説”當作“談”，後同）叢》：“忽忽之謀，不可爲也；惕惕之心，不可長也。”此亦可證秦簡“不可長”不可擬補作“不可不長”。楚簡殘缺之字可暫依《説苑》擬補爲“忽”字並依重文符讀作“忽忽”，簡文首句意謂匆遽輕率的謀劃不可施行。楚簡“述惕”和秦簡“術悐”,論者皆讀爲“怵惕”,非是。鄙意以爲當讀爲“墜易”,本指墜失廢弛,此與重言詞“忽忽、惕惕”義近同,均指輕慢大意。曾師經法先生指出:“遂與述(術)是一組形相因、義相屬、聲相諧的同源字。在傳世典籍中它們彼此互相通用,在出土先秦文獻中則往往以述代遂……”故“述、術”可讀爲“墜”。毛公鼎銘:“女(汝)毋敢豙(墜),在乃服,圞夙夕,敬念王畏(威)不睗。”“豙”指墜失;“睗”指輕忽。“豙(墜)”與“睗”義近。或讀“睗”爲“賜”,恐誤。“易”字單用有輕慢義,如《左傳·襄公四年》:“戎狄薦居,貴貨易土。”杜預注:“易,猶輕也。”字亦作“傷”,《説文》:“傷,輕也。”簡易謂之“易”,心中以爲簡易即是輕慢之意,亦謂之“易”,故楚簡或加“心”旁爲專用字,如郭店楚簡《老子》甲 14:“戁惕之相成也。”文又見簡 16,“戁惕”即讀爲“難易”。與表戒懼義之“惕”形同義别。“易”,重言之則作“易易”,如《禮記·鄉飲酒義》:“吾觀於鄉,而知王道之易易也。”此“易易”指簡易,與“輕慢”義動静相因;亦作“惕惕”,如前舉《説苑·説叢》例。《荀子·正論》:“以是百官也,令行於境内,國雖不安,不至於廢易遂亡,謂之君。”王先謙集解引王念孫曰:“遂亦讀爲墜,謂不至於廢弛墜失也。”

要之,楚簡“述惕之心不可長”、秦簡“術悐之心不可長”、《説苑》“惕惕之心,不可長也”,意指不可生有輕慢之心。

《華學》7,頁 176—177

適 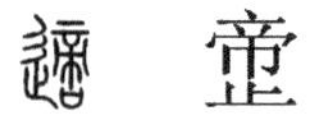

睡虎地·秦律 151 睡虎地·答問 51 曾侯乙 1

郭店·尊德 24

温縣 温縣

○**睡簡整理小組**(1990) (**編按**:睡虎地·秦律 151)適,《漢書·陳勝項籍傳》注:“適,讀曰讁(謫),謂罪罰而行也。”意即流放。

《睡虎地秦墓竹簡》頁 54

○**劉樂賢**(1994) (**編按**:睡虎地·秦律 151)謫有罪罰之義,漢代鎮墓文中常見“解適(謫)”一詞,是解除罪謫的意思。本簡的“譴適(謫)”當與一六八簡“高王父譴姓(眚)”意義相近。

《睡虎地秦簡日書研究》頁 370

○**張守中**(1994)　(**編按**:睡虎地簡)通敵　譽適　法五一。

通謫　非適罪毆而欲爲冗邊五歲　秦一五一。

《睡虎地秦簡文字編》頁 19

○**何琳儀**(1998)　(**編按**:曾侯乙 1)隨縣簡適,見《方言》一:"適,往也。宋魯語也。"

《戰國古文字典》頁 748

(**編按**:温縣盟書)逋,从辵(或省作止),帝聲。疑適之省文。

温縣盟書啻,讀謫。(**中略**)温縣盟書一四逋,讀適。《説文》:"適,之也。"

《戰國古文字典》頁 749

○**何琳儀**(2000)　(**編按**:郭店·尊德 24)逞(狀)。

《文物研究》12,頁 202

○**劉釗**(2000)　(**編按**:郭店簡)《尊德義》説:

爲邦而不以禮,猶灰之亡□也。

對於此句《郭店楚墓竹簡》一書未作任何解釋。按此句有誤書,本應作"爲邦而不以禮,猶人之亡所□也"。因該寫"人"字之處誤書作"所",故只好將"人"字補在"所"字下。"□"字从"辵"从"帝"字之省,應釋爲"適"。温縣盟書"適"字作"□",可資比較。"適"意爲"歸從""歸向"。"爲邦而不以禮,猶人之亡所適也"是説"立國如果不用禮,就如同人之無所適從也"。《左傳·昭公十五年》:"好惡不愆,民知所適,事無不濟。"杜注:"適,歸也。"孔穎達疏:"言皆知歸於善也。"文中"所適"與簡文用法相同。

《郭店楚簡國際學術研討會論文集》頁 86

○**陳斯鵬**(2002)　(**編按**:郭店·尊德 24)□字,劉先生釋爲"適",可從。這裏可以略作補證。《緇衣》簡 16:"□頌(容)又(有)棠(常)。"□字原釋文闕釋,黄德寬、徐在國先生謂其上部爲"帝"字之省訛,故隸爲"𧺯",釋作"適",基本正確。按,□字从宀、从帝省、从止,嚴格的隸定應該是𡨧,楚文字常有贅加"宀"旁的現象,如中作宙,目作官,集作寠,家作豪等,不足爲怪。《緇衣》簡"𡨧"字與温縣盟書"適"字比較,只多出一個贅符"宀",二者當爲一字無疑。而本簡□字其實是由上述二體纍增辵旁而成,應隸定作𨓈,可徑釋爲"適"。然而這裏的"適"不宜如字解,而應讀爲"樀"。"適、樀"聲符相同,故可通。《説文》云:"樀,户樀也,从木,啻聲。《爾雅》曰:'檐謂之樀。'"又:"檐,㮰也。"又:"㮰,梠也。"又:"梠,楣也。"可知"樀"乃門檐、門梠、門楣之屬。門户無樀,則無所框範,且不蔽風日,其危可知。故簡文以此比況"爲邦而不以禮",十分恰當。

《古文字研究》24,頁 409—410

○**彭裕商**(2003)　(編按:郭店·尊德 24)《古文四聲韻》卷二相字古文有从襄从攴之形,(編按:此字原闕,據上下文補)字所从與古文襄字相近,推測可能是襄字誤書,从辵襄聲,即相字。

《考古與文物》2003-6,頁 84

△**按**　郭店《尊德義》簡 24 之字宜從劉釗釋"適"、陳斯鵬讀"楠"。陳文所論郭店《緇衣》簡 16 之𥮲字,則似當釋爲"室",見本卷止部"定"字條。温縣盟書"室嘔視之",更常見作"悥嘔視之"(見《新出簡帛研究》插圖,文物出版社2004 年),義同於侯馬盟書"明嘔視之"。

過　過

 睡虎地·效律 9　　集粹　　郭店·語三 52　　郭店·語三 52　　近出 353 蒉陽鼎

 璽彙 0335　　璽彙 2004

○**羅福頤等**(1981)　(編按:璽彙 0335)迴。

《古璽文編》頁 37

○**張守中**(1994)　(編按:睡虎地簡)通禍　過去福存　爲五。

《睡虎地秦簡文字編》頁 19

○**周曉**(1995)　(編按:蒉陽鼎)本段最後的"過"字,與校準本銘所録衡計有關,可能有數值過大之意。

《文物》1995-11,頁 76

○**何琳儀**(1998)　(編按:璽彙 2004 等)晉器過,人名。

《戰國古文字典》頁 848

○**王輝、程學華**(1999)　(編按:蒉陽鼎)"過"字周曉以爲"與校準本銘所録衡計有關,可能有數值過大之意"。當是。秦律"過"多用爲超過之義。如睡虎地秦墓竹簡《效律》:"度禾,芻稾而不備十分一以下,令復其故數;過十分以上,先索以稾人,而以律論其不備。"

《秦文字集證》頁 76

○**陳偉**(2003)　(編按:郭店·語三 52"善日過我,我日過善")化,字本作"過"。過、化二字,在上古音中爲歌部疊韻,見曉旁紐,音近可通。在郭店簡中,从"化"得

聲之字即常常讀爲"過"。如《緇衣》20 號簡"富貴已述"讀作"富貴已過"，《成之聞之》36 號簡"從允釋化（从心）"讀作"從允釋過"。考慮到二字的這種關係，在本條簡文中，二"過"字當以讀"化"爲好。"化"有感染、教化義。善日化我，是説善天天都在感化自我。我日化善，是説自我天天感化於善。《荀子・富國》云："若是故奸邪不作，盗賊不起，而化善者勸勉矣。"楊倞注："化善，化而爲善者也。"同書《議兵》與《新書・道術》亦有"化善"之説。

《郭店竹書別釋》頁 226—227

○**李家浩**（2004）　（編按：璽彙 0335）第三字《璽彙》釋爲"迴"，雖然與字形相合，但是從戰國文字的特點來考慮，我們卻認爲它是"過"字的省寫。衆所周知，戰國文字很重要的一個特點，就是簡體字繁多；造成簡體字的方式之一，是將文字的某一部分省去。下面以璽印文字中的"骨"字和從"骨"的"瘠"字爲例：

参　多《璽文》90 頁　　　穆　澤《璽文》197 頁

這兩個字的前面一種寫法是正體，後面一種寫法是簡體，即將"骨"所從的兩個"白"省去一個。璽印文字"過"作：

㵼《璽文》36・2004

若像上揭"骨、瘠"二字省寫那樣，將"咼"旁所從的兩個"白"也省去一個，就成爲"迴"字形了。

　　在戰國文字中，有一些字因省寫而造成跟另一個字同形的情況屢見不鮮。我們在這裏舉幾個例子作爲代表：

日《幣文》259 頁　　　此是"即"字的省寫，與"皀"字同形。

㫶《璽徵》14・2　　　此是"官"字的省寫，與"𣍐"字同形。

月《璽彙》391・4270　此是"宜"字的省寫，與"肉"字同形。

全《璽彙》431・4739　此是"金"字的省寫，與"百"字的異體同形。

禾《璽彙》427・4699　此是"年"字的省寫，與"禾"字同形。

器《陶徵》48 頁　　　此是"器"字的省寫，與"哭"字同形。

疕《盟書》333 頁　　　此是"疕"字的省寫，與"店"字同形。

此外，貨幣文字中的地名"大陰（陰）"之"陰"或省去"金"旁，與"阜"字同形；"霧（露）"或省去"各"旁，與"雨"字同形。這些都是大家熟習的例子。所以，

0335 號印將"過"字省寫作"迥"字形,一點也不奇怪。

《出土文獻研究》6,頁 15—16

△按　楚文字"過"多作"迪",以"化"爲聲旁。

遺 遺

石鼓文・吾車

【遺=】

○**張政烺**(1934)　《説文》:"遺,媟遺也,从辵,賣聲。"朱駿聲云:"據《説文》則與'嬻'同。按:字从辵,當訓'遜遺'也,走前頓之兒。"(《説文通訓定聲》)

《張政烺文史論集》頁 11,2004;原載《史學論叢》1

○**强運開**(1935)　潘云:"徒鹿反,有重文。"運開按,《説文》:"媟遺也,从辵,賣聲。"女部有嬻字,亦曰"媟嬻也",似遺、嬻爲一字矣。段注云:"女部作媟嬻,黑部作黷,今經典作瀆。"皆同音相假也。遺从辵,當有行意。遺篆次遵適過遭之後,進造逾遝之前,以類相從,其本義自當訓行,惟媟遺之媟疑爲蹀字之誤,今俗語狀人行步之聲尚有稱爲蹀遺者。鼓文曰"其來遺=",正狀樸牛之行聲也。

《石鼓釋文》甲鼓,頁 16—17

○**郭沫若**(1939)　"遺"　與上趲字同例,羅振玉云"殆訓行相續,或是行聲,許訓媟遺,非本義也"。

《郭沫若全集・考古編》9,頁 76

○**鄭剛**(1996)　石鼓文:"邋毆其樸,其來遺遺,射其豕蜀。"射是"邋"的謂語,它們構成主謂句,而"其來遺遺"很明顯是一個修飾成分,補充説明"樸"的狀態,這個主謂句("其"是領屬代詞,它使"來"成爲名詞)不是個獨立的句子,動詞"遺遺"的重疊正可以表示其非獨立的修飾地位。

《中山大學學報》1996-3,頁 114

進 譁　　 椎 隼

集成 9735 中山王方壺　　進珍秦 91　　想郭店・老甲 4　　逡郭店・五行 46

梌郭店・五行 47　　遑郭店・尊德 16　　遧上博二・昔者 1　　遪上博四・柬大 11

上博四·曹沫 40　 上博六·季桓 9　 璽彙 0510

曾侯乙 206　 璽彙 3822

璽彙 0274

○ **吴振武**（1983）　　0510 王·王進。

《古文字學論集》（初編）頁 493

○ **何琳儀**（1998）　　（編按：珍秦 91）秦陶進，姓氏。晉後有進氏。見《路史》。

《戰國古文字典》頁 1156

△**按**　"進"甲骨文从止从隹會意，後增繁从辵。疑"隹、進"皆"進"之省體，分別於止部、彳部重見。

【進退】楚帛書

○ **李學勤**（1982）　　"時雨進退"，"時"猶云其時，"進退"意思是多寡，增減。

《湖南考古輯刊》1，頁 69

○ **饒宗頤**（1985）　　甘氏《歲星法》："視其進退左右，以占其妖祥。""進退"亦星象家之恆言。

　　恆之義，當如《洪範》咎徵：恆雨、恆暘、恆寒。下文云："三恆是也。"《周禮·瑞祝》，鄭司農曰："逆時雨，寧風旱也。"

《楚帛書》頁 59

○ **湯餘惠**（1993）　　進退，猶言變幻，出入。《隋書·天文志》："七曜或逝或往，或順或逆，伏見天常，進退不同，由乎無所根繫故各異也。"

《戰國銘文選》頁 168

△**按**　"進退"一詞亦見於上博六《用曰》簡 19 等。

造 　敆 賠 斅 牿 牆 鋯 艁 佶 告 鑲

睡虎地·答問 50　 集成 10384 高奴禾石權　 集成 11363 □年上郡守戈

集成 11396 五年相邦吕不韋戈　 集成 11331 二十二年臨汾守戈　 雲夢耳杯

包山 137 反

集成 11035 陳余戈　 集成 11260 陳侯因資戈　 集成 11164 顯戈

集成 4694 郤陵君王子申豆　 近出 1170 □壽之歲戈　 璽彙 0131

陶彙 3·896　 集成 11052 宜鑄戈　 璽彙 2066

集成 11023 高密戈　　集成 11123 縢侯吳戟

集成 11034 陳卯戈　　集成 11078 縢侯耆戈

集成 11609 陰平劍　　集成 11125 章于公戈

集成 11251 陳旺戟　　集成 2480 鑄客鼎　　上博五・三德 12

郭店・窮達 11　　上博二・容成 52　　集成 11126 陳子皮戈

集成 11588 韓鍾劍

○**林義光**（1920）　《說文》云：“艁，造古文，從舟。”按古作**𦨶**（羊子戈），舟、告皆聲也，舟、告古同音。

《文源》卷 12，頁 3

○**高田忠周**（1925）　按《說文》：“造，就也。從辵，告聲。譚長說：造，上士也。”古文作艁，今審篆形，右不從牛口之告，其作𦫖𦫖𦫐者，與牛字迥別，與告字作𠤏明從牛者不同也。因謂《小爾雅・廣詁》：“造，進也。”《書・盤庚》“咸造勿褻，在王庭”，傳：“至也。”此造字本義。從辵往進之意。又從屮，屮亦往也，進也。或從屮，屮之省，或從屮，生之省。生屮屮，皆進出之意也，其從口者，從周省聲，造周古音同部。《詩・鹿鳴》“示我周行”，傳：“至也。”周到，亦與往進義近，從周省者，形聲兼會意可識矣。然古文不必一體。𠤏形與𠤏字似，告造同音，故造或從告聲作𨓹，此例亦多矣。朱駿聲云：“造字本訓當爲至，《周禮・司門》‘凡四方之賓客造焉’，《儀禮・士喪禮》‘造于西階下’，傳注皆訓至，《宋策》‘而造大國之城下’，注：‘詣也。’《孟子》‘深造之以道’，注：‘致也。’”此說與余合矣。

《古籀篇》65，頁 14

○**沈之瑜**（1963）　（編按：近二 1140 郯並果戈）並𥤛是人名，𣪊即敢字。《說文》𣪊，進取也，從受，古聲。或有疑“古”乃占字之訛。秦《詛楚文》敢字從甘作𣪠，“甘”“敢”平上同音，“占”“敢”疊韻，“古”“敢”雙聲。諸字形雖小異，聲實相通。此戈敢字，省甘爲口，如《周公𣪘》《師遽𣪘》之敢字然。敢戈者，明戈之用義而自勉也。

《文物》1963-9，頁 61

○**黃茂琳**（1973）　韓鄭兵器銘刻最後有時贅一“敓”字，郝文一律釋“造”。銘末贅以此字，是三晉兵器銘刻中一個特點，不限於韓，趙、魏也有。趙兵器如“十二年,肖(趙)命(令)邯鄲,右庫工帀(師)翠紹,冶倉敫”(《岩窟吉金錄》下 56 戈),魏兵器如“七年,宅陽命(令)隗餿,右庫工帀(師)夜疢,冶赺敫”(《小校》10·74·6 矛),吳大澂在《説文古籀補》中説:“敫,古賣字,《周禮·考工記·韗人》謂之賁鼓,《釋文》本或作敫。”所據字體即此“七年宅陽矛”。按此字寫法有好幾種,最常見的作“敫”,簡寫爲“敫”,但也有寫成“敫”(四年□雍矛)或“敫”(十七年蠡戈)。其字从“攴”从“員”从“丫”既爲大多數寫法所同,可隸寫爲“敫”,其字不見字書,應表兵器製造某種工序,如同“執齊”之類,只是目前我們還不能詳知。

《考古》1973-6,頁 379

○**張日昇**(1974)　高田忠周謂字非从告,其言至確。考諸金文造字右旁作𠳲𠳲,頭部向左傾,中部橫畫乃从點變成,而此點又無中生有之繁飾,最後衍變成𠳲(邾大司馬戟),直與从牛从口之告無異。許氏謂告聲,實據古文訛體而爲説者也。竊疑字从中从𠙹,𠙹爲器,中長於器,栽種之義也。頌鼎作𡨄,从宀,是種栽於居室之内,與生字象中出於一(土)之意同。《易·屯》“天造草昧”,注:“生也。”此造之本義也。生字之衍變𡳴→𡳴→𡳴與𠳲→𠳲→𠳲亦正同出一轍。金文造字左旁多从舟,與《説文》古文同,又或从辵或从戈,或从金,或从貝,从舟从戈是作舟(盤)造戈也。从貝从金是以貨財金屬成之者,並皆會意。从辵之造,許氏云,就也。其言是也。當與从舟(若戈若金若貝)之艁訓作者不同。然同音相假,於金文中已不甚區別矣。

《金文詁林》頁 887—888

○**孫稚雛**(1982)　(編按:郊並果戈)之下一字,雖然與《説文》裏的敢字有些相像,但和銅器銘文中敢字的形體卻有相當大的距離(參看《金文編》四·一九所收各例)。更重要的是,“□□□之敢戈”這種文例,在金文中,就我所見,尚無其他的例證。而且“敢戈”是什麼意思呢?“敢戈者,明戈之用義而自勉也”。這種説法很牽強,所以之下一字釋作敢字,尚難令人首肯。

我以爲這個字應釋作戠,即造字,理由如下:

首先,從字形看,金文中的造字,往往將“告”中間的一直筆屈其首作𠳲,《金文編》二·二一“造”下引銅器十五件,其中告字屈首的,就有十例。其他還有一些《金文編》未著録、或著録而未收此字的銅器,如

　　□子之艁戈(《三代吉金文存》二十·十一·二,下稱《三代》)

　　宋公尋之賠戈(平凡社《書道全集》一零三)

　　□□之告戈(《商周金文録遺》五六八,下稱《録遺》)

　　闡丘爲脽造戈(《三代》十九.三八.三,《金文編》著録此器,未收造字)

　　御侯之窳戈(《三代》十九.四八.一,《金文編》著録,未收窳字)

等,其所從之告皆屈首。楚國文字寫"告"字時往往將豎筆的屈頭改成一小撇,這種寫法亦見《録遺》五六六著録的"邦之新郜(造)"戈,其中新郜的"郜"即如此作。過去大家把這個郜字釋作"都",但"新都"一詞在這裏很難講得通,裘錫圭同志根據隨縣擂鼓墩竹簡改釋作"郜(造)"(見《文物》1979 年第 7 期 26 頁),是正確的。兩柄銅戈,造字的告旁寫法相同,正好可以互證。

　　其次,從文例來看,金文中"□□□之□戈"這種格式,戈上一字,往往是說明該戈爲誰所造,屬於某人所用,或者是指在某種特殊場合下才使用的限定詞。具體用字,就管見所及,約有如下十種:

　　一、造戈　　説明該戈爲誰所造。這種例子很多,略如上述,不再一一具引。（中略）

　　在這種"□□□之□戈"類型的銘文和其他戈銘中,皆未見有"敢戈"之稱。

　　再從文義來看,"敢戈"不詞,而"郲並果之造戈"則文從義順。所以這個字不管是從字形來分析,從文例、文義各方面來看,都以釋造爲優。

《古文字研究》7,頁 104—107

○林清源(1992)　　造字二十三式異體中,除"棗""鑲"兩式外,其餘二十一式,義符雖有不同,聲符則同從"告"聲,正與《説文》的説解契合。

　　《説文》析解造字從辵,告聲,高田忠周、張日昇二氏對此有所質疑。（中略）《説文》謂告字從牛從口會意,他們兩位乃據以立論,認爲造字右旁上半所從並非牛字,所以造字也就不從告聲。

　　其實,告字本非從牛,二者形體截然有別。以孫海波《甲骨文編》一書爲例,收録牛字二十五文,加上"牡、犅、牝、牢、物"等字偏旁所從八十三文,合計一百○八文,多作"ᙀ"或"ᙀ"形,與中直畫下段相交的部分,幾乎都作二斜畫,僅有兩例作一短橫畫;至於無此斜畫或橫畫的則未之一見,因爲這一部分是取象牛體不可或缺的。反觀同書所録告字四十五文,上半所從多作"ᙀ""ᙀ""ᙀ"或"ᙀ"形,與中直畫相交的部分,沒有單作二斜畫的,爲一短橫畫的二十五見,既有斜畫又有橫畫的二見,既無斜畫也無橫畫的更是高達十八見;此斜畫或橫畫,既是可有可無,應該是後來衍變的結果,其衍變過程可能如下所示:

ᙀ→ᙀ→ᙀ→ᙀ→ᙀ

張以仁先生認爲Ψ象草木樹枝之形,其下所从Ｈ象陷阱之形,告字的本義爲在陷阱上插樹枝以示警,此説最爲通達。告字既非从牛,高田忠周、張日昇二氏"造字非从告"的質疑也就不能成立。

造字是否从告得聲? 此一問題真正的難處,在於告字屬牙音見母,而造字屬齒音清母,二者聲母發音部位不同。牙音與齒音互通的例子,雖然比較罕見,還是可以舉出幾組例證:

(1)"檢"屬見母,而"僉"屬清母;

(2)"岑"屬清母,而"今"屬見母;

(3)"浹"屬精母,而"夾"屬見母;

(4)"楔"屬心母,而"栔""契"屬溪母;

(5)"跋"屬心母,而"及"屬群母。

再加上造字第二十一式只作"告",更足以證明造字可从告聲。

《説文》:"造,就也。从辵,告聲。譚長説:'造,上士也。'艁,古文造,从舟。"就字有兩種訓義,一是成就義,如《詩·周頌·敬兮(編按:"兮"當作"之")》:"日就月將,學有緝熙於光明。"一是往就義,如《孟子·梁惠王上》:"望之不似人君,就之而不見所畏焉。"造字也有製造、造訪二義,孰先孰後,引申還是假借,尚難論定。"造"字从辵,辵有行走之意,其本義可能爲往就造訪義,後來假借爲成就製造義。《書·盤庚》"咸造勿褻在王庭",《傳》:"造,至也。"《盤庚》著成的年代,屈萬里先生認爲"蓋殷末人或西周時宋人追述古事之作",因而可知至遲在西周時期"造"字已有往就造訪之義。

"艁"字所从的"舟",各家説解不一。段玉裁、商承祚認爲是舟車之舟,林義光認爲"舟、告皆聲",馬敘倫認爲是"履"字初文,張日昇認爲是"盤"字初文。盤、履二字初文,常與舟字淆亂,不易審辨。"艁"字所从若爲盤字初文,則其本義應是製造之造。若爲舟字或履字的初文,則製造與造訪二義都可通,究竟何者才是本義,目前也難以確定。

上一節所列各式異體之中,前四式"寣""廡""窖""窹",時代約當西周中期。至春秋時期,此四式只剩"窹"仍保存於秦國的秦子戈、矛中。"造""艁"兩式,出現於戰國時期,時代後於前四式,固然可能是前四式的省文,也可能有更早的來源。"艁"从舟从辵,僅見於人名,其本義仍然無法確認。"醩"从酉,"戠"从戈,可能表示製成品的類别。"鼓"从攴,表冶煉鍛打之意。"窠"所从宀旁見於頌器四式,戈旁見於"戠"式,應該也是表製造義的專字。"窹"从穴从火,製造之意甚爲顯明。"散""歠""歠""戯""歠"五式,从攴或从戈,皆用以表製造義；其中"𢼄""𢽄"兩式左旁所從，李學勤、何琳儀都認爲是曹省聲，但曹字上半從東或棗，二者形體迥別，説不可從，筆者認爲後四式左旁應該都是告字的訛變，因爲其與從告的"𢼄"，同出於河南新鄭縣的韓國遺址中。"賠"字從貝，也見於"𢼄""𢽄"兩式，其義不詳。"郜"也見於郜史碩父鼎，可能是國名專字假爲製造之造，但是表作邑的可能性也難以完全排除。第二十一式"告"字，或爲造的通假字，或爲其省文，因爲此式較晚出，後説的可能性頗大。第二十二式"棗"，爲"告"的通假字，通假字與異體字涵義有別，本不可混爲一談，茲爲求完備，也便於説明下一式"鑘"字的結構，姑且附論及之。"鑘"從金，棗聲，結構方式同於"鋯"字。

《第三屆中國文字學國際學術研討會論文集》頁 287—290

○**陳偉武**（1996）　郝本性先生指出："從周代金文，尤其是兵器上造字的異體很多……如果將所有從前出土或傳世的兵器上的造字，加以綜合比較，從中也一定會找出時代標記、地方特點或某些習慣寫法的規律來。"受這段話的啟發，我們對《集成》第十七、十八册所錄春秋以後軍器上的"造"字用例作了調查分析，事實表明，燕兵基本上用"乍（作）"字或"爲"字，罕用"造"。幾乎所有秦兵均作"造"字，只有兩把秦子戈一作窒、一作窖。齊器使用"造"字也不少，但以"造"的通用字多爲特點，如作艁、鋯、窖、艁、告、郜等；滕爲蕞爾小國，卻有鋯、牆、艁三種寫法，亦顯齊系文字特色。曹國作造、鋯。三晉軍器尤其是韓兵作賷、𢼄、棗、銲（編按：文中曩字及曩旁皆以"早"代替），以𢼄及其異體訛體爲最多，如銘末稱"執齋（齊）"，則不再稱"造"。宋兵凡"造"均作賠。楚系軍器用㪔、郜爲"造"。三晉兵銘的𢼄，實兼宋兵的賠和楚兵的㪔而有之。從我們所列的附表中，不難看出各地使用"造"字及其通用字的異同。當然，囿於我自己的學識，有若干軍器一時不明國別，亦暫錄表中。

　　稍加分析，"造"的本義當是"詣也"（《廣雅·釋言》），指前往，故從辵，告聲，引申而有"達到、成就、製成"義。鋯、銲、㪔、艁均是軍器製造的專用字，從"金"著重於所用原料，從"攴"著重於鍛打工藝，從"戈"著重於製成的產品，何以從"貝"則不得確解。其聲符以"告"爲常，此外還有"舟、西、曹（曹省）、早"（説詳下文釋"銲"）等。由於古音演變，"造"字諸異體的聲符並非都易辨別，如有人就把艁所從的"舟"看作義符（《漢語大字典》"造"字下引高鴻縉《頌器考釋》）。其實，"造"字諸異體中有的屬於雙聲符字，羊子戈"艁"字同於《説文》古文，"告、舟"均爲聲符。"告"本應是個入聲字，從其得聲的"酷、梏"等都是覺部字，至少在西周時代，"告"就消變爲覺部相對應的幽部字，頌鼎、頌簋的"造"字作窘，即从宀，告聲、舟聲。郚造鼎遰則从辵，告聲、舟聲。告的聲母可从牙音的見紐字變讀爲齒音的精紐字，在漢語語音史上也是合乎規律的。"牆"字見於《集成》11123號滕侯吳戈，或隸作"澝"，非是；字作𤝗，是𤝗的繁化，从戈，告聲、酉聲，也是一個雙聲符字。

　　"造"字還有幾個同音或近音的通假字，如陳子皮戈作"告"，䡖公鮢戈作"曹"，羕陵公戈等作"郜"，或增繁作"鄁"（齊□戈）。《説文》："郜，周文王子所封國，从邑，告聲。"借爲"造"。"造"作窨（陳麗子戈），字从穴从火，告聲，本當是炊竈之專字，且形音結構較竈字明晰，戈銘借爲"造"。"宜乘之棗戟"假棗爲"造"。《集成》10922戈銘二字，吳振武先生釋爲地名"酸棗"，棗字作棗，與宜乘戟近同。

軍器題銘"造"及其通用字一覽表

字例	器名	著録	國別	時代	備注
造	大良造鞅戟	11279	秦	戰國	著録號係指《集成》編號，下同。
造	大良造鞅鐓	11911	秦	戰國	
造	四年相邦樛斿戈	11361	秦	戰國	
造	十三年相邦義戈	11394	秦	戰國	
造	丞相觸戈	11294	秦	戰國	
造	廿年相邦冉戈	11359	秦	戰國	
造	廿一年相邦冉戈	11342	秦	戰國	
造	五年相邦呂不韋戈	11380	秦	戰國	
造	五年相邦呂不韋戈	11396	秦	戰國	
造	八年相邦呂不韋戈	11395	秦	戰國	
造	十七年丞相啟狀戈	11379	秦	戰國	
造	二年上郡守冰戈	11399	秦	戰國	
造	二年上郡守戈	11362	秦	戰國	
造	三年上郡守戈	11369	秦	戰國	
造	□年上郡守戈	11363	秦	戰國	
造	十二年上郡守戈	11404	秦	戰國	
造	十五年上郡守壽戈	11405	秦	戰國	
造	廿五年上郡守廟戈	11406	秦	戰國	
造	廿七年上守趞戈	11374	秦	戰國	
造	王五年上郡疾戈	11296	秦	戰國	
造	王六年上郡守疾戈	11297	秦	戰國	

字例	器名	著録	國別	時代	備注
造	六年漢中守戈	11367	秦	戰國	
造	廿二年臨汾守戈	11331	秦	戰國	
造	廿六年[隴]西守戈	11908	秦	戰國	
造	上造但車書	12041	秦	戰國	
造	子禾子左戟	11130	齊	戰國	
造	陳侯因咨戈	11260	齊	戰國	
造	陳侯因脊戈	11129	齊	戰國	
造	陳卿聖孟戈	11128	齊	戰國	
造	闌丘爲鵬造戈	11073	齊	戰國	
造	即墨華戈	11160	齊	戰國	
造	平阿左徒戈	11158	齊	戰國	
造	齊城右造戟	11815	齊	戰國	
造	頃少鈞庫戈	11068	齊	戰國	
造	陳余戈	11035	齊	戰國	
造	顯作造戈	11164	齊	戰國	
造	陳卯戈	11034	齊	戰國	
造	陵右戟	11062	齊	戰國	
造	陳侯因脊戈	11081	齊	戰國	
造	滕侯耆戈	11078	滕	戰國	
造	曹公子沱戈	11120	曹	春秋早期	
銲	韓鍾劍	11588	晉	春秋戰國間	
娝	高密戈	11023	齊	春秋	
牆	滕侯吳戈	11123	滕	春秋晚期	
賠	宋公得戈	11132	宋	春秋晚期	
賠	宋公䜌戈	11133	宋	春秋晚期	
賠	宋公差戈	11204	宋	春秋晚期	
賠	宋公差戈	11281	宋	春秋晚期	
賠	宋公差戈	11289	宋	春秋晚期	
敀	曹右庭戈	11070	曹	春秋	
敀	鄅之造戈	11045	楚	戰國早期	
敀	番仲戈	11261	楚	春秋晚期	
斁	十八年戈	11376	韓	戰國	
	四年雍令矛	11564	韓	戰國	

字例	器名	著録	國別	時代	備注
歃	元年鄭令矛	11552	韓	戰國	
歃	卅三年鄭令劍	11693	韓	戰國	
歃	卅四年鄭令戈	11560	韓	戰國	
歃	十二年趙令戈	11355	趙	戰國	
歃	七年宅陽令矛	11546	魏	戰國	
歃	廿三年司寇矛	11565	韓	戰國	
歃	六年安陽令戈	11562	韓	戰國	
歃	四年鄭令戈	11384	韓	戰國	
歃	五年鄭令戈	11385	韓	戰國	
歃	十七年彘令戈	11382	韓	戰國	
艂	陰平劍	11609	齊	戰國	
艂	羊子戈	11089	齊	春秋晚期	
艂	羊子戈	11090	齊	春秋晚期	
艂	羊角戈	11210	齊	戰國早期	
艂	臺于公戈	11124	齊	戰國早期	
艂	臺于公戈	11125	齊	戰國早期	
艂	左之造戈	10968	?	春秋	
艂	槃之造戈	11006	?	戰國晚期	
艂	徐子戈	11076	齊	春秋晚期	
艂	滕侯耆戈	11077	滕	戰國晚期	
艂	滕侯昊戈	11077	滕	戰國晚期	
曹	骹公觚戈	11209	?	春秋晚期	
告	司馬望戈	11131	齊	春秋	
告	陳子皮戈	11126	齊	戰國	
告	相公子矰戈	11285	?	戰國	
窔	陳麗子戈	11082	齊	戰國晚期	
窔	秦子戈	11353	秦	春秋早期	
窔	秦子戈	11352	秦	春秋早期	
郘	邦之新造戈	11042	楚	戰國早期	
郘	鄔陵公戈	11358	楚	戰國	
郘	谷屖造戟	11183	齊?	戰國晚期	
郘	斫君戟	11214	楚	戰國早期	
郘	單谱討戈	11267	楚	戰國早期	

字例	器名	著録	國別	時代	備注
鄧	齊□戈	10989	?	戰國	
棗	宜乘之造戟	11112	韓	戰國	

校讀追記:1996 年 11 月赴長春參加紀念于省吾教授百年誕辰暨中國古文字研討會,邂逅臺灣學者林清源先生,知林氏嘗收集戰國時期一百個"造"字,觀察其區域特徵,撰成《從"造"字看春秋戰國文字異形現象》一文,輯入《第三屆中國文字學國際學術研討會論文集》(臺北輔仁大學出版社 1992年),讀者可參看。

《華學》2,頁 76—80

○**李裕民**(1997)　個別字,各國之間的差異特別嚴重,如造字:

秦　　王六年上郡守戈《岩窟》下 58　　十四年相邦冉戈《雙古》上 48

齊　　陳侯因資戈《三代》12.13　　高密戈

　　　《春録》2.2

韓　　卅三年奠令劍《文物》1972 年 10 期　　八年陽裘令戈

趙　　肖令戈《岩窟》下 56

　　　七年宅陽令矛《小校》10.74

宋　　宋公得戈《書道全集》一:103 新版圖 27

郑　　郑大司馬戟《三代》20.19

滕　　滕侯耆戈《岩窟》下 43

筥　　申鼎

曹　　曹公子戈《金文編》2.22

(編按:卅三年鄭令戈)此字隸定爲散,宋公欒戈、宋公得戈及陶文造字作賊,從貝從告,這裏將並列的貝告變易爲上下,又附加形符"夂",散是散的簡體,郝本性釋造是對的,黃盛璋以爲字從支從員從中,隸寫爲散,與字形不合,與文義也不得其解,其説不妥(黃文《新鄭出土戰國兵器中的一些問題》,《考古》1973 年 6 期)。

《文物季刊》1997-2,頁 83

○**王人聰**(1997)　(編按:近出 1196 六年襄城令戈)當釋爲散即造字。1971 年新鄭出土兵器之造字有以下各種形體:

a. 〔字形〕　b. 〔字形〕　c. 〔字形〕　d. 〔字形〕　e. 〔字形〕

f. 〔字形〕　g. 〔字形〕　h. 〔字形〕　i. 〔字形〕

此戈銘“造”字構形與其中之 e 式相同。戰國時期,“造”字的形體紛繁,未有定型,如秦文字作〔字形〕(十二年上郡守壽戈),從辵從告,與《説文》篆文同。《説文》古文作艁,從舟。齊文字則寫作〔字形〕(高密戈),從戈。各體的造字所從之形符雖有不同,但聲符都是從告得聲,則是一致的。上舉新鄭兵器各式造字,亦係從告聲,其中 c、d、e 三式,左上部所從,爲告字之省;f、g、h、i 各式,左上部所從,則係告之訛體,而非曹字。

《第三届國際中國古文字學研討會論文集》頁 416—417

○**裴錫圭**(1998)　楚簡“告”字中的上端皆直,此“告”字上端則向左斜折,與楚簡“告、俈”等字所從之“告”相同,故此字無疑當讀爲“造”。有學者指出“造”字所從之“告”與祝告之“告”本非一字,是有道理的。

《郭店楚墓竹簡》頁 146

○**大西克也**(2006)　上博楚簡《曹沫之陳》中表“曹沫”之“曹”的字凡九見,諸如:

〔字形〕₁、〔字形〕₂背、〔字形〕₅、〔字形〕₇、〔字形〕₁₂、〔字形〕₁₃、〔字形〕₂₀

〔字形〕₂₂、〔字形〕₆₄

所從聲符“告”字的寫法都有一個共同特點,即上部中間的豎筆頂部向左上斜折。《曹沫之陳》中還有表“告”義的“告”字,共二見,寫成下面字形:

〔字形〕₂₃、〔字形〕₃₂

“告”字上部中間的豎筆頂部没有斜折,與“曹沫”之“曹”字所從聲符寫法不同。這個區別不是偶然的。郭店楚簡《窮達以時》表“造父”之“造”的字也寫得和“曹沫”之“曹”字所從聲符一樣形狀。

〔字形〕郭店《窮達以時》11:窮四海,致千里,遇造故也。

裴錫圭先生爲此所作的按語説:“‘告’當讀爲‘造’,其下蓋脱‘父’字。楚簡‘告’字中的上端皆直,此‘告’字上端則向左斜折,與楚簡‘告、俈’等字所從之‘告’相同,故此字無疑當讀爲‘造’。有學者指出‘造’字所從之‘告’與祝告之‘告’本非一字,是有道理的。”“曹、造”二字古音都屬幽部從母,可以通假。《曹沫之陳》“曹”字的寫法印證了裴先生的看法。但是,上博楚簡《容成氏》的一個“告”字寫法與造父的“告”字一樣,這是一個反例。

〔字形〕上博《容成氏》52:武王於是乎素冠弁,以告閔于天,曰:

《説文》辵部云:"造,就也。从辵,告聲。""告"字古讀幽部見母,雖然韻部相同,但聲母距離很遠。因此有音韻學家給"造"字構擬 *sg-之類的複聲母來解釋"造"从"告"聲。裘先生指出楚文字"告、造"有别,可能會影響到楚文字的音韻問題,也影響到某些从"告"之字的釋讀,值得進一步探討。本文打算在裘先生説法的基礎上對兩種"告"字及其通假範圍進行考察。兩種"告"字的寫法不同在上部中間的豎筆,以下直的稱"告 A",斜折的稱"告 B"。

就文意比較没有疑問的例子來説,在戰國中晚期楚系文字中,"告 A"代表幽部見系聲母字,不表齒音字,例外極少。以下的例子都是"告 A"表示"告訴、告發"義的詞,這種用例不勝枚舉,(中略)

就我所知,楚系資料中"告 A"讀作"造",表精系聲母的例子有二:

告(符號)楚伺罠戈,《考古與文物》1996 年第 4 期第 37 頁:罵盅戴,厷陲公伺罠之所告(造)。

告(符號)相公子矰戈,《集成》17-11285:卲(?)愚戴,相公子矰之告(造)。

"楚伺罠戈"發表於尤仁德先生《楚伺罠戈考釋》一文中。所載拓本非常模糊,無法辨認字形。上引"告"字是從尤氏摹本轉引。但審其摹本,頗疑此器即《江漢考古》1983 年第 2 期圖版捌上公布的"伺戈"(亦即"兼陵公戈",見《集成》11358),二器字數及其布置均一致,只是摹本的個别字形稍異。釋文中"厷陲公"當爲"兼陵公"之誤釋。兼陵公戈係武漢市文物商店所收集,尤文亦云"它(即楚伺罠戈)是湖北省武漢市文物商店在廢品部門揀選所得"。兼陵公戈的"告"从"告 B"作"䛃"(下詳),此器从"告 A"大概也出於誤抄。

相公子矰戈的"告"字見何琳儀先生《戰國古文字典》和李守奎先生《楚文字編》,都視爲楚系文字。關於相公子矰戈的國屬,李家浩先生認爲是楚器,指出"相"在今安徽宿縣西北,原爲宋邑,公元前 286 年齊湣王與魏、楚滅宋,三分其地,相邑爲楚所有。陳偉武先生對其國屬打個問號,没有確定。此戈各家看作楚器,其主要理由應該是"戴"字寫成"(符號)",似有典型的楚文字特點,同時合乎以事紀年的楚國銘文格式。此銘已見畢沅《山左金石志》卷二,云:"吳江陸直之繩得於濟南。"則未能否定於山東出土的可能。齊器用"告 A"來表"造",比較常見,如高密戈作"(符號)"(《集成》17-11023),陳卯造戈作"(符號)"(《集成》17-11034),此器只有摹本,摹寫容易產生訛誤,我對此例暫采保留態度。此外,時代較早的曾侯乙墓竹簡中有"告 A、告 B"相混的情況,留在下面再談。

　　總之，“告 A”可以説是告訴、告發的專字，其假借範圍是幽部見系聲母字。

　　“告 B”的通假範圍絕大多數是幽部精系聲母字。首先舉出在楚系簡牘和銅器銘文中讀作“造”的“告、賠、敁、偌、郜”等字，其聲旁都作“告 B”。“造”古音爲幽部從母。可見“告 B”和精系聲母的密切關係。

　　　曾侯乙墓竹簡 120：攻差坪所賠（造）行廣五乘。

　　　郮陵君王子豆，《集成》9-4694.1：郚姬府所告（造）。

　　　郮陵君王子豆，《集成》9-4694.2：郮陵君王子申攸，羋（茲）敁（造）鈇盉。

　　　郮陵君王子豆，《集成》9-4695B：郮陵君王子申攸，羋（茲）敁（造）鈇盉。

　　　郮陵君鑑，《集成》16-10297：郮陵君王子申攸，羋（茲）敁（造）金監（鑑）。

　　　鹽所偌鼎，《集成》4-2302：鹽所偌（造）貞鼎。

　　末器“告”旁頂頭往左下的一筆移到中閒豎筆上，可以看成“告 B”的變形。再如：

　　　郮之造戈，《集成》17-11045B：許之敁（造）戈。

　　　斫君戈，《集成》17-11214：斫君墨膂之郜（造）戟。

　　　郮陵公戈，《集成》17-11358：羕陵公伺（？）文（？）所郜（造）。

　　　郯並果戈，《文物》1963 年第 9 期第 62 頁：郯並果之敁（造）戈。

　　　襄城戈，《考古》1995 年第 1 期第 76 頁：都壽之歲，襄城楚競（境）尹所敁（造）。

楚國官府中有一個叫“造府”的機構，應與鑄造有關，也是作“告 B”。如：

　　　□府鼎，《集成》4-2309：偌（造）府之左强□長□。

　　　陳旺戟，《集成》17-11251：陳旺之歲，偌（造）府之戟。

　　　《璽彙》0131：敁（造）府之鉩。

　　　《璽彙》2550：偌（造）府。

壽縣朱家集出土鑄客鼎所見“偌䐍”，大概指製作䐍祭用飯食的職官，此“偌”也從“告 B”。

　　　（鑄客鼎，《集成》4-2480）：鑄客爲集䐍、偌（造）䐍、冟腏䐍爲之。

包山楚簡有“造室人、威王造室”等官職，應是從事建造宮殿的工人。此字亦從“告 B”作：

　　　包山 12：郜（造）室人某瘠。

[字形] 包山 173：威王俈（造）室廖善。

楚國的職官還有“新造”，如：

[字形] 曾侯乙墓竹簡 150：新賠（造）尹騏爲右驂。

[字形] 曾侯乙墓竹簡 173：新賠（造）人之六馬。

[字形] 郙之新郜戈，《集成》17-11042：郙之新郜（造）。

[字形] 新造矛，劉彬徽《楚系金文訂補》[續]第 322 頁：新郜（造）自乍（作）之矛。

裘錫圭、李家浩先生指出：“《戰國策·楚策一》記棼冒勃蘇自言官名爲‘新造蟄’，傳世楚國兵器有‘郙之新郜（造）’戈。頌簋銘文云：‘王曰：頌，令女（汝）官辭（司）周賈，監辭（司）新造賈用宮御。’據此，西周時已有‘新造’之官。”

此外，包山楚簡中出現了許多從“告 B”的官名，如“新俈卜尹”（包山 16）、“新俈卜”（包山 174）、“俈卜尹”（常德 2.2）、“大俈卜”（包山 172）、“俈卜”（包山 166）、“大俈歐”（包山 170）、“中俈歐”（包山 180）、“俈歐”（包山 167）等。稱“卜尹、卜”的很可能是卜官，而“新造尹”可能與占卜之職無關。兩者究竟有何關係，還有待進一步研究。

楚簡中的“告 B”還有讀“遭”的。“遭”古音屬幽部精母，亦是精系字：

[字形] 上博《彭祖》7：氏（是）謂散（遭）央（殃）。

有一些從“告 B”得聲的字讀作“竈”，如：

[字形] 決望山一 139：☒祭竆（竈）。

[字形] 包山籖牌 11：竆（竈）。

包山籖牌 11 是記五祀的單字簡之一，可以讀作“竈”。此字所從“告”字頭部和寶蓋之間似有一點點空隙，看起來有點像“告 A”。但是頭部豎筆很明顯地左傾，很接近寶蓋的左斜筆，可以看成是“告 B”頭部的斜筆和寶蓋的左斜筆構成的借筆關係。“竈”字古音屬幽部精母，也和“造”相近。以上的例子都是表幽部精系聲母的“告 B”。

唯一的例外是上博《容成氏》簡 52 的“告 B”，這在文章開頭已經提到過。“告 A”和“告 B”大概是一字之分化（下詳），所以偶然寫錯是不無可能的。這並不足以否定“告 A”和“告 B”之間語音上的分用現象。

總之，正如裘錫圭先生指出，“告 A”和“告 B”是有區別的。“告 A”代表幽部見系聲母字，經常作“告語、告發”字；“告 B”代表幽部精系聲母字，經常讀作“造、曹、遭、竈”等字，只不過有極個別的例外。（中略）

　　春秋時期“告 A”和“告 B”的區別没有楚簡那樣明顯,都可以作“造”字或其聲旁。用“告 A”的,如:

　　　　![字形]司馬朢戈,《集成》17-11131:司馬朢之告(造)戈。

　　　　![字形]郏大司馬戈,《集成》17-11206:郏大司馬之艁(造)戈。

　　　　![字形]滕侯耆戈,《集成》17-11078:滕侯耆之鋯(造)。

　　　　![字形]宋公差戈,《集成》17-11281:宋公差之所賠(造)茆□戈。

用“告 B”(即“告 C”)的有:

　　　　![字形]曹公子沱戈,《集成》17-11120:曹公子沱之鋯(造)戈。

　　　　![字形]羊子戈,《集成》17-11089:羊子之艁(造)戈。

　　　　![字形]宋公差戈,《集成》11289:宋公差之所賠(造)不(邳)陽族戈。

戰國早期曾侯乙墓出土竹簡也有“告 A、告 B”相混的情況。該墓竹簡中出現了一種以“賠”字爲名的車馬器,(中略)此字所從“告 A、告 B”都出現。(中略)“賠”未詳何物。但是一樣東西可以用“告 A、告 B”表達,説明戰國早期的楚系文字中“告 A”和“告 B”的分工還没完成。

　　戰國時期其他地區的文字中“告 A”和“告 B”没有嚴格分工。(中略)楚簡“告 A、告 B”的分工,是戰國中晚期楚國特有的現象。

　　與見系字諧聲的精系字,其聲母原先是 sk-(精母)、sg-(從母),後來變爲ts-、dz-。我推測楚國的語言中這個變化可能比其他地區出現得早一點,“造”的讀音與見母的“告”遠離,因此不再用“告 A”作其聲符,而專用“告 B”來表達。語音與“造”相近的“曹、竈”等詞語也只能用“告 B”。這大概是楚系文字“告 A、告 B”不相混的背景。

　　戰國中晚期的楚系文字當中,“告 A”表見系聲母,“告 B”表精系聲母。雖有個别例外,然而這個區别相當嚴格,釋讀“告”字和“告”聲字時這一點應當加以注意。《包山楚簡》137 反“僕軍造言之”,似乎可以讀作“告言之”。但“造”字聲符是“告 B”,當如字讀,訓爲“詣、至”等意,文義與居延漢簡所見“詣官自言”(E.P.T.43:40 等)相同。

《簡帛》1,頁 81—92

○陳劍(2007)　《説文·辵部》分析“造”字爲“從辵,告聲”,高田忠周、張日昇都指出過此説不可信。高田忠周《古籀篇》六十五第 14 頁説金文“造”字“右不從牛口之告”,其右上所從之形“與牛字迥别,與告字作![字形]明從牛者不同也”。但他又分析“造”字字形爲從“之”、從“之”省或從“生”省,“其從口者,

從周省聲”,則不可信。(中略)

張日昇對“造”字所從的所謂“告”形的分析是很準確的,但他的“从屮从口”“栽種之意”云云的解說同樣也靠不住。大概也正因爲主張“造”不从祝告之“告”的意見未能對“造”字作出令人信服的解釋,所以此説長期不爲大多數研究者所信。

下面羅列出見於西周金文的、也是爲大家所承認的現所見最早的“造”的字形(參見《金文編》卷二 0209 號 94—95 頁):

師同鼎(《殷周金文集成》5.2779)

以上皆見頌鼎(5.2827—5.2829)

頌壺(馬承源主編《商周青銅器銘文選》第一册 275 頁四三六號)

頌壺(15.9732、15.9731.1)

以上皆見頌簋(8.4332—4339)

(中略)

“告”字殷周金文多見,作屮、屮、屮、屮、屮等形(看《金文編》56 頁 0127號),將前舉金文“造”字諸形所從跟真正的“告”字相比較,不難發現其區别所在:“造”字諸形所從基本聲符上半的中豎常向左屈頭,“告”字中豎皆爲直頭;“造”字諸形基本聲符所從上半的中豎也有作直頭的,但中豎上大多所從的是小點,偶爾有變成短横的,而“告”字中間所從横畫雖或短或長,但從來没有寫作小點的。下文我們在提到“造”字的聲符時,爲了跟真正的“告”字區别開來,一般寫作“*告(造)”,在告字左上角加一星號並括注“造”。

“*告(造)”跟“告”和分别以它們爲偏旁的字在東周文字中多見,難以一一列舉。將它們全面排比分析之後可以看出,“*告(造)”跟“告”始終保持着一些區别,但現所見的幾種戰國古文字典和文字編,大都混而未别,這是不妥當的。其實,抓住中豎是否屈頭和中豎上所從是小點還是横畫這兩個特徵,就可以比較簡要地將“*告(造)”跟真正的“告”字區别開來。同時又可以看到,雖然“*告(造)”形逐漸有一些寫得已經跟“告”混同的,但“告”卻從不寫作“*告(造)”形。這種分野,也足以説明“*告(造)”跟“告”的來源不同。下面我們就舉出一些例子來看。

先説獨體的“*告(造)”字跟“告”字。郭店簡《窮達以時》簡 11“造父”的“造”字寫作,裘錫圭先生云:“楚簡‘告’字中的上端皆直,此‘告’字上端則向左斜折,與楚簡‘告(劍按此字當是排印有誤)、倍’等字所從之‘告’相同,故此字無疑當讀爲‘造’。有學者指出‘造’字所從之‘告’與祝告之‘告’本非一字，是有道理的。”類似“上端則向左斜折”的“告”形又如：陳子皮戈（17.11126）、郱陵君豆（9.4694）、春秋早期的衛公孫呂戈（17.11200）（此形雖然不很明顯但仍可看出其頭部略向左傾），以上三例皆用爲作造之“造”。《上海博物館藏戰國楚竹書（三）·容成氏》簡52 字，整理者釋爲“告”。試將它跟同篇簡22 “詁告”之“告”作比較，其上端有明顯不同，而跟簡31 數見的“俈”字作、所從相同。“俈”楚文字常見，用爲“造”（璽印、兵器“造府”，包山簡“新造”等），跟字書中的“嚳”字異體無關。故《容成氏》此形也應該釋讀爲“造”。同時，用爲作造之“造”的“﹡告（造）”形也有已經跟“告”形完全混同的，如相公子矰戈（17.11285）、司馬望戈（17.11131）等。但值得注意的是，真正的“告”字卻從沒有寫作“﹡告（造）”形的。拿數量最大的楚簡文字來説，我們檢查了現所見楚簡包括新出上博竹書中所有用作“控告、告訴”一類意思的“告”字，還没有發現一例是寫作中豎頭部向左斜折的。

　　作偏旁的“﹡告（造）”大多出現在兵器銘文用爲製造之“造”字中，除“造”字外，又如從“攴”作“敊”、從“戈”作“哉”、從“貝”作“賠”、從“舟”作“艁”、從“金”作“錯”、從“邑”作“郜”等等。其中有一些“﹡告（造）”已經跟“告”形混而不別，大部分還是可以很明顯地看出其或屈頭、或中豎上從小點的特徵的。例如，“賠”字春秋晚期的宋公兵器等用爲“造”，又見於曾侯乙墓竹簡（疑可讀爲“就”），均屈頭或多出一斜筆甚明。而郱滕單字陶文中或作（《古陶文彙編》3.895），雖然中豎上是一長橫，但向左屈頭；或作（《古陶文彙編》3.896）、（古陶文彙編3.895），此兩形雖不屈頭，但中豎上均是一小橫（由小點變來），尤足以説明問題。又如，“造”字或作（平阿左戟，17.11158）、（即墨華戈，17.11160），甚至整個右上半往左傾斜。

　　前文已經出現過西周金文中用爲人名的“郜”。“郜”用爲作造之“造”如析君戟（17.11214）作、郢之新造戈（17.11042）作，“﹡告（造）”形皆多出一斜筆。羕陵公戈（17.11358）作，右半所從已經跟“告”混同。洹子孟姜壺（15.9729、9730）有“”字，銘文云：“齊侯既遆洹子孟姜喪，其人民邑董竁。”舊釋斷句有誤，多讀“喪其人民邑”爲句，釋爲郜邑之“郜”，或釋爲“都”，皆不可信。董蓮池先生讀“郜邑”爲“慼悒”，悲愁之意。此解遠勝於舊説，但仍以爲字從“告”聲則非。此字也當是從“﹡告（造）”聲的，“造”聲字跟“戚”聲字相通古書不乏其例（看《古書通假會典》727 頁“造與蹙”條、“造與戚”條）。除讀爲

“䠂”外,此“郜”字其實也可以讀爲憂戚之“戚”或“慼/慽”。而郜史碩父鼎(《小校經閣金石文字拓本》二·二八,《集成》失收)有𧊿字,左半所从作直頭、中豎上从短橫之形,這是真正从“告”聲的“郜”字。“郜”係國名,周文王子聃季所封,數見於《春秋》經傳。由此可見,古文字所謂“郜”字中實際包含从“*告(造)”和从“告”的兩個不同的字。又新蔡簡零:356殘辭“☐寺郜☐☒”,簡甲三:337有地名“郜父”,“郜”字作𧊿,其所从爲“告”還是“*告(造)”似不好斷定。

　　“鋯”用爲作造之“造”如曹公子沱戈(17.11120)作𨥛,中豎向左屈頭;陳侯因資戈(17.11081)作𨥛、滕侯耆戈(17.11078)作𨥛,中豎上皆作小點形。也有一些字形所从已經與“告”接近,如陳卯戈(17.11034)、陵右戟(17.11062)等。而望山二號墓楚簡12、13號“鋯面”之“鋯”作𨥛、𨥛,皆作直頭長橫之形;又包山楚墓牘1有“四馬晧面”,“晧”字作𣅌,亦从直頭長橫之“告”。李家浩先生認爲,包山楚簡271號有“四馬之𠙴(臼)面”,“臼面”即“鋯面、晧面”,“鋯”與“晧”皆从“告”聲,“告、臼”二字古音相近,皆應讀爲“舊”。也就是説,古文字所謂“鋯”字中實際也包含从“*告(造)”和从“告”的兩個不同的字。

　　目前所見戰國文字中被釋爲从“告”的字,其中真正从“告”的除了上文提到的“晧”字和部分“鋯”字、部分“郜”字外,大概還有“浩、誥、皓”和“痞”幾字。“浩”字包山楚簡67號作𣽓,《古璽彙編》1537、1559作𣽓、𣽓;“誥”字包山簡133號作𧥉;“皓”字包山簡66號作𣅌。以上幾字除“誥”外皆用爲人名。“痞”字新蔡簡甲三:198、199-2作𤵸,甲三:344-1作𤵸,其意不明。上舉諸形均爲从直頭長橫的“告”。戰國文字中其餘被釋爲从“告”的字則大都是从“造”字的聲符“*告(造)”的。上文提到過“佶”字跟字書中的“𩪜”字異體無關。同類的情況又如,被釋爲“酷”的字應該也跟《説文·酉部》訓爲“酒厚味也”的“酷”字無關。齊系陶文“酷里、東酷里”和“西酷里”的“酷”字多見,大多作“𨠂”一類形體(見《古陶文字徵》246頁),雖然它中豎不向左屈頭,但多爲中豎上加一小點,顯然應是从“*告(造)”之字。對比齊系陶文“造”字大多作“𨑉”一類形可知。包山楚簡150號“酷”字作𨠂,125號作𨠂,皆中豎頭部向左斜折,更可説明其非从直頭之“告”。

　　前引頌簋最後一形𨑉,所从“*告(造)”已經訛變得跟“告”看不出什麼差別。秦文字似乎主要沿襲了這一類寫法,並一直沿用下來爲隸楷所承襲。春秋早期的秦子戈“作造”的“造”作𨑉(17.11352)、𨑉(澳門珍秦齋藏器),春秋中晚期的秦懷后磬(薛尚功《歷代鐘鼎彝器款識法帖》38.3)“造”字與秦子戈後一形略同。戰國秦兵器大量“造”字所从已多與“告”無別。但秦文字中也有個別的"造"字如六年上郡守戈作▓、秦印"邯鄲造工"作▓等,中豎仍向左屈頭;又商鞅量(16.10372)"大良造鞅"的"造"字作▓,中豎上端向左斜出一筆,都仍然保留了"*告(造)"形的特徵。另外,秦代漆器烙印文字"造工"之"造"或省作"*告(造)",字形作▓、▓、▓、▓、▓、▓、▓、▓等,仍然保留中豎向左屈頭的特徵,當因出於爲了與真正的"告"字相區別的需要。(中略)

　　總結本文的主要觀點,可以概括如下:殷墟甲骨文的▓字,根據裘錫圭先生的看法,本象枝莖柔弱的植物之形,就是"艸/草"字的象形初文,"中(艸、草)"字本身就是由▓省去下半的寫法▓演變而來的。我們認爲,▓字異體▓即"造"字的聲符("造"字聲符與祝告之"告"本非一字),▓即"賣"字聲旁"睿"的聲符;▓字及其異體在殷墟卜辭中用爲時閒名詞,讀爲早晨之"早",指日出之前、夜盡將曉的這段時閒;殷墟甲骨文中從▓聲的"桼"和"徥"字當釋讀爲"遭",應該就是遭遇之"遭"的古字;西周文字中主要見於金文的"徟"和"徲"最初當是"造"字異體,後來與"造"字分化並被淘汰;盠簋"徲"字當釋爲意爲"到……去"的動詞"造";其它"徟"和"徲"字有一部分可能當釋讀爲虛詞"肇",表示對其後所接動詞的肯定和强調;有一部分"用於兩事之閒",所表示的詞尚待進一步研究。

《甲骨金文考釋論集》頁 129—137、176

△按　"造"所从之聲旁告,與祝告之"告"本非一字,大西克也、陳劍論之甚詳,可從。至於"告"字的來源,則尚待研究。"造"字諸異體按其形旁分別重見於各卷攴、貝、金、戈、人等部。戰國文字又多假"郜、棗、嚳"等記寫"造"。

【造工】

○**周偉洲**(1997)　邯鄲造工　如前述,秦漢時郡縣往往有中央直屬之特種屬官。《後漢書》志第二十八《百官志》云"凡郡縣出鹽多者置鹽官,主鹽税。出鐵多者置鐵官,主鐵鑄。有工多者置工官,主工税物。有水池及魚利多者置水官,主平水收漁税"。《漢書·地理志》記西漢時郡縣設"工官"者有:河内郡懷縣一、河南郡一、潁川郡陽翟一、南陽郡宛縣一、濟南郡東平陵一、泰山郡奉高一、廣漢郡及雒縣各一、蜀郡成都一。封泥"邯鄲造工",應即秦代中央於邯鄲郡所置"工官",秦代稱爲"造工"之印。

《西北大學學報》1997-1,頁 31

【造戈】

○**孫稚雛**(1982)　造戈,説明該戈爲誰所造。

《古文字研究》7,頁 105

○**范毓周**(1996)　關於"造戈",有的學者以爲"造"應破讀爲"倅"或"卒","造戈"當爲副車之戈。例如,近出《商周青銅器銘文選》中即謂:艁(造)戈,副車之戈。艁,讀爲倅或卒。《説文通訓定聲》:"《廣雅·釋詁一》:'造,猝也。'《大戴禮記·保傅》'靈公造然失容',《注》:'驚慘之兒。'造、猝雙聲。"今當讀作倅或卒,即副車,艁戈即副車之戈,古熔銅作器稱鑄不稱造。艁戈一詞在戈銘中常見,艁爲名詞而非動詞。如陳侯因𰯾戟銘:"陳侯因𰯾造。"陳子戈銘:"陳之𦧦造。"又齊城殘戈銘:"齊城右造車钺伀脅。"表明此造皆是造車即副車之義。番仲戈銘:"番仲作之艁戈。"即番仲所鑄之造戈。《周禮·夏官司馬·射人》"乘王之倅車",鄭玄《注》:"倅車,戎車之副。"又《戎僕》"戎僕,掌王倅車之政",鄭玄《注》:"倅,副也。"實際上,這種解釋也是不確的。按釋"造戈"之"造"非名詞,非鑄造之造是正確的。但釋"造"爲"倅"或"卒"並謂"造戈"爲副車之戈則未免牽强。戈在春秋時仍爲兵器中重器,多爲造器者所專用,故多銘器主之名。副車爲君主所乘戎車損壞時之備用戎車,又不能虛,而使有爵者乘之,故《周禮·夏官·射人》有"令有爵者乘王之倅車"之説。戈既爲專用之武器,爲何會都鑄上副車之戈的銘文,其於事理似難通解。我認爲"造戈"之"造",乃"造祭"之"造"。《周禮·春官·大祝》有:"掌大祈以同鬼神示,一曰類,二曰造。"鄭玄引杜子春語爲"造"作《注》曰:"造,祭於祖也。"《禮記·王制》:"天子將出,類乎上帝,宜乎社,造乎禰。"孔穎達《疏》謂"造,至也。謂至父祖之廟也"。

這裏的"造"也即是天子、諸侯凡有朝聘、盟會和征伐必至宗廟所行的"告廟"之禮。所謂"造戈"當爲告廟所用之戈,故其"造"皆從"告"。因此,洛陽地區發現的這件《嫝之造戈》當爲嫝族或作器者嫝所鑄之告廟之戈。

《華夏考古》1996-1,頁57

【告古】郭店·窮達11
○**李家浩**(1999)　《窮達以時》一〇號、一一號簡釋文:
　驥騩張山,驥空於邵逨,非亡體壯也。窮四海,至千里,遇告古(故)也。
按此篇常見與"遇告古也"相同的句式:
遇堯也三號簡　　遇武丁也四號簡　　遇周文也五號簡
遇齊桓也六號簡　遇楚莊也八號簡
"遇"與"也"之間都是人名。"遇告古也"句不應該例外。也就是説"告古"應該是人名。裘錫圭先生在此篇注釋[十三]按語中指出,"告"當讀爲造父之"造"。現在據簡文上文"河叵"讀爲"河浦"之例,"古"應該讀爲"父"。"浦"

從“甫”聲,而“甫”從“父”聲,故“告古”可以讀爲“造父”。釋文把“古”讀爲“故”,看來是有問題的。

【敆廎】

○吳振武(1983)　　0131 ✎府之鉌·敆(造)府之鉌。

《古文字學論集》(初編)頁 489

○湯餘惠(1986)　　《小校》10·74·6 著録的宅陽矛銘文末尾一字寫作✎,吳大澂釋“敆(貢)”。此字又見新鄭兵器銘文,郝本性先生釋“造”,無説。按此字釋“造”是對的,此字不省之形作:

✎新鄭銅劍　《文物》1972 年第 10 期第 40 頁　圖二五

✎新鄭銅矛　同上　圖版肆 2

字左上均從告,宅陽矛告旁從口因上下筆畫而省作,晚周陶文賞字或作✎(《匋文編》6·45),口旁可以互證。此字隸寫應作“敆”,或隸爲“敆”似不確。銘文用爲“製造”的“造”,字不見後世字書,殆爲從告得聲的形聲字。(中略)

　　　楚國的官璽有:✎寶(府)之璽(0131)

　　　首字即“敆(造)”字的訛寫。楚文字“敆”之作✎(郊並果戈)、✎(鄝陵君銅豆之一)、✎(鄝陵君銅鑑)、✎(鄝陵君銅豆之二)等形者與之形近,故可同釋。

　　　造府,戰國楚器物銘文屢見,又作“告府”。楚璽(2550)及楚銅器兵器銘文都有關於“告府”的資料(詳拙作《楚器銘文八考》),但迄今爲止似乎没有看到楚以外其它各國有關於“告府”的銘文記載,説明造府是專設於楚的官署名稱。遺憾的是載籍書闕有閒竟無隻言片語可資印證。《録遺》578 著録的戟銘云:

　　　陳眰(旺)敆＿(之載),告(造)寶(府)之戜(戟)。

玩味銘文辭意,造府可能是職掌器物製造和貯藏的有司,與中原各國的中府、少府相當。

《古文字研究》15,頁 12、32

逾 逾　龕 偷

✎集成 12113 鄂君啟舟節　　✎包山 135　　✎郭店·尊德 17

逾 新蔡甲三 201　　逾 新蔡甲三 373

逾 包山 244　　逾 郭店·老甲 19

逾 新蔡甲三 5　　逾 新蔡甲三 5

○**郭沫若**（1958）　（編按：鄂君啟舟節）逾灘者言自漢水南岸渡至北岸。

《文物參考資料》1958-4，頁 4

○**于省吾**（1963）　（編按：鄂君啟舟節）其稱逾者有四：逾沽、逾漢、逾夏（夏水）、逾江，凡稱逾者，指越過此水而達於彼處言之。

《考古》1963-8，頁 445

○**黃盛璋**（1964）　（編按：鄂君啟舟節）逾：郭文據"逾漢"以爲係沿江而下，用此亦可解釋"逾江"，但與"逾湖"之例不合；譚文則以"逾漢、逾江"等乃踰越之意，用此亦可以解釋"逾湖"，但"逾漢"則費解，我以爲用"逾"皆與水路有關，乃表示更換一條水路，如"逾湖"顯然是由江路換入湖路，既非沿流而下，亦非踰越水道。因舟更無旱行之理，故"逾"非更換一條水路莫屬。

《歷史地理論集》頁 266，1982；原載《中華文史論叢》5

○**劉和惠**（1982）　（編按：鄂君啟舟節）關於"逾"字。黃盛璋先生認爲，"逾"，"非更換一條水路莫屬"（見《中華文史論叢》第五輯 146 頁）。我以爲不然。舟節節文中，"逾"字一共用了四次："逾湖、逾漢、逾夏、逾江"。揆其義有二：一是越過的意思，如"逾湖"，節文"自鄂市，逾湖"，並無更換一條水路之事；一是表示順流而下，如"逾漢、逾夏、逾江"。在節文中，"逾"與"辻"是對應的兩個字，凡溯流而上，俱用"辻"字表達；凡順流而下，均用"逾"字説明。轉入內河則用"內"（入）字。

　　舟節中"逾、辻、內"三詞，只有"內"字是確切表明轉入另一條水路。

《考古與文物》1982-5，頁 61

○**孫劍鳴**（1982）　（編按：鄂君啟舟節）黃先生對於"上、入"二字所下的定義是正確的，至於對"逾"字的注釋中"既非沿流而下"一語，則可以考慮。《節銘》中"逾"字凡四見，曰"逾湖、逾漢、逾夏、逾江"，湖、漢、夏、江均是水，用"逾"字可以説是"更換一條水路"，但《節銘》中又一見"上漢"，兩見"上江"，對於江、漢二水何以忽用"逾"，忽用"上"？從航行路綫看，便可見《節銘》用詞有嚴格的區分，並非隨意亂用。試看下文：

　　"自鄂往，逾湖，上漢……"這一段行程，是從武昌出發，沿湖而下，故曰逾湖，又溯漢水而上駛，所以一定用"上漢"，不用"逾漢"。再看下文：

“……庚芑陽,逾漢,庚邨……”,這是到了芑陽後回轉來了,船還是在漢水裏行駛,並未“更換一條水路”,但航向是順流而下,所以一定用“逾漢”,不再用“上漢”。再下面轉入夏水,再入江向東航行,所以仍用“逾”字;“逾夏”“逾江”。船到夏陵,回轉來入江向西行,入湘水,所以就説“上江、入湘”,最後還有一個“上江”,那是從湘、資、沅、澧回來,到郢都去,又是溯江而上,自然只能説“上江”,不能説“逾江”。由此看來,“逾”這一動詞,在《節銘》中只是用於沿流而下,並非只是表示更換一條水路的。

　　郭沫若先生説:“‘逾漢’者言自漢水南岸渡至北岸”,“‘逾江’……言自漢水復渡往長江南岸”。他認爲“逾”,即是由此岸渡往彼岸,或由此水渡往彼水。大約也是未加深考之故。

　　“上”用於“江、漢”,“逾”用於“江、漢、湖、夏”(“湖、夏”在《節銘》中都只一見,如果逆流,當也可以用“上”字),“入”用於“湘、資、沅、澧”,這種嚴格區分航行的用詞是否爲當時楚國所獨有,不敢斷言,但它顯示了楚文化的一個特點,卻是很明顯的。

《安徽省考古學會會刊》6,頁28—29

○**李零**(1986)　　(編按:鄂君啟舟節)“逾”,指越離某一水道。

《古文字研究》13,頁370

○**陳偉**(1986)　　(編按:鄂君啟舟節)一、凡是提到“让、逾、内”的,都是舟船所行河流的名稱。凡是提到了“庚”的,都是沿岸的地名。

　　二、“让”爲溯水行進。“让”後所庚之地都在所由“让”之處的上游。

　　三、“逾”爲沿流順下。“逾”後所庚之地都在所由“逾”之處的下游。

　　四、由幹流轉入支流稱“内”。“内”後所庚之地,都在支流上。沒有以只提“庚”某地來表示進入並未交待的某條河流的情形。

　　五、所“逾”之水注入某水後,舟船即以匯流處爲基點,“让、逾”某水,而不另行交待。

　　六、路線一概只舉去向單程。舟節中“让、逾”同一條河流,是就某個基點的上、下游而言的,不是同段往返。

　　逾,以前多讀如本字,或以爲指渡越,或以爲指轉換水路。但是,這些解釋與所考訂的地望之間,並不能完全吻合。例如,渡越鄂城附近湖泊之後,让漢之前,必須橫渡大江,節文中卻並無交待;稱逾的幾處又不能證明橫渡其流。轉換水路的體例,幹流入支流見(四),支流入幹流見(五),都不使用逾字;稱逾之處其實並沒有轉換水路,明顯的如“逾漢”緊接“让漢”之後,“逾江"緊接"辻江"之前,都是在同一河流中航行。同時,舟節在舟船運行中,有逆水行舟的"辻",有轉入支流的"内",有停靠口岸的"庚",順水而下這一常見的航行現象卻不曾提及,也是說不過去的。近年,劉和惠先生指出:逾,"揆其義有二:一是越過的意思,如'逾湖'……一是表示順流而下,如'逾漢、逾夏、逾江'。在節文中,'逾'與'辻'是對應的兩個字,凡溯流而上,俱用'辻'字表達;凡順流而下,均用'逾'字說明"。劉先生注意了舊說的矛盾,持論有了很大的改進,但因爲拘守鄂城說,仍然把"逾油"釋爲渡湖,分割了體例的一致性,問題也沒能很好解決。我們以爲,舟節中的逾字都應解作順水而下。逾與遙字,義通音近,可以通假。

《禮記·投壺》"毋踰言",注:"踰或作遙。"《漢書·陳湯傳》"踰集都賴",注:"踰讀曰遙。"《楚辭·大招》"無遠遙只",注:"遙,猶漂遙,放流貌也。"正是指順水行舟這類現象。

《江漢考古》1986-2,頁 88—89

○**湯餘惠**(1993) (編按:鄂君啓舟節)逾,從銘文看皆指順水下行,當讀爲降。俞,古音喻紐侯部;降,古音匣紐東部。二字並屬喉音,侯、東陰陽對轉,古音很近,古籍每有通用之例,如今本《老子》第三十二章"以降甘露",馬王堆漢墓帛書甲、乙本"降"並作"俞"。

《戰國銘文選》頁 46

○**陳偉**(1998) (編按:郭店簡)以逾甘露(《老子》甲一九)

注[四八]云:逾,"帛書本作'俞',整理者認爲'俞,疑讀爲揄或輸'。可從。"帛書老子中的"俞",高明先生認爲當借爲"雨"。郭店簡老子甲中的"逾",劉信芳先生認爲讀如"賈"。我們知道,《鄂君啓節·舟節》中"逾"表示與"上"相反的航行過程,大致是"下"的意思。我們還曾對《國語·吳語》的一段記載作過討論,得知其中"亦令右軍銜枚踰江五里以須"的"踰"("逾"字異體)也是指沿江而下。然則,老子甲中的"逾"字可以直接訓爲"下",適與傳世本"以降甘露"的"降"對應。

《江漢考古》1998-4,頁 67

○**陳斯鵬**(1999) (編按:郭店簡)《老子》甲簡 18—19:"天陞(地)相合也,以逾甘雰(露)。"注:"逾,簡文從'亼'從'舟'從'止'。帛書本作'俞',整理者認爲'俞,疑讀爲揄或輸',可從。"

今按:簡本作"逾",今本作"降"。帛書本作"俞",高亨以爲"俞"通"降"。高明讀"俞"爲雨,訓降。而帛書及簡本整理者皆疑讀"揄或輸",而未決。上古音俞在喻紐侯部,降在見紐東部,雨在匣紐魚部,三者聲韻固有某些相近之處,言其通假則嫌牽强。竊謂帛書本的俞、簡本的逾都應該讀爲"輸"。整理者所疑有理,可惜在揄、輸之間未能抉擇。《廣雅·釋言》:"輸,寫也。"《説文》段注:"凡傾瀉皆曰輸。"《玉篇·車部》:"輸,瀉也。""以輸甘露"的"輸"正當訓輸瀉、傾瀉。張衡《南都賦》:"長輸遠逝,漻淚減汨。"枚乘《七發》:"輸寫淟濁。"並用是義。

《中山大學學報論叢》1999-6,頁 145

○**劉信芳**(1999)　(編按:郭店·老甲)簡甲一九:"天地相會也,以逾甘雺(露)。""逾"字馬王堆帛書作"俞",王本作"降"。帛書整理小組疑"俞"讀爲"揄"或"輸",高明《帛書老子校注》認爲"俞"應讀爲"雨"。按"逾"讀爲"霣",《春秋·僖公三十三年》:"霣霜不殺草。"《公羊傳·莊公七年》:"星霣如雨。"《楚帛書》"霓霜"即"霣霜",而叀、俞古音同在侯部喻紐,平聲。

《中國古文字研究》1,頁 105

○**李零**(2002)　(編按:郭店·老甲 19)又"以輸甘露","輸",簡文作"逾",舊作從原書,不破讀,但原書注[四八]説"帛書本作'俞',整理者認爲'俞,疑讀爲揄或輸'。"可從;"甘",寫法同《緇衣》簡 30、《成之聞之》簡 9 的"昌"字(在簡文中是讀爲"倡")。按"揄、輸"均有傾委墮瀉之義,如《廣雅·釋詁》"輸、墮、剥、免,脱也",《廣雅·釋言》"輸、攡,墮也",又"輸,寫也"。簡文"以逾甘露",含義與今本"以降甘露"同;"甘"作"昌",乃字誤。這裏讀爲"以輸甘露"。

《郭店楚簡校讀記》(增訂本)頁 12—13

○**孟蓬生**(2002)　(編按:郭店簡)《老子》甲簡 19:"天地相合也,以逾甘露,民莫之命(令)而自均焉。"(中略)

　　生按:逾(俞)爲降之借字,無須輾轉爲説。

　　降爲古侵部字,戰國以後,降字已入東韻,故可與幽、侯部字發生音轉關係。《楚辭·離騷》:"帝高陽之苗裔兮,朕皇考曰伯庸。攝提貞於孟陬兮,惟庚寅吾以降。"降與庸韻。又《九歎》:"赴江湘之湍流兮,順波湊而下降。徐徘徊於山阿兮,飄風來之洶洶。"降與洶韻。《孟子·滕文公下》:"洚水也者,洪水也。"《説文·木部》:"桻,桻雙也。从木,夆聲。讀若鴻。"《戰國策·趙策》"張孟談",《史記·趙世家》作"張孟同"。《史記·袁盎晁錯列傳》:"宦者趙同以數幸,常害袁盎,袁盎患之。"裴駰《集解》:"徐廣曰:'《漢書》作談字。'"並其證。談從炎聲,古音屬談部,但談或作譚,覃聲則在侵部。炎聲和覃聲字不但與東部之同相通,亦與幽部之導(導)相通。《説文·木部》:"棪,遬其也。从木，炎聲。讀若三年導服之導。"《説文・示部》："禫，除服祭也。从示，覃聲。"《禮記・喪大記》："禫而内無哭者。"鄭注："禫，或皆作道。"《儀禮・士虞禮記》："中月而禫。"注："禫之言澹澹然平安意也。古文禫或爲導。"

古音喉牙音字往往與喻四字發生關係。衍今聲的廞字、衍牟聲的贛字和衍臽聲的若干字都跟喻母字有過密切的關係。《周禮・天官・司裘》："大喪，廞裘，飾皮車。"鄭注："故書廞爲淫。鄭司農云：淫裘，陳裘也。"賈疏："此《周禮》一書之内，稱廞者衆多，故書皆爲淫。"《周禮・春官・司服》："大喪，共其復衣服、斂衣服、奠衣服、廞衣服，皆掌其陳序。"鄭注："故書廞爲淫。鄭司農云：淫讀爲廞。"《墨子・非樂上》："於《武觀》曰：啟乃淫溢康樂，野於飲食，將將銘莧磬以力，湛濁於酒，渝食於野，萬舞翼翼。"飲（歆）衍今聲，渝食即飲食。《説文・酉部》："酓，酒味淫也。从酉，贛省聲。讀若《春秋傳》曰'美而豔'。"淫與豔音近，以淫訓酓，屬於聲訓。酈道元《水經注》曰："白帝山城水門之西，江中有孤石，名淫預石。"淫預即豔（灩）預（澦）。《漢書・揚雄傳》："淫淫與與。"注："往來貌。"《文選・羽獵賦》："淫淫與與。"注："淫淫、與與，皆行貌也。"《説文・門部》："尤，淫淫行兒。"《周禮・地官・序官》："女舂抌二人。"注："抌，抒臼也。《詩》云：或舂或抌。"《經典釋文》："抌，音由，又音揄。"《詩・大雅・生民》："或舂或揄。"

古音牟聲與臽聲相通。《詩・小雅・十月之交》："豔妻煽方處。"《魯詩》以"閻"爲之。《説文・血部》："衉，羊凝血也。从血，臽聲。衉，或从贛。"《説文》："贛，賜也。从貝，贛省聲。"《尚書・顧命》："爾無以剑冒贛於非幾。"馬注："贛，陷也。"《左傳・文公五年》之"閻職"，《史記・齊太公世家》《説苑》作"庸職"。《説文・炎部》："燄，火行微燄燄也。从炎，臽聲。"《尚書・洛誥》："無若火始燄燄。"《漢書・梅福傳》"燄燄"作"庸庸"。《方言》："庸謂之倯。"《説文》新附："慵，懶也。"又《説文・女部》："嬾，懈也，怠也。"《吕氏春秋・勿躬》："莫敢愉綖。"注："解也。"王念孫《讀書雜誌餘編》："愉即安肆曰偷之偷（偷古作愉，見《周官・大司徒》），故注訓爲解（與懈同）。"《六韜》"庸成氏"，《莊子・胠篋》作"容成氏"。《釋名・釋宫室》："墉，容也，所以隱蔽形容也。"《方言》："襜褕，江淮南楚之間謂之褈裕。"

郭店楚簡是戰國中晚期的產物，那時候降字已從侵部轉入東部，而且完全有可能跟贛字一樣有過喻母的讀法。所以它跟侯部的逾字發生關係，實際上是一種對轉關係，是一點也不值得奇怪的。

○**陳偉**（2003）　　在先秦時期,至少是在長江中下游的楚吳之地,"逾"直接具有自上而下運行的含義。《國語·吳語》記述越滅吳之役説:"於是吳王起師,軍於江北,越王軍於江南。越王乃中分其師以爲左右軍,以其私卒君子六千人爲中軍。明日將舟戰於江,及昏,乃令左軍銜枚溯江五里以須,亦令右軍銜枚踰江五里以須。夜中,乃命左軍、右軍涉江鳴鼓中水以須。吳師聞之,大駭,曰:'越人分爲二師,將以夾攻我師。'乃不待旦,亦中分其師,將以禦越。越王乃令其中軍銜枚潛涉,不鼓不噪以襲攻之,吳師大北。越之左軍、右軍乃遂涉而從之,又大敗之於没,又郊敗之,三戰三北,乃至於吳。""踰、逾"一字。韋昭注云:"踰,度也。"不確。這裏,"踰"與"溯"相對而言,並且左右軍是在後來(夜中)才"涉江"到"中水"(韋昭注:"中水,水中央也。"),可見"踰"指沿"江"而下,與溯指溯"江"而上對應。在楚國金文《鄂君啟節·舟節》中,"逾"與"上"相對爲文。節銘記述的鄂君商船免税通行的路線,是自鄂邑(今河南南陽市北)"逾油(淯水,約當今白河)",在入漢後分"上漢、逾漢"兩路展開,再在入江後分"逾江、上江"兩路展開。節銘中的"逾",顯然與《吳語》中的"踰"類似,是指順水而下的航行。相形之下,簡書此處的"逾"（編按:郭店·老甲 19）,應與《鄂君啟節·舟節》以及《國語·吳語》中同樣的字具有同等的含義,傳世本"以降甘露"的"降"正相對應。馬王堆帛書《老子》中的"俞"則顯然是"逾"字的省寫,也是"下"的意思。

《郭店竹書別釋》頁 20—21

○**劉信芳**（2003）　　（編按:包山 244）保逾:或讀"逾"爲"愈",謂病愈。按簡文謂病愈爲"瘥",若此處讀"逾"爲"愈",義甚突兀。竊謂保逾應讀爲"苞奥",謂將置於俎豆之牲肉用苞茅扎束。《詩·召南·野有死麕》"白茅純束",毛《傳》:"純束猶包之也。"逾、奥古音同在侯部,喻紐,《説文》:"束縛捽扻爲奥。"

《包山楚簡解詁》頁 248

○**陳偉等**（2009）　　（編按:新蔡甲三 111"既成,𧻚逾而厭之"）逾,今按:降,下。攻逾,攻人(從祭壇)下。《儀禮·特牲饋食禮》:"祝告利成,降,出。主人降,即位。"

《楚地出土戰國簡册》(十四種)頁 427

△**按**　《説文》:"逾,越進也。从辵,俞聲。《周書》曰:無敢昏逾。"以此釋鄂君啟舟節之"逾",無法讀通銘文。學者根據與"让"相對而釋"逾"爲順流而下,可謂卓識。其後得郭店《老子》甲簡 19"以逾甘露"今本"逾"作"降"之異文爲證,可以論定。然"逾"不必與"降"強求音通,或是傳世文獻失載之先秦

楚語詞。字或省作“逾、揄”。

遝 

睡虎地·秦律 105　睡虎地·答問 143

○**睡簡整理小組**(1990)　(**編按**:睡虎地·秦律 105“器敝久恐靡者,遝其未靡”)遝(音帶),《方言》:“及也。”

(**編按**:睡虎地·答問 143“廢令、犯令,遝免、徙不遝”)遝,及,(**中略**)此處意思是追究。

《睡虎地秦墓竹簡》頁 45、126

○**湖南省文物考古研究所、湘西土家族苗族自治州文物處**(2003)　133 正:或遝[逮]:廿六年三月甲午,遷陵司空得(得)、尉乘□卒算(算)簿。(**中略**)

遝,通逮,逮捕。此簡爲逮書。

《中國歷史文物》2003-1,頁 10

迮 

郭店·六德 24　新蔡零 64

△**按**　應是“乍(作)”字異體。郭店《六德》“迮、乍、亡〈乍〉”並見,皆讀爲“作”。上博五《競建内之》簡 3 之字作“㑅”,其人旁也可能是彳旁之訛。“乍、㑅”見本卷止部。

遣 

天星觀　望山 1·9　郭店·成之 37

○**李零**(1999)　(**編按**:郭店·成之 37“唯君子道可近求而可遠遣也”)借,原从辵从昔。

《道家文化研究》17,頁 516

○**白於藍**(1999)　(**編按**:郭店·成之 37)釋文中於“遣”字後加“?”號,可見釋文作者對此字之釋讀亦持懷疑態度。此字原篆作“”,若釋爲遣,則文義艱澀難通。《説文》:“遣,迹遣也。”段玉裁《説文解字注》據《玉篇》《廣韻》改“迹”爲“这”,曰:“《小雅》:‘獻醻交錯。’毛曰:‘東西爲交,邪行爲錯。’”王筠《句

讀》：“迬，今爲交；道，今爲錯。”又《玉篇》：“道，亂也。”《廣雅·釋詁二》：“道，借也。”總之，道字之義均無一能使本段文字通暢。筆者以爲此字辵旁上部所從乃“向”字。郭店簡中“向”字作如下諸形：

　　　⿰《老子》乙圖版一七行　　　⿰《魯穆公問子思》圖版三行　　　⿰《尊德義》圖版二七行

字形均與此字所從之“⿱”形近，唯“⿱”字下部似從“日”，恐是訛變。向字古有趨向之義。《荀子·仲尼》：“鄉方略，審勞佚。”楊倞《注》：“鄉，讀爲向，趨也。”又《集韻·漾韻》：“向，趣也。”古文字中凡具有動態意向的字往往可追加“彳、止、辵”旁以爲義符。其例甚多，兹不贅舉。故簡文此字很可能正是向字之異構。

　　向字引申之則又有景仰、崇尚之義。《吕氏春秋·音初》：“樂和而鄉方矣。”高誘《注》：“鄉，仰；方，道。”《淮南子·説林》：“其鄉之誠也。”高誘《注》：“鄉，仰。”向、鄉音義並通，故可通用。《孟子·告子下》：“君不鄉道，不志於仁，而求富之，是富傑也。”朱熹《注》：“鄉與向同。”《史記·汲鄭列傳》：“上方向儒術，尊公孫弘。”向字亦是景仰、崇尚之義。簡文“唯君子道……可遠向也”之“向”字，其義與《吕氏春秋》之“鄉方”、《孟子》之“鄉道”、《史記》之“向儒術”中之“向（或鄉）”是相同的。

　　　　　　　　　　　　　　　　　　　　　　《中國古文字研究》1，頁 114—115

○劉釗（2000）　《成之聞之》説：

　　　唯君子道可近求而可遠道也。

《郭店楚墓竹簡》一書在“道”字後加有問號，表示不能確定。對其讀法没有解釋。或解釋此字爲“迵（向）”，但於字形不合。按字隸作“道”没有問題，字在簡文中應讀作“措”。“措”即“舉措”之“措”，乃“安置”或“運用”之意。《禮記·樂記》：“故曰：‘致禮樂之道，舉而措（編按：“措”或作“錯”）之天下無難矣。’”文中“錯”亦讀爲“舉措”之“措”。以“道”爲“措”之對象，與上引簡文相同。“措之天下”也就是簡文的“遠措”。

　　　　　　　　　　　　　　　　　　《郭店楚簡國際學術研討會論文集》頁 84

○吕浩（2001）　《郭店·成之聞之》簡三七：

　　　唯君子道可近求而可遠道（？）也。

此“道”字原簡圖版寫作“⿰”，其所從之“昔”形爲“⿱”（《唐虞之道》簡二之“昔”字字形）之省形。包山楚簡也有類似的省形，如包山楚簡二一五組簡有“⿰”字，二○○組簡有“⿰”字，兩處文例相同，當是一字。故整理者把

《成之聞之》簡三七"遠"後一字釋爲"道"是可信的。

古音昔與且可通，昔在鐸部心紐，且在魚部精紐，韻對轉，聲爲鄰紐。《楚系簡帛文字編》直接把"⿰辶昔"隸定爲"狙"，大概也是出於這種考慮。疑簡文"道"字讀爲"徂"，《詩·大雅·雲漢》："不殄禋祀，自郊徂宮。"王引之曰："徂，猶及也。言禋祀之禮，自郊而及於宗廟也。"可見，"徂"有及、至義。上引《成之聞之》簡三七猶言：唯君子道可近求而可遠至也。下文言："言慎求於己，而可以至順天常矣。""求於己"與"近求"義近，"至順天常"與"遠道（徂）"義近。

《中國文字研究》2，頁 284

○陳偉（2003） (編按：郭店·成之 37) 向，原疑釋爲"道"，研究者有多種猜測。白於藍先生釋爲"向"。在郭店簡中，"向"字的上部或像二人相背，或像羊角狀；下部或作"口"，或作"甘"。表 11-1 中第二、第三例分別出自《魯穆公問子思》3 號簡和《緇衣》43 號簡，上部均作羊角狀，而下部一作"口"，一作"甘"。表中第四例出自上海博物館藏戰國楚竹書《緇衣》12 號簡。此字在郭店本與傳世本中均作"卿"。劉樂賢先生認爲："蓋卿先誤作鄉，再通假作向。"應可憑信。這個"向"字的寫法與我們所討論之字"辵"旁以外的部分近似。如果像第三例那樣在圓圈中加一橫筆，則可以說彼此相同。因而，此字應是從"向"從"辵"，當可釋爲"向"。古人有"向道、向方"之說，簡文讀作"君子道可近求而遠向"，也是合適的。

表 11-1　向

成之聞之 37	魯穆公問子思 3	緇衣 43	上博本緇衣 12

《郭店竹書別釋》頁 137—138

△按　郭店《成之聞之》簡 37 釋"道"無可疑，即望山簡 1·9 之字之省，戰國文字日旁常訛作田旁，而與口旁形體不近。

速 ⿰辶⿱朿朿　逮 徶

石鼓文·吾車

十鐘　秦陶 397　陶彙 5·159

包山 137 反　包山 200　包山 219　包山 220　包山 245　郭店·六德 31

〓上博四·柬大 5　　〓上博五·季庚 22　　〓上博四·曹沫 44

〓郭店·尊德 28　　〓上博一·性情 39　　〓新蔡甲三 22、59

○**張政烺**（1934）　（編按：石鼓文）王國維《史籀篇疏證》："〓，《說文解字》辵部：'迹，步處也。从辵，亦聲。速，籀文迹从束。'段《注》云：'《釋獸》鹿其迹速，《釋文》本又作麗，素卜反，引《字林》，鹿迹也。案：速正速字之誤。周時古本云其速速，速之名不嫌專繫鹿也。《廣雅》躔、踈、解、亢，迹也，即《爾雅》麋迹躔、鹿迹速、麠迹解、兔迹迒也。曹憲踈音匹迹反，《集韻》云迹或作踈。然則《字林》从鹿速聲素卜反之字，紕繆寔甚。'案：段説是也。然'速、速'二字，自古相亂。師袁敦'弗速我東馘'，'弗速'即《小雅》'念彼不蹟'之'不蹟'，而蓋文作'速'器文作'速'。石鼓文兩云"麀鹿速速"，即《爾雅》之所謂'鹿迹速'，而一鼓之中，前作'速速'，後作'速速'，蓋古速疾之字或如籀文作'遬'，故不妨書'速'爲'速'。然'速'正'速'誤，不待論也。"烺按：王氏泥於《爾雅》"鹿迹速"，故解碣文"速速"及"趚趚"皆謬。"速速、趚趚"皆重言形況字，與《爾雅》"鹿迹速"無涉。《楚辭》："逢紛躬速速而不吾親。"《注》："不親附兒。"碣文之義正同，故下云"吾敺其特，其來趚〓"。王氏蓋未明此旨。且師袁殷"〓"乃"〓"訛，出別者之手，其迹甚明。遽據之謂"速、速"二字自古相混，並謂碣文"速、趚"爲一字，失之鑿矣。

《張政烺文史論集》頁 7，2004；原載《史學論叢》1

○**高明、葛英會**（1991）　（編按：陶彙 5·450"〓"）《說文》速籀文作遬。

（編按：陶彙 5·159）此从彳亦遬字。

《古陶文字徵》頁 234

○**曾憲通**（1993）　（編按：包山簡）卜筮簡屢見〓〓二字，《包山楚簡》隸定作遬　褰，考釋云："遬，讀爲兼，《說文》：'兼，並也。'《廣雅·釋詁四》：'兼，同也。'"（見該書考釋 369、428）周鳳五於前者改隸爲逮字，讀爲急；於後者考定爲瘥字（見上引周文一、四節）。使相關簡文略可通讀。本節試在周文的基礎上做點補充，就正於周先生和各位方家。

　　關於第一個字，周文認爲並不从兼，並指出："簡文上半所从似艸，下半又似从竹，缺乏禾穗飽滿下垂的基本特徵。"因據《汗簡》逮之古文作〓而改隸定爲逮，讀爲急。然細審原簡，此字在簡文中出現不下十次，其聲符約有一半以上分書作〓、〓，左右二體並不相連，因頗疑此字是"速"字的訛體。戰國文字變單爲複,變斷爲聯的現象十分普遍,此亦訛變之一例。究其過程,當先是□字簡化爲□,猶鉥文□之作□、陶文□之作□;繼而□上下離析成□;再變複爲□,連寫作□;復稍裝飾並益以辵旁,便成爲簡文的□字。望山簡此字作□,上下並未斷離,似從並列的朱字。朱、束古音爲侯屋對轉,古可通假。然則此字無論從束從朱得聲,皆爲速字無疑。□之爲速,不但"尚速瘥""疾速瘥""志事速得,皆速賽之"等簡文變得明白如話,其他相關簡文亦均可暢達無礙。

《第二屆國際中國古文字學研討會論文集》頁422—423

○朱德熙、裘錫圭、李家浩(1995)　(編按:望山 1·22)"□"亦作"□",簡文屢見。此墓簡文數言"□瘦(瘥)、□(遲)瘦(瘥)",天星觀一號楚墓簡文或以"□(遲)□"連言,疑"□"與"遲"是一對反義詞,"□"字之義當爲"速",也可能"□"就是"束"的繁體。

《望山楚簡》頁92

○徐在國(1996)　曾侯乙墓竹簡中有一字作□(簡一五一)、□(簡一四六),舊不識。

今按:此字似應釋爲折字。"折"字甲骨文作□(《前》四·八·六),象以斤斷木形。金文或作□(兮甲盤)、□(洹子孟姜壺),形體有所變化。戰國文字中"折"字或作□(《璽彙》三九四·四二九九),"挧"字或作□(《璽文》三八一·二二二七)、□(《陶彙》六·一四八)。挧字所從的"折"均省掉了斤旁。□字的左邊(□)或右邊(□)與上引"挧"字所從"折"完全相同,所以,"□"字可以看作是省掉了"斤"旁,形體又重疊了的"折"字。在古文字中,尤其是在戰國文字中,有些字常常重疊形體或重疊偏旁而加以繁化。例如:

堯:□長沙帛書　□《璽文》三二九·○二六二

室:□詛楚文　□舍忎鼎

胐:□《陶彙》三·二三六　□《璽文》九六·二六四六

泪:□《璽文》二七四·二五八八　□同上二五四四

如上所述,則此字可釋爲"折"。字在簡文中用作人名。

釋出了"折"字,下面一個屢見於包山簡中的□(簡二一九)字也就可以辨識了。

此字或作:□(簡一三五反)、□(簡二○○)、□(簡二二○)、□(簡二四七)。原書隸定爲遳,讀爲"兼"。周鳳五先生隸作逑,讀爲"急"。曾憲通先生疑此字是"速"字的訛體。

　　原書將此字隸定爲“遝”,明顯與字形不合,周文已辯之甚詳。周文引《説文》“及”字古文𨕭和《汗簡》“逮”字古文𨖚,以論證這兩個古文形體來源於簡文𨖚字。實際上,兩者形體相差很遠,不能等同。我們倒傾向於《説文》“及”字古文及《汗簡》“逮”字古文形體應來源於簡文𨕭(簡一二二,湯餘惠先生釋爲“及”)字,只是《説文》古文與《汗簡》的形體略有訛變。釋“速”,於義可通,於形則有滯礙。總之,上述諸家的考釋,於形於義均有可商之處。

　　我們認爲此字所從的𣏟,與上釋曾侯乙墓竹簡中的“折”字相同。只是包山簡中的𣏟從雙木而已。這與王孫誥甬鐘中的“折”字作𣂈(《淅川》圖一二一)、𣂈(同上圖一一八)相同。中山王𰯄鼎“折”字作𣂈;《集韻·薛韻》“折”字籀文作𣂈,亦爲佐證。包山簡此字所從或作𣏟,與王孫誥甬鐘“折”字或作𣂈(《淅川》圖一二八)同。有的寫作𣏟,下部好像是“竹”,實際上是在下半木的豎筆上加了一飾點,與𣏟是一字無疑。有的作𣏟,左右析書不相連,完全可以看作𣏟的繁化。

　　如上所述,則此字應釋爲“逝”。何樂士等《古代漢語虛詞通釋》:“逝,助詞,用在句首或謂語之前,起加强語氣的作用。(一)加强肯定語氣。可釋爲‘定、即’等,或不譯出。例如:(1)逝將去女,適彼樂國(《詩經·魏風·碩鼠》)。　(2)余逝將西邁,經其舊廬(《文選·思舊賦》)。　(3)謁帝承明廬,逝將歸舊疆……(《文選·贈白馬王彪》)。”根據上下文意,我們認爲簡文中的“逝”亦是助詞,用在句首或謂語之前,以加强肯定的語氣,可譯爲“一定”。以此義通讀簡文,無不文從字順。

　　(一)君命逝爲之斷。(意爲楚王命令一定爲他們判決。)簡一三五反

　　(二)逝爲之斷。(解同上。)簡一三七反

　　(三)庚、辛有閒,病逝瘥(瘥)。(意爲庚日、辛日病情好轉,疾病一定痊愈。)簡二二〇

　　(四)舊不瘥(瘥),尚逝瘥(瘥),毋有祟。(意爲疾病久久不好,希望一定痊愈,不要有鬼神作祟。)簡二三六、簡二三九、二四二、二四五、二四七同上。

　　(五)志事逝得,皆逝賽之。(意爲心願一定得成,對神靈必定都用祭祀回報。)簡二〇〇

　　(六)虡(且)爲害緅瑞,逝害之。(意爲將要爲他們乞求成串的玉佩飾,一定爲他們求到。)簡二一九

　　　　　　　　　　　《于省吾教授百年誕辰紀念文集》頁 179—181

○濮茅左(2001)　(編按:上博一·性情39“速,愚之方也”)速,讀爲“數”,“速、數”古

字通。《禮記·曾子問》"不知其己之遲數",鄭玄注:"數,讀爲速。"《逸周書·官人》"就人甚數",《大戴禮記·文王官人》"數"作"速"。數,分辨、詳察,《詩·小雅·巧言》:"往來行言,心焉數之。"《荀子·非相》:"欲觀千歲,則數今日;欲知億萬,則審一二。"悉,《集韻》:"謀,或作悉。"《説文》:"謀,慮難曰謀。"《玉篇》:"謀,計也。"所以"速(數)、謀"相仿。

《上海博物館藏戰國楚竹書》(一)頁 276

△按　《説文》:"速,疾也。从辵,束聲。遬,籀文从敕。警,古文从敕从言。"秦系文字"遬"與籀文正同。《説文》:"束,縛也。从口从木。"楚系"速"字所从之"束"象二木捆扎之形,木旁又或變作禾旁,二木又可省作一木。

【速=】石鼓文·吾車

○張政烺(1934)　　見"速"字條。

适 話

包山 18　包山 97　包山 152　包山 164
包山 129　上博五·姑成 7　陶彙 3·92　璽彙 5677

○羅福頤等(1981)　　(編按:璽彙 5677)适。

《古璽彙編》頁 516

○高明、葛英會(1991)　　(編按:陶彙 3·92)迠。

《古陶文字徵》頁 236

○黃德寬、徐在國(1999)　　(編按:郭店簡)《緇衣》30 有字作"話",原書釋爲"話",甚是。包山楚簡中習見如下一字:徥、徥,《楚系簡帛文字編》(湖北教育出版社 1995 年版,以下簡稱"簡帛編")隸作"迠"(見該書 149 頁)。此字所从"舌"與郭店簡"話"字所从"舌"形同,如此"徥"應釋爲"适",字在簡文中用作人名。《古陶文彙編》(中華書局 1990 年版)3·92 有一人名用字作"适",疑此字亦釋爲"适"。《説文》:"适,疾也。"古人有以"适"爲名者,如孔子弟子南宮适。

《新出楚簡文字考》頁 18,2007;原載《江漢考古》1999-2

○趙平安(2000)　《古璽文字徵》附錄八六的𠮷,應釋舌,附錄三二的佸、徥應釋爲佸,佸當釋爲适。都用爲人名。《古陶文字徵》236 頁、《楚系簡帛文字編》148 頁原釋迠的字,作徥、徥、徥和徥等形,也應釋爲适。如果再往上推,《殷周金文集成》02231 號楚子菣鼎的菣應釋爲适。

《華學》4,頁 10

△**按**　包山簡 129 之字,《楚文字編》(110 頁)釋作"适",然簡文"左司馬🔲"與簡 152 之"左司馬🔲"實指同一人,故知此仍是"逝(适)"字。

逆 逜 逆

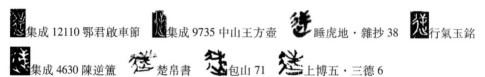

集成 12110 鄂君啟車節　　集成 9735 中山王方壺　　睡虎地·雜抄 38　　行氣玉銘

集成 4630 陳逆簠　　楚帛書　　包山 71　　上博五·三德 6

郭店·成之 32　　郭店·性自 10　　郭店·性自 17　　曾侯乙 13　　上博二·容成 52

陶彙 3·1322　　上博五·季庚 17

○**丁佛言**(1924)　　🔲　古匋,(中略)逆謂不順,有抵觸意,故从牛。

《説文古籀補補》卷 2,頁 8

○**饒宗頤**(1968)　　(編按:楚帛書)迸字疑"逆"字,即迎也。《五帝紀》:"曆日月而迎送之,名鬼神而敬事之。"又云:"迎日推策。"

《史語所集刊》40 本上,頁 10

○**高明、葛英會**(1991)　　(編按:陶彙 3·1322)曶鼎逆作🔲,與此同。

《古陶文字徵》頁 234

○**劉信芳**(1996)　　(編按:楚帛書)逆,迎也。《史記·五帝本紀》:"曆日月而迎送之。"正義:"言作曆弦、望、晦、朔,日月未至而迎之,過而送之。"按:謂觀測日月之運行,推步曆法,據日影定分、至,據月圓缺定晦朔,預知其分至朔望也。

《中國文字》新 21,頁 84

○**何琳儀**(1998)　　屰,甲骨文作🔲(甲二八〇五),象人倒立之形。金文作🔲(宗周鐘逆作🔲)。戰國文字在屰中加圓點、横筆爲飾作🔲、🔲,或在屰下加圓點、横筆作🔲、🔲,或繁化作🔲。(中略)

　　行氣玉銘、中山王方壺逆,讀屰。見《説文》"屰,不順也"。典籍亦作逆。

《戰國古文字典》頁 513

○**顔世鉉**(1999)　　(編按:郭店簡)《性自命出》簡九——一一:"凡性,或動之,或迸(逢)之,或交之,或厲之,或出之,或養之,或長之。凡動性者,物也;迸(逢)性者,悦也。"簡一七:"聖人比其類而論會之,觀其先後而迸(逢)訓之。"此迸字作㣈、㣈、㣈，所从之半、羊與《緇衣》簡作半不同，《説文》：“半，艸蔡也，象艸生之散亂也……讀若介。”“羊，艸盛丰丰也。”《性自命出》“违”所从之“丰”即《説文》“半”字，违讀爲“逢”。《語叢一》簡一〇三：“禮不同，不奉（丰）、不杀（殺）。”奉字作奉，所从半也是“半”字。《唐虞之道》簡一四：“聖以遇命，仁以㣈時。”也當如裘先生在《郭簡》注中所言，讀爲“逢”。(中略)

　　《成之聞之》簡三二—三三：“是故小人亂天常以违大道，君子治人倫以川（順）天德。”违，作㣈，《郭簡》隸作“逆”。按，此字從上下文意來看，當釋爲“逆”無可疑；不過從字形看，當是“违（逢）”字。《説文》：“逆，迎也……關東曰逆，關西曰迎。”段《注》：“《方言》：逢、逆，迎也。自關而西，或曰迎，或曰逢；自關而東曰逆。”《説文》：“逢，遇也，从辵，夆聲。”段《注》：“按，夆，牾也；牾，逆也。此形聲包會意，各本改爲峯省聲，誤。”《説文》：“牾，屰也。”段《注》：“屰，各本作逆，今正。逆，迎也；屰，不順也。今逆行而屰廢矣，相迎者必相屰，古亦通用逆爲屰。”故“逢”亦可訓爲“逆”（不順也）。簡文此字當隸作“违”（逢）字，在簡文中訓爲“逆”（屰，不順也）。

《張以仁先生七秩壽慶論文集》頁 386—387

○**黃德寬、徐在國**(1999)　(編按：郭店簡)《性自命出》10、11 有违字，簡文爲：“凡眚（性），或敻（動）之，或违之，或交之，或萬（厲）之，或出之，或羕（養）之，或長之。”又：“违眚（性）者，兑（悦）也。”原書隸此字爲“违”，疑是“逢”字。《成之聞之》32：“是古（故）小人亂天棠（常）以逆大道，君子訂（治）人侖（倫）以順天德。”“逆”字作㣈，與此字相同，我們認爲此字也是“逆”字。“逆”字作违，與㣈（伯者父簋）、㣈（叩簋）、㣈（舀鼎）屬同類現象。《爾雅・釋言》：“逆，迎也。”《韓詩外傳》卷九：“見色而悦謂之逆。”此簡謂“逆性者，悦也”，正用此意。

《江漢考古》1999–2，頁 76

○**陳偉**(1999)　(編按：郭店簡)觀其先後而逆訓（順）之（性自命出 17）

　　先後，誤寫作“之途”，從裘錫圭先生説正。“而”下一字原釋爲“违”。其像“丰”形的最下一道橫筆稍向下彎，同於《成之聞之》32 號簡中的“逆”字，故改釋。“逆順”相反爲文，適與“先後”對應。

《武漢大學學報》1999–5，頁 30

○**劉釗**(2000)　(編按：郭店簡)《性自命出》説：

　　凡性，或動之，或㣈之，或勵之，或出之，或養之，或長之。凡動性者，物也；㣈性者，悦也。

文中“㣈”字兩見，《郭店楚墓竹簡》一書隸作“违”，疑爲“逢”字。黃德寬、徐在國兩位先生據《成之聞之》簡"逆"字作"🔣"釋此二字爲"逆",並引《韓詩外傳》卷九"見色而悦謂之逆"爲證,其説甚是。逆,迎也。簡文"逆性者,悦也"意爲"迎合性情者,爲愉快也"。《性自命出》簡有"快於己者之謂悦",説的也是這個意思。但是黄、徐兩位先生漏釋了另外二個"逆"字,故在此一併提及。

《性自命出》又説:

詩、書、禮、樂,其始出皆生於人。詩,有爲爲之也。書,有爲言之也。禮、樂,有爲舉之也。聖人比其類而論會之,觀其先後而🔣訓之,體其義而次序之。理其情而出入之,然後復以教,所以生德於中者也。

文中"🔣訓"之"🔣"亦應釋爲"逆"。"逆訓"應讀作"逆順"。"逆順"一詞多見於典籍,《黄帝内經·靈樞》專有《逆順肥瘦》篇,《荀子·正論》説:"不知逆順之理,小、大、至、不至之變者也,未可與及天下之大理者也。"

竹簡殘片中有四字説:

眚(性)有🔣生。

文中"🔣"字似亦應釋爲"逆"。

《郭店楚簡國際學術研討會論文集》頁83

○**吕浩**(2001)　《郭簡·性自命出》簡十七:

雚(觀)其之迻而迬訓之,體其宜(義)而即廈之,里(理)其青(情)而出内(入)之,肰(然)句(後)復以䁼(教)。

"之迻"依裘錫圭先生釋作"先後",而"迬訓"仍意義不明。《郭簡·成之聞之》簡三二:"是古(故)小人變(亂)天棠(常)以逆大道,君子訂(治)人侖(倫)以川(順)天悳(德)。"其中的"逆"字簡文寫作"迬",與《性自命出》簡十七之"訓"前一字字形正相同。若《成之聞之》所釋不誤,則此處"訓"前一字亦當釋作"逆"。

《中國文字研究》2,頁281

△**按**　《説文》:"逆,迎也。从辵,屰聲。關東曰逆,關西曰迎。"又:"屰,不順也。""逆"由"屰"分化,戰國文字兼表迎、不順二義。屰本象倒逆人形,作爲偏旁,自金文以降,中閒豎筆閒見有上穿者,故形近於牛(非丁佛言所謂有抵觸意故从牛)或丰,然依上下文意,知仍是逆字。逆或省从止。

【**逆吕**】睡虎地·爲吏19

○**睡簡整理小組**(1990)　(編按:辭云"自今以來,叚門逆吕")逆旅,客店。《商君書·墾令》有"廢逆旅"的規定。

《睡虎地秦墓竹簡》頁175

○**楊禾丁**（1993）　逆旅釋爲迎客,其義有二：一指人,即客舍管理者（屬公）,或經營者（屬私）。一指物,即迎客之所的旅館。典籍中有時雖僅指其中之一,但二者實不可分。筆者前此曾討論過,茲不贅。現在所要探究的是,它是否如有人所説"將逆旅看成由私人經營的,也與史實不符"呢？且看《商君書·墾令》："廢逆旅,則奸偽、躁心、私交、疑農之民不行,逆旅之民無所於食,則必農,農則草必墾矣。"這裏所廢的逆旅爲私人所設,自古至今皆無異詞。如《晉書·潘岳傳》載：時以逆旅逐末廢農,姦淫亡命,敗亂法度,敕當除之。岳議曰："逆旅整設,以通商賈……惟商鞅尤之。"商鞅變法,如《墾令》所示,其所列二十條措施中,條條都要通向"草必墾",其中特別提到"壯民疾（急）農不變","勉農而不偷","商怯則欲農"。這是要使農惡商,使商欲農,目的在於保證兵源財源,亦即《商君書·農戰》所説："壹之農,然後國家可富,而民力可摶也。"這個逆旅就是私營客舍,即旅館。爲其逐末廢農,故予取締。而公家逆旅雖亦稱館,或稱客舍,則是爲公務而設。《史記·商君列傳》："商君亡至關下,欲舍客舍,客舍人（據《史記會注考證》'客'下增一舍字）不知其是商君也。曰'商君之法,舍人無驗者坐之'。"春秋戰國時期,各國爲了徵税、稽察行人以及邊防等多種原因,對門關之禁甚爲嚴厲。商鞅強化之,使之與連坐法聯繫起來。這種逆旅之爲官家所設,是毫無疑問的。秦漢的亭仍屬於此種性質。公私逆旅的性質和作用絕然不同,那是不容混淆的。

《四川大學學報》1993-1,頁 105—106

迎 𨒅

十鐘

○**丁佛言**（1924）　　古鉨趙迎。

《説文古籀補補》卷 2,頁 8

△按　《説文》："迎,逢也。从辵,卬聲。"先秦古文字未見。"卬"本从爪从卩,爪旁戰國文字或訛作匕,爲《説文》小篆所本。

遇 遻 偊

遇 睡虎地·日乙 17　　遻 吉大 131　　遻 集粹

遇 九店 56·45　　遻 上博二·魯邦 3　　遻 上博三·周易 51　　遇 上博四·昭王 6　　遇 璽彙 2118

侯馬 185:1

○**睡簡整理小組**（1990）　（編按：睡虎地・日乙 17“而遇人，人必奪其室”）寓人，讓人寄居，《孟子・離婁下》：“無寓人於我室。”注：“寓，寄也。”

《睡虎地秦墓竹簡》頁 232

○**張守中**（1994）　（編按：睡虎地簡）遇　　日乙一七　　通寓　　而遇人。

《睡虎地秦簡文字編》頁 20

○**劉信芳**（1997）　（編按：九店 56・45“作邑之遇”）“遇”字原報告釋“寓”，秦簡作“宇”，應以秦簡爲正。《楚辭・招魂》“高堂邃宇”，王逸注：“宇，屋也。”《離騷》：“爾何懷乎故宇？”注：“宇，居也。”知稱居室爲宇，爲當時人習慣語。

《第三屆國際中國古文字學研討會論文集》頁 529

○**李家浩**（2000）　（編按：九店 56・45）本組簡皆以“遇”爲“寓”。“遇、寓”二字都從“禺”得聲，故可通用。雲夢秦簡《日書》乙種一七號簡説：“窨、羅之日……而遇（寓）人，人必奪其室。”此假“遇”爲“寓”，與本組簡相同。不過本組簡的“寓”是名詞，指人居住的屋舍。《國語・周語中》“國有郊、牧，疆有寓、望”，韋昭注：“疆，境也。境界之上，有寄寓之舍、候望之人也。”《古璽彙編》303 頁著録的三二三六號官印：“宮寓垈（府）守。”此是管理“宮寓”的“府守”所用的印。“宮寓”猶言宮室。《風俗通義・祀典》：“平帝時，天下六宗已下及諸小神凡千七百所，今營寓夷泯，宰器闕亡。”“營寓”指神祠房屋（參看吳樹平《風俗通義校釋》294 頁注⑱，天津人民出版社 1980 年）。秦簡《日書》甲種相宅之書“寓”作“宇”。

《九店楚簡》頁 111

△**按**　侯馬盟書“遇”字或從彳；又或以“禺、寓”等記寫“遇”。

逢 逢 　 逢 逢 逢

石鼓文・吳人　睡虎地・日甲 76 正貳

侯馬 3:26　集成 9734 舒盗壺

郭店・唐虞 14

○**強運開**（1935）　（編按：石鼓文）《説文》：“逢，遇也。从辵，夆聲。”段注云：“夆，牾也。牾，逆也。此形聲包會意字。”運開按，遇篆下云逢也，是二字爲轉注矣。寓、遇同音,可證上文寓字即遇之叚借也。

《石鼓釋文》癸鼓,頁 8

○張政烺(1979)　(編按:𣄰尊壺)㣷从彳,夆聲,逢之異體,在此讀爲逢。

《古文字研究》1,頁 237

○李守奎(2003)　(編按:郭店·唐虞 14)从豐省聲。

《楚文字編》頁 99

△按　侯馬盟書委質類 3:26"㣷之行道","㣷"應爲"逢"之省文,與《説文》彳部訓爲"使也"之"㣷"當非一字。郭店《唐虞之道》簡 14 之字所从聲符似作上丰下日之形,簡文云"仁以逢時"。楚文字多假"奉"爲"逢"。

迪　迪

　郭店·緇衣 19　　郭店·尊德 20　　侯馬 86:1

○何琳儀(1998)　侯馬盟書迪,人名。

《戰國古文字典》頁 209

△按　《説文》:"迪,道也。从辵,由聲。"郭店《尊德義》簡 20"可教也而不可迪其民",用如本義。郭店《緇衣》簡 19"我弗迪聖"、簡 29"播刑之迪",今本《禮記·緇衣》分別作"由"和"迪"。

通　䢔　迵　𤳉　𤰶

　睡虎地·封診 64　　陶彙 5·50　　郭店·性自 35　　侯馬 179:20　　璽彙 1713

　秦駰玉版　　陶彙 3·634

　侯馬 16:21　　侯馬 96:9

○何琳儀(1998)　侯馬盟書通,姓氏。衞大夫食采通川,因氏焉。見《元和姓纂》。

《戰國古文字典》頁 423

○曾憲通、楊澤生、蕭毅(2001)　(編按:秦駰玉版"而覆華大山之陰陽,以通□咎")"通",疏通、暢通、順達。

《考古與文物》2001-1,頁 52

△**按**　“通”或省从止，或从用聲。

【通錢】睡虎地・答問 181

○**睡簡整理小組**（1990）　（**編按**：辭云“邦亡來通錢過萬”）通錢，疑指行賄。《漢書・張湯傳》有“與錢通”，注釋爲“錢財之交”，意義不同，但可參考。

《睡虎地秦墓竹簡》頁 136

徙 ⿺辶止　遷 遷 徙

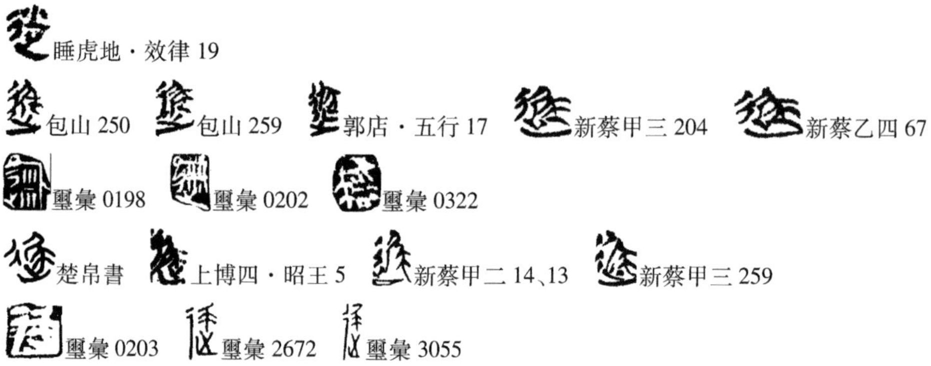

睡虎地・效律 19

包山 250　包山 259　郭店・五行 17　新蔡甲三 204　新蔡乙四 67

璽彙 0198　璽彙 0202　璽彙 0322

楚帛書　上博四・昭王 5　新蔡甲二 14、13　新蔡甲三 259

璽彙 0203　璽彙 2672　璽彙 3055

○**丁佛言**（1924）　（**編按**：璽彙 0198、0202 等）宋振之序《續齊魯古印攈》曰：徙屎古通用。按：《説文》徙古文作㞒，集均古又作[illegible]，《汗簡》引碧落碑作[illegible]。

《説文古籀補補》卷 2，頁 8

○**石志廉**（1979）　（**編按**：璽彙 0198）逿。

《中國歷史博物館館刊》1979－1，頁 87

○**葉其峰**（1979）　（**編按**：璽彙 0198 等）逿。

《故宫博物院院刊》1979－2，頁 73

○**石志廉**（1980）　（**編按**：璽彙 0203）遽。

《中國歷史博物館館刊》1980－2，頁 111

○**羅福頤等**（1981）　（**編按**：璽彙 3055）述。

《古璽文編》頁 37

○**王人聰**（1983）　（**編按**：璽彙 0203）第二字从辵从虍，虍字的寫法與豦毁豦字所从之虍旁相同。古璽文字常省略偏旁結構中的一部分，此字所从之虍旁實爲豦字之省，故此字應釋爲遽。

《古璽印與古文字論集》頁 28，2000；原載《古文字學論集》（初編）

○**李零**（1985）　（**編按**：楚帛書）逾。

《長沙子彈庫戰國楚帛書研究》頁 79

○**饒宗頤**（1985）　　（編按：楚帛書）遟字从辵、尾甚明。惜上下文殘泐，其義未詳。

《楚帛書》頁 82

○**曾憲通**（1985）　　（編按：楚帛書）此字从辵从尾，字書所無，疑是古璽文𤱿字之省，或以爲徙字，待考。

《楚帛書》頁 275

○**何琳儀**（1989）　　（編按：楚帛書）末字原篆作"𤱿"，李零（乙）據饒文隸定爲"遟"，但未解釋。此字又見丙篇，李零（乙）云："此字當是徙字的古文。《説文》徙古文作𡲴。叔夷鐘、鎛和陳肪簠𣪊字从之，皆作㞑。"按，以"遟"爲"徙"之古文，可信。"㞑"，从"尾"从"米"（《説文》訛作"𡰢"），屬脂部。"徙"，屬歌部，或屬支部。脂、支、歌三部最近。"遟"讀"徙"疑爲音轉。"遟"與下文之"瑞、四"脂部字相諧，可資旁證。"乃取叔遟"應讀"乃娶且徙"。"乃"猶"方"（王引之《經傳釋詞》卷六），"且"猶"又"（《經傳釋詞》卷八），均爲虛詞，這類句式與《詩・邶風・終風》"終風且暴"、《鄘風・載馳》"衆稺且狂"、晚周銘文沇兒鐘"中（終）翰（翰）叔（且）觴（颺）"等句式應屬同類。"乃娶且徙"意謂"才娶妻又遷徙"。遠古的氏族部落經常遷徙，帛書所記這次遷徙顯然與上文"鄙晦水沔"有關。《淮南子》所載女媧補天的傳説多涉神話，反不如帛書所載平實可信。伏犧、女媧時代曾因一次洪水而舉族遷徙，這對研究"華夏集團"與"苗蠻集團"的分合頗有啟示（徐旭生《中國古史的傳説時代》241頁）。"沔"，元部；"於"讀"謁"，入月部。元、月通韻。如果以"謁"叶"弼"，則屬月、脂合韻。

《江漢考古》1989-4，頁 51

○**葛英會**（1991）　　見【遟𤱿】條。

○**劉釗**（1991）　　傳遟（徙）之鉨

舊著録於陳介祺《陳簠齋手拓古印集》，後收録於《古璽彙編》，編號爲0203，此璽爲方形白文璽，帶有邊框。其中傳字寫法與長沙帛書傳字作"𫍙"、楚銅龍節傳字作"𫍙"風格相同，爲楚璽無疑。第二字《古璽彙編》不識，字从辵从"𡰥"。按"𡰥"乃尾字，字應隸作遟，釋爲"遟"。遟字从犀聲，而犀又从尾聲，故遟字可省去牛旁而保留聲符作"遟"。遟字還見於楚帛書和古璽，作下揭形：

𤱿長沙帛書　　　　　　　遟《古璽文編》2.11

長沙楚帛書遟（遟）字舊釋"逈"，古璽遟（遟）字舊混同於"述"字（《古璽文編》2.11），都是錯誤的。《古璽彙編》還著録下揭一方楚姓名私璽：[印] 3599

其中“![字]”字《古璽彙編》和《古璽文編》皆不識。按字從尾從出，實爲“屈”字。屈爲楚之大姓，璽文應讀作“屈姒（或始）”，其屈字所從之“![字]”的寫法，與上揭璽文“遲”所從之“![字]”形體相同，可證釋“![字]”爲遲（遲）之不誤。長沙帛書“遲（遲）”字李零先生讀作“徙”，其説可從。古音遲、徙非常接近，可以通假。《説文》徙字古文作“屖”，上部所從就是“尾”字之訛。璽文“遲（遲）”字也應假爲徙。《説文》：“傳，遽也。”古驛乘曰傳。《釋名》：“傳猶轉也。”《説文》：“徙，迻也。”《廣雅·釋詁》：“遷、運，徙也。”按“傳徙”猶言“傳迻、轉運、轉徙”。《釋名》：“璽，徙也，封物使可轉徙，而不可發也。”璽文“傳遲（遲）之鉥”，就應該讀爲“傳徙之鉥”或“轉徙之鉥”。

　　楚龍節有傳字，唐蘭認爲就是指傳車的“信傳”。《古璽彙編》著録有二方楚“專（傳）室之璽”（《古璽彙編》0228、0229），“傳室”猶言傳舍，是指供應驛傳車馬及飲食休憩的機構，這些加上前文考釋的“傳徙之鉥”，都是有關楚國驛傳制度的實物史料。

《江漢考古》1991-1，頁 73—74

○**林澐**（1992）　（編按：包山簡）259 號簡“相徙之器所以行”，其下列舉諸器皆置於椁室之腳箱内，故釋文將“相徙”讀爲“箱尾”，![字]之讀尾似即據此。但古代是否稱棺椁爲箱，殊屬可疑。且該墓遣策中器物類別尚有“大兆（桃）之器”，乃言其用途而非指位置。《説文》徙字古文作屖，當即![字]、![字]之訛。古音沙、徙皆心母歌部，徙字從辵![字]聲，顯應讀爲徙。

　　249—250 號簡記墓主邵𧊮病重將死，禱於“繼無後者”及“漸木立”禳解。有“命攻解於漸木立，敓遲其尸而桓之”之語，當讀爲“命攻解於漸木位，且徙其處而樹之”。

　　所謂“相徙之器所以行”者，據遣策與實物對照，乃外出時可攜帶的服裝、臥具、梳裝具、几杖、扇子、燈具、武器之類。

《江漢考古》1992-4，頁 83—84

○**饒宗頤**（1993）　（編按：楚帛書）遲即尾，爲蒼龍大火之一，居寅卯閒。秦簡：“十月尾，百事凶，以祠必有敓，不可取妻。”在玄戈篇則云“十月……心尾致死”，以歲星反其向而行，故極凶。敓讀爲殼，後代月煞神有四擊指春三月之戌，夏三月之丑，秋三月之辰，冬三月之未（見李光地《星曆考原》），以尾爲咎，或以其有擊日乎！

《楚地出土文獻三種研究》頁 338

○**何琳儀**（1998）　睡虎地簡“徙官”，移任。《漢書·揚雄傳》：“三世不徒官。"

《戰國古文字典》頁 884

○**曾憲通**(1998)　《包山楚簡》簡 250 云"又縈見於絕無後者與漸木立。以其古
敚之。舉禱於絕無後者各肥豬,饋之。命攻解於漸木立,叙遲其尻而桓之,尚吉"。

　　這段文字見於現存包山卜筮簡貞人爲墓主邵㲋所舉行的最後一次卜筮。
其時邵㲋病重垂危,貞人觀義爲其解祟消災。簡文"絕無後者",它簡或稱爲
"兄弟無後者邵良、邵㲇"(簡 227),是指未成年或無子而死的邵㲋的兄弟輩,
由於這些亡靈没有後人奉祀,容易作祟,解祟的辦法便用肥豬舉行舉禱。"漸
木立"在此疑讀爲"暫木位",大概是指一些臨時用木製牌位安置的神靈。對
於這類神靈作祟,禳祟的辦法則用"攻解"(相當於《周禮·大祝》六祈中的
"攻説")責讓之。

　　簡文"叙遲其尻而桓之"是對作祟的"暫木位"而言,這是在對其責讓之後
進一步采取的懲治措施。叙爲且之繁文,楚系文字習見,如組作繮即其例,在
此用爲遞進之詞。遲讀爲徙,林澐同志謂"《説文》徙字古文作屟即屖之訛。
古音沙、徙心母歌部,遲字从辵屖聲,顯應讀爲徙"。林澐同志認爲《説文》古
文是屖的訛體,本文則據以上璽文而定屖爲屖的或體。(中略)簡文此句當讀爲
"且徙其處而樹之",以示對作祟者的懲罰。整段簡文的大意是:"絕無後者"
與"暫木位"作祟。貞人觀義以邵㲋病重之故,告諸先君神祇,以求解脱。辦
法是:對"絕無後者"用肥豬舉行舉禱之祭祓除之,對"暫木位"則舉行"攻解"
之祭責讓之,甚至把它遷出原來的地方而別樹他處。這組簡文説明,對於作
祟的神靈分別采取軟硬兼施的做法,同《周禮·大祝》六祈的精神是很吻合
的。高文囿於釋"遲"爲末梢,而把"叙遲其尻而桓之"解釋爲"放置於(箱之)
尾部的豆之中"顯然與文意不協。

　　此外,古璽文與楚帛書還有一从辵从尾的遅字。見於《古璽彙編》1066、
2672、3055,均用作人名,《古璽文編》釋爲迷字。見於楚帛書者二處:甲篇作
"風雨是於乃取,虞遅□子之子曰女皇"。丙篇作"遅乃襄",李零把遅釋爲徙
字,文義甚洽。然則遅爲从辵从屖省聲,是遲的省聲字,楚帛書用爲徙字。
遲、徙同屬心母歌部,例可通假。

《容庚先生百年誕辰紀念文集》頁 632—633

○**黃德寬、徐在國**(1998)　(編按:郭店·五行17)五 17 有字作遲,原書隸作"遍",
誤。我們認爲此字應隸作"遲",釋爲"沙"。包山楚簡"長沙"之"沙"字作沙、
沙(《簡帛編》701 頁)可證。此字馬王堆漢墓帛書本作"差"。古音沙屬山紐

歌部,差屬初紐歌部,“沙”字可借爲“差”。

《吉林大學古籍整理研究所建所十五周年紀念文集》頁 104

○**李零**(2000)　(編按:楚帛書)“遝”,從饒文隸定。按此字當是徙字的古文。《説文》徙古文作屎,叔夷鐘、鎛和陳肪段“歔”字从之,皆作屎。秦簡《日書》甲種提到“東徙、南徙、西徙、北徙”(788—791)。

《古文字研究》20,頁 175

○**李家浩**(2000)　(編按:九店 56·15“遝家”)“遝”字見於長沙楚帛書(《長沙楚帛書文字編》68 頁)和古璽文字(《古璽文編》37 頁,原書誤釋爲“述”)。下一七號簡下欄有“屎豕室”之語。“遝”與“屎”用法相同,當是同一個詞的不同寫法。本墓九〇號、九一號簡有一個從“屎”的“遲”字。“屎、遲”二字都見於包山楚墓竹簡等。許多學者指出,“屎”即《説文》“徙”字古文屎,“遲”即《古文四聲韻》卷三紙韻“徙”字所引《古老子》䢔。按“徙”本作“従”,與“屎”皆從“沙”省聲,故“徙”可以寫作“屎、遲”(參看俞偉超《中國古代公社組織的考察》11—15 頁引李家浩説)。“遝”當是“遲”的省寫,《長沙楚帛書文字編》68 頁於“遝”字下注説“或以爲徙字”,十分正確。

《九店楚簡》頁 70

○**曾憲通**(2005)　楚簡的遲字,楚帛書作遝(九店楚簡同),保留形符“尾”而省去聲符“少”,用作徙字;然徙字睡虎地秦簡作従,《孫臏兵法》作従,只保留聲符“少”而省去“尾”。二者實皆遲字之分化。由此證明李家浩同志認爲篆文的“徙”字本當從“少”得聲是非常正確的。

《古文字與出土文獻叢考》頁 61

△**按**　《説文》:“徙,迻也。从辵,止聲。征,徙或从彳。屎,古文徙。”遷徙之“徙”戰國文字可分爲兩類用字:秦系作從辵,少聲;六國系作從辵,屎聲,其他從尾、從米等形,皆其變體,《説文》古文屎,即屎之訛變。屎的基本聲符是少(沙之初文),與秦系從少得聲一致,《説文》謂止聲者,止當是少之訛。

關於“徙”之形音義,李家浩曾較早就做過系統論述:

　　按“徙”字漢印篆文作徒　徙尉之印　《漢印文字徵》2.15 下

　秦漢隸書作従　雲夢睡虎地秦墓竹簡《日書》

　　　　従　銀雀山漢墓竹簡《孫臏兵法·擒龐涓》

　　　　従　《漢豫州従事尹宙碑》

這些“徙”字並寫作從“辵”從“少”。(中略)古文“少、止”形近,《説文》篆文“徙”所從“止”當是“少”的訛混。“沙、徙”古音相近。《戰國策·燕策一》"燕趙之棄齊也，猶釋弊蹝"，姚本注："一云'脱屣也'。"馬王堆漢墓帛書《戰國縱橫家書》第二十章與此相當的文字作"說沙也"。"說沙"當從姚本注讀爲"脱屣"，此爲"沙、徙"古音相近之證。據此，"徙"當爲从"辵"，"沙"省聲。（中略）

　　齊國文字中又有如下二字：

　　　叔弓鎛　　　陳肪簋

　　上録第一字的左半和第二字的上半，似應隸定作"枲"，其下从"少"从"小"，與金文"米"形有别。這二字在銘文中用法相同，舊釋爲"穀"，似不可信。陳肪簋的"枲"與豆閉簋的"屧"，當是一字，可見"枲"即"屧"的異體。《説文》"徙"字古文"屣"，應即由"枲"訛變而成。舊或認爲"屧"即"屧"之省，其實，陳侯因咨敦銘文中有一個"尿"字作，此字當是"尻"的異體，"屧"即由此訛變而成。從這些情況看，《説文》"徙"的古文"屣"字，實際上也是从沙省聲，與"徙"相同，故可以用爲"徙"。

詳見俞偉超《中國古代公社組織的考察——論先秦兩漢的"單-僤-彈"》11—15 頁引李家浩説，文物出版社 1988 年。

【遷去】新蔡甲三 132、130

△按　辭云"以其不安於是處也，亟遷去囗"，"遷去"即"徙去"。

【遷尻】

○陳佩芬（2004）　（編按：上博四·昭王 5"王遷尻於坪潢"）"遷尻"，疑讀爲"徙居"，"遷"爲"遷"之省文，《包山楚簡》二五〇"遷"讀爲"徙"。《廣韻》："徙，移也。""尻"，或讀"處"，《包山楚簡》"居尻"讀爲"居處"。《吕氏春秋·爲欲》："宮室居處。"

《上海博物館藏戰國楚竹書》（四）頁 186

△按　辭例又見新蔡簡甲二 19、20 等，用法皆同。

【遷沱】郭店·五行 17

○何琳儀（2000）　能遷（差）沱（池）其翠（羽），肰（然）句（後）能至哀。（《五行》17）

　　"遷"原篆作，《釋文》誤釋"遍"。此字亦見楚帛書，乃"徙"之古文。（參李零《長沙子彈庫戰國楚帛書研究補正》，中國古文字研究會成立十周年學術研討會論文。）簡本"遷沱"，帛書本作"砼池"，今本《詩·邶風·燕燕》作"差池"。按，遷（徙），心紐支部；砼、差，精紐歌部。精、心均屬齒音，支、歌旁轉。黄德寬、徐在國亦釋“遲”,但其論證與拙文不盡相同,故不廢此條,權做對黄、徐二文的補充。

《文物研究》12,頁199

【遲盄】

○**石志廉**(1979)　印面陰文“昜都邑聖遪盟之鉨”八字。其都字,過去有人釋作郕或鄗,都不可信。其字从者从邑,今從朱德熙同志説,釋爲都字。館藏戰國璽“　”,其都字从者从邑作　,與此璽之都字作　甚相近似。遪字,番匊生壺,匊作　爲其證。此璽是戰國時齊國的典型官璽,璽文昜都即陽都,《漢書·地理志》陽都屬陽城國,在今山東沂水流域。故印出沂水一説較爲可信。

和它相類似的還有“遪盟之鉨”三印,見黄濬《尊古齋古鉨集林》,它們的印面上部中間也都有一個突起,形制完全相同。另外北京市文管處尚藏有戰國“専婚”(通聞)璽一方,圓形,長圓高柄鈕,印面一側也有凸起一塊。這些突起不但别致,而且重要,也是齊璽的一種特徵,它起有璽節的作用。推測還應另有一種作凹入形的銅璽,會盟時兩者合在一起,與戰國璽作三合和二合的璽節相同,是盟會時特製的一種銅璽節,參與會盟雙方各執一印以便相互印證作爲依據。

《中國歷史博物館館刊》1979-1,頁88

○**葉其峰**(1979)　字過去有釋屎、釋逮的,我們認爲當釋遪。古璽中有“遪盦之璽”,Ⅰ式(圖3)的第一字作　,其右上部的　形,與“匋都璽”(圖6)匋字上部的　形基本相同;“番匊生壺”匊字作　,與Ⅱ式(圖4)　字的右偏旁相似,可證　、　當釋遪。Ⅲ式(圖5)的　字與昜鄗璽的　字形近,因此　亦應是遪字。遪殆即《説文》的趜字。古辵、走兩個偏旁可通用,居毁迁作　,从走;史趞毁趞作　,从辵,可爲明證。《説文》:“趜,窮也,从走,匊聲。”在此殆借爲鑄字。鑄字古音讀祝,鑄、遪同部,可通。

　字過去有釋盧、釋盟的,均未安。　殆是盄之省,而盄、罍則是同字異體。盄見《説文》櫑字下,説櫑或从缶作罍,又或从皿,是其證。

遪盄即鑄罍。罍有銅質,也有陶質,此用鑄字,可見是鑄造銅罍。古璽官名很多與其所管轄的對象名稱同,譬如管車馬的官稱爲“萃車馬”,管糧庫的稱“稟”,管城門的稱“門”,管木材的稱“正木”。可見,“昜鄗邑聖遪盄之璽”應是昜城治内的一個叫鄗的地方的管理鑄造銅罍手工業的工官璽印。

圖3，圖4，圖5，圖6

○**葛英會**(1991) 《古璽彙編》0322、0198—0202所揭六方璽印,儘管大小不一,形制及璽文字數亦不盡一致,但璽文内容大體相同,是具有同等功用的同類璽印。(中略)

六方璽印中,四方爲四字璽(圖一.2、3、5、6),其用字與款式全同。其餘二方一爲八字,前四字爲"易都邑聖",一爲六字,前二字爲"縣衢",皆地名。二印的後四字與四方四字璽璽文一致。這四個字的後二字爲"之璽"(璽,戰國璽印寫作鉩或坿,爲印刷方便,此用璽字代之,下同),與一般戰國官印相同。僅一方爲"金璽"(圖一.4),較爲少見。前二字是有關該類璽印功用的關鍵用字。《古璽彙編》對這兩個字的第一個字未作釋文,對第二個字或釋盦,或釋皿不一。李學勤先生將這兩個字釋作"逯盟",未作説明。按第二個字釋盟,是正確的。第一個字似應釋作"徙",於字形、字義兩個方面更覺妥適。下面,先在文字上作些説明。

第一個字有繁簡兩式:繁式从辵(圖一.1、2、3、5、6),簡式省辵(圖一.4)。該字下部从米,上部所从應即尾字。如此,簡式可隸定爲屎,繁式可隸定爲遱。

《説文》徙古文作圖二.1所揭之形,《古文四聲韻》引《古老子》《義雲章》徙字作圖二.2、3所揭之形,《類篇》古文徙字分隸於米部和辵部,作圖二.4、5所揭之形。可知《古文四聲韻》及《類篇》辵部所收徙字,當由璽文繁式訛變而來,《説文》古文及《類篇》米部所收徙字,當由璽文簡式訛變而來。該璽文上部所从尾字的尸字部分已有形變,圖一.1、6徙字所从尸字幾乎與父字相混同,《類篇》古文徙字上部所从父或久當導源於此。尾字的毛字部分,其象毛的枝畫皆明晰可辨(唯圖一.6有所省略)。《説文》及後世字書中古文徙字尸或父下所从的火字,即由毛字訛變所致。總之,古徙字在其發展中不斷發生形變,只要對比這些資料,其訛變之迹就明若觀火。有關古徙字的初形及其演變,李家浩同志已論説甚詳,此類璽文徙字所从米字亦非其原形原義。古文字的訛變現象,此爲典型一例。

徙下一字乃古盟字。該字上部从囧,以圖一.1、4較爲工整,其餘四例(圖一.2、3、5、6)皆有形變,即由圓形囧字變爲一個三角形,圖一.2、3、5所从囧字還省略了中間的筆畫。囧,古窗牖字,"賈侍中説讀與明同"(《説文》囧部囧字條引），是正確的。璽文盟下部从皿（爲血字的省變），乃戰國文字皿字偏旁常見的寫法，與圖三.7、8、9 所録盂、盛諸字所从皿字旁近似。《説文》盟入囧部作圖三.1 所揭之形，解云：“从囧从血。”又附篆文作圖三.2 所揭之形，古文作圖三.3 所揭之形，不言而喻，其首出“从囧从血”者，應爲籀文盟字，與此璽文盟字結構一致。圖三.4、5、6 所録甲骨文、金文盟字，就是璽文盟字的初形。圖三.10 所録《侯馬盟書》盟字所从囧字，與璽文所从亦極爲近似。

由以上討論，此六方璽印可定爲“徙盟”之璽。

盟，古與明、萌互通。《詩·小雅》“不可與明”，箋曰：“明當爲盟。”《侯馬盟書》“宗盟”類“敢不盡從嘉之盟”“及群虖盟者”，“内室”類“敢不從此盟誓之言”中諸盟字，亦多借明字爲之。《漢書·地理志》廣漢郡葭明，注：“師古曰明音萌。”又《字彙補》“盟，謨耕切，音萌”，均盟、明、萌同音互假之例。

《管子·山國軌》尹注：“萌，田民也。”《説文》田部：“甿，田民也。”則萌、甿二字古亦通用。《周禮·地官·遂人》：“凡治野，以下劑致甿，以田里安甿，以樂昏擾甿，以土宜教甿稼穡，以興耡利甿，以時器勸甿，以疆予任甿。”鄭注：“變民言甿，異内外也。”周代有國野之分，居於國中各鄉的人叫做民，居於鄙野諸遂的民叫做甿。《説文》耒部耡字條下引《周禮·地官·遂人》“以興耡利萌”，甿作萌，可知古甿、萌互通乃爲常例。

由上述，可知盟字可讀爲“萌”或“甿”，則此類璽文當爲“徙萌”或“徙甿”的璽印。

《周禮·地官·旅師》：“凡新甿之治皆聽之，使無征役。以地之媺惡爲之等。”鄭注：“新甿，新徙來者也，謂有所求也。使無征役，復之也。王制曰：‘自諸侯來徙家，期不從政，以地美惡爲之等，七口以上授以上地，六口授以中地，五口以下授以下地，與舊民同。’旅師掌斂地税而又施惠散利，是以屬用新民焉。”

可見，在當時村社組織中的民萌可得而移徙，並爲其時的制度所允許，且施惠散利，授之土田。

《孟子·滕文公》“死徙無出鄉”，趙岐注：“死，謂葬死地；徙，謂爰土易居，平肥磽也。”“徙甿”應即“爰土易居”，是井田制下的一種定期分配土地即徙居換田進行耕作的制度，它不是民間隨意的行爲，而是遵照嚴格的“政令刑禁，以歲時稽其人民，而授之田野”（《周禮·地官·遂人》）。

《周禮·地官·比長》：“徙於國中及郊，則從而授之。若徙於他，則授之旌節而行之。若無授無節，則唯圜土内之。”鄭注：“徙，謂不便其居也，或國中之民徙郊，或郊民徙國中。”“徙於他，謂出居異鄉也。授之者，有節乃達。”“國中無授,出鄉無節,過所則呵問,繫之圜土,考辟之也。"

"徙旼"或"爰土易居"可分兩種情況:一是國中之徙,一是鄙野之徙。前者有授方可移徙,後者有節方可移徙。

節,亦戰國時代璽印的一種稱謂,齊國陶文寫作鑒,燕國璽文、陶文寫作卩。授,疑爲印綬字的借字,亦璽印的別稱。可知,凡因"爰土易居"而移徙者,須持有加蓋官府璽印的類似許可證一類的券劑,方可易地而居,並重新分得份地,否則便"唯圜土而內之"。

本文所討論的戰國齊六方"徙旼"璽印,即應爲這種節或授,是"爰土易居"制度的產物。這六方齊國"徙旼"璽文及其功用的辨識,起碼在以下幾個方面給予我們有益的啟示:

1.這類璽印尚通行齊國的時代,以"爰土易居"爲其主要内容的井田制度在齊國尚未完全瓦解。

2.由圖一.4 璽文,知其爲"繇衢"的"徙旼"璽印。

戰國時代齊國的陶文中,"衢"爲居於里之上的一級行政區劃。這類陶文較完備的形式爲"×衢×里"(×或爲單字,或爲多字),如:"繇衢東陶里、繇衢南陶里、楚郭衢蘆里、左南郭衢辛陶里"等。由此,我們推測圖一.1 的"易都邑聖"之下省去了"衢"字。借助這些資料,我們認爲"爰土易居"可能由"衢"一級組織主持進行。由《周禮·地官》所載有關"徙旼"的内容,皆出於"比長"及"旅師"的執掌,此二者爲鄉大夫與遂大夫的屬官,故"衢"極可能是相當鄉、遂一級的組織。

3.《周禮》的成書年代一般爲在戰國初年,其時井田制在某些地區尚未廢除,故其有關内容當有着相當的可靠性。

圖一　　　　圖二　　　　　　圖三

《中國歷史博物館館刊》15、16,頁 43—46

○**何琳儀**(1992)　《璽彙》○一九九"📷 昷(盟)之鉢"。首字應隸定"遚"。《說文》:"匊,在手曰匊,从勹、米。"按,"勹"亦聲。"遚昷"讀"告盟"。

《古文字研究》19,頁 474

○**曾憲通**(1998)　《古璽彙編》收有傳世古璽數方。有關這些璽文的隸定和考釋歷來頗有爭議,迄無定説。本文試作考釋,以就正於方家。現揭示如下:

(1) 🔲金之璽　　　　　(2) 🔲金之璽

(3) 🔲金之璽　　　　　(4) 🔲命之璽

(5) 🔲🔲🔲金璽　　　　(6) 易都邑聖🔲之璽

(7) 須久🔲丘立🔲🔲

以上七方古璽,從形制看,例(2)(3)(4)(6)四璽皆没有邊框,上方都有凸起之形,爲齊地璽印的特有形式。從所見地名看,例(5)灉瞶即灉鄉,屢見於齊陶文,爲齊之地名當無疑問。例(6)“易都”之都原作🔲,前人釋爲向或鄡,朱德熙先生考定爲都字。朱先生指出,《漢書·地理志》城陽國有陽都,故城在今山東沂水流域,《續齊魯古印捃》宋書昇序云“此印出沂水界中”,證明戰國的陽都就是漢代城陽國的陽都。例(7)須久即須句,《左傳·僖公二十一年》“邾滅須句”,翌年魯“伐邾,取須句”。戰國屬齊。故地須城在今山東東平縣東北。據此,七方古印均應屬於齊國之璽。

關鍵是如何解釋上述古璽所共有的“🔲🔲”二字。從上揭璽文來看,此二字異體雖多,但都有共同的構件,細加分析,是可以揭示其構成規律的。

先説上字。從結構分析,例(1)至(5)都是從辵🔲聲的形聲字,例(6)此字反書作🔲可證。聲符🔲等雖繁簡向背不盡相同,但都可斷其爲從尾從米的屎字。此字整齊之則爲🔲形,《説文》徙古文作🔲者即此形之訛變。古文字從尸從尾往往不別,如饙字牆盤作🔲,《汗簡》引林罕《集字》作🔲,《集韻》作🔲,尾亦訛作🔲,與《説文》古文同。大概許慎所見之古文形體已產生訛混,且多借爲徙字,因據其借義而置於徙字之下,致使後人疑莫能明。而清人宋書昇則據以考證璽文之🔲爲徙字,宋氏在《續齊魯古印捃·序》中寫道:

> 🔲乃徙字,徙、屎二字古通,毛《詩》“民之方殿屎”,即借屎爲徙。屎尸從尾省,《説文》徙之古文作🔲亦即屎字,中從火者,尾篆倒毛與火近,文字流傳趄變使然。篆書加辵與碧落碑所書徙篆正同。

按《説文》徙字古文作🔲,《汗簡》引碧落碑文作🔲,現存碑文作🔲,下或從米。璽文之遷若屎即爲古文之所本,可見宋氏釋璽文爲徙字是可信的。然宋氏以“徙、屎二字古通”則大有可商。徙字《詩經》未入韻,後人或入支部,或入歌部。《佚周書·周祝解》:“時之行也勤以徙,不知道者福爲禍。”以徙、禍爲韻;《荀子·成相篇》:“世之禍,惡賢士,子胥見殺百里徙,穆公任之,强配五伯六卿施。”以禍、徙、施爲韻。禍、施在歌部,則徙亦當在歌部。《韓非子·揚權》云:“名正物定,名倚物徙。”楊慎《丹鉛續録》卷五謂:“正挋定,倚挋徙。”倚在歌部,則徙亦在歌部無疑。可見徙在先秦當屬歌部爲是。而屎乃脂部字,《詩·大雅·板》云“民之方殿屎”,乃形容百姓愁苦呻吟。“殿屎”《説文》引作“唸吚”,《五經字樣》作“唸㕧”,吚、㕧亦皆脂部字。古脂、歌韻部懸隔,宋氏云“徙、屎二字古通”是不足爲據的。

最近新出包山楚簡爲我們提供了可貴的線索。包山簡250借長遻(沙)之遻爲徙字(詳下文)。沙、徙均屬心母歌部,《文選·長門賦》李善注:“蹝與躧音義同。”《戰國策·燕策一》:“猶釋弊躧。”馬王堆本躧作沙。可證沙、徙古音相同,可以通假。因知徙之古文作者乃借沙爲徙。而地名之長遻,字又作𡲬,與璽文之遜又作㞙情形十分相似。然則古文之、,簡文之作、,與璽文之、乃一字之異寫。换言之,璽文之㞙當是簡文𡲬字的異體。其源可追溯到更早的殷商時代。

甲骨文中常見有“田”的記載,(《存》2.166)字或作(《前》4.28.7)、(《存》1.77)等形,胡厚宣先生認爲就是後來的屎字,卜辭裏的“屎田”,當是施糞於田的意思。裘錫圭同志則把此字隸寫作𡰥。他認爲卜辭裏的“𡰥田”似可讀爲“選田”,又引李家浩同志説,“把𡰥跟《説文》徙看作一個字,則卜辭裏的‘𡰥田’,就應該讀爲‘徙田’,可能跟古書裏所説的‘爰田’意近”。古有爰田之制,又稱轅田,是一種安排耕地與荒地輪换種作的制度,故又可稱爲選田。選、轅、爰古屬心、匣母元部,𡰥、徙爲心母歌部,心母字有部分來自上古的匣母,歌、元對轉,古音十分接近。從形體分析,、、皆从人下數點,點狀既像微細的沙粒,可隸作𡰥,亦像碎米之形,故又可隸定作屎,後來進一步衍化爲𡲬、㞙,而分别爲上述簡文、璽文之所本。但無論作屎或㞙,皆是𡲬字的異構,與糞便之屎或㞙無關,或者僅僅是異字同形而已。要之,由古文一系之徙字作、,包山楚簡之徙字作、,可以證知璽文之、亦當是𡲬、遻之異體,讀同長沙之沙。在璽文中當讀爲誓。誓屬禪母月部,心、禪鄰紐,歌、月對轉,可以通假。值得注意的是,在保留古音成分較多的潮州方言中,沙讀爲[sua](陰平),徙讀爲[sua](陰上),而誓字白讀爲[tsua](陽去),讀音十分接近,可資佐證。

再説下字。諸璽文此字下體皆从皿作,無一例外。上體則可分爲兩組:一从△作,一从作,《古璽文編》或釋作盦,或釋作𥁕,或釋𥂝字之省。吴振武同志據戰國文字目字多作形而定爲𥁕字。但無論釋盦釋𥁕或釋𥁕均無法讀通璽文。

今按璽文此字當釋爲盟。從皿從△之🔣與邢侯簋之🔣十分接近,作🔣者乃其變體;從🔣之🔣與盟卣之🔣也很近似,侯馬盟書明字或作🔣、🔣,所從之囧與此類同。《説文》囧,正篆作🔣,賈侍中説讀與明同,則盟字乃從皿囧聲之形聲字。裘錫圭同志最近指出,甲骨文中一般釋爲血字的🔣應是盂的表意字,其中有🔣(《合》32181,即《存》872)、🔣(《屯南》958)等寫法既像“盂”又像“盟”,表明“盟”字是作爲“盂”的表意字的異體而産生的。如果這種推論成立,則《説文》裏囧、朙、盟等字都要重新加以解釋。本組璽文從🔣–🔣似乎也有同樣的情況,可爲裘説的佐證。

璽文“暴盟”即“屢盟”,當讀爲“誓盟”。從傳世和出土文獻看,似西方秦晉稱爲“盟誓”,東方齊魯則多稱作“誓盟”。《左傳·成公十三年》:晉獻公與秦穆公“申之於盟誓”。其後,秦桓公與晉屬公爲令狐之盟而秦桓公“背棄盟誓”。侯馬盟書“納室類”屢見“敢不達從此盟🔣之言”云云,🔣字何琳儀釋爲誓。可見秦晉皆稱盟誓。而齊國璽文則謂之誓盟,《史記·司馬穰苴傳》記齊景公時,司馬穰苴率兵擊退晉燕之師,取所亡故境而引兵歸,“未至國,釋兵旅,解約束,‘誓盟’而後入邑”。此處亦稱“誓盟”,與璽文正同。或“誓盟”爲齊地之習慣稱法。語詞每因地域的不同而語素序略有差異,是古今常見的。

何謂誓盟?《禮記·曲禮下》云:“諸侯使大夫問於諸侯曰聘,約信曰誓,蒞牲曰盟。”注:“聘禮今存,誓盟禮亡。”疏曰:“約信,以其不能和好,故用言辭共相約束以爲信也。”“盟者,殺牲歃血誓於神也。”凡用言辭約束,則用誓禮;若約束而臨牲,則用盟禮。可見誓與盟之區別,在於是否用牲。其法“先鑿地爲方坎,殺牲於坎上,割牲左耳盛以朱盤,又取血盛於玉敦,用血爲盟書,成乃歃血而讀書”。《墨子·明鬼下》記有一則齊莊公以羊決訟誓盟之事,録之如下:

　　昔者,齊莊君之臣,有所謂王里國、中里徼者,此二子者,訟三年而獄不斷。齊君由謙(兼)殺之,恐不辜;猶謙(兼)釋之,恐失有罪。乃使二人共一羊,盟齊之神社。二子許諾。於是泄(掘)洫,揺(剄)羊而漉(灑)其血。讀王里國之辭,既已終矣。讀中里徼之辭未半也,羊起而觸之,折其腳。祧(祝?)神之而槁之,殪之盟所。當是時,齊人從者莫不見,遠者莫不聞,著在齊之《春秋》。諸侯傳而語之曰:“請品先不以其請者,鬼神之誅至,若此其僭遫也。”

這段文字末句“請品先不以其請者”十分費解。據王引之、俞樾之説,前“請”爲“諸”字之誤,後“請”爲“情”字之借,“品”乃“詛”之壞字,小盟曰詛,“先”

爲“矢”之形訛,假借爲誓。整句大意是:凡詛(盟)誓不以實情者,鬼神之誅何其速也。《墨子》錄自《齊春秋》的這則傳聞,其主旨雖然在於賞賢罰暴,但帶有很濃厚的迷信色彩。《説文》:“廌,解廌,獸也,似山牛而一角。古者決訟,令觸不直者。”“解廌”又作“獬豸”,《玉篇》引《述異記》云:“獬豸者,一角之羊也,性知人有罪。皋陶治獄,其罪疑者,令羊觸之。”《輿服志》謂之神羊。這則出於齊地的記載,當與《述異記》這類所傳有關。從中可以看到齊人於神前誓盟的有關禮儀,可補已佚誓盟之禮的不足。至於“誓盟之璽”在盟誓過程中如何使用,文獻尚不足徵,估計與盟載之書的傳遞與保存有關。《周禮·秋官·大司寇》:“凡邦之大盟約,涖其盟書,而登之於天府,大史、内史、司會及六官,皆受其貳而藏之。”孫詒讓云:“蓋凡盟書,皆爲數本,一本埋於坎,盟者各以一本歸,而盟官復書其辭而藏之。其正本藏天府及司盟之府,副本又別授六官,以防遺失,備檢勘,慎重之至也。”盟誓之辭書於策,有數本之多,且有正本副本之別,當由司盟之官職掌“誓盟之璽”以鑒別之。至於如何傳遞和收藏,具體細節尚不可考。下面是有關璽文的簡釋。

例(1)—(4)遅盟之璽

包山楚簡借遅爲徙,與古文一系借遅爲徙實同,因知璽文之“遅盟”實即“遟盟”,在此當讀爲誓盟。《説文》:“誓,約束也。”“盟,國有疑則盟,諸侯再相會,十二歲一盟。”《禮記·曲禮》:“約信曰誓,涖牲曰盟。”可見所謂誓盟,就是殺牲歃血,以約辭告誓盟神,若有背違,令神加其禍,使民畏而不敢犯,故又謂之約束。上揭四方“誓盟之璽”即用於誓盟之禮的印信。

例(5)濼䜌遅盟金璽

“䜌䜌”之名,於齊魯陶文中每見之,如“䜌䜌合匋里、䜌䜌東匋里、䜌䜌背里、䜌䜌上我里”等等。璽文䜌字下體从水,乃其異構。䜌字方濬益釋爲鄉,䜌鄉乃齊國著名的製陶之地。屖即屖之或體,不从辵,與它璽略異。屖盟在此當讀爲誓盟。“濼䜌遅盟金璽”表明這方金璽是䜌鄉之地專用於誓盟的印信。

例(6)易都邑聖遅盟之璽

這是一方典型的齊國大璽,白文三行八字。都、邑皆齊國的行政區域。《周禮·地官·小司徒》:“九夫爲井,四井爲邑,四邑爲丘,四丘爲甸,四甸爲縣,四縣爲都。”注云:“井方一里,邑方二里,丘方四里,甸方八里,縣方二十里,都方四十里也。”可見周代以都、縣、甸、丘、邑建制,邑是都所管轄的基層行政區域。“邑聖”者當指精通邑事的人,《説文》:“聖,通也。”古人以精通一事者亦謂之聖,如《易》聖、草聖、棋聖之類,邑聖蓋言精通邑中事理而受尊敬的人,相當於邑尊,故可代表邑人參加誓盟。《周禮·秋官·司盟》:"凡盟詛,各以其地域之衆庶共其牲而致焉。"注:"使其邑閭出牲而來盟。"孫詒讓曰:"盟處無常,但盟則遣其邑閭之人合共其牲,邑閭即其地域也。"據此,知此璽乃陽都内邑閭閒舉行誓盟所專用。

例(7)須久戎丘立盟扩

璽文"須久"之久當讀爲句,《説文》:"玖,从玉,久聲,或曰若人句脊之句。"須句爲周時封國,風姓、子爵。《春秋·僖公二十二年》:"春,公伐邾,取須句。"其前年《左傳》云:"任、宿、須句、顓臾,風姓也。實司大皞與有濟之祀,以服事諸夏。"《公羊傳》作"須胊"。潘祖蔭舊藏一器,銘作🦅,郭沫若釋爲"須句"二字合文。與此璽作🦅合文有異曲同工之妙。

戎丘之戎字不識。《説文·丘部》:"古者九夫爲井,四井爲邑,四邑爲丘,丘謂之虛。"戎丘爲須句所轄比邑高一級的區域名稱。扩字作🦅,乃古旃字,金文"鑾旃",休盤作"鑾扩"可證。金文每借旃爲祈,璽文"立盟旃"疑讀爲"涖盟祈"。《左傳·隱公七年》:"陳及鄭平,十二月,陳五父如鄭涖盟。"注:"涖,臨也。""涖盟"猶今言參加盟。《周禮·春官·大祝》:"掌六祈,以同鬼神示。"注云:"祈,嘄也,謂有災變,號叫告神以求福。"祈爲叫告之詞,臨盟者告神求福,謂之"涖盟祈"。一説祈當讀爲刉。《周禮·春官·肆師》:"以歲時序其祭祀,及其祈珥。"鄭注:"玄謂祈當爲進祈之祈,珥當爲衈,祈衈者,釁禮之事也。"段玉裁云:"《小子職》祈或爲刉,《士師職》作刉,鄭君云,刉當爲正字。《説文》刉,劃傷也。所謂祈珥,當爲祈衈,祈謂刲羊,衈謂割雞,《小子》《士師》鄭注所謂毛牲曰刉,羽牲曰衈是也。"然則璽文言"涖盟祈"者,乃指參加誓盟之釁禮。似以後説爲長。從地名與字形看來,可能此璽年代最古。

以上七方齊璽皆與誓盟有關。盟誓用璽,史書失載,可補典籍之缺佚,彌足珍貴。

《容庚先生百年誕辰紀念文集》頁 619—626

○王恩田(1998)　第五字隸定作"遰"。(中略)如上所證,遰通舉。舉,立也(《左傳·文公元年》注)。《公羊·隱公元年》"爲其與公盟即也",注:"盟者殺生歃血詛命相誓以盟約束也。""遰盟之璽"是爲了某種事情之盟以相互約束。八字遰盟大璽是陽都邑所專用。印上端有方形突起是這類印特有的標志,估計是用來合符用的。

《遠望集》頁 317

○**趙平安**（2003）　🔲、🔲、🔲、🔲、🔲、🔲、🔲字形相近、文例相同，是同一個字的異體。其中🔲是繁體，代表着比較原始的寫法，其他各例都是它的省變。早些時候，有人把繁體釋作盧，簡體釋作盒。後來異説漸多，羅福頤先生分釋爲盒、盟、盠三字，吳振武先生隸作盟，李學勤先生隸作盟，葛英會先生隸作盟，讀爲衁，但多數學者主張直接釋作盟。

釋爲盧、盒、盟、盠，與字形不合，隸作盟仍不能讀通原文。值得重視的是釋盟（含釋衁）的意見。盟從血從明，明所從囧偶爾也寫作🔲（侯馬盟書明所從），因此從字形上看，釋盟有一定的憑據。

這一組字前面的遷，清人宋書昇據《説文》古文讀爲徙，學者多從之。但他認爲遷所從暴爲屎，徙、屎二字古通，則遭到批評。曾憲通先生指出，徙爲歌部字，屎在脂部，脂、歌韻部懸隔，所謂"徙、屎二字古通"，不足爲據。曾先生並認爲，璽文之暴、遷和包山簡屖、遷爲一字之異寫。在包山簡中，長沙作長遷，《説文》徙之古文暴（形有訛變）應是借沙爲徙。沙、徙均爲心母歌部字。

"徙盟"過去没能講通，最近葛英會先生讀爲"徙衁"，曾憲通先生讀爲"誓盟"，貫通文例，令人耳目一新。但徙衁、誓盟用璽，似不合用印制度，也不合用印習慣，在文獻和民俗中找不到有力的支持。

我們認爲，所謂盟應釋爲鹽。字的上部爲鹵之省。秦系文字中的鹽所從鹵或作🔲或作🔲，可爲證明。《説文·辵部》："徙，移也。"又："運，移徙也。"《爾雅·釋詁》："運，徙也。"徙鹽就是運鹽。《穀梁傳》定公四年："庚辰，吳入楚。日入，易無楚也。易無楚者，壞宗廟，徙陳器，撻平王之墓。"《史記·商君列傳》："令既具，未布，恐民之不信，已乃立三丈之木於國都市南門……有一人徙之，輒予五十金，以明不欺。"其中"徙陳器""徙之"的徙與"徙鹽"相仿佛。

《戰國策·趙二·蘇秦從燕之趙始合從》：蘇秦説趙王曰："大王誠能聽臣，燕必致氈裘狗馬之地，齊必致海隅魚鹽之地，楚必致橘柚雲夢之地……"已談到齊國海隅盛産魚鹽。

《管子·輕重甲》：

　　管子對曰："楚有汝漢之黃金，而齊有渠展之鹽，燕有遼東之煮，此陰王之國也。且楚之有黃金，中齊有薺石也。苟有操之不工，用之不善，天下倪而是耳。使夷吾得居楚之黃金，吾能令農毋耕而食，女毋織而衣。今齊有渠展之鹽，請君伐菹薪，煮沸水爲鹽，正而積之。"桓公曰："諾！"十月始正，至於正月，成鹽三萬六千鍾。召管子而問曰："安用此鹽而可？"

管子對曰："孟春既至，農事且起。大夫無得繕冢墓，理宮室，立臺榭，築牆垣。北海之衆，無得聚庸而煮鹽。若此，則鹽必坐長而十倍。"桓公曰："善！行事奈何？"管子對曰："請以令糶之梁趙宋魏濮陽。彼盡饋食之也，國無鹽則腫。守圍之國，用鹽獨甚。"桓公曰："諾！"乃以令使糶之，得成金萬一千餘斤。桓公召管子而問曰："安用金而可？"管子對曰："請以令使賀獻出正籍者必以金，金坐長而百倍，運金之重以衡，萬物盡歸於君。故此所謂用，若抱之於河海，若輸之給馬，此陰王之業。"

這段文字從一個側面反映了齊鹽生產的規模、銷售市場之大以及對國家經濟的影響。

《國語·齊語》：(桓公)"通齊國之魚鹽於東萊，使關市幾而不徵，以爲諸侯利，諸侯稱廣焉。"韋昭注："幾，幾異服、識異言也。徵，稅也。取魚鹽者不徵稅，所以利諸侯、致遠物也。"可見齊國是通過關市來對製售鹽者進行徵稅的。

《周禮·地官·掌節》："門關用符節，貨賄用璽節，道路用金節。"鄭玄注："璽節主以通貨賄。"同書《地官·司市》："凡通貨賄，以璽節出入之。"鄭玄注："璽節，印章，如今斗檢封矣。使人執之以通商。""徙鹽之璽"就是在鹽的流通過程中使用的官印，其目的是保證鹽的正常流通以及有效徵稅和避免重複徵稅。就其功能而言，頗有點像宋以後的鹽引。

《華學》6，頁 109—111

○**曾憲通**（2005）　關於這批齊國之璽，還有兩篇比較重要的文章，一是葛英會《釋"戴丘浧盟"璽》(刊《北京大學學報》1991 年第 2 期)，稱附圖七之璽爲"戴丘浧盟族"，可參考。二是趙平安《戰國文字中的鹽及相關資料研究——以齊"遷(徙)鹽之璽"爲中心》(載《華學》第 6 輯，紫禁城出版社 2003 年 6 月)，趙文據楚簡鹽字釋璽文爲"遷(徙)鹽之璽"，值得重視。近讀齊器陳侯因㟜敦銘，中有"其惟因㟜揚皇考，昭練(統)高祖黃帝，𣲒嗣趄文，朝問諸侯，答揚其德"一段文字。嗣上一字，各家隸定作从人从米的"侎"字。徐中舒以爲即《説文》敉的古文；郭沫若則讀侎爲弭節之弭。今以上述齊器之用例按之，嗣上一字當隸寫作屎，即㞺若敷之異構，古文偏旁之"尾"常省作"尸"故也。屎即㞺同於楚簡之屖，當讀爲沙，相當於典籍的"爰"字，"屎嗣趄文"是説"於是繼承齊桓、晉文的霸業"。準此，㞺用爲爰之例於前舉之簋、鎛、鐘之外，又添一敦，益信其爲齊人之習慣用詞，可以無疑矣。

又據新出莒公孫潮子編鎛，銘云："陳𣲒浧事歲，十月己丑，莒公孫潮子造器(也)。"(見劉雨、盧岩編著《近出殷周金文集録》，中華書局 2002 年 9 月，原

載《文物》1987 年第 12 期）陳下一字原隸作竬，其實是個从立異聲的字，當是
敪字的異寫，仍是徙在齊地的特殊寫法，此處用作人名。該組編鎛於 1975 年
在山東諸城臧家莊墓地出土，正是這一寫法流行於齊地的明證。

《古文字與出土文獻叢考》頁 191

△按　辭例見《璽彙》0198—0202、0294、0322 等，此從曾憲通釋。

迻 遷 遷 遷 遷

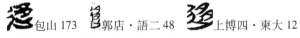
包山 173　郭店・語二 48　上博四・柬大 12

包山 204　包山 210　包山 214

新蔡甲三 99　新蔡甲三 209　新蔡甲三 169

○**曾憲通**（1993）　（編按：包山簡）罷禱、閶禱都是向祖宗神明求福去禍，凡因得
福消災而回報神明者則稱爲賽禱。簡文對於這類回報性質的賽禱則一律稱
"遷"而不稱畀。遷即迻之繁構，與簡文迻或作遷同例。《說文》："迻，遷徙
也。"今通作移，引申之而有移用之義。例如：

五生遷郦會之祝：賽禱東陵連囂猻豕、西飤；蒿之。（簡 210、211）

盬吉遷郦會之祝：賽禱宮、厉土一粘。（簡 214）

盬吉遷石被裳之祝：賽禱邵王戠牛；賽禱文坪夜君、郚公子春、司馬子
音、蔡公子豪各戠狳；賽禱新母戠猵。（簡 213、214）

例（1）（2）原爲郦會所祝，見於簡 202，本爲獀禱即閶禱，因閶禱得福而分
別爲五生、盬吉移用以報神，故稱"迻郦會之祝"以賽禱。例（3）石被裳之祝見
於簡 200，本爲罷禱，因罷禱獲福，盬吉移用以報祖宗神，故稱"迻石被裳之祝，
賽禱⋯⋯"《說文・新附》："賽，報也。"《漢書・郊祀志》作塞。鄭珍《說文新
附考》云："自漢以前，例作塞。祀神字从貝，於義爲遠，蓋出六朝俗字。"今以
楚簡證之，皆从貝作賽，足見新附所收，遠有來自；鄭氏之說反不足據。

《第二屆國際中國古文字學研討會論文集》頁 410—411

○**何琳儀**（1998）　遷，从辵，匚聲（匚旁或加飾筆）。疑迻之繁文。

《戰國古文字典》頁 862

○**劉信芳**（2003）　（編按：包山 204）遷：讀爲"施"，謂施行此一輪占卜所得貞人之
"說"也。"既盡施"者，謂既已施行石被裳之說，亦已施行應會之說。

《包山楚簡解詁》頁 220

○**陳偉**（2006）　在包山卜筮禱祠簡中，數見"迻某某之祝"的表述，大概是移用某某之祝的意思。新蔡簡也屢見這種説法，其中辭例完整的有甲三·99，甲三·212、199-3，甲三·300、307，乙二·30，辭例不完整的還有甲三·170、甲三·299、零270等三條。值得注意的是，新蔡簡的"迻"字，絶大多數寫作从辵从耳从多（見圖1）。而在包山卜筮禱祠簡中，這個字从辵从匸从多（圖2）。

1	2	3	4
遷	遷	征	遷
新蔡甲三:212	包山214	民之父母8	從政甲13

迻字何以从耳或者从匸，目前還不清楚。不過，從這兩批簡中此字的寫法來看，耳、匸可能是有關聯的。這使我們聯想起前不久學者對上海博物館藏簡第二册中兩個字的討論。在《民之父母》中有一字（見圖3），濮茅左先生讀爲"迡"，認爲所从之匸即《説文》訓爲"衺徯"的字，與"尼、迡"音可通假。在《從政》甲中有一字，張光裕先生隸作从辵从尸从耳，以爲右上部所从之匸是楚簡"耳"形之訛。黃德寬先生贊成濮茅左先生的分析，並進而認爲其字所从很可能是"匿"的省寫。同一字在包山簡與新蔡簡中的不同寫法，似乎爲張光裕先生的推測增添了一條證據。

《康樂集》頁 81—82

△**按**　《説文》："迻，遷徙也。从辵，多聲。"上列三例"迻"除包山173之字作人名外，均用爲本義。包山簡"遷"，學者亦多認爲是"迻"字異體，此字在新蔡簡中寫作"遷"（異體作"遷"，新蔡簡零270"遷"用法同）。"遷"所从之"匸"即《説文》訓爲"衺徯，有所俠藏也"之字，在楚文字中作"尼"的聲符（如上博三《中弓》簡8），《説文》"暱"或體作"昵"，"耳"與"匿"古韻屬之職對轉，聲屬日、泥，古音同屬泥母。要之，"匸、耳"在字中可能是疊加的聲符。但值得注意的是，"遷、遷"皆用在"某某之祝"前，包山簡"迻、遷"並見而分用，二字與"迻"或有用法之細别。

遷 遷 遷

遷集粹　　遷 秦代印風153

遷 望山1·13　　　遷 上博三·中弓8　　遷 郭店·五行32　　遷 上博三·彭祖1

───────────────

○**裘錫圭**（1998）　（編按：郭店·五行32"中心悦，播遷於兄弟"）其下一字，下从"止"，上部雖似"與",但下方尚有"口"形,與《窮達以時》五號簡🈲字下方有"🈲"形相似。彼字我以爲當釋"鬯",此字與帛書本"遷"字相當,從"止"與從"辵"同義,疑亦當釋爲"遷"。

《郭店楚墓竹簡》頁 153

○**劉國勝**(2000)　(編按:望山 1・13"不可以動,思遷身,蔽☐")《卜禱》竹簡 13 號簡既痿,以心☐然,不可以動,思倦身疲。

"疲",簡文從韋,皮聲,劉信芳先生釋爲"疲",可信。"倦",原釋文釋作"舉",恐不確。此字下部偏旁從"止",上部偏旁中作"八"形,"八"下作"口"形,與楚簡文字"舉"有區別,應釋爲"遷"字。郭店《窮達以時》簡:"遷而爲天子師。"首字裘錫圭先生釋作"遷",其字形與簡文此字上部所從類似,簡文"遷"宜讀爲"倦",遷,古音屬清母元部,倦屬群母元部,音近可通。"倦"與"疲"互文。

《奮發荊楚　探索文明》頁 217—218

○**李零**(2002)　簡文"與"和"興、鬯"二字寫法相近(《說文》卷三上舁部把它們列在一起),區別主要是,"與"從牙(有各種省體,最簡單的寫法是作一豎),"興"從同(内含口),"鬯"有類似於口的兩個小圈(參看張守中等《郭店楚簡文字編》46 頁)。這三個字,一般情況下是可以區別的,但簡文"與"或加口(參看張守中等《郭店楚簡文字編》46 頁,簡文有兩例,一見《窮達以時》簡 14,讀"譽";一見《唐虞之道》簡 21,讀"舉"),或加止(參看張守中等《郭店楚簡文字編》20 頁,簡文有四例,其中除《緇衣》簡 46 是作語氣詞的"與",其他三例都是讀爲"舉"),則與"興、遷"二字容易混淆。如《五行》簡 29"有德則邦家興",其"興"字即與加口的"與"字相似,馬王堆帛書本作"興";《五行》簡 32"遷于兄弟","遷"下只有一個類似於口的小圈,也與加止的"與"字幾乎没有分別。

(編按:郭店・五行 32)原作"🈲",釋文是按從與從足隸定,帛書本作"遷"。裘按說此字上部雖似"與",但下方尚有"口"形,與《窮達以時》簡 5"🈲"字下方有🈲形相似,因此釋爲"遷"。按裘按讀"遷"可信,但此字與簡文所見加口加止的"與"字幾乎相同,釋文隸定有誤。

《郭店楚簡校讀記》(增訂本)頁 57—58、84

○**陳偉**(2003)　(編按:郭店・唐虞 21)遷,原篆見表 7-5(以下以 D 代之)。原釋文釋爲"興"。同篇另有兩個"興"字(見表 7-1),此字顯然有別。《五行》32

號簡有一字(以下以 E 代之)與此類似,只是下部多一"止"旁。對於 E,裘錫圭先生在按語中,通過字形分析以及與帛書本的對讀,疑當釋爲"遷"。對 D 也應同樣看待。

表 7-5　遷

𠥓	𦰩
唐虞之道 21	五行 32

在語義上,興教是當政者的事情,"遷教"即歸附教化才是民衆的事。又 D 與"化"字爲對文,也只有讀爲"遷"字比較合適。《荀子·非十二子》説"十二子者遷化",《戰國策·趙策二》"武靈王平晝閒居"篇説"知學之人,能與聞遷;達於禮之變,能於與時化";《淮南子·繆稱訓》説"聖人在上,民遷而化";同書《泰族訓》説"變習易俗,民化而遷善",都是類似的文例。

《郭店竹書別釋》頁 73

○**李朝遠**(2003)　(編按:上博三·中弓 8)"𡃤",《郭店楚墓竹簡·五行》有"有德則邦家𡃤"句,馬王堆帛書本作"與"。"與"同"舉",有復興、振興之義。《禮記·中庸》:"繼絶世,舉廢國,治亂持危。"本簡此處的"𡃤"與此同。安×重×,是古漢語中的程式,如安土重舊。

《上海博物館藏戰國楚竹書》(三)頁 269

○**陳斯鵬**(2004)　(編按:上博三·彭祖 1)遷,播遷、移及也。《詩·大雅·皇矣》:"帝遷明德。"

《華學》7,頁 157

○**李守奎、曲冰、孫偉龍**(2007)　簡文"夫民安土厇𡃤",讀爲"夫民安土重遷"。楚簡"𡃤""𡃤"混訛。

《上海博物館藏戰國楚竹書(一——五)文字編》頁 83

△**按**　《説文》:"遷,登也。从辵,𡃤聲。拪,古文遷从手、西。"秦系文字寫法與篆文字形相合。楚系"遷"字所從𡃤旁多與"與"旁訛混,難以單從字形予以區分,須結合上下文義判斷。望山簡 1·13 之字从卪,與𡃤字所从合,劉國勝釋"遷"是,然讀法可商,"思"當讀爲"使",爲楚簡常例,"遷"似當如字讀。上博三《中弓》簡 8"安舊重遷",爲文獻習語(陳劍《上博竹書〈仲弓〉篇新編釋文[稿]》,簡帛研究網 2004 年 4 月 18 日);郭店《五行》簡 32"播遷於兄弟",馬王堆帛書本《五行》作"遷於兄弟",二例均"遷"字無疑。

郭店《窮達以時》簡 5"𦰩而爲天子師"之"𦰩",應是"興",上博二《從政》乙簡 1 "興邦家" 之 "興" 寫法與之全同。楚簡 "興、與" 均有从 之例。

遬 𤽡 逑

上博四 · 柬大 14　　 陶彙 3 · 614

○朱德熙、李家浩（1989）

M　 N　 O1　 O2　 P　 Q　 R1　 R2　 S　 T　 U　 V　 W

舟節和車節銘文末尾都有下邊這樣的話：

見其金節則母（毋）政（征），母（毋）舍 M 飤（食）。不見其金節則政（征）。

M 舊有 "桴、遬、朝、梓、李" 等不同的釋法，可是都與字形不合，而且用來釋讀節銘，文義也不貼切。這些説法恐怕都難以成立。

我們認爲 M 跟見於古印的 N（古璽 130）是一個字，應該釋作 "槫"。戰國文字的 "專（叀）" 字偏旁按照其下側的寫法可以分成以下幾類：

（1） O1（龍節）O2（長沙帛書）

（2） P（陶録附 30 上）Q（古璽 174）

（3） M（鄂君啟節）N（古璽 130）R1（古文字研究 13 · 349 圖八六）S（陶録附 17 下）T（陶録附 16 上）

（4） R2（古璽 462）U（古璽 154）V（古璽 194）

（1）和（2）應釋爲 "叀"，（4）从 "寸" 从 "叀"，是 "專" 字。（3）似乎可以分析爲从 "又" 从 "叀"，跟 "專" 是一個字。可是我們也可以把它看成 "叀" 字的變體，即由（2）類寫法延長豎筆後造成的。

在上文列舉的四類字形裏，（1）類的 O1、O2 公認是 "叀" 字。（2）Q 黃賓虹釋爲《説文》"斷" 字古文 "𢧵"。（4）R2 黃錫全釋爲 "剸"。這兩種説法都是可信的。以這兩個字爲線索，我們可以把上舉四類（主要是前三類）的各個字形系聯起來，確定都是从 "叀" 从 "專" 的字。根據這種看法，節銘的 M 應釋爲 "槫"。不過在目前見到的戰國楚文字裏，"叀" 字中閒部分都寫作 "田" 字形（如上引 O1、O2），把 M 釋爲 "槫"，似與這一點不合。可是例外也不是没有。春秋時期楚國的王孫誥鐘 "惠" 字所从的 "叀" 中部寫作 "日" 字形（字表 W），就是一個例子。

如果把 M 釋爲"槫"字不誤,那麼"槫飤"自當讀爲"傳食"。古代"傳"字有傳遽、傳舍等意義。龍節"傳"字從"辵"(O1),可能是傳遽之"傳"的專字,鄂君啟節"傳"寫作從"木",大概是傳舍之"傳"的專字。

《朱德熙古文字論集》頁 199—200,1995;
原載《紀念陳寅恪先生誕辰百年學術論文集》

○**湯餘惠等**(2001) (編按:陶彙 3·614)遜。

《戰國文字編》頁 96

△**按** 《陶彙》3·614 之字所從當非"專",西周金文竈誩鼎銘文云"子=🔲永寶用",按銘文通例,🔲似當讀爲"孫",然其形如何解釋,尚難論定,字暫隸作"逄"。

集成 85 舍章鎛　　集成 83 楚王舍章鐘　　集成 12113 鄂君啟舟節　　郭店·六德 37

郭店·語二 45　　貨系 2575　　璽彙 2825

集成 9735 中山王方壺　　集成 9734 舒盍壺

包山 121　　包山 122

○**張政烺**(1979) (編按:中山王方壺)彼,即返,《説文》:"《春秋傳》返從彳。"

《古文字研究》1,頁 217

○**裘錫圭**(1979) (編按:楚王舍章鐘、鎛)我們認爲"返自西旸"也可能指惠王自己從西旸返回楚都,當時曾侯乙不見得已經死去。尹姞鼎記"穆公作尹姞宗室于🔲林"(《録遺》97)。從鼎銘全文看,尹姞當時顯然還活着,尹姞宗室應該是尹姞祭祀先人的宗室。所以曾侯乙宗彝也可能是指讓曾侯乙用來祭祀先人的宗彝。(編按:也有可能"尹姞"和"宗室","曾侯乙"和"宗彝"都是"作"的雙賓語。"作尹姞宗室"就是爲尹姞作宗室,"作曾侯乙宗彝"就是爲曾侯乙作宗彝。)

《古文字論集》頁 406,1992;原載《文物》1979-7

○**商承祚**(1982) (編按:中山王方壺)反字增彳,亦猶及字之增彳也。

《古文字研究》7,頁 67

○**陳邦懷**(1983) (編按:中山王方壺)

彶　同反　　　　　　　　　　　　　30 頁

　　方壺　爲人臣而彶臣其宗

　　按,《說文》辵部:"返,還也,从辵、反,反亦聲。**徺**,《春秋傳》返从彳。"段注:"謂《左氏傳》也。《漢書》曰,左氏多字古言。許亦云,左丘明述《春秋左傳》以古文。"壺銘借返爲反。

○**吳振武**(1983)　　2825□生**徺**·□生返。

○**錢伯泉**(1984)　(編按:楚王畬章鐘、鎛)趄字楚鎛作"**徺**",安陸出土的楚鐘,歷來摹寫作"**徺**",古人釋之爲"徙",謂"徙自西旇",即是"楚惠王自西陽遷都回鄀",並定西陽爲都,曾侯爲楚國遠祖,銘文所記爲楚國遷都之事,曾侯乙墓的發掘,說明這種看法是完全錯了。現在的學者根據曾侯乙墓編鐘銘文中的"反"字作"**反**"或"**反**",釋之爲"返",認爲"返自西旇","可能指惠王從西陽返回楚都,當時曾侯乙不一定已經死去"。同時斷定:"曾侯乙的死和下葬,有可能是公元前 433 年以後若干年的事。"這種看法也很有商榷的必要。我認爲此字當釋爲"赴"。上古使節和行人,往來道路,過關出國,皆須"手持旌節"。《周禮·大行人》:"道路用旌節。"《周禮·行夫》:"掌邦國傳遽之小事,惡而無禮者凡其使也,必以旌節。"《周禮·環人》:"掌送逆邦國之通賓客,以路節達諸四方。"鄭注:"路節,旌節也。"**卜**爲旌節,**ヨ**即爲手,趄字所从之**ヨ**或**ヨ**,皆爲手持旌節的象形。《儀禮·既夕禮》:"赴曰:'君之臣某死。'赴母、妻、長子曰:'君之臣某之某死。'"鄭注:"赴,走告也,今文赴作訃。"**彳**爲道路,"**止**"爲足趾,"**徺**"恰是一人手持旌節,奔走於道路,前往告喪的意思。《禮記·文王世子》:"死必赴。"《史記·周本紀》:"昭王南巡狩不返,卒於江上,其卒不赴告,諱之也。"《左傳·文公十四年》:"崩薨不赴,禍福不告。"孔穎達疏曰:"然則鄰國相命,凶事謂之赴,他事謂之告。"可見上古人死之後,必定要向君長親友告喪,這就叫"赴",漢代始改赴爲訃。因此,"趄"字釋赴,是無可懷疑的。"赴自西旇",意爲:從曾國首都西陽傳來曾侯乙的訃告。

○**汪慶正**(1984)　(編按:貨系 2575 等)對於六字刀的釋讀,也有很多分歧,除"大"字外,主要集中在第二字"**徺**"及第四字"**㕣**"。第二字舊有"建、造、進、通、返、徙"等不同讀法。以釋"造"爲宜。頌毁"造"作"**㤕**";戰國陶文"造"有作"**徺**"。齊六字刀的"造"字即不从口而已。"造邦"是指新建邦國而言,《尚

書·君奭》"厥亂明我新造邦",僞古文《尚書·陽誥》"凡我造邦",都是指這
意思。第四字,郭沫若《金文叢考·鷹羌鐘銘文考釋》以銘文"■■"即"長
城",並舉古鉥"■"孫即複姓長孫爲例,證實應釋"張",即"長"。這是正確
的。"齊造邦張大化"應屬"齊"的開國紀念幣。從經濟發展水平看,如定其爲
太公望吕尚時期,顯然不符合實際情況,如以此屬齊桓公返齊時所鑄,時在公
元前 685 年,亦屬過早,而且其製作和行使至戰國末的"齊大化"刀一樣,所以
應該看作是田齊開國的"紀念幣",當在公元前 378 年。

《中國歷代貨幣大系·先秦貨幣·總論》頁 28

○何琳儀(1986)　(編按:貨系 2575 等)返邦刀的"返"字,古錢學家舊有釋"通"、
釋"徙"、釋"赳"、釋"進"、釋"途"、釋"遲"等説,均不著邊際。還有李佐賢釋
"建"、劉心源釋"造"兩説,在貨幣著作中頗有影響。其實無論釋"建",抑或
釋"造",以字形而言都有不可逾越的障礙。此字異體甚多,大致可分爲七式:

A ■辭典 857　　　　　■辭典 848

B ■辭典 867

C ■先秦 291·51　　　■先秦 291·36

D ■辭典 838　　　　　■辭典 840

E ■辭典 852　　　　　■辭典 853

F ■辭典 863　　　　　■辭典 845

G ■辭典 860　　　　　■辭典 851

釋"建"的根據似乎是 F 式。然而晚周文字"建"字作■(蔡侯鑄)、■(中山侯
鉞)等形,與 F 式相距懸殊。釋"造"的根據是 C、D 二式。二式所從的偏旁
■、■等形,驟視之的確與"牛"字相同。劉心源據此遂有"从窖省"之説。然
而省"口"的"造",在古文字中尚未見其例。退一步説,C、D 二式勉强釋
"造",其他五式亦無法圓滿解釋。因此,將 A—G 諸式釋爲"建"或"造",均不
可信。

　　今按,《貨系》一四三〇著録一枚"甫反半釿"橋形布,其中"反"作:■與 A
式所從偏旁吻合無間,這是 A 式釋"返"的佳證。A 式從"辵"、從"反",無疑
應是"返"字正體。

　　B 式與甫反橋形布的"反"作:■　■
也有對應關係,其"又"旁左下方小豎或右下方小横筆均爲贅筆,可有可無。
這類"又"和"寸"形相通的現象。參見下列貨幣文字(除上引《貨系》之外,均
見《先秦》):

反 34

尃 35—36

孚 53

鄟 97—98

值得注意的是,B 式與上揭橋形布的第 2 個形體若合符契。這是 B 式應釋“返”的確證。

A 式“又”上加一圓點即成 C 式,圓點延伸爲一横則成 D 式,遂使“又”與“牛”形難以辨認。這類古文字點畫演變的規律,在晚周文字中也屢見不鮮,茲不備述。至於《説文》古文“友”作,从二“又”;三體石經《僖公》“父”作,亦从“又”;均晚周文字“又”可作“牛”形的旁證。

E 式是 A 式的異構。衆所周知,“又”和“手”是一字之分化,其形、音、義均有關涉。E 式所从爲“手”,由“又”分化。當然也不排除 E 式是 D 式的訛變,即 D 式“牛”形下横筆向上彎曲作形。

F 式“又”形作形,乃是 D 式“牛”形的草率寫法。晚周貨幣和璽印文字中“又”或作“”形。例如:

右 先秦 19　　鄟 先秦 97　　布 先秦 117　　敳 先秦 132

戒 璽文 60　　兵 璽文 60　　興 璽文 62　　奠 璽文 354

“”豎畫上加一贅筆,自然就是形,它與形並無本質差别。如果將“返”與“庸”兩相比較,也不難看出 C 式與 F 式的演變關係:

返 先秦 291　　辭典 845

庸 哀成叔鼎“鄘”旁　　曾侯乙編鐘

G 式似从“生”形,則可以從返邦刀的“邦”字異構中得到啟示:

返 辭典 860　　辭典 851

邦 先秦 88·51　　先秦 88·37

固然,“又”和“丰”在殷周文字中並不相混。然而二者在貨幣文字中的演變途徑則可謂“殊途同歸”。

總之,A 式釋“返”有甫反橋形布“反”這一直接對比材料爲證,殆無疑義。而 B—C 諸式也可由 A 式出發得出合理的解釋。“返”字的確認是打開“齊返邦㕡化”刀幣鑄幣時閒這一疑難問題的鑰匙。

以往學者多根據誤釋的“建邦”或“造邦”與齊國牽合,而將此類齊刀定爲春秋時期齊國所鑄造。例如:鄭家相認爲“造邦”應指齊桓公稱霸。王毓詮認爲"造邦"是開邦建國的意思,其鑄造時閒爲"齊國造邦之日,不能晚至齊桓公"。(中略)日本學者奧平昌洪認爲返邦刀鑄造於田氏篡齊之後。鄭家相後來放棄前説,定此類刀爲"田太公建國時期初鑄"。彭信威也傾向此説。凡此與返邦刀的真實鑄造時閒已經比較接近,但仍失之過早。返邦刀鑄造的絕對年代,可以從其銘文"返邦"中找到答案。《説文》:"返,還也。"典籍多以"反"爲"返"。《公羊傳·隱公元年》"公將平國而返是桓",注:"反還之。"典籍"邦"與"國"每可通用。《説文》:"邦,國也。""國,邦也。"《周禮·天官·大宰》"以佐王治邦國",注:"大曰邦,小曰國。"按,"邦"與"國"對文則異,散文則通。刀銘"返邦"即典籍之"反國"。《莊子·讓王》:"楚昭王失國,屠羊説走而從於昭王。昭王反國,將賞從者及屠羊説。屠羊説曰:'大王失國,説失屠羊;大王反國,説亦反屠羊。臣之爵祿已復矣,又何賞之有!'"

值得注意的是,"反國"與"失國"爲反義詞組,"反"與"復"爲同義詞。然則《莊子》所謂"反國"應指楚昭王收復失地,重返故國而言。

"镸"即"長",上文所引屬羌鐘等銘文辭例昭然,毋庸置疑。鄭家相謂"田齊建國之君所自稱也"是對的。"長"典籍中可指國君。《國語·晉語》"夫長國者",注:"長猶君也。"《吕氏春秋·勿躬》"雖不知可以爲長",注:"長,君也。"《周禮·天官·大宰》"二曰長,以貴得民",注:"長,諸侯也。"均其佐證。

參照戰國典籍《莊子》中"反國"這一辭例的具體内涵,使人們很自然地聯想到刀銘的"返邦镸(長)"這一"復國之君"應是"破燕君、復齊國"的齊襄王。據《史記·田敬仲完世家》記載:"燕將樂毅遂入臨淄,盡取齊之寶藏器。湣王出亡,之衞……遂走莒……淖齒遂殺湣王……襄王在莒五年,田單以即墨攻破燕軍,迎襄王於莒,入臨淄。"戰國田齊之返邦刀銘文"返邦"應與《史記》"入臨淄"有關。又檢《戰國策·齊策》六:"安平君以惴惴之即墨,三里之城、五里之郭、敝卒七千,擒其司馬,而反千里之齊,安平君之功也。"田單(安平君)"反齊"與刀銘"返邦"亦可互證。臣盡其力,君獲其名。故"返邦镸"自應是齊襄王。

總之,"齊返邦镸厺化"乃田齊襄王復國所造貨幣。

一般説來,明刀多是燕國的貨幣。但是齊國舊地也曾發現背文鑄有"齊化"的明刀。鄭家相認爲這類明刀乃"齊地被燕人所據者五年之久,此刀當在此期所鑄",是非常正確的。上文已經論述的返邦刀也恰好與這五年前後發生的歷史事件相關。因此,如果説齊明刀銘文是齊國"失國"的記録;那麼,齊返邦刀銘文則是齊國“反國”的記録。這在中國古代貨幣史上的確是一椿饒有興味的插曲。

　　　　　　《古幣叢考》(增訂本)頁7—13,2002;原載《中國錢幣》1986-2

○**朱活**(1988)　(編按:貨系2575等)如齊六字刀,第一字釋齊,諸家無異議,第二字釋建、造、徒、通、途,近人又釋返,其中李竹朋氏早釋建,劉心源氏釋造,第三字均釋“邦”,“造邦”之語,蓋出自《尚書·君奭》:“厥亂明我新造邦。”僞古文《尚書·湯誥》:“凡我造邦。”劉氏又以古文字爲證,例舉西周中期器頌毁“造”作🔲、鼎作🔲、壺作🔲,从“宀”,蓋以宮室取義。初尚齡《吉金所見録》謂釋建,亦有作造者。此六字刀第二字乃窟省口。近年山東出土春秋齊器公孫造壺,造作“🔲”,取義亦如此。《西清古鑑》:“二、三字或釋‘造邦’,今釋爲‘建’,亦造字之義。”此義同。

　　西周金銘反作🔲,頌鼎:“反入堇章。”“反”字即作🔲,音、義近復、返、還,但與六字刀第二字不同。從小臣謎簋銘:“叔夷大反。”反亦作🔲,而音義同叛,與六字刀第二字音、義、形迴別,再者,湖北省隨縣擂鼓墩出土曾侯乙鐘銘多有“冬反、宮反、徵反”,反亦作🔲。《史記·樂書》,《集解》引孫炎曰:“反,謂曲終還更始。”顯然與六字刀第二字,形、音、義亦不同。近人釋六字刀第二字爲“返”,實從《說文》🔲字。“返,還也。从辵从反,反亦聲。《商書》曰:‘祖甲返。’《春秋傳》:返从彳”。實從小篆。戰國時的返字如中山王𫲸壺銘,返作“🔲”,鄂君啟節銘,返字作“🔲”,與六字刀第二字形、音、義亦不同。

　　就丁福保《古錢大辭典》所載六字刀拓本三十枚,以及建國以來,筆者在山左所見出土齊刀百餘起,其中六字刀約三十枚,今山左各館及個人收藏者亦不過三十餘枚。第二字均从🔲、🔲、🔲、🔲,不見有異,第二字近“反”字者絕罕,且近改刻者。就筆者個人收藏的三枚六字刀,其中一枚,文字極工整,但經改刻,第二字近乎“反”字,這是值得注意的。

　　在山左,將六字刀臆測爲齊襄王所鑄紀念幣,這在過去早有論述,而被議爲“云襄王歸國時鑄,故以齊爲新造邦,此皆鑿孔之論也”(見《遺篋録》)。其實在山左考古工作者,迄今也沒有發現襄王時期或更晚的齊墓或齊窖藏出土六字刀。當然,六字刀還是需要繼續研究的,把六字刀第二字釋“返”,仍然是一家之說,但必須是文學之士經過精心研究的論斷,我們是要學習的,唯不宜近來山左泉界鑿孔之端又起。

○**黄盛璋**(1989)　　(編按:楚王酓章鐘、鎛)"返"讀爲"赴"即"訃",最合,蓋楚惠王聞曾侯乙之死訃,作鐘以爲賵儀。

《出土文獻研究》(續集),頁 117

○**陳偉**(1989)　　(編按:鄂君啟節)"返",又訓"還",訓"復"。"罷",于省吾先生讀"盈",姚漢源先生讀"乃",似均可從。節銘"歲罷返",可能是指一個稅務年度結束之後,重又開始執行新一輪的免稅限額。這就保證了金節得以連年生效。當然,這可能也意味着,即使該指標在年度内没有用完,也自行失效,而不能轉入下年度繼續使用。

《江漢考古》1989-3,頁 53

○**湯餘惠**(1993)　　(編按:鄂君啟節)返,返還,指上繳金節。古時使用符節有規定的期限,必須按期返還。

《戰國銘文選》頁 46

△**按**　字或從彳,或從止,皆"返"之省體。

還　邐　徦　睘

睡虎地·日甲 57 背壹　　曾侯乙 63　　包山 10　　上博四·曹沫 12　　上博六·天乙 6
包山 180　　郭店·成之 38　　郭店·尊德 25
新蔡乙四 100、零 532、678　　集成 10460 還安鍵

○**何琳儀**(1998)　　齊器還,姓氏。微子後,宋樂大心采桐門,爲還氏。見《路史》。

《戰國古文字典》頁 989

○**何琳儀**(2000)　　(編按:郭店簡)詞(治)民非還(率)生(性)而已也,不以旨(嗜)谷(欲)禽(害)其義。(《尊德義》25)

　　"還"讀"率",參上文《成之聞之》38。"還生"讀"率性"。《禮記·中庸》"天命之謂性,率性之謂道,修道之謂教"注:"率,循也。"如果以簡文對勘《中庸》這段名言,可見"率性"本應作"還性",猶言"回歸天性",這似乎更接近儒家哲學思想的真諦。

《文物研究》12,頁 202—203

【**還年**】上博四·曹沫 12

○**李零**(2004)　　還年　這個詞,古書比較少見。《左傳·莊公六年》記楚文王

伐申過鄧,鄧侯止而享之,騅甥、聃甥、養甥請殺楚子,鄧侯弗從,"還年,楚子伐鄧。十六年(魯莊公十六年),楚復伐鄧,滅之"。杜預注以爲"還年"是"伐申還之年",但簡文所述似與還師無關,似乎是又過了一年的意思(類似古書常説的"期年")。如果《左傳》莊公六年的"還年"是這種含義,則伐申、伐鄧不在一年。伐申是追敍,伐鄧是此年之事,滅鄧在十年以後。也就是説,故事的中心是伐鄧,伐申是前因,滅鄧是後果。原文並不是説楚伐申回國,在途中繼之以伐鄧。

《上海博物館藏戰國楚竹書》(四)頁 251

○**陳斯鵬**(2007)　還年,《李釋》已指出又見於《左傳·莊公六年》,並謂"似乎是又過了一年的意思"。按,《李釋》的理解大致是對的,杜預以"伐申還之年"釋"還年",殊爲迂曲,不可信。實則"還年"猶言"明年、翌年"也。《説文·辵部》:"還,復也。"《爾雅·釋言》:"還,返也。"《逸周書·周祝解》:"故時之還也無私貌,日之出也無私照。"朱右曾云:"還音旋,謂周而復始也。"甚是。"還年"取義於年之終而復始,即明年之意。今潮州話稱明年曰"pa^{33}轉年","pa^{33}轉"是掉回頭的意思,與"還"同意,正可相印證。

《簡帛文獻與文學考論》頁 98

○**宋華强**(2010)　"亥、期"音近可通,《左傳》和《上海四·曹沫之陳》都有"還年",當讀爲"期年",這和葛陵簡把"亥"寫作"睘、嬛、還"的現象正相平行。

《新蔡葛陵楚簡初探》頁 13

△**按**　"還年"與"期年"義近當無異議,唯從用字習慣看,以"還"通"期"説之似不必,陳斯鵬説可從。

【𨖊安】還安鍵

○**李家浩**(1980)　《商周金文録遺》96.541 著録一件所謂的"鍵",上有銘文二字,合文作𥤖,以"安"字的"宀"(即"宀")旁兼充"還"字的"辵"旁。

《中國語文》1980-5,頁 375

○**吳振武**(2000)　(58)還安　𥤖　還安鍵(中略)

　還安,古地名,在今内蒙古和林格爾縣,戰國時當屬趙。

《古文字研究》20,頁 320

【還返】新蔡乙四 44

△**按**　辭云:"既在郢,將見王,還返毋有咎。""還返"爲同義連用。

【𢔃反】新蔡乙四 100,零 532、678

△**按**　"𢔃反"即"還返"。

選 辩

𦥯 新蔡甲三 11、24　　𢍰 璽彙 2167

○**丁佛言**（1924）　（編按：璽彙 2167）選。

《說文古籀補補》卷 2，頁 9

○**吳振武**（1983）　2167□𢍰・□選。

《古文字學論集》（初編）頁 504

○**何琳儀**（1998）　晉璽選，人名。

《戰國古文字典》頁 1355

送 𧻕

𨖥 睡虎地・雜抄 38　　𨖥 上博六・慎子 5　　𨕖 上博五・季庚 5　　𨕖 集成 9734 舒盉壺

○**張政烺**（1979）　（編按：舒盉壺）送，假爲朕。

《古文字研究》1，頁 241

○**朱德熙、裘錫圭**（1979）　（編按：舒盉壺）"送"似當讀爲"朕"。

《朱德熙古文字論集》頁 105，1995；原載《文物》1979–1

○**李仲操**（1987）　（編按：舒盉壺）《史記・秦本紀》昭襄王八年載："趙破中山，其君亡，竟死齊。"據此知趙所攻的此中山君後來死於齊。而王譽死前也有出奔的記述。《舒盉壺》銘文載："佳送先王，茅蒐田獵，于彼新野，其會如林，馭右和同，四牡汸汸。以取鮮蔍，鄉祀先王。德行盛皇，垂逸先王。""佳送先王"之送字，有釋爲"朕"者，但與字形未能相合。李學勤釋送，至確。但不是"送葬"，而是送行。"茅蒐田獵"爲送行時的裝扮。《爾雅・釋草》謂："茅蒐一名蒨，可以染絳。"在這裏是染成紅臉，扮作田獵的樣子，行走在新的田野裏。此"茅蒐"不應釋爲夏苗、春蒐。因爲夏苗春蒐本爲田獵，其下再加"田獵"則語句重疊，銘文"其迨如林，馭右和同"則是說護送人員配合得力的情況。"四牡汸汸"，則是指其出行奔波不息的樣子。《詩・北山》"四牡彭彭，王事傍傍"。傳云："彭彭然不得息，傍傍然不得已。"正與此同。這段是敘述王譽出奔時的景況。下文"以取鮮蔍，饗祀先王。德行盛皇，垂逸先王"則是悼念王譽死後的話了。顯然王䝮被送走後，不久就死去了。這和《史記》所記"其君亡，竟死齊"的記述吻合。因此，斷定奔齊的中山君就是王䝮。

《中國考古學研究論集》頁 344—345

○**湯餘惠**（1993）　（編按：𨟻𥂴壺）送，通朕。二字同从关（𢍶）聲，同聲通用。

《戰國銘文選》頁 40

○**何琳儀**（1998）　中山王圓壺送，致。

睡虎地簡"送逆"，送迎。《荀子·富國》："送逆無禮。"

《戰國古文字典》頁 431

○**陳秉新、李立芳**（1998）　《説文》倴、𦫼（朕）、栚、𩎮諸字皆从𢍶聲，而正文無𢍶字，當是傳寫奪佚。金文有𢍶字作𠬞，或增繁飾作𢍶。毛公鼎銘曰："易（賜）女（汝）兹𢍶，用歲用政。"（歲、政均祭名）孫詒讓云："𢍶假爲倴，謂錫以倴送之臣僕也。"斟𣁬小量銘："斟𣁬𢍶。"斟讀爲容，𢍶當讀爲賸（剩），是説此量器容半斗有餘。《説文》从𢍶聲字四，从𢍶再孳生字十有五，其中倴、遜（送）以及《説文》失收的朕字皆有送義。人部："倴，送也。从人，𢍶聲。"辵部："遜，遣也。从辵，倴省。𨔝，籀文不省。"按：金文作𨕐（𥂴壺），从辵从𢍶會意，不从倴。甲文有𨓠字（合集 18697），亦當釋送。又《説文》貝部："賸，物相增加也。从貝，朕聲。一曰：送也，副也。"段注云："賸訓送則與倴音義皆同。副，貳也；貳，副益也。訓送、訓副，皆與增加義近。"賸的剩餘義是後起的引申義，今作剩。又《爾雅》："媵，送也。"《説文》無之。金文媵女之器多冠以賸字，或作倴和媵，或借塍，蔡侯盤作媵，从女从眷，眷亦聲。媵即賸字異構。

賸、媵所从之朕，《説文》作𦫼，釋云："我也。闕。"徐鉉等於《説文》"倴"下注云："𢍶不成字，當从朕省……疑古者朕或音倴。"按徐鉉等謂"𢍶不成字"，殊爲武斷，但疑古者朕或音倴，則頗有見地。朕字甲骨文、金文用作第一人稱代詞，金文亦有用爲媵送義者，弔（叔）上匜銘曰："鄭大内史弔（叔）上作弔（叔）媥朕匜。"此朕字確當讀媵。𢍶字金文作𠬞，象雙手捧物有所奉送之形，朕字从舟从𢍶，是倴的纍增字。授受字《説文》"从受，舟省聲"，金文作𢼫，从舟不省。舟又爲承尊之器，故授受字从之會意。朕字从舟，與授受字从舟用意相同。賸字由朕孳乳，又疊加意符貝。疊牀架屋，增益繁重，乃文字孳乳繁衍的常見現象。以上可證，𢍶、朕、賸同音、同義，本義爲奉送，倴和媵則是媵女的專字，古音同屬喻紐蒸韻。朕訓"我也"，乃借義，《廣韻》音直稔切，古音屬定紐侵韻，喻定準旁紐，蒸侵通轉，依例可通。

朕又訓"縫也"（間隙），《古今韻會舉要》音丈忍切，古音在文部，蓋借爲朕
（朕亦文部字），音亦轉入文部，蒸文通轉亦多見，朕、朕均由間隙義引申爲
徵兆、迹象，也是一個證明。

　　　如上所述，䇲字依古文字當補爲："䇲，送也。象手持物有所奉送。讀若
俌。䇲，篆文从火。"

　　　《説文學研究》1，頁 86—87，2004；原載《古籍研究》1998-1，《文物研究》11

【送畎備畮】上博六·慎子 5

○劉洪濤、劉建民（2008）　　送畎備畮　"送"，整理者釋讀爲"適"。本文初稿
把此字分析爲从"辵"从"䇲"，即"送"字。"畮"，整理者釋爲"畎"。按此字原
作从"田"从"女"，本文初稿因其與"畎"對文，故懷疑是"畮"字異體。陳劍先
生在沒有看到我們意見的情況下，根據楚簡文字"母、毋、女"有時不分的現
象，也認爲此字是"畮"字的異體。《晏子春秋·内篇諫上》"景公遊公阜一日
有三過言晏子諫第十八"章："君將戴笠衣褐，執銚耨，以蹲（遵）行畎畝之
中。"陳劍先生、沈培先生都指出，竹書"送畎備畮"相當於《晏子春秋》的"蹲
（遵）行畎畝之中"，並據之把"送畎備畮"讀爲"遵畎服畮"。按陳、沈二先生
之説甚是。這也可以證明本文初稿"送、畮"二字之釋無誤。

　　　　　　　　　　　　　　　　　　　　　　　　　　《簡帛》3，頁 114

遣 遣　適 童

集成 10372 商鞅量　　郭店·語四 21　　上博一·性情 27

○李學勤（1992）　　（編按：商鞅量）（3）大良造鞅升："十八年，齊遣卿大夫衆來聘，
冬十二月乙酉，大良造鞅爰積十六尊（寸）五分尊（寸）壹爲升。重泉。"（中略）
　　　"遣"字右側不清，舊釋爲从"率"，據瓦書"使"字例改正。

　　　　　　　　　　《綴古集》頁 136，1998；原載《中國社科院研究生院學報》1992-5

○裘錫圭（1998）　　（編按：郭店·語四 21"一遣一來"）遣，簡文此字𠂤旁當是𧙕之省寫，
故釋作"遣"。"一遣"與"一來"，義正相對。

　　　　　　　　　　　　　　　　　　　　　　　　　《郭店楚墓竹簡》頁 219

△按　　上博一《性情論》簡 27 之字，對應郭店《性自命出》簡 62 作"歆"，與曾
侯乙墓編鐘"潷"或作𣵀（參卷十一水部"潷"字條）、郭店《老子》甲簡 22"澬"
（參卷十一水部"澬"字條）並昔、欠（次）雙聲正對應。

逮 逮

石鼓文·霝雨　　郭店·語一75　　璽彙0802

○丁佛言（1924）　（編按:古璽）逮。

《説文古籀補補》卷2,頁9

○強運開（1935）　（編按:石鼓文）羅振玉曰:"此字鄭釋歸,誤。微論歸字從皇非辵,即其半之𠬞亦非帚字。古文帚作𠬞,象帚倒卓之形。鼓文從𠬞,象手持尾,即《説文》之逮,逮同隶,及也。篆文帚作𠬞,鄭氏遂誤認𠬞爲𠬞。"運開按,此篆自薛尚功及阮橅天乙閣甲秀堂諸本誤橅作歸,遂致諸家皆釋作歸,蓋本《説文》籀文歸省作歸耳。今按,安氏十鼓齋藏北宋拓弟一本作歸,中豎直通至上,是羅氏釋爲逮字之説益信而有徵矣。

《石鼓釋文》戊鼓,頁5—6

遲 遲　遅 屖 達 迟 屔

近出60 王孫誥鐘

集成330 曾侯乙鐘

新蔡甲一24　　新蔡甲三112

包山200　　郭店·老乙10　　望山1·62　　上博三·周易14

望山1·63　　集成9563 右屖尹壺

○中大楚簡整理小組（1977）　（編按:望山簡）屔瘳,第38、40、87、92簡均作迟瘳。從止從辵同意。《説文》古文仁作屔,古文遲作迟。《汗簡》尸部,引古文《尚書》夷作屔;目部睇作睇;《漢書·樊噲傳》"與司馬屔戰碭東",注,屔讀與夷同。《淮南·原道》"馮夷大丙之御",注,夷或作遲。上述材料證明:仁、遲、夷三字,古代音近,夷、遲二字同音可以通假。《説文》遲,"徐行也";夷,"平也";徥,"行平易也"。第38簡云:"無大咎,疾迟瘳,又祱。"第40簡云:"疾少迟瘳,又咎。"由是知,"迟瘳"爲疾病平復緩解,而"少迟瘳"爲疾病尚未平復緩解。"疾迟瘳",如現在説的疾病慢慢減退。故言"無大咎"。"疾少迟瘳"指疾病消除很少,有反復的可能,故言"有咎",無自信心。

《戰國楚簡研究》3,頁 14

○朱德熙、裘錫圭、李家浩(1995)　(編按:望山 1・45)占辭言"占之恆貞吉,疾小屖瘥","屖"即《説文》"遲"字或體"迡"之省寫。此辭之意似謂從長期的休咎看這一卦是吉利的,但疾病的痊愈小有拖延。

《望山楚簡》頁 95

○馮勝君(1999)　(編按:右屖尹壺)右屖君:屖,從卪從止。古文字中止、辵旁常可通用,故屖即迡字,迡,遲之異文。《集韻》:"遲,或作迡。"遲君(尹),官名,待考。

《中國古文字研究》1,頁 186

△按　《説文》:"遲,徐行也。從辵,犀聲。《詩》曰:行道遲遲。迡,遲或從卪。遟,籀文遲從屖。"戰國楚系文字不作"遲",作"迡、遟"及相關簡省寫法。

【迖速】新蔡乙四 110、117

○宋華强(2010)　"遲速"又見於天星觀卜筮簡命辭"既逗於王,以爲夏夷獸,還返遲速"。"遲速"應該是個偏義複合詞,義偏於"速",與"緩急"類似。"遲速從郢來"即"速從郢來"。

《新蔡葛陵楚簡初探》頁 64—65

逗　趑

　逗包山 24　　逗包山 219　　逗上博四・柬大 15　　逗上博四・柬大 16

○何琳儀(1998)　(編按:包山 219)包山簡逗,逗留。

《戰國古文字典》頁 371

○劉信芳(2003)　(編按:包山 24)逗:簡 30 作"偭",22 作"瑞","瑞、偭"皆從"耑"聲,據此知"逗"之古音讀入"短","短、耑"皆元部端紐字。

　　(編按:包山 219)逗:讀爲"瑞",簡 24"李逗",簡 22 作"李瑞",簡 30 作"李偭"。瑞,祭名。《周禮・春官・大祝》:"掌六祝之辭……五曰瑞祝。"鄭司農《注》:"瑞祝,逆時雨,寧風旱也。"其實就是對自然災異的一種厭勝巫術。《論衡・指瑞》:"異物見則謂之瑞。"上文"太見琥"即所謂"異物現"。

《包山楚簡解詁》頁 39、234—235

○濮茅左（2004） （編按：上博四・柬大 15"相屋、中余與五連少子及寵臣皆逗，毋敢執篆簸"）
"逗"，《説文・辵部》："逗，止也。"《方言》："際、眙，逗也，南楚謂之際，西秦謂
之眙。逗，其通語也。"郭璞注："逗，即今'住'字也。眙，謂住視也。"衆臣皆
逗的情況，與齊景公時大旱相似。

《上海博物館藏戰國楚竹書》（四）頁 208

○李守奎、曲冰、孫偉龍（2007） （編按：上博四・柬大 15、16）屬。

《上海博物館藏戰國楚竹書（一—五）文字編》頁 868

迟 䢌

包山 185

○何琳儀（1998） 包山簡迟，人名。

《戰國古文字典》頁 1470

△按 《説文》："迟，曲行也。从辵，只聲。"簡文用爲人名。

逶 䢃 蠆 蟲

郭店・唐虞 21　郭店・忠信 2

上博六・季桓 11　上博六・季桓 12　上博六・季桓 19

郭店・老甲 32

○周鳳五（1998） （編按：郭店・忠信 2）化物而不伐：化，簡文从虫，爲聲。《郭簡》
徑讀如"爲"，裘錫圭則以爲"疑當讀爲化"。按，裘説可從。爲、化古韻同在歌
部，聲母匣、曉同屬喉音，可通。譌或作訛，即爲顯證。《唐虞之道》簡 21："授
賢則民興教而化乎道。不禪而能化民者，自生民未之有也。"化字二見，亦皆
从虫，爲聲，作"蠆"。又，《老子》甲種簡 32"我亡爲而民自化"，字从二虫，作
"蟲"，與从虫同。

《中國文字》新 24，頁 123

○陳偉（1999） （編按：郭店・老甲 32）風，原釋爲"蠆"，讀爲"化"。按此字整體與
郭店簡中比較確切的"蠆"字、以及其上部即被釋作"爲"的部分與郭店簡其他
衆多"爲"字均不相似，原釋恐誤。此字下方爲二"虫"，右上方則應是"凡"，似
應是"風"字。"風"有教化的意思。《戰國策・秦策一》"山東之國，從風而服"，

高誘注:“風,化也。”《詩·關雎·序》:“風,風也,教也。風以動之,教以化之。”傳世本及帛書本《老子》對應語句此字作“化”,與竹書用字不同而意義相通。

○陳劍(2008)　　(編按:上博六·季桓)“與(邪)民”和“與(邪)蝸(僞)之民”

本篇簡文數見的“與蝸之民”和“與民”,二者應是一事。它們的正確理解對於第三組簡文的釋讀和編聯很關鍵,但整理者和研究者多如字讀,僅李鋭(2007c)曾説“‘與罒之民’當爲專門名詞,疑讀爲‘誇虛之民’”。按“與民”跟“仁人”相對,顯然應讀爲“邪民”。“與”字本從“牙”得聲,“与”就是“牙”的變形(參看裘錫圭1992,頁84—85),古書“與”跟“邪”相通之例習見(參看高亨、董治安1989,頁846—847)。“邪民”指姦邪的百姓。《國語·晉語八》:“今吾子嗣位,於朝無姦行,於國無邪民,於是無四方之患。”《荀子·宥坐》(又《孔子家語·始誅》略同):“邪民不從,然後俟之以刑,則民知罪矣。”

我們隸定作“蝸”之字原作如下之形:

簡19　　簡11　　簡12

簡19、11之字整理者原釋爲“虐”,簡12之字原隸定作“罒”釋爲“覻”字。李鋭(2007a)指出此三形皆爲一字,隸定作“罒”,研究者多從之。蘇建洲(2007b;又2008,頁108—110)認爲“簡文字形應該釋爲‘虐’,讀爲‘間’”。按此三形中並不存在一個標準的“虍”旁(它們被分析爲从“虍”之所以被普遍接受,恐怕還跟所謂“罿(斯)”字的誤釋有關,詳前“考釋”之二)。此三形當以簡19之形較爲近真,其下面的形即“虫”旁,其最下一斜筆在簡12之形中還保存着:即“爲”旁之變。楚簡中一些極常用之字如“爲、者、於”等,其寫法往往變化多端。試將簡19之形與郭店《唐虞之道》簡21的“蝸”字對比:

其大致結構、整體形態還是非常接近的。進一步分析其訛變軌跡,也並非完全無踪可尋。上引第二形,其右上部分比起前一形來,已經出現了筆畫分解、重新組合書寫的變化。再進一步分解,就容易變作下引“爲”字的右上部分之形:本篇簡14“爲”字

此形右上代表“象”之長鼻和頭部的筆畫已變爲簡單的四直筆書寫。這四筆中的下兩橫筆交接形態再略爲變化,就很容易變成前舉簡19“蝸”字右上之形了。

簡12之形上所從的“目”形,則又是出於筆畫的粘連、重新組合,將豎寫

的"爪"形跟其右半的筆畫合起來書寫爲成字的偏旁而成。同類的例子,就以本篇爲例,試比較簡 20 的所謂"剶"字之形跟上博竹書的其他"剶"字之形:

簡20　《上博(二)・魯邦大旱》簡21　《上博(四)・内禮》簡8

末一形"剶"字左上變從"幺"形,但其右半"刀"變作"刃"對此處説明字形變化也有參考價值。試將上第二形右半的"刀"換作如第三形右半的"刃"形,其"刃"形最上一筆延伸與左上角三横筆的中閒一筆相連,就很容易再進一步變成第一形那樣,被分解書寫爲"勻"和"豆"兩個成字的偏旁了。

"邪僞"近義連用,"邪"意義重點在"(立身行事)不正","僞"意義重點在"人爲修飾、誇飾"。"邪僞"一詞古書多見,用以修飾人的如《論衡・累害篇》:"邪僞之人,治身以巧俗,脩詐以偶衆。"

《出土文獻與古文字研究》2,頁 174—175

△按　《説文》:"蟡,蟡迤,衺去之皃。從辵,委聲。蟡,或從虫、爲。"字與或體相同。其中上博六《孔子見季桓子》篇諸形訛變嚴重,陳劍説甚是。郭店《唐虞之道》簡 21"不禪而能蟡民者,自生民未之有也","蟡"讀爲"化"。簡文中既用爲"僞",又或借爲"化",似與"蟡"義不相涉,字可分析爲從虫,爲聲。

迆 迻 迱

郭店・語二 40　陶彙 3・926

○ **高明、葛英會**(1991)　（編按:陶彙 3・926)《説文》所無,《集韻》:迻迱,行貌。或作迤,通作佗、他。

《古陶文字徵》頁 234

○ **荆門市博物館**(1998)　（編按:郭店・語二 40)迱(它)。

《郭店楚墓竹簡》頁 204

△按　字作"迱"。《説文》:"迆,衺行也。從辵,也聲。《夏書》曰:東迆北會于匯。"也旁當由它旁演變。

避 避

睡虎地・語書 6　郭店・尊德 17

○ **睡簡整理小組**(1990)　（編按:睡虎地・語書 2"去其邪避,除其惡俗")邪僻,邪惡的行爲,見《禮記·樂記》《荀子·勸學》等篇。

《睡虎地秦墓竹簡》頁 14

　　（編按:睡虎地·語書6"是即明避主之明法殹"）避,《國語·周語》注:"違也。"明避,公然違背。

《睡虎地秦墓竹簡》頁 14

○**張守中**（1994）　（編按:睡虎地簡）通僻　去其邪避　語二。

《睡虎地秦簡文字編》頁 21

△按　《說文》:"避,回也。从辵,辟聲。"戰國文字辟旁常多簡省。

違 韡

陶彙 3·911　　 上博五·三德 8　　 上博六·競公 12

○**李天虹**（2008）　（編按:上博六·競公 12）公强起,違席曰（簡 12A）

　　違,原簡作,整理者釋爲"退"。今按,楚簡"退"字多見,如郭店《老子》乙本 11 號簡作、《唐虞之道》27 號簡作等,形體與差别較大。頗疑此字右旁是"韋"之省文,字从"韋"省聲,當釋作"違"。楚簡"韋"一般作（望 2:9）、（老子甲 30）,《天子建州》甲本 13 號簡"韋"將所从圓圈形移到兩"止"形的上方,作。上博三《彭祖》2 號簡"經緯"之"緯"作,右旁"韋"字寫法與《天子建州》同。此字右旁應該是在這種"韋"字基礎上省略了上面的"止"形,或是在這種"韋"字基礎上省略了下面的"止"形而來。"違"可訓"去、離",亦可訓"避","違席"用意相當於"避席"。"避席"文獻常見,"違席"之説較少見,但亦有用例,如《晏子春秋·内篇雜下》"景公以晏子妻老且惡欲納愛女晏子再拜以辭第二十四"章:"公見其妻曰:'此子之内子耶?'晏子對曰:'然,是也。'公曰:'嘻!亦老且惡矣。寡人有女少且姣,請以滿夫子之宮。'晏子違席而對曰:'乃此則老且惡,嬰與之居故矣,故及其少而姣也……'再拜而辭。"

《古文字學論稿》頁 342—343

達 韃 遅

香續一 51　　 秦印

楚帛書　 包山 119　　 郭店·老甲 8　　 郭店·語一 60　　 上博五·三德 4

上博六·用曰 10　　上博一·詩論 19　　新蔡甲三 206　　郭店·窮達 11

九店 56·30　　上博六·用曰 19　　包山 111　　包山 112　　包山 113

郭店·五行 43　　郭店·語一 60

上博二·民之 2　　郭店·性自 54　　包山 121　　璽彙 1592　　璽彙 5331

○**李家浩**（1995）　（編按：九店 56·30）達。

《江陵九店東周墓》頁 507

○**王人聰**（1996）　（編按：香續一 51）達。

《香港中文大學文物館藏印續集一》頁 165

○**劉信芳**（1996）　達　字又見江陵九店楚簡五六·三〇，李家浩釋“達”，其是。《帛書》“達”謂營建道路以相通達。《爾雅·釋天》：“一達謂之道路，二達謂之歧旁……九達謂之逵。”是凡以道路相通皆可謂之達。古人以步爲測量單位，“步達”引申爲推步之意。“晷而步達”合上句觀之，謂以晷測日影以定方位，推步測量以建交通網絡。下文言及陸路與水路交通，知“達”兼指陸上道路與水上通航。

《中國文字》新 21，頁 74—75

○**徐在國**（1997）　《包山楚簡》中有如下一字：徻簡 119　　徻同上
原書未釋。《楚系簡帛文字編》釋此字爲“造”。

今按：此字釋“造”誤。我們認爲應釋爲“達”。

《江陵九店東周墓》M56·30“達日”之達作“徻”，與上錄二形完全相同。《古文四聲韻》5·曷·11 上引《古老子》“達”字作“徻”，《集篆古文韻海》5·曷·16 上“達”字或作“徻、徻”二形。很明顯，“徻、徻”等形是源於楚簡中的“徻”字。史牆盤“達”字作“達”，師袁簋作“達”（《金文編》101 頁）。頗疑“徻”乃“達”形之訛變。

包山楚簡中還有一字，作“達”（簡 113，又見簡 111、112），原書未釋。此字亦應釋爲達。

包山楚簡中的“達”字在簡文中均用作人名。

附帶説一下，楚帛書中有一字作“徻”，字形略殘。饒宗頤先生認爲這是“迡”字之殘，並謂步迡即步窳。《楚系簡帛文字編》釋爲“造”。我們認爲此字應是“達”字之殘，帛書“……以司堵襄，咎而步徻，乃上下朕逑，山陵不斌

（序）……未有日月，四神相戈（代），乃步以爲歲。是惟四時"。李學勤先生説："'步'有度量之義，天文曆算上的度量也稱爲'步'。所以，《尚書大傳》注云：'步，推也。'推步一詞沿用於我國的傳統的天文曆象著作。""步逵"即"步達"，意爲推達。

○**李零**（1999）   （編按：《楚系簡帛文字編》）134—138 頁：造

按：1 行 2 字和 2 行 1 字，字作𨑖，非"造"字，《包》列入"未隸定的字"。這個字也見於九店楚簡《日書》。該書所見日名有兩套，其中第二套作"秀""結、陽、交、□、陰、達、外陽、外害、陰、絶、光"（簡 25—36）。這套名稱也見於睡虎地秦簡《日書》甲種簡 1-33 正：貳和乙種簡 1-17 和 18-25：壹，大同小異，對比可知，這裏的第六字應釋"達"。《古文四聲韻》卷五第十一頁"達"字作𨗨（出《古老子》），正與此同。又 138 頁最後一字出楚帛書，寫法同此，也應釋"達"。

○**曾憲通**（1999）   帛書甲篇："以司堵壤，咎而〈天〉步𨗨。"選堂先生指出："司堵壤與平水土有關。咎可讀爲晷。《釋名·釋天》：'晷，規也，如規畫也。'"並訓"步"爲"推步"。《文字編》云："此字（指𨗨）諸家缺釋，選堂先生以爲逵字之殘，謂步逵即步寢。"近年馮時釋此字爲"遱（數）"，謂"晷步天數即規步天數……帛書以爲周天曆數乃禹、契步算而得，故數字从辵"。今按，帛書乙篇有婁字作𡢁，即使此字爲何从辵勉强可以説通，然右旁與婁字相去甚遠。

包山楚簡一一九號有字作𨑖，凡二見，整理者當未隸定字處理。簡文均用爲人名。高智釋："竈（造）。"亦非是。九店楚簡有字與包山簡及楚帛書相同，李家浩釋爲"達"甚是。郭店楚簡此字多見，簡本《老子》甲組有"非溺玄𨗨"，馬王堆帛書乙本正作"微眇玄達"。《古文四聲韻》引《古老子》達字作𨗨，簡文乃其所本。

"咎"下一字諸家均釋爲"天"，李家浩指出是"而"字，拙作《文字編》已從其説。然帛書"天、而"二字雖有上下體連與不連的差别，而形體酷似，辨析不易。江陵九店 M56 的一九、二二、三三號簡有日書成語"無爲而可"，"而"字作𠗑，整理者均未釋出，劉樂賢已代爲補釋。簡本《老子》"天、而"兩字亦每有相混之例，如甲組"古（故）不可得天〈而〉新（親）""人多智天〈而〉戠（奇）勿（物）慈（滋）记（起）"二句，二"天"字皆爲"而"字之訛混。郭店簡《五行》篇：

德,而[道也]"(簡二〇);"聖人知而道也"(簡二六、二七);"[文王在上,於昭]于而"(簡三〇)。三"而"字皆爲"天"之誤書。由此推測帛書此處的"而"字亦有可能是"天"字的寫訛。從上下文來看,咎下一字仍以釋"天"爲長。所謂"咎(晷)天步達",就是説通過規測周天度數,制定曆法,推步達致神明之境。這種溝通神人的方式,反映的是創世時期混沌初開的狀況,與"絶地天通""神人異業"的情形有別。

《中國古文字研究》1,頁 90—91

○**李家浩**(2000)　(編按:九店 56・30"是謂達日")"達"字原文作〔達〕。按包山楚墓竹簡一一一號、一一二號有人名〔達〕,一一三號有人名〔達〕,一一九號有人名〔達〕。第二個字跟第一個字比較,唯"坴"旁中閒一豎與其下二橫相連。第三個字跟第一個字比較,唯"坴"旁下多一"口"。戰國文字從"口"與不從"口"往往無別,本墓竹簡的"丙"作"㐱"即其例。因此,這三個字當是同一個字的不同寫法。《古文四聲韻》卷五曷韻"達"字引《古老子》作〔達〕,〔達〕與之十分相似,可見上引包山竹簡文字都應當是古文"達"。本簡〔達〕與包山竹簡〔達〕的寫法十分相似,唯"坴"旁下多一短橫,它們顯然是同一個字,也應當是古文"達"。本簡日名之字,秦簡《日書》甲、乙種楚除皆作"達",也可以證明把〔達〕釋爲"達"是可信的。戰國文字有〔達〕(《古陶文字徵》237 頁)、〔達〕(《古璽文編》425 頁)二字。〔達〕與上引《古老子》"達"相近,大概也是古文"達"。〔達〕所從"坴"與上引包山楚墓竹簡一一一號、一一二號"達"所從"坴"旁相似,當是一個從"疒"從古文"達"省聲的字。

《九店楚簡》頁 87

○**趙平安**(2001)　在我們過去的認識中,已經知道"達"字最早見於西周金文,作:〔達〕牆盤　〔達〕保子達簋　〔達〕師袁簋　〔達〕達盨蓋
等形。戰國時代,燕璽作:

〔達〕《璽彙》1340　　〔達〕同上 2819　　〔達〕同上 3530　　〔達〕同上 3948

秦簡作:〔達〕睡虎地十一號秦墓《日書》甲 6　　〔達〕同上《日書》乙 7

秦代封泥則作:〔達〕《考古與文物》1997 年 1 期

結構與之大同小異。字也見於《説文》,作〔達〕,與上述寫法仍屬於一路,但其"夲"已變成"大"。結合漢代文字資料看,《説文》這種寫法很可能出現於漢代,可以稱之爲漢篆。

《説文・辵部》:"達,行不相遇也。從辵,羍聲。"是以漢篆爲説,與此前古文字實際並不完全吻合。同書《羊部》:"羍,小羊也。從羊,大聲。讀若達。

𡴂,𡴂或省。”𡴂也見於古璽,寫作𡴂(《璽彙》3650),和同時期達字所从相同,與《説文》𡴂字異體相近,屬於𡴂的古字。由此可以瞭解,《説文》對𡴂的分析同樣局限於字頭篆文,不符合它的古形。我們還可以從形聲結構的一般規律出發,根據𡴂的古形及其演變軌迹與達所从相同,認爲《説文》對達作形、聲兩分應該是正確的。

以前對達的理解,大致就停留在這樣一個層面上。

近年來,由於楚簡新資料陸續問世,認出了另一系列的達字,從而拓展和深化了對達的認識。

1995 年,江陵九店楚簡發表,在李家浩先生所作釋文中,首次把𨔵釋爲達。這篇釋文没有注解,我們不知道釋讀依據是甚麼。但那時郭店簡尚未發表,推測很可能是通過與睡虎地秦簡《日書》對讀出來的。

九店簡達字用例很少,加之處於《日書》當中,並没有引起廣泛的注意。人們真正給予達字以極大關注,是荆門郭店簡發表以後。

郭店簡中多次出現達字,主要有下列各形:

　　a.衰《語叢》1.60　　　b.𨓤《五行》43　　　c.𨓤《窮達以時》11、14、15

　　d.𨔵《語叢》1.60　　　e.𨔵《老子》甲 8

整理者在《老子》甲注[19]中指出:“達,簡文作𨔵,《古文四聲韻》引《古老子》‘達’作𨔵,與簡文相近似。”從形體上肯定了 e 與《古老子》達的聯繫。

郭店簡多爲儒道兩家文獻,一些簡文可與其他傳本對讀。如郭店《老子》甲 8“長古之善爲士者,必非(微)溺玄達,深不可志(識)”。馬王堆漢帛書《老子》乙本 230 上:“古之□爲道者,微眇(妙)玄達,深不可志(識)。”郭店《五行》四三:“脣膚膚達者君子道,胃(謂)之敃(賢)。”馬王堆漢帛書《五行》207:“索纑纑,達於君子道,胃(謂)之賢。”與郭店簡 b、e 對應的文字,帛書本都作達。郭店簡 a、c、d 與 b、e 形近,釋爲達文例也很通暢:

　　正(政)不達影生虖(乎)不達其獻(然)也。(《語叢》1.60)

　　童(動)非爲達也……(《窮達以時》11)

　　穿(窮)達以眥(時),惪(德)行式(一)也。(《窮達以時》14)

　　穿(窮)達以眥(時),𦥸(幽)明不再。(《窮達以時》15)

因此,郭店簡的整理者把 a 至 e 諸字釋爲達,是確定無疑的。

在郭店《語叢》1.60 中,a 和 d 一簡一繁,互爲異體。由簡體可以推知包山簡 2.111 的𨓤(2.112、2.113 略同)應爲達,由繁體可以推知包山簡 2.119 的𨔵也是達字,簡文都用作人名。過去有學者把前者釋爲造,後者釋爲遣,現在看來是靠不住的。

郭店簡中還有這樣一個字形:f.𨒌《性自命出》54
整理者把它隸作達。但在後面的括弧裏加了問號,表示不能肯定。從字形
看,它是在前舉達字 a、b 的寫法上加"月",很可能是爲了表音的需要(達月同
屬月部),字應釋達。這樣理解,簡文"亞(惡)之而不可非者,達於義者也",
並無扞格。

同類寫法也見於《包山楚簡》2.121 和《古璽彙編》3528,分別作:g.𨔴   h.𨔴
之形,是在 c、d、e 之類寫法上加"月"聲,也是達字,例中用爲人名。

楚系達字異體衆多,a 至 e 出現較早,f 至 h 較爲晚出。

達字構形也很奇特,以 c、d、e 而言,中閒部分和同期舍、害相比,似是而
非。舍字楚簡或作舍(郭店《老子》乙 16)、舍(同上 10)、舍(包山 2.120)、舍
(包山 2.154),害字多作𡧱(郭店《老子》甲 4)、𡧱(郭店《老子》丙 4)等形,與
之相去有閒,不大可能是一個字。

由戰國楚系文字達字的寫法,我們不難聯想起甲骨文中的所謂"途"字。
這個字異體很多,歸納起來大致有以下幾種類型:

    i.$\downuparrow$《合集》32229 $\downuparrow$《合集》32899

    j.$\downuparrow$《合集》6055 $\uparrow$《合集》6051 $\uparrow$《合集》6667

    k.$\updownarrow$《合集》6025 $\uparrow$《合集》6667 $\uparrow$《合集》6667

    l.$\downuparrow$《合集》32911 $\uparrow$《合集》6056

    m.$\downarrow$《合集》6031 $\uparrow$《合集》6034 正

    n.$\downarrow$《合集》6033 反 $\uparrow$《合集》6040

    o.$\downuparrow$《屯》134 $\uparrow$《合集》6032 正 $\uparrow$《合集》6037 正

    p.$\uparrow$《合集》68   q.$\uparrow$《合集》6978

以往學者們把它釋爲途主要是根據 j 類第二形的寫法。它所從與甲骨文余字完
全相同。但是,在《合集》的範圍內,我們作了一次定量分析,發現 j 類第二形寫
法在所謂途字用例中所占比例很小,不超過百分之五。與之相反,甲骨文中的
余百分之九十七的寫法作𠂉或𠂉,這説明過去是把所謂途非常態的寫法和余字
常態寫法作比較,並以此爲根據來考釋途字的。在《英國所藏甲骨集》180 中,
所謂途和余字見於同一條卜辭,前者作𠂉,後者作𠂉,也可以作爲"途"所從與余
不是一字的輔證。因此僅從字形上看,釋途的證據是十分脆弱的。

差不多絕大多數學者接受了于省吾先生的説法,把所謂途讀爲屠。這種讀法實際上也是有問題的。從情理上講,所謂"途"的對象往往是殷王室的親眷、重臣、領地諸侯,對這類人群,殷王室絕無大規模自相屠戮之理。從詞彙學的角度看,把"途"讀爲屠,也頗多窒礙。一、屠字出現很晚,所能見到的用例基本上是戰國以後的。二、從較早的用例看,屠後面多接牲畜名,其本義爲屠宰牲畜,後來才引申爲殘殺生命。《荀子・議兵》"不屠城"注:"屠謂毀其城,殺其民,若屠者然也。"屠字當屠殺講時,始終是帶有一點貶義色彩的。卜辭所謂途都是商王直接或間接發出的動作,貞人作爲其臣屬,竟用貶義詞來表示,是難以想像的。

如果把甲骨文中所謂和戰國時楚系達字比較,就會發現兩字之間有明顯的形體聯繫。特別是甲骨 i 與楚簡 a、b、d,甲骨文 j 第一形與楚簡 c,甲骨文 j 第三形與《古文四聲韻》引《古老子》達,聯繫更爲直接。爲便於比較,特別表列下:

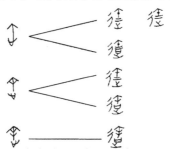

它們之間的不同主要在於字的下部,或加"二",或加"口",或同時加上"二"和"口"。

我們知道,在字的下部加"二、口",正是古文字特別是戰國文字常見的作風。前者如弘作彸(包山 2.102)、和作𣐎(《璽彙》4692)、向作𠱠(《璽彙》3059)、共作𠶷(《璽彙》1741)、相作𣑞(《璽彙》1859),後者如丙作𠱠(包山2.50)、巫作𠱠(侯馬盟書 156:19)、組作𰀀(曾侯乙墓竹簡 5)、紀作𰀀(楚帛書乙4.14)等,類例很多。同時加上"二"和"口"的如命作𰀀(郭店《語叢》1.2)。楚文字達就是在甲骨文所謂途字的基礎上演變而來的。因此,甲骨文所謂途應釋爲達。(中略)

春秋齊國銅器《鎛鎛》和《叔夷鎛》中的𰀀和𰀀,舊或釋爲造,從字形和文例看,也應釋爲達。《鎛鎛》:"侯氏達之曰:'葉萬至於辝(台)孫子,勿或俞(渝)改。'"《叔夷鎛》:"鯀𰀀而九事,卑(俾)若鐘鼓,外内剴辟(闢),戕𰀀𰀀。達而朋剴,母或丞䫋。"兩個達,用法相近,都可以理解爲傳達、告訴。

從上面的分析看,達字整個商周時代一直具有兩系,一系從甲骨文到春秋戰國時期的齊楚,一系從西周金文到戰國的燕秦。兩系達字聲符寫法不同,而子聲符𰀀或𰀀等,顯然是同一個字的不同寫法。古文字往往在豎畫的中閒加上一點，又往往拉成一橫。這表明兩系達字實際上有着相同的淵源。秦國書同文後，齊楚一系的達字被廢，燕秦一系的被保留下來。這種一字長期具有兩系，並呈現明顯地域分布的現象是漢字發展史上特別值得關注的。

《中國文字》新 27，頁 51—58、62

○**何琳儀**（2002）　郭店《老子》甲篇"長古之善爲士者，必非（微）溺玄達，深不可志（識），是以爲之頌（容）"（8）。《釋文注釋》："達，簡文作**達**，《古文四聲韻》引《古老子》達作**達**，與簡文極相似。《包山楚簡》第 119 號有此字，係人名司馬達。"另外，《性自命出》"達於義者也"（54），《窮達以時》"童（動）非爲達也"（11），"窮達以時"（14）。"達"字還見於《五行》"疋膚膚達者君子道"（43）等。這些明確的辭例，證明"達"字的釋讀不可移易。

九店 56.30："是胃（謂）達日。"《釋文》早已隸定爲"達"，後來《釋文與注釋》又詳加解釋。**（中略）**

長沙楚帛書甲篇"咎（晷）而〈天〉步達"。有學者指出"所謂咎（晷）天步達，就是說通過規測周天度數，制定曆法，推步達致神明之境"。按，"咎而之達"其義待考，然而"達"之隸定則毫無疑義。

以上郭店簡中"達"的出現頻率較高，異體也較多，例如：

達郭店・五 43　　　**達**郭店・窮 11　　　**達**郭店・語一 60

衆所周知，在戰國文字中"＝"形和"口"形往往是裝飾部件，且可以互換。其例甚多。饒有興味的是，"＝"形和"口"形有時在一字中共見，這與"達"的異體變化完全吻合。下面將這類例證一併列舉如次：

	原形	加"＝"	加"口"	加"＝、口"
命	令侯馬 311	舍包山 18	令包山 12	金包山 2
若	屮盂鼎	桑三體石經	嘗詛楚文	兆域圖
向	宀乙編 5849	秦陶 895	向古幣 90	璽彙 3059
倉	倉古幣 162	倉璽彙 1323	倉璽彙 0967 蒼	倉璽彙 3996 蒼
石	京都 3113	古研 17.182	中山王圓壺	包山 189
匀	貨系 2930	璽彙 1565		古錢 1193 筍
戒	璽彙 0163	虻生匹戈		璽彙 1239
冶	咎奴戈	七年得工戈		新城戈
尸	魚顚匕	中山王鼎	右遲尹壺	奮忓鼎

危　　　陶彙 5.145　　　貨系 543　　　　　　　　　　　隨縣 11 鈗

達　　　　　　　　郭店・五 43　　　郭店・窮 11　　　郭店・語一 60

　　細審上表這類有規律的變化,有理由推測戰國文字"達"的主體部分應由"辵"旁和"午"形所構成。如果上溯西周金文,橫比秦系文字:

A 牆盤　　　B 師寰簋　　　C 秦印

　　不難發現金文 B、秦印與楚簡必有關聯。具體而言,由""形演變爲""形,又演變爲""形。至於小篆"",右上從"大"旁(參《説文》"達"或作"达"),顯然是形變所致,而兼有聲化的趨勢("達、大"雙聲疊韻)。當然牆盤"達"右上何以從"十"形("十、達"雙聲),尚有待研究。

　　還有一種可能,根據上表"危"的原形,可以推測郭店簡"達"所從" = "形乃省形符號。參見"馬"作""(璽彙 3820),"爲"作""(左師壺),"則"作""(信陽 1.01),"藝"作""(郭店・語二 50)等。如是理解,郭店簡"達"所省者爲"羊"旁。

　　總之,""屬周秦文字,""屬六國文字,後者應是前者的省變。

《古籍整理研究學刊》2002-5,頁 1—2

○**饒宗頤**(2003)　李家浩引老子甲本"玄達"及《古文四聲韻》引古老子達字作,與此形近。釋爲步達。《爾雅・釋天》:"一達謂之道路,九達謂之逵。"步達言步天之九達(道),於義甚合。

《饒宗頤二十世紀學術文集》卷 3,頁 243

【達日】九店 56・30

○**李家浩**(2000)　見"達"字條。

逯

故宮 432　包山 103 反

△**按**　《説文》:"逯,行謹逯逯也。從辵,录聲。"

迵

郭店・老甲 27　郭店・語一 102　郭店・語三 41　郭店・六德 46

上博二・容成 25　上博二・容成 27

○裘錫圭（1998）　（編按:郭店·六德45）疑"迥"當讀爲"通"。

（編按:郭店·語三41）此條疑當讀爲:慟，哀也。三慟，度也。

《郭店楚墓竹簡》頁190、213

○陳偉（2000）　（編按:郭店·語一102、郭店·語三41）凡同（痛）者同（从辶。踊）。一102

同（从辶。踊），哀也。三同（从辶。踊），度（度）也。三41

迥，在《語叢》一釋文中讀爲"通"，在《語叢》三釋文中則僅作隸定。針對《語叢》三41號簡，裘錫圭先生按云:"此條疑當讀爲:慟，哀也。三慟，度也。關於'度'，參看《語叢一》注三。"裘先生讀"度"爲"度"，詳説已見本文第一則所引，當可從。至於這二條簡文中的"迥"則在"慟"之外，也有可能讀爲"踊"。同、甬古音相近，故"同"及从"同"之字與从"甬"之字往往通用。如《山海經·海內經》"伯陵同吳權之妻阿女緣婦"，郭璞注:"同猶通，言淫之也。"《漢書·禮樂志》"桐生茂豫"，顏注:"桐讀爲通。"又，王力先生指出"桐、痛、慟"屬於同源字。因而，"同"可讀爲"桐、痛"或者"慟"，指悲傷。姑且讀爲"痛";"迥"則可讀爲"踊"，爲跳躍之意，特指喪禮中的跳躍。

《禮記·問喪》云:"惻怛之心，痛疾之意，悲哀志懣氣盛，故袒而踊之，所以動體安心下氣也。婦人不宜袒，故發胸擊心爵踊，殷殷田田，如壞牆然，悲哀痛疾之至也。"同篇又説:"故哭泣辟踊，盡哀而止矣。"是説因親人去世，極度悲痛，以至於跳踊。《語叢》一103號簡説"凡痛者踊"，《語叢》三41號簡説"踊，哀也"，正與古書中的這些説法相符。

據古書記載，喪事中的踊是有規定的。《禮記·檀弓上》:"弁人有其母死而孺子泣者。孔子曰:'哀則哀矣，而難爲繼也。夫禮，爲可傳也，爲可繼也。故哭踊有節。'"《禮記·檀弓下》也説:"辟踊，哀之至也。有算，爲之節文也。"孔疏:"孝子喪親，哀慕至懣。男踊女辟，是哀痛之至極也。若不裁限，恐傷其性。故辟踊有算，爲準節文章。準節之數，其事不一。每一踊三跳，三踊九跳，都爲一節。士舍死日，三日而殯，凡有三踊:初死日襲，襲而踊;明日小殮，小殮而踊;又明日大殮，大殮又踊。凡三日爲三踊也。大夫五踊。舍死日四日而殯。初死日一踊，明日襲又一踊，至三日小殮朝一踊，至小殮時又一踊，至四日大殮朝不踊，當大殮時又一踊，凡四日爲五踊。諸侯七踊。舍死日六日而殯。初死日一，明日襲又一，至三日小殮朝一，當小殮時又一，四日無事一，五日又一，至六日朝不踊，亦當大殮時又一，凡六日七踊。周禮王九踊。舍死日八日而殯，死日一，明日襲一，其閒二日爲二，至五日小殮爲二，其閒二日又二，至八日大殮，則其朝不踊也,大斂時又一,凡八日九踊。故云爲之節文也。故《雜記》云‘公七踊,大夫五踊,士三踊’,鄭注云‘士小斂之朝不踊,君、大夫大斂之朝乃不踊’是也。”依此,踊的規定體現在兩個層面:一是自士以至天子,從剛死之時到大斂,分別踊三次、五次、七次或九次;二是每踊分三回,一回有三跳,即一踊共跳三回九次。前一種制度如孔氏所引,自公(諸侯)至士本於《禮記·雜記上》,王之九踊大概是推算出來的。針對《雜記上》的記載,孔疏也作了大致相同的解説。後一種制度見於《禮記·曾子問》。其云:“子拜稽顙哭。祝、宰、宗人、衆主人、卿、大夫、士哭,踊三者三,降東,反位,皆袒。子踊,房中亦踊三者三,襲,衰,杖,奠出。”孔疏:“每踊三度爲一節。如此者三,故云三者三。”簡書之“度”,與“節”或“節文”略同,而所説“三踊”,顯然與禮書所記的規定有關。其具體含義,似乎存在三種可能:其一,是指一次喪禮中共有三次踊;其二,是指每次踊由三踊組成;其三,是指每踊有三跳。如果屬於第一種情形,則所指或如禮書所云,是專門針對“士”而言的。《淮南子·天文訓》説:“天地三月而爲一時,故祭祀三飯以爲禮,喪紀三踊以爲節,兵重三罕以爲制。”“喪紀三踊以爲節”與簡書所云類似。《儀禮·特牲饋食禮》記云:“尸三飯,告飽。祝侑,主人拜……尸又三飯,告飽,祝侑之如初……尸又三飯,告飽,祝侑之如初。”鄭注“尸三飯告飽”云:“禮一成也。”於後一處“尸又三飯告飽”注云:“禮三成。”《淮南子》所謂“祭祀三飯以爲禮”蓋即指此而言。所説“三飯”,可能是指每次以“三飯”爲限,也可能是指前後有三次“三飯”。“喪紀三踊以爲節”與“祭祀三飯以爲禮”對舉,“三踊”的含義亦當與之對應。由此反推簡書“三踊”,所指恐似屬前述第二或第三種情形。

《郭店楚簡國際學術研討會論文集》頁 145—146

○**李零**(2002)　　(編按:上博二·容成 25“禹逋淮與沂,東注之海”)逋(通)。

《上海博物館藏戰國楚竹書》(二)頁 269

○**陳偉**(2003)　　(編按:郭店·六德 45—46“三者不逋,非言行也;三者皆逋,然後是也”)用,字本作“逋”,裘錫圭先生按語疑當讀爲“通”。顔世鉉先生讀爲“同”,爲齊一、和諧之意。疑當讀爲“用”。同、用音近,二字及所从之字或可通假。《語叢一》102 號簡説:“凡同者逋。”“同”通“痛”,“逋”通“踊”。《語叢三》47 號簡説:“逋,哀也。三逋,文也。”“逋”亦通“踊”。是其例。非,訓爲“無”。簡文大意是説:三者得到采用,言行就都可適用。否則,就將無以言行。三者都采用,才是正確的。

《郭店竹書別釋》頁 134

(編按:郭店·語三)41 號簡記云:“踊,哀也。三踊,文也。”

踊,字本作逋,原無釋。字亦見於《語叢一》102 號簡,原釋文讀爲“通”。

迵,在《語叢一》釋文中讀爲"通"。針對《語叢三》41 號簡,裘錫圭先生按云:
"此條疑當讀爲:慟,哀也。三慟,度也。"迵在讀"慟"之外,也有可能讀爲
"踊"。同、甬古音相近,故"同"及从"同"之字與从"甬"之字往往通用。如
《山海經·海內經》"伯陵同吳權之妻阿女緣婦",郭璞注:"同猶通,言淫之
也。"《漢書·禮樂志》"桐生茂豫",顏注:"桐讀爲通。"踊,跳躍義,又特指喪
禮中的跳躍。(中略)

　　原來讀爲"度"的字,李天虹博士改讀爲"文",可信。據古書記載,喪事中
的踊是有規定的。(中略)簡書之"文",略同於"節文",是對包括"算"即數量在
內的各種禮儀規定。所謂"三踊",正應是其內容之一。

《郭店竹書別釋》頁 221—223

○**郭永秉**(2006)　(編按:上博二·容成 5、32"又吳迵")對於簡 5 的"又吳迵",何琳儀
先生主張讀成"有虞迵",我們認爲此説是值得重視的。但由於何先生沒有對
"有虞迵"的含義作出具體解釋,同時他也沒有注意到簡 32 的"又吳迵",所以
有必要對"有虞迵"的意義作出合理的解釋。

　　我們認爲,"又吳"當讀成作爲部族名稱的"有虞"。何琳儀先生已經舉上
博簡《子羔》簡 9"有吳是"讀成"有虞氏"爲證。這無疑是正確的。關於"迵"
字,王志平先生讀爲"同",也許是理解爲"共同、一同"之類的意思。這樣的
話,簡 5"有虞同匡天下之政"也就是"有虞部族一同匡治天下之政"之義,似
乎還勉強可通。但是對於我們所指出的簡 32"以讓於又吳迵,又吳迵曰:'德
速衰……'"這句話而言,采用這種讀法是講不通的。所以我們認爲"迵"不能
讀爲副詞"同",而應作爲有虞部族首領的名字解。

　　古書記載的古史傳説的人名形式中,在部族名稱後加上部族首領私名的
例子是極爲常見的,比如"有窮后羿"(見《左傳·襄公四年》、《昭公二十八
年》,亦稱"夷羿",見《左傳·襄公四年》,"夷"爲種族名),"有窮"爲部族名,
"后"義爲"君","羿",私名;"寒浞"(見《左傳·襄公四年》),"寒",部族名,
"浞",私名;"夏后相"(相爲啟之孫,見《左傳·哀公元年》)。而形式與"有虞
迵"最爲接近的,是"有過澆"(《左傳·哀公元年》)和"有夏孔甲"(《左傳·
昭公二十九年》)。寒浞殺羿"因羿室"而生"澆",後又"處澆於過"(《左傳·
襄公四年》),因爲"過"是一個古代部落名稱,故稱之爲"有過澆"。"有夏孔
甲"也稱"孔甲",據杜預注,他是"少康之後九世君"。可見"有虞迵"的命名
是完全符合古代人名通則的。值得注意的是,《左傳·哀公元年》敍述少康爲
躲避澆的追殺而"逃奔有虞",而把二姚嫁給少康的有虞酋長是"虞思"。《左

傳·昭公三年》、《昭公八年》還記載有虞舜的後人"虞遂"。舜以後的有虞部族首領可以稱"虞思",其後人可稱"虞遂",那麼舜之前的有虞部族首領稱"有虞迵"是很好理解的。所以"有虞迵"就是指有虞部族名迵的酋長。

這樣解釋"又吳迵"的含義,就要回答爲什麼此人可以出現在簡 5 中,並成爲排在堯以前的古帝王。

過去對"有虞"的含義理解其實頗有局限。比如楊伯峻先生説:"有虞,據云是虞舜之後一個部落國家。"這可以代表過去大多數人對"有虞"歷史的看法。但在戰國時代的古史傳説系統中,"有虞"並非舜之後才有的部落國家或者舜的後裔,這是十分清楚的。上博簡《子羔》敍述子羔問孔子舜的出身,孔子"曰:'有虞氏之樂正瞽瞍之子也。'"説明在《子羔》所代表的古史傳説系統中,舜的父親是有虞氏的樂正,這意味着至少在舜的父親的時代,有虞氏這個部族早已存在,説"有虞"是舜的後代顯然是不對的。童書業先生在《"帝堯陶唐氏"名號溯源》中曾指出:"有虞大約本是個時代很長的國家(《韓非子》説'虞夏二千餘歲',可證古來的傳説虞夏歷年是很長的),它的初起當與夏並時。"從我們對《子羔》的分析和對《容成氏》簡文的排列釋讀看,這個説法顯然是有見地的。童書業先生在同一篇文章中還證明"虞"作爲朝代名可以包含堯、舜而言(我們在下文還會詳細討論童先生的這個觀點),這也説明把"有虞"理解成舜之後的國家是不對的。

既然認識到了這一點,"有虞迵"作爲堯以前的古代帝王,則是再正常不過的事情。《國語·鄭語》記載史伯答鄭桓公問時,敍述虞夏商周四代的祖先爲"虞幕、夏禹、商契、周棄"。按照《左傳·昭公八年》的説法,作爲顓頊之後的陳國"自幕至於瞽瞍無違命,舜重之以明德",可見"虞幕"作爲有虞氏先祖(或者説宗神)是一種普遍的傳説。古人對自虞幕至瞽瞍的世系有種種異説,《容成氏》所説的"有虞迵"似與他們都無關。**(中略)**

根據這樣的簡文編連順序,《容成氏》有關舜以前的古史傳説,應當歸結爲"古帝王—有虞迵—堯—舜",應該説確實看不出有所謂大一統的帝王世系,也没有《五帝德》的那種五帝系統。"有虞迵"此人以及他曾經匡天下之政乃至王天下的傳説,並未見於傳世古文獻,這是足夠引起注意的。我們認爲,這其中還有一點特別值得研究,即從《容成氏》反映的楚地古史傳説看,堯之前掌政的部族是有虞氏,堯經過公推的方式上臺後,又最終禪讓給同屬於有虞部族的舜,這一過程反映的情況其實是相當重要的。

《出土文獻與古文字研究》1,頁 316—321

○李守奎、曲冰、孫偉龍（2007）　（編按：上博二·容成）皆讀爲"通"，或即"通"字異體。

《上海博物館藏戰國楚竹書(一——五)文字編》頁 84

△按　《説文》："逋，逋迭也。从辵，同聲。"然楚簡多讀爲"通"，"逋"應是楚系文字表示"通"這個詞的專用寫法。

迷 逨 粀

迷 郭店·語四 13　　迷 上博二·容成 37　　迷 上博六·季桓 22　　迷 璽彙 1435　　迷 璽彙 1539

迷 侯馬 1:53　　迷 上博三·周易 19（殘字）

粀 集成 2840 中山王鼎　　粀 上博五·季庚 15　　粀 上博六·用曰 17

○張政烺（1979）　（編按：中山王鼎）《説文》："眯，艸入目中也，从目，米聲。"粀蓋眯之異體，讀爲迷，惑也。

《古文字研究》1，頁 223

○趙誠（1979）　（編按：中山王鼎）粀，《説文》"難曉也"，《義證》謂"通作迷"。

《古文字研究》1，頁 254

○李學勤、李零（1979）　（編按：中山王鼎）第十行粀，從結構分析即眯字，在此讀爲迷。

《考古學報》1979-2，頁 155

○徐中舒、伍仕謙（1979）　（編按：中山王鼎）粀，與迷同，字又作眯。《莊子·天運篇》："播穅眯目。"

《中國史研究》1979-4，頁 89

○商承祚（1982）　（編按：中山王鼎）粀，《廣韻》音覓，《類編》以爲木屑。迷爲迷途，粀爲迷所見，从辵之迷古文未見。是否粀爲本字，迷爲後起，迷行而粀廢呢？

《古文字研究》7，頁 48

○陳邦懷（1983）　（編按：中山王鼎）

粀粀　　張政烺謂：讀爲迷，惑也。　　　　63 頁
大鼎　猶粀惑於子而亡其邦。

　按，《集韻》禓韻："粀，侯禓切，粉頭粀子。"粀音覓，从米，見聲。鼎銘借爲迷，與覓音遠，蓋取米聲。

《天津社會科學》1983-1，頁 66

○**張漢之**(1984)　（編按:中山王鼎）釈見於中山三器之大鼎:“猶粯惑於子之而迓
(亡)其邦。”或釋爲从米得聲之字,讀爲“迷”。按此字似爲从見得聲之字,字
書有之。《廣韻》:“粯,侯襉切,音莧,粉頭粯子。”《類篇》:“米屑也。”此處殆
爲“見”之假。《詞詮》:“《毛詩·褰裳·序》疏云:‘見者,自彼加己之詞。’按
可釋爲‘被’。”例如《韓非子·說難》:“然而厚者爲戮,薄者見疑。”“猶粯惑於
子之而迓其邦”,乃言燕王噲被惑於嬖臣子之也。

《考古與文物》1984-6,頁83

○**何琳儀**(1998)　　侯馬盟書迷,姓氏。舜後有迷氏。見《路史》。

《戰國古文字典》頁1304

○**濮茅左**(2005)　（編按:上博五·季庚15）“眯”,同“眯”,或作“眜”。《博雅》:
“眯,厭也。或作眜。”《左傳·僖公二十四年》:“不別五色之章爲眜。”讀爲
“迷”。“迷”,迷誤、迷惑。《尚書·舜典》:“烈風雷雨弗迷。”《詩·小雅·節
南山》:“俾民不迷。”《莊子·盜跖》:“以迷天下之主。”

《上海博物館藏戰國楚竹書》(五)頁224

○**張光裕**(2007)　（編按:上博六·用曰17）“粯”,从見从米,疑此乃“迷”字最早之
形構,《韓非子·内儲說上》:“哀公之稱莫衆而迷。”又:“魯哀公問於孔子曰:
鄙諺曰,莫衆而迷。今寡人舉事,與群臣慮之,而國愈亂,其故何也?”

《上海博物館藏戰國楚竹書》(六)303

○**陳劍**(2008)　（編按:上博六·季桓）簡22“如迷言之”的上文,孔子說“邪僞之
民,其術多方”,大意謂邪僞之民的表現形式多種多樣,故孔子覺得難以言之。
“迷言之”應該是“具言之、詳言之、悉言之”一類意思;“迷”跟“多”相呼應,應
是“詳盡、全部”一類的意思。這是不難體會的。但在跟“迷”音近的字中,卻
始終找不到很合適的詞來把簡文真正講通。李銳(2007a、2007b)讀爲“類言
之”,梁靜(2008)從之。楊澤生(2007)讀爲“邇言”,謂“就是淺近、直白之
言”。意義都不合適。

陳偉(2007c)解釋說:

今按:此字被看作“米”形的部分也可能是“采”,應釋爲从“采”得聲
的“審”字,詳明的意思。《書·顧命》:“病日臻。既彌留,恐不獲誓言
嗣,茲予審訓命汝。”孫星衍疏:“《說文》云:‘詳,審議也。’審亦爲詳。”

此說能突破“迷”字字形的限制,思路頗有啟發性。但從意義上來講,表
面看來雖然“審言”也有“詳盡地說”的意思,但用“審”則其意義偏重於“準確
真實”、細節均沒有出入,或者偏重於“審慎”,施於簡文此處,也總感覺還不

妥帖。

我認爲“迷言之”當釋讀爲“悉言之”，“悉”訓爲“盡、全”或“詳細”，承上文“多方”而言，意義上自然是再合適不過了。《韓非子·初見秦》云“臣願悉言所聞”，《史記·龜策列傳》記衛平對宋元王云“大王聽臣，臣請悉言之”，皆其例。

《説文》分析“悉”爲从“釆”，其字形結構還不清楚。而在目前所見秦漢文字資料中，“悉”字大多是寫作上从“米”的“𢗕”形的，見於睡虎地秦簡《爲吏之道》簡4、馬王堆帛書（參看陳松長2001，頁41）、漢代碑刻、銅鏡銘文（漢語大字典字形組1985，頁74）等。又張家山M247漢簡《奏讞書》簡210、222的“悉”字亦皆作“𢗕”。

有意思的是，在漢初文字資料中，“𢗕”形同時又可用爲“迷”字。馬王堆漢墓帛書《老子》乙本第194行下“[人]之𢗕也，其日固久矣”（甲本殘去），今本《老子》第五十八章作“人之迷，其日固久”，“𢗕”爲“迷”之異文。馬王堆帛書《刑德》甲、乙本講到以月暈占候軍事，均有如下一段（釋文用寬式）：“正月暈，兵備載而遂行。兩暈及三暈，兵遂行。三暈壹𢗕，五暈再𢗕，六暈三𢗕。其法出入，三歲乃已。”“𢗕”字多被研究者釋爲“悉”（參看陳松長2001，頁41），原文實難講通。“壹/再/三𢗕”的主語是“兵”，承前省。“𢗕”跟“遂行”相對，顯然也當是用爲“迷”的，即迷路、失道，行軍不遂。“迷”字以“辵”爲意符，是從“迷路”的角度造的。中山王鼎和《上博（六）·用曰》簡17“迷惑”之“迷”作“覛”，可以看作從“看、觀察”的角度爲“迷”造的（猶如《上博（五）·弟子問》簡16迷惑之“惑”字之作“覛”）。“𢗕”字則以“心”爲意符，應該也是爲“迷惑”之“迷”所造的本字，跟“悉”之作“𢗕”當爲同形字關係。

在後世字典韻書中，“𢗕”形往往被收爲“悉”字異體，同時又另有一個“恍”字。《玉篇·心部》“恍”訓爲“安”，或作“侎”；《集韻》上聲紙韻“母婢切”弭小韻以“恍”爲訓“撫”之“敉”和“侎”的或體；而《集韻》平聲齊韻“緜批切”迷小韻、《類篇·心部》則皆訓“恍”爲“心惑也”，或體作“䜘”。可見“迷惑”之迷从“心”作，後代字典韻書尚有保存。

從上述情況我們可以推想，在戰國文字中，可能已有“迷”字異體“𢗕”的存在。《古璽彙編》2290所收一方楚璽有“𢗕”字，一般釋爲“悉”。其實它係“迷”字異體的可能，是難以完全排除的。那麼，在當時人筆下，“𢗕”形既可以表示“悉”，又可以表示“迷”，就很容易發生誤解了。簡文“迷言之”之“迷”字，當本是作“𢗕”表示“悉”的，但在傳抄中被誤認爲表示“迷”的“𢗕”字，其字也隨之被改爲更通行的"迷"字了。

《出土文獻與古文字研究》2,頁 178—179

△按　中山王鼎"粓",從見,米聲,當爲"迷"之另造專字,與後世字書之字無關。從見或從辵只是取義角度不同。卷八見部重見。

連 䡦

○**何琳儀**(1998)　連,從辵從車,會挽車行走之意。疑輦之異文。《周禮·春官·巾車》"輦車組輓",釋文:"輦本作連。"《戰國策·趙策》四"老婦恃輦而行",漢帛書輦作連。

《戰國古文字典》頁 1035

○**連劭名**(1999)　(編按:能原鎛)銘文中多次出現"連"字,是判斷文辭性質的重要線索。"連"者,結盟之義,《孟子·離婁》云:"連諸侯者次之。"趙注:"連諸侯,合從者也。"《呂氏春秋·期賢》云:"民相連而結之。"高注:"連,結也。"銘文云:"連余大邾""連□小""連者尸","者尸"可能是"諸夷",看來參加結盟的國家或許不止越、邾兩國。

《故宮博物院院刊》1999-3,頁 29

○**劉信芳**(2003)　(編按:包山 155"五連之邑")《國語·齊語》:"五家爲軌,軌爲之長;十軌爲里,里有司;四里爲連,連爲之長。"準此,則"五連之邑"有一千家。此雖爲齊制,然楚制"五連之邑"亦是較大居住區,因葬王士而徵五連之邑。搬遷移民殊非易事,更何況徵地者有擅權之嫌。此所以地方宮大夫對此事提起訴訟。

《包山楚簡解詁》頁 161—162

【連尹】璽彙 0145

○**羅福頤**(1981)　連尹:連尹之鉨。《左傳》宣公十二年,楚有連尹襄老;襄公十五年,楚屈蕩爲連尹;昭公廿七年,楚有連尹奢。

《古文字研究》5,頁 249

○**羅運環**(1991)　1.《古璽彙編》:

0145 號:"連尹之鉨(璽)。"0318 號:"連嚚(敖)之□三。"

2.長沙楚銅量：

　　……羅莫囂(敖)臧□、連囂(敖)屈让以命……鑄二十金龍(筩)……

3.曾侯乙墓竹簡記載：曾侯的御車者有"邻連䡟(敖)""□陵連䡟(敖)"。

4.包山竹簡載：楚國的地方官名有"連敖"。

古文獻記載，春秋時，楚有連尹，襄老、屈蕩、伍奢先後出任此職，戰國時楚有無連尹，不見記載。連尹之璽證明，戰國時楚國確實有連尹一職。

楚連敖於文獻無徵。據《史記》《漢書》，漢初的職官有連敖，《史記・淮陰侯傳》索隱及《漢書・韓信傳》注均引李奇曰，謂連敖爲"楚官名"。《漢書・高惠高后文功臣表》"隆慮克侯周竈"欄注引如淳曰："連敖，楚官。《左傳》有連尹、莫敖，其後合爲一官號。"李奇、如淳說連敖是楚官名，這是對的，但是，如淳說連敖是連尹、莫敖合爲一官號，則是錯誤的。據上引簡文、銅量文、璽文，戰國時期，楚國有大莫敖、莫敖、連尹、連敖同時並存。很顯然，連敖是連尹和莫敖合稱的說法是毫無根據的。

連尹與連敖關係怎樣，值得進一步探討。《左傳》襄公十五年所載楚中央官職序列，連尹在莫敖後第三位，即"……莫敖……箴尹……連尹……"。長沙銅量銘所載楚地方官職(即羅侯屬官)序列，連敖緊接在莫敖之後，隨莫敖一起傳達命令。《左傳》與量銘給我們的啟示是：無論是連尹還是連敖，其位均在莫敖之下，連敖隨莫敖一起傳達命令，製造銅量，似乎連敖與莫敖職掌有相通之處。很可能連敖爲莫敖的副職。連尹一職也不能排除這種可能性。

連尹與連敖雖有相通之處，但二者的地位似乎有區別。《史記・淮陰侯傳》："(韓)信亡楚歸漢，未得知名，爲連敖。"可見連敖的職位並不高。這雖爲漢事，但確與楚文字資料相呼應。曾侯乙墓竹簡所載"邻連敖、□相陵連敖"屬曾侯的下臣，且以御車者身份出現；長沙銅量銘中的連敖，是羅侯的屬官，位在莫敖之下。凡此，似乎連敖地位低於連尹，多爲楚國諸侯的屬官，連尹比連敖地位高，是楚中央王朝的朝官。

《楚文化研究論集》2，頁 277—278

【連百】

○**吳振武**(1983)　　1952 邻連䒶・邻(徐)連期。

《古文字學論集》(初編) 頁 502

○**施謝捷**(1998)　　(編按：璽彙)0250□連(傳)期鉨・□連期鉨。

《容庚先生百年誕辰紀念文集》頁 644

△按　人名。

【連嚣】

○裘錫圭(1979)　秦漢之際楚地反秦軍將領有很多當過連敖(見《漢書·功臣侯表》等),連敖無疑是楚國官名。

《古文字論集》頁 407,1992;原載《文物》1979-7

○李家浩(1984)　《古璽彙編》0318 號印文如下:

　　　　此印右邊"嚣"上一字原書缺釋。從左邊"之"字殘泐情況看,這個字應當是"連"字,"車"旁上部的橫畫殘去。"之"下一字漫漶不可辨識。最後一字是"三"。因此這枚印文可釋寫如下:連嚣之□三。

　　"連嚣"是官名,曾侯乙墓竹簡作"連䣙",即古書中的"連敖"。"嚣、敖"二字古通。《爾雅·釋訓》:"敖敖,傲也。"陸德明《釋文》:"敖敖,本又作嗷,又作嚣。"《詩經》的《小雅·十月之交》"讒口嚣嚣"和《大雅·板》"聽我嚣嚣"之"嚣嚣",《潛夫論》的《賢難》《明忠》並引作"敖敖"。《戰國策·楚策一》"莫敖大心",《淮南子·修務》作"莫嚣大心"。"嚣、敖"古音同屬疑母宵部,故二字可以通用。《漢書·高惠高后文功臣表》"隆慮克侯周竈"欄顏師古注引如淳曰:"連敖,楚官。《左傳》楚有連尹、莫敖,其後合爲一官號。"

　　《史記·淮陰侯傳》司馬貞索隱和《漢書·韓信傳》顏師古注引李奇曰,也認爲"連敖"是楚官。今有此印,可證"連敖"爲楚官說是可信的。但是,如淳認爲"連敖"是連尹、莫敖"合爲一官號",則是錯誤的。連尹、莫敖都見於戰國楚印:

　　　連尹之鉨(璽)。(《古璽彙編》25·0145)

　　　旭相爻(陵)莫嚣(敖)。(《古璽彙編》28·0164)

曾侯乙墓竹簡"大莫䣙(敖)、連䣙(敖)"同見。此皆可證明"連敖"非是連尹、莫敖"合爲一官號"。

　　關於"連敖"的性質有不同的說法。《史記·淮陰侯傳》裴駰集解引徐廣曰:"典客也。"司馬貞索隱引張晏曰:"司馬也。"清人梁玉繩認爲"是司庾之官"。梁說是推測之詞,不可信。徐說可能是根據《史記·高祖功臣侯者年表》"淮陰"欄韓信"爲連敖典客"而來。原文云:"兵初起,以卒從項梁。梁死屬項羽爲郎中。至咸陽,亡從入漢,爲連敖、典客。蕭何言爲大將軍。別定魏、齊,爲王。徙楚,坐擅發兵,廢爲淮陰侯。"

司馬貞索隱:"典客,《漢表》作'粟客',蓋字誤。《傳》作'治粟都尉',或先爲連敖、典客也。"

司馬貞所説的《漢表》是指《漢書·高惠高后文功臣表》,《傳》是指《史記·淮陰侯傳》。現在我們所見到的傳本以及唐顔師古所見本,《漢書·高惠高后文功臣表》"粟客"均作"票客"。前人曾經指出,"票客"即"粟客"之訛。按《古璽彙編》503頁著録一枚楚國官印"郘粟客璽"。司馬貞所見本《漢書》"粟客"與此印文相同,可證前人所説甚是。《史記》作"典客",大概是由於後人不知道"粟客"之義而臆改的。《高祖功臣侯者年表》和《高惠高后文功臣表》記韓信爲"連敖、粟客",而《史記·淮陰侯傳》《漢書·韓信傳》並作韓信先後爲"連敖""治粟都尉",是"粟客"與"治粟都尉"相當。"治粟都尉"亦見於《漢書·食貨志》,是管糧食的官,"粟客"的職掌當與之相同。由此可見"連敖、粟客"是兩個官名。現在出版的標點本《史記》《漢書》把誤文"連敖典客"或"連敖票客"作一句讀,似認爲"連敖、典客"或"連敖、票客"爲一官。這是錯誤的。大概徐廣據《史記·高祖功臣侯者年表》的誤文也認爲"連敖、典客"爲一官,故釋"連敖"爲"典客"。若此,則徐説顯然是不可信的。張晏釋"連敖"爲"司馬",不知是否另有所據。

《著名中年語言學家自選集·李家浩卷》頁134—137,2002;
原載《江漢考古》1984-2

○**裘錫圭、李家浩**(1989)　(編按:曾侯乙12)"連囂"亦見於73號簡,即見於戰國楚印的官名"連囂"(《古璽彙編》55·0318)。《史記》的《淮陰侯傳》《高祖功臣侯者年表》和《漢書》的《韓信傳》《高惠高后文功臣表》等有官名"連敖"。"囂、敖"音近古通。《史記·淮陰侯傳》"連敖"司馬貞索隱引李奇云:"楚官名。"《漢書·高惠高后文功臣表》"隆慮侯周竈"欄顔師古注引如淳曰:"連敖,楚官。《左傳》有連尹、莫敖,其後合爲一官號。"簡文和楚印裏既有"莫敖、連敖",又有"連尹"(《古璽彙編》25·0145),可見如淳説非是。

《曾侯乙墓》頁512

○**羅運環**(1991)　見【連尹】條。

○**曹錦炎**(1996)　(編按:璽彙0318)連囂,即典籍中的"連敖",也是楚地特有的官名,見《漢書·韓信傳》顔師古注引李奇説,又《史記·淮陰侯傳》司馬貞索隱也引及。"連敖"之連可能和古代的居民編制有關,據《管子·小匡》載,當時的居民編制是按國、鄙分成兩套制度:國"五家以爲軌,軌爲之長;十軌爲里,里有司;四里爲連,連爲之長;十連爲鄉,鄉有良人,以爲軍令”。鄙“五家爲軌,軌有長;六軌爲邑,邑有司;十邑爲率,率有長;十率有鄉,鄉有良人;三鄉[爲連,連有長,十連]爲屬,屬有帥,五屬[各]一大夫”。《國語·齊語》略有不同。作戰時即按此編制組成軍事編制。當然,楚國的“連”之家數不一定和齊國相同。上已指出,“敖”爲軍事首領,若“連”如此推測不誤的話,則“連囂”當是楚國“連”一級組織的軍事首領。《史記·淮陰侯傳》司馬貞索隱引張晏説,以“司馬”釋“連敖”,司馬是主軍事之官,張説大體上是對的。

　　包山楚簡有“鄩連囂、陽陵連囂”等,曾侯乙墓出土竹簡也有“連䍺(敖)”名,見12號、73號簡。另外,秦漢之際楚地反秦將領中有許多人都曾當過“連敖”之官,見《漢書·功臣侯表》,可證是楚地特有的官名。

　　《漢書·高惠高后文功臣表》隆慮克侯周竈:“以卒從起碭,以連敖入漢。”顏師古注引如淳説:“連敖,楚官。《左傳》有連尹、莫敖,其後合爲一官號。”謂“連敖”係“連尹、莫敖”之合爲一官號,誤甚。楚官璽分別有“莫敖、連敖、連尹”等官名,如淳之説不攻自破。

《古璽通論》頁93—94

○蕭毅(2001)　(編按:璽彙0318)第一字李家浩釋“連”(《四篇》)。第四字吳振武釋“四”(《璽訂》)。連囂,典籍作“連敖”,見《漢書·韓信傳》顏師古引李奇説,又《史記·淮陰侯傳》司馬貞《索隱》也引及。《漢書·高惠高后文功臣表》“隆慮克侯周竈”欄“以卒從起碭,以連敖入漢”。顏師古注引如淳説:“連敖,楚官。《左傳》楚有連尹、莫敖,其後合爲一官號。”連敖之職,歷來眾説紛紜。曹錦炎認爲“連囂”之連可能和古代的居民編制有關。《管子·小匡》載,當時居民編制是按國、鄙分成兩套制度,國“五家以爲軌,軌爲之長;十軌爲里,里有司;四里爲連,連爲之長;十連爲鄉,鄉有良人,以爲軍令”。鄙“五家爲軌,軌有長;六軌爲邑,邑有司;十邑爲率,率有長;十率有鄉,鄉有良人;三鄉爲連,連有長;十連爲屬,屬有帥,五屬[各]一大夫”。“連囂”當是楚國“連”一級組織的軍事首領(《璽通》93頁)。

《江漢考古》2001-2,頁40

○劉信芳(2003)　(編按:包山6)連囂:即連敖。《左傳》無“連敖”,“連尹”屢見;而包山簡無“連尹”。可以粗略地認爲戰國之“連囂”即春秋之“連尹”。《左傳》襄公十五年:“屈蕩爲連尹。”服虔《注》:“連尹,射官,言射相連屬也。”孔穎達《疏》:“官名臨時所作,莫敖之徒,並不可解,故杜皆不解之。”《古璽彙編》0145有“連尹之璽”;又0318有“連尹之□三”;長沙銅量有“連囂屈讠”;

曾侯乙簡 12 有“邻連囂東臣”。

《包山楚簡解詁》頁 13—14

【連斕】曾侯乙 12

△按　見【連囂】條。

逑 錄

上博二·民之 11

○濮茅左(2002)　“逑”,《説文·辵部》:“逑,聚斂也。”《玉篇·辵部》:“逑,匹也,合也。”今本作“就”。

《上海博物館藏戰國楚竹書》(二)頁 171

○李守奎、曲冰、孫偉龍(2007)　簡文“日逑月牀”,今本作“日就月將”。

《上海博物館藏戰國楚竹書(一—五)文字編》頁 85

逋 逋

文博 1998-1,頁 43　睡虎地·封診 14　睡虎地·答問 164

【逋事】睡虎地·答問 164

○睡簡整理小組(1990)　逋事,逃避官府役使。《漢書·義縱傳》:“縣無逋事。”

《睡虎地秦墓竹簡》頁 132

△按　簡文云:“律所謂者,當徭,吏、典已令之,即亡弗會,爲逋事。”整理小組説可從。

遺 遺

珍秦 141　故宫 422

集成 261 王孫遺者鐘　集成 9735 中山王方壺　包山 18　郭店·老甲 38

上博四·采風 3　上博五·季庚 9　天星觀　新蔡甲三 240

包山 165

○強運開(1935)　(編按:王孫遺者鐘)王孫鐘即遺諸,人名也。丁書入坿録,

疑爲遺之異文。運開按,丁説是也。林義光《文源》云:"《説文》□,'古文蕢象形'。《論語》曰:'有荷蕢而過孔氏之門。'按,古乍□。"又云:"申,古乍□,□非申字,當爲饋之古文,丨象物形,□象兩手奉之以饋人。"智鼎遺乍□从彳,此篆从□即蕢之省,从辵並从彳定爲遺之古文可以無疑。

《説文古籀三補》卷 2,頁 9

○張政烺(1979)　(編按:中山王方壺)遺字見旂作父戊鼎:"文考遺寶責,弗敢喪。"形義與此相同。

《古文字研究》1,頁 212

○裘錫圭、李家浩(1989)　(編按:曾侯乙 124)平山戰國中山王壺銘文"純德遺訓"之"遺"作□(《中山王譻器文字編》70 頁),所从□旁與簡文"蕢"的"□"旁相近。古代文字的偏旁位置不十分固定。簡文"蕢"或把"□"與"貝"並列(124 號),或把"貝"寫在"□"的左下方(137 號、138 號)。天星觀一號墓竹簡記車馬器有"首遺、敧遺"。"遺"从"蕢"聲,與此墓簡文之"蕢"當指一物。

《曾侯乙墓》頁 523

○陳斯鵬(2002)　"遺"字本作□(旂作父戊鼎),所从□當是"遺"的初文,會雙手持物有所遺失之意。引申之而有遺留之義,再引申之而有留與、留贈、贈與之義,因與財物有關,故又或增貝旁作□(應侯鐘)、□(智鼎),因偏旁避讓遂省□爲□。因爲"遺"與"蕢"的讀音非常接近,而且其所从的□與"蕢"形亦相若,到了秦篆那裏,"遺"便混入到"蕢"系列中來,變成一個从辵蕢聲的形聲字。而與此同時,其上部的□的寫法特點也可能滲透給"蕢"及其他从"蕢"的字,促使"蕢"字所从的"屮"向□演變。

　　但在楚系文字中,可以確定的"蕢"皆从貝屮聲作□,而可以確定的"遺"又都作□(如郭店《老子》甲 38、《緇衣》46),二者之間,涇渭分明。可見"遺""蕢"的合流確實是發生在秦文字中的新變化,它們恐怕没有語源上的聯繫。曾侯乙墓竹簡有字作□、□等形,學者多釋爲"蕢",實非。此字當即應侯鐘、智鼎"遺"字之省(或者理解爲□易辵旁爲貝旁亦可),即表遺失、遺留、贈與一類意義的"遺"之專字。至於漢代"蕢"字偶作□形者(如婁壽碑、富貴昌宜侯王洗),應看作是在"遺""蕢"合流的基礎上產生的一種訛體,而不能反過來以之作爲"遺"字本从"蕢"的依據。

《中國文字》新 28,頁 168

○劉信芳(2003)　(編按:包山 18)遺:字从辵,□聲,或隸定作"遺",大致可從。然簡 165 另有"遺"字,从"□"之字有"□"(149),所从之"□"與"蕢"(192)

及从貴之"匱、饋"等字形有異,音、義亦不同源。《說文》:"遺,亡也。"文獻多假作"饋"。釋"亡"之"遺"與"遚"可視爲一字,簡 165"遺"字從"貴"聲,與釋爲"饋"之"遺"可視爲一字。楚簡"遚、遺"既有區別,故分別隸定之。

《包山楚簡解詁》頁 28

○**禤健聰**(2006)　《說文》:"蕢,艸器也。从艸,貴聲。臾,古文蕢,象形。《論語》曰:有荷臾而過孔氏之門。"又:"貴,物不賤也。从貝,臾聲。臾,古文蕢。"

　　楚簡"貴"作![貴],"遺"作![遺](均見郭店《老子》甲簡 37),所从之![占]與![遺]涇渭分明,"貴"絕不从![遺],"遺"也絕不从![貴]。李守奎先生對二字作了比較詳細的分析。我們認爲,![遺]是"遺"之初文,象兩手持杵而下有物遺落之意,與"貴"本不相涉,這與![地](曾侯乙簡 61)與![遺](包山簡 190)的關係正類似。楚簡有从貝从![遺]之字作![字](曾侯乙簡 138),有从糸从![遺]之字作![字](郭店《語叢一》簡 10),《楚文字編》分繫之於"貴、績"字條下,是不準確的。貴、遺二字音近,![占]與![遺]的小篆字形又訛混成"臾",《說文》遂誤合二字爲一字。漢代金文"貴"字或作![貴],似是上述二形合流的痕迹。

《許慎文化研究》頁 317

○**何琳儀**(1998)　(編按:包山 165)![遚],从辵,貪聲。

　　包山簡遚,讀弁,姓氏。

《戰國古文字典》頁 1068

○**李守奎**(2003)　(編按:包山 165)此字或可隸作壐,與遺可能不是同一個字。

《楚文字編》頁 103

△**按**　《說文》:"遺,亡也。从辵,貴聲。"然戰國文字"遺"字所从與"貴"字不同。《說文》謂"貴"字从"古文蕢",即臾,戰國文字"遺"所从,正象兩手持械勞作而下有所遺之形,"蕢、遺"當同源。

　　包山簡 165 之字从辵,貴聲,與遺失之"遺"古文字並非一字。簡文中用爲人名。兩字隸釋後同形,暫繫於同一字頭下。

【遺㠯】
○**何琳儀**(1998)　中山王方壺"遺㠯",讀"遺訓"。《逸周書·嘗麥》:"有古遺訓而不迷。"

《戰國古文字典》頁 1192

【遺者】王孫遺者鐘
△**按**　人名,見【王孫遺者】條。

遂 遂

遂 遂

十鐘　　璽彙 3920　　上博五·三德 22　　上博五·鬼神 2　　新蔡甲三 13

○何琳儀（1998）　齊璽遂，人名。

《戰國古文字典》頁 1225

△按　《説文》：“遂，亡也。从辵，㒸聲。遭，古文遂。”出土文獻“遂”最早見於戰國，且不常見；傳世古書的“遂”出土文獻主要以“述”當之。有關“遂、述”二字的關係，詳參“述”字條。

逃 逃

逃 楚帛書　　逃 包山 137　　逃 包山 144　　逃 包山 165　　逃 九店 56·71

逃 郭店·語二 18　　逃 上博二·容成 41　　逃 上博四·昭王 7　　逃 上博五·姑成 5

逃 集成 10478 中山兆域圖　　逃 上博六·季桓 12　　逃 上博六·季桓 21

○饒宗頤（1968）　（編按：楚帛書）逃字，林氏據《汗簡·止部》兆字有作逃者，謂其字从兆，因釋爲逃。按此處應讀爲《荀子·非相篇》云“禹跳湯偏”之跳。《尚書大傳》云：“禹其跳……其跳者踦也。”注：“踦，步足不能相過也。”（陳壽祺輯本卷五）《尸子·君治篇》：“禹之勞十年……手不爪，脛不生毛，偏枯之病，步不相過，人曰禹步。”

禹步，巫多師效之。《法言·重黎篇》云：“昔者姒氏治水土，而巫步多禹。”李軌注：“姒氏禹也。治水土，涉山川，病足故行跛也。禹自聖人，是以鬼神、猛獸、蜂蠆、蛇虺，莫之螫耳，而俗巫多效禹步。”

楚人重巫術，所祀有大神巫咸，其巫必效法禹步。繪書於此言“參化法逃（跳）”，下接言“爲禹爲萬”，其效禹跳，足爲明徵。後世道家附會，遂演爲禹步法。《抱樸子·仙藥篇》載有“禹步法”，又言采藥之方，“皆當禹步，往采取之”。道家禹步之用法，下至李淳風《天應神光經》皆列禹步之式，成爲方術之一端。《夏本紀》：“以身爲度。”索隱曰：“按今巫猶稱禹步。”今觀繪書，知楚巫效法禹跳，由來遠矣。

《史語所集刊》40 本上，頁 4—5

○曾憲通（1993）　（編按：楚帛書）選堂先生認爲帛書“㪬逃”應讀爲“法兆”，相當於兆域圖之"兆法",但語有正言倒言之異。

《長沙楚帛書文字編》頁 60

○**李家浩**(2000)　(編按:九店 56·34"逃人不得")"逃人不导",秦簡《日書》甲種楚除絶日占辭作"桃人不得"。"逃、桃"二字皆从"兆"得聲,秦簡"桃"當從本墓竹簡讀爲"逃"。

　　(編按:九店 56·60"朝逃得")"朝逃导",秦簡《日書》乙種子之占辭作"朝兆不得"。按本組簡凡是上言"朝閉夕啟",其下則言"朝逃得""夕不得"等;上言"朝啟夕閉",其下則言"朝逃不得""夕得"等。秦簡《日書》乙種"逃"皆作"兆"。"逃"從"兆"得聲,故"逃、兆"二字可以通用。按本墓竹簡"逃"字有兩種用法。一種用本義,如三○號、三一號、三四號簡"逃人不得"之"逃";一種假借爲"盜",如三○號簡"利於寇逃"和三二號簡"必無遇寇逃"之"逃"。"朝逃得、朝逃不得","朝"是指時閒,"得、不得"是對"逃"而言的。其下的"晝得、晝不得、夕得、夕不得"等,承上文省略了"逃"字。於此可見,本組簡的"逃"應當假借爲"盜"。關於這一點還可以從秦簡《日書》甲種《盜者》篇得到證明。《盜者》篇七八背說:"酉,水也。盜者闊(闞)而黄色,疵在面,臧(藏)於園中草下。旦啟夕閉,夙得,莫(暮)不得。"本組簡"朝啟夕閉","朝盜不得,晝得,夕得",與秦簡"旦啟夕閉,夙得,暮不得"用語相似,可以比較。《淮南子·時則》"蚤(早)閉晏開,以索姦人,姦人已得,執之必固"(據劉文典《淮南鴻烈集解》引王念孫校改)。其文字與本組簡"朝閉夕啟","朝盜得"也有相似之處,可以參考。若此,秦簡"兆"也應當假借爲"盜"。

《九店楚簡》頁 95、119—120

○**劉信芳**(2001)　(編按:郭店·語二 18"逃而生惡")"逃"字應讀爲"佻",《説文》:"佻,愉也。"《爾雅·釋言》:"佻,偷也。"注:"謂苟且。"《離騷》:"余猶惡其佻巧。"注:"輕也。""佻生於惡者",謂人之心情既已愧惡矣,若不是向積極的方向尋求解脫,而是繼續向負面的方向發展,則進而產生苟且輕薄之心態。

《簡帛研究二○○一》頁 204

○**劉信芳**(2002)　(編按:楚帛書)所謂"逃"其實就是逃亡、逃走之"逃",諸家或釋"兆",非是。"參化虐逃"的意思既簡單又明白,謂既行"禳、殘"(磔)逐疫之儀後,諸凶神虐鬼紛紛變化逃亡。

《子彈庫楚墓出土文獻研究》頁 23

○劉釗（2003）　（編按：郭店·語二 18"逃而生惡"）"逃"疑用爲本字，即"逃避"之"逃"。

《郭店楚簡校釋》頁 204

【逃乏】中山兆域圖

○朱德熙、裘錫圭（1979）　"逃乏"當讀爲"兆法"。《周禮·春官·小宗伯》"卜葬兆"，鄭注"兆，墓塋域"，《春官·冢人》"掌公墓之地，辨其兆域而爲之圖"，鄭注"圖，謂畫其地形及丘壟所處而藏之"。"兆"亦作"垗"，《廣雅·釋丘》："垗，葬地也。"兆域圖畫的是中山王陵園的建築圖樣，"兆法闊狹小大之𠚤"指整個陵園設計的規劃。

《朱德熙古文字論集》頁 95，1995；原載《文物》1979-1

○張克忠（1979）　兆，《左傳·哀公二年》"無入於兆"，注：兆，"葬域"。《周禮·小宗伯》"卜葬兆"，注：兆，"墓塋域"。（中略）

这。从支从乏。《説文》："支，小擊也，从又，卜聲。"这象執棍棒進擊，有侵犯之意。

《故宮博物院院刊》1979-1，頁 48

○徐中舒、伍仕謙（1979）　衛，乃衛之省文。春秋前期金文衛或作𢖶（穌衛妃鼎），或作𢔆（司寇良父簋），其偏旁韋，从方與从口同意，口即象方形，此字既从行省，又省方爲×。王命胄爲衛者，即王命胄爲宮衛大臣也。（中略）

𢌳，从夊聲，當讀爲致。《説文》"夊，从後至也，讀若黹"。黹、至，古脂韻字。致，送詣也。建退这乏者，言以財貨私自送給乏者。

《中國史研究》1979-4，頁 94—95

○楊鴻勳（1980）　平山一號墓出土的王、后陵園規劃圖，目前名稱不一，或稱"兆域圖"或稱"兆窆圖"。"兆域"一詞見於典籍，意即"墓塋地"或"陵墓區"。銅版銘文有"逃乏"一詞，或釋"兆窆"，或釋"兆法"。"窆"，《説文》釋爲"葬下棺也"，則"兆窆"有"墓葬區"的意思。"法"含"定式、制度"的意思，"兆法"一詞意近"墓區形制"，所以稱爲"兆法圖"也未嘗不可。今從典籍暫稱"兆域圖"。

《考古學報》1980-1，頁 127

○黃盛璋（1982）　"進退这乏者死毋若"："这"，朱、裘缺釋，張釋爲"这"，从"支"，引《説文》"支，小擊也"，但用於此句，無法講通。我以爲當从"支"从"乏"，《廣雅·釋詁》三：这與遁、逃、遷、徙、移等皆同訓"避也"，故此字當與移、徙同意，或即徙字異體，"徙、支"古音均在佳部，據此亦可定"乏"不讀

"法",當讀"窆","迲乏(法)"講不通,《簡報》讀爲"違法","進退違法"雖可講通,但"死毋若(赦)"處罰太重,問題是此字明確作"迲",與"違"字無關。"窆"用爲動辭,爲葬下棺,用作名辭,當指棺椁及其附屬物,所以"進退迲(徙)乏(窆)",刑罰最重,完全可以講通。

《古文字研究》7,頁 83

○**劉釗**(1999) 銘文中"進退"後一字从"辵",所从聲旁銹蝕不清。以往研究論著大都隸定作"迊"。1995 年出版的《譽墓——戰國中山國國王之墓》一書則隸定作"遯",並謂:"遯,讀爲致,加辵旁以示動意,以前因銹蝕不清,辨識有誤。"按這一說法極爲可疑。從文意上看,以銘文前言"逃(兆)乏(窆)"推論,"迊"字極有可能也是"逃"字,"逃乏"也即"兆窆"。

《中國古文字研究》1,頁 157

○**李家浩**(2006) 兆域圖是建造中山王陵的"模樣",頗疑"兆乏",應該讀爲"兆範",銘文末尾"其一从,其一藏府"之二"其"字,即指它前面的"兆範",也就是所謂的兆域圖。從這一點看,似乎也可以說明把"兆乏"讀爲"兆範",要比讀爲"兆法"或"兆窆"都要合理一些。

《康樂集》頁 23

【逃珤】上博四・昭王 5—6

○**陳佩芬**(2004) 逃珤 "逃",假借爲"珧",蚌屬,即"江珧"。《爾雅注疏》:"珧,玉珧,即小蚌。"玉珧可飾佩刀鞘,肉不可食,唯柱可食。"珤",爲"寶"之古字。《玉篇》:"珤,古文寶字。"

《上海博物館藏戰國楚竹書》(四)頁 187

△**按** 簡文云:"昭王迅逃珤,豸之脾馭。"依文意,"逃珤"當是地名。

追 徣

集成 9734 舒盗壺 集粹

集成 4190 陳尃簋蓋

○**何琳儀**(1998) 陳尃簋蓋"追孝",見《書・文侯之命》"追孝于前文人",疏:"追行孝道於前世文德之人。"

中山王圓壺追,參《論語・學而》"慎終追遠"。

《戰國古文字典》頁 1213

△按　《説文》:“追,逐也。从辵,自聲。”陳昉篕蓋省从彳,又自旁增繁作菑。

逐  述

集粹 秦印 璽彙 0850

上博二・從甲 3 上博二・容成 19 上博五・季庚 19

集成 4596 陳曼簠 璽彙 0263 上博三・周易 43 上博五・競建 10

○**張光裕**(2002)　(**編按**:上博二・從甲 3)字與“述”字稍異,疑爲“述”之别體,讀爲“遂”,例見《郭店楚墓竹簡・老子甲》第三十九簡:“攻(功)述(遂)身退,天之道也。”《論語・爲政》:“道之以政,齊之以刑,民免而無恥。”“齊之以刑”與“教之以刑”義相若。

《上海博物館藏戰國楚竹書》(二)頁 217

○**李零**(2002)　(**編按**:上博二・容成 19)逮　即“近”。

《上海博物館藏戰國楚竹書》(二)頁 265

○**李守奎**(2004)　(**編按**:上博二・從甲 3)“逐”字原釋“述”而讀遂,非是。其所从豕旁與《從政》乙篇第一簡“豙”字所从豕完全同形。“逐”可讀“遯”,《山海經・中山經》“又東二十里曰苦山。有獸焉,名曰山膏,其壯如逐”,郭璞注:“逐即豚。”“遯”从豚聲,故“逐”可讀遯。又,《集韻》宥韻:“逐,奔也。”“逐”不破讀似亦可通。

把簡文與《爲政》相對照,二者間的關係就可以看得更加清楚:《從政》“[聞之曰:齊之以]禮則寡(娩)免爲仁,教之以刑則逐(遯)”,《爲政》“子曰:導之以政,齊之以刑,民免而無恥;道之以德,齊之以禮,有恥且格”。“免”與“遯”同義,“寡免”與“遯”就成了反義,這與《爲政》篇中“免”與“格”構成反義正好相同。

《上博館藏戰國楚竹書研究續編》頁 482—483

○**范常喜**(2006)　(**編按**:上博二・從甲 3)我們懷疑此處“逐”與“遯”可能不是通假關係,“逐”字可能即是“遂”字,而“遂”即古“遯”字。(**中略**)

由此我們推測,“教之以刑則述”中的“逐”字當爲“遂”字,即“遯”之異體。《説文》:“遯,逃也。”《爾雅・釋言》:“遜,遯也。”郭璞注:“遯,謂逃去也。”如此理解正可以與同篇八號簡相照應:“從政有七機,獄則興,威則民不道,洒則失衆,怲則亡親,罰則民逃。”而且今本《禮記・緇衣》也有類似的論

述:"教之以政,齊之以刑,則民有遯心。"鄭玄注:"遯,逃也。"其中"遯"字正和簡文中之"逐(逯)"字相一致。

《康樂集》頁 229

○**周波**(2006)　(編按:上博二·容成 19)施謝捷將之釋爲"遫"(施謝捷《上海博物館藏楚簡釋文》,未刊稿)。按施説當是。郭店《緇衣》簡 43 有"遫(邇)"字,形作🔹。詳審字形,🔹所從"執"形當與🔹相同。二字所從聲符"執"均由"木、刊、女"三個構件上下疊加組成。《緇衣》"遫"所從之"執"由於形體太長,不得不省略了"辵"下"止"形,以求字形結構上的平衡。《容成氏》没有省略筆畫,但造成"辵"旁中閒的"木、刊、女"三形筆畫交錯,糅爲一團。

《出土文獻與古文字研究》1,頁 331

△**按**　《説文》:"逐,追也。从辵从豚省。"古文字逐皆从豕,非从豚省。上博簡諸"逐"字所從豕旁皆有訛變,整理者原皆誤釋。

　　上博二《容成氏》簡 19"逐者悦怡而遠者自至"、上博五《季庚子問於孔子》簡 19"毋欽遠,毋🔹逐","逐"皆與"遠"對文。新近鄔可晶(《釋上博楚簡中的所謂"逐"字》20—33 頁,《簡帛研究二○一二》,廣西師範大學出版社 2013 年)認爲字當是从"辵""豕"聲的"邇"的用字,並據郭永秉"西周金文中用爲'邇'的'𫎆',所从'犬'旁已有變作'豕'之例(如大克鼎、番生簋蓋等,見《集成》2836、4326),當是聲化的結果"的意見,進而推測"邇"記寫作"逐","不知有没有可能是由从'辵'从'豙'之形省變而成"。鄔文並指出,追逐之"逐"在楚簡中多記寫作"述",與"逐"一般不相混(清華二《繫年》簡 93 有一例"逐"用爲追逐義,可能與不同版本來源有關)。新出清華三《説命下》簡 2"柔遠能逐",即上古成語"柔遠能邇",清華簡整理者(《清華大學藏戰國竹簡》[叁]129 頁,中西書局 2012 年)謂:"'逐'在此从豕聲。'豕'古音書母脂部,可讀爲日母脂部的'邇'。"可證鄔説確鑿不移。

　　《從政》甲篇"教之以刑則逐"之"逐",論者多與"遯"字聯繫釋讀。鄔可晶認爲"豕、象"音近,"遯"或作"遬"又省作"逯",故从豕得聲的"逐"可讀爲"遯"。陳劍則謂"逐"有可能表示的是另一個與"豕、邇"音近之詞,其義或近於"偷",而未必讀爲"遯"(俱見鄔可晶《釋上博楚簡中的所謂"逐"字》一文)。

　　追逐之"逐"戰國文字多記寫作"述",詳見本部"述"字條。

近 訢 茊

郭店·六德48　　上博三·中弓20　　郭店·五行7

郭店·性自36　　上博一·性情2

○**陳偉**（2003）　（編按:郭店·五行）7—8號簡原釋文作:"善弗爲亡近,德弗之不成,智弗思不得。"馬王堆帛書本同。"近"疑讀爲"忻",義爲啟發、開啟。《説文》:"忻,闓也……《司馬法》曰:'善者忻民之善,閉民之惡。'"《説文》所引《司馬法》佚文是説啟發民衆的善,簡書是説開啟本人的善,雖然對象不同,辭義則無別。

《郭店竹書別釋》頁52

△**按**　《説文》:"近,附也。从辵,斤聲。茊,古文近。"或體从止。郭店《五行》簡7之字斤旁有所訛變。

邋

石鼓文·吾車　　　睡虎地·日乙19壹

○**張政烺**（1934）　（編按:石鼓文）羅振玉曰:"《説文解字》:'邋,搚也。'《荀子·議兵》'不獵禾稼',《注》:'獵與躐同,踐也。'《詩·南山》疏:'躐是行步踐履之名。'是古'獵、躐'同字。古文从辵、从足亦無別,'獵、躐、邋'一字,許君訓'邋'爲'搚',非本誼,字本从辵不从手也。薛氏釋'獵'是。"烺按:羅説是也。許解實誤。訓"搚"應爲《手部》之"攦"字,特或有假"邋"字爲之者耳。猶《史記·日者傳》"獵纓正襟危坐"、《後漢書·崔駰傳》"獵纓整襟"等之假"獵"爲"攦"也。

《張政烺文史論集》頁5,2004;原載《史學論叢》1

○**强運開**（1935）　（編按:石鼓文）趙古則、楊升庵均釋作獵,吳玉搢、張德容均釋作邋。運開按,《説文》:"邋,拹也,从辵,鼠聲。""獵,放獵逐禽也,从犬,鼠聲。"逐禽亦有拹義,且邋、獵同音,古同音俱可通假,則邋當讀爲獵。以邋=爲旌旗動搖兒,非是。

《石鼓釋文》甲鼓,頁6

○**張守中**（1994）　（編按:睡虎地簡）通獵　田邋　日甲八。

通鬊　六畜毛邌　日甲七四背。

《睡虎地秦簡文字編》頁 22

【邌₌】石鼓文·吾車
○張政烺（1934）　見"邌"字條。
○强運開（1935）　見"邌"字條。

邇 （篆字形） 迩 坙 遷 徥

上博一·緇衣 22　 璽彙 0221　 璽彙 5218

璽彙 3535

天星觀　 郭店·緇衣 43

○丁佛言（1924）　（編按：璽彙 5218）迩。

《說文古籀補補》卷 2，頁 9

○周世榮（1982）　（編按：璽彙 5218）鉥。

《湖南考古輯刊》1，頁 96

○羅福頤等（1981）　（編按：璽彙 5218、5220）迳。

《古璽文編》頁 41

○吳振武（1983）　5218 迳·迩（邇）。
　5219、5220 同此改。

《古文字學論集》（初編）頁 524

○裘錫圭（1998）　此字左旁爲"彳"，右旁上爲"木"，下爲"妟"，實即"埶"字省"土"之變體。"埶、爾"古音相近可通，從"彳"與從"辵"同意，故此即"邇"字異體。

《郭店楚墓竹簡》頁 136

○顏世鉉（1999）　天星觀楚簡有"少又憂於（字），又有啟"。滕壬生《楚系簡帛文字編》釋作遷，徐在國先生說："此字隸定有問題，左旁所從乃是'丮'，並非從'舟'從'女'。"李零先生改釋爲遷，說："似是指身體之某一部分。"按，郭店簡《緇衣》簡 20—21："邦家之不寧也，則大臣不治，而（字）臣託也。"末句今本作"而邇臣比矣"。《緇衣》簡 43："此以（字）者不惑，而遠者不疑。"裘錫圭先生按語云："此字左旁爲'彳'，右旁上爲'木'，下爲'妟'，實即'埶'字省'土'之變體。'埶、爾'古音相近可通，從'彳'與從'辵'同意，故此即'邇'字異體。"

于省吾《殷契駢枝》："周器作𠦪或𡓾，石鼓文作𢽰。埶今作蓺作藝。經傳從埶从爾之字，音近字通。克鼎：'𣊡遠能𠦪'，孫詒讓曰：'埶當讀爲𤫽，《國語·楚語》韋《注》：𤫽，近也。猶《詩》言：柔遠能邇。'按孫説是也，𤫽即埶之別構。《書·堯典》'歸格于藝祖'，《大傳》作'歸假于禰祖'，《書》釋文引馬、王云：'藝，禰也。'《管子·大匡》：'魯邑之教，好邇而訓於禮。'好邇即好藝，詳《管子新證》，均其例也。卜辭埶字，一讀爲𤞉，謂𤞉殺；二讀爲禰，謂親近之廟；三讀爲邇，訓近……總之，卜辭之𤘽、𣏎，金文作𡓾、𠦪，石鼓文作𢽰，均爲藝之古文。古音埶與从爾之字音近通借。"

故天星觀的𨒪字也當釋讀爲"邇"字。分析其字形，右下部分所從之"女"，乃是"又"（足形）形的訛誤，唐蘭先生説："凡𠂊形可加足形而作𠂊，所以从𠂊和从𠃊通用。後來𠂤變中，所以《説文》把許多人形的字，截歸中部，這是錯誤的……可見凡人形下的足形是不得分裂的。"他並舉例説：𠃊（𡰪）即𡰪（𡱒）字，𡱒或誤作𡱒。金文中就有作𡱒（毛公鼎）之形，正可見其由"又"（足形）訛爲"女"之迹。上舉楚簡的三個"邇"字，其右下部所從均訛爲"女"之形。

望山簡 1.23—24："少有憂於窮。與宮室。"天星觀簡有"少有憂於宮人""少有憂於宮中""少有憂於止""且有外惡""少有外惡""少有外憂""且有惡於東方"；包山簡 197—198"少有憂於窮。，且志事少遲得"，簡 199—200"少外有憂，志事少遲得"，簡 201—202"少有憂於窮。，且爵位遲踐"，簡 210"少有憂於躬身與宮室，且外，又不順"，簡 213"少有惡於王事，且有憂於躬身"。以上所説"躬身"可能指"我的身體"或是"我"而言；而"宮室、宮人、宮中、止、外、志事、王事、爵位、東方"當是指"躬身"以外的人、事、物或時空環境而言。

天星觀簡的"少有憂於邇，有敓"，"邇"和"外"當是相對的情況，《説文》："邇，近也。""外，遠也。""邇"是指切近自身私務之事，如身體健康或居家安寧等；而"外"則是指身家以外之事，如侍奉君王、爵位及職事的獲得與升遷、社會活動等是否順利而言。簡文之意爲：身家小有可憂之事，乃是有鬼神作祟。另外，"外"與"邇"尚有一種可能，即指時閒的遠近而言，《包山楚簡》考釋358云："外，《禮記·曲禮》：'凡卜筮日旬之外曰遠某日。'"按，《禮記·曲禮上》："凡卜筮日，旬之外曰遠某日，旬之內曰近某日，喪事先遠日，吉事先近日。""近"指最近的時日，"遠"指較遠的時日，《論語·衛靈公》："子曰：'人無遠慮，必有近憂。'"皇侃《論語義疏》云："人生當思漸慮遠，防於未然，則憂患之事不得近至。若不爲遠慮，則憂患之來不朝則夕，故云必有近憂也。"楊伯峻《論語譯注》云："一個人沒有長遠的考慮，一定會有眼前的憂患。"《論衡·

須頌》："信久遠之僞,忽近今之實。"簡文之意爲:最近的時日小有可憂之事,乃是有鬼神作祟。

《中國文字》新 25,頁 207—210

○**陳佩芬**(2001)　(編按:上博一·緇衣22)迩　與"邇"同。《說文》:"邇,近也。从辵,爾聲。"《爾雅·釋詁下》:"邇,近也。"《詩·周南·汝墳》:"父母孔邇。"《國語·魯語上》"又求自邇",韋昭注:"邇,近也。"郭店簡作"徲"。今本作"邇"。

《上海博物館藏戰國楚竹書》(一)頁 197—198

○**李守奎**(2004)　《古璽彙編·官璽》0221 號璽文如左:

原釋文爲"□迩之璽","迩"字之釋,《先秦印風》《戰國文字編》等從之不疑。據新出楚簡材料,此字當是"述"字。

"尒"與"术"本不同形,由於簡化,逐漸混訛爲一了。下面是"鉢、述"二字中"尒、术"兩個偏旁的簡化過程:

尒: 包山 13　　 璽彙 347　　 璽彙 100

术: 郭店·老子丙 2　　 郭店·性自命出 14　　 郭店·五行 34

單從偏旁上看,釋"迩"釋"述"均可。我們主張釋"述",有如下理由:從字形上看,首先,楚簡中有與之形近的"述"字,但未見"迩"字。《郭店楚簡·五行》34 號簡"述"字與此字幾近同形。其次,楚文字中有與小篆"迩"相當的"遜"。《郭店楚簡·緇衣》43 號簡"徼"讀"迩"。從文義上看,釋"迩"不好講通,釋"述"可讀爲"遂"。楚官璽中的"述"讀爲"鄉遂"之"遂",吳振武師有文詳論。

《古文字研究》25,頁 403

△**按**　《說文》:"邇,近也。从辵,爾聲。迩,古文邇。"戰國文字寫法與《說文》古文同,或省从止,止部重見。或體作"遜"者,即甲骨文寫法之繼承。

迣 迤

睡虎地·爲吏 14 貳　　 睡虎地·日甲 22 背叁

○**睡簡整理小組**(1990)　(編按:睡虎地·爲吏 14"吏有五失,一曰誇以迣")迣(音制),《漢書·禮樂志》注引孟康云:"超踰也。"夸以迣,奢侈超過限度。

《睡虎地秦墓竹簡》頁 169

○**張守中**(1994)　通世　有寵不終迤　日甲二二背。

《睡虎地秦簡文字編》頁 22

△按　《説文》:"迣,迾也。晉趙曰迣。从辵,世聲。讀若寘。"睡簡用法與之不同。

迂 𧗔

集成 2084 連迂鼎　　璽彙 5281

○**吳振武**(1982)　(編按:連迂鼎)劉家崖Ⅲ式鼎鼎耳外鑄有銘文二行五字,原報導釋爲"連迂之行□"。銘文第二字釋"迂"是錯誤的,應釋爲"迂"。金文"于"字作于,"干"字作丫,兩者迥然有別。本銘文中的"迂"字在金文中是第一次出現。《説文·辵部》:"迂,進也。从辵,干聲,讀若干。"

《考古》1982-6,頁 663

○**羅福頤等**(1981)　(編按:璽彙 5281)逆。

《古璽文編》頁 36

○**施謝捷**(1998)　(編按:璽彙)5281 (逆)·迂(編按:當"迂"字之誤排)。

《容庚先生百年誕辰紀念文集》頁 651

逞 趕

侯馬 92:6

△按　《説文》:"逞,通也。从辵,呈聲。楚謂疾行爲逞。《春秋傳》曰:何所不逞欲。"盟書用爲人名。

遠 遽 𢓨

睡虎地·秦律 119　郭店·成之 37　上博一·緇衣 22　上博四·采風 3

上博五·姑成 7　郭店·老甲 10

包山 56　包山 89　包山 207　郭店·尊德 16　上博二·容成 19

郭店·成之 34　郭店·五行 36　郭店·六德 48

上博六·季桓 12

○**劉信芳**(1995)　《包山楚簡》遠氏計七人,有官莫囂者,有官縣公者,有官司

敗者,均爲地方官。分別見 28、56、89、60、164、193 簡。

　　按此遠氏即文獻習見之"蓮氏"。《潛夫論・志氏姓》謂楚公族有"蔿氏","蚡冒生蔿章者,王子無鉤也"。蔿章,《左傳》作蓮章。《通志・氏族略五》:"蓮氏,亦作蔿,芈姓,楚蚡冒之後。蓮章食邑於蓮,因以命氏。"

《江漢論壇》1995-1,頁 60

○**劉信芳**(2003)　(編按:包山 28)遠:字又作"蓮",楚公族姓氏之一。《左傳》桓公六年有"蓮章"。《通志・氏族略五》:"蓮氏,亦作蔿,芈姓,楚蚡冒之後。蓮章食邑於蓮,因以命氏。"《左傳》僖公二十七年:"子玉復治兵於蔿。"杜預《注》:"蔿,楚邑。"《水經注》卷四十:"三澨地在南郡邔縣之北……昭公二十三年,司馬蓮越緶於蓮澨。"楊守敬《疏》以爲地在湖北宜城縣北。

《包山楚簡解詁》頁 43

△**按**　《説文》:"遠,遼也。从辵,袁聲。�,古文遠。"郭店《六德》簡48"親戚**㣈**近",**㣈**與"遠"之古文"遼"近。"遠"或即由**㣈**(郭店・五行 36)、**㣈**等漸變而來。

【遠夈】九店 56・24

○**何琳儀**(1998)　楚簡"遠夈",楚代月名,秦簡作"援夕"。楚三月相當十二月。

《戰國古文字典》頁 988

○**李家浩**(2000)　"遠夈",秦簡《日書》作"援夕"。上古音"遠、援"都是匣母元部字,故二字可以通用。《後漢書・應奉傳》"劭字仲遠",李賢注引《續漢書・文士傳》"仲遠"作"仲援"。此也是"遠、援"二字通用的例子。

《九店楚簡》頁 68

【遠桼】新蔡甲三 34

△**按**　"桼"即"夈"字異體,故"遠桼"即"遠夈"。見上【遠夈】條。

【遠慮】上博三・彭祖 6

△**按**　簡文云:"遠慮用素,心白身釋。""遠慮"即深遠計慮。《論語・衛靈公》:"人無遠慮,必有近憂。"

逮　肄

㣈 集成 10478 中山兆域圖

○**朱德熙、裘錫圭**(1979)　銘文"退"上一字从"聿",即"津"字聲旁。"聿"與"進"古音相近,《説文》"璡"下云"讀若津",可證。銘文"逮"當讀爲"進"。

“進退”猶言“損益”“出入”，引申爲“違失”“不遵從”的意思。銀雀山漢簡的一種佚書裏有“欲其吏大夫之毋進退禁令以相爲”之語，“進退”的用法同此。

《朱德熙古文字論集》頁 96，1995；原載《文物》1979-1

○張克忠（1979）　建，律令，《説文》：“建，立朝律也。”

《故宮博物院院刊》1979-1，頁 48

○徐中舒、伍仕謙（1979）　建，同賮，賮以財貨爲禮也。

《中國史研究》1979-4，頁 95

△按　《説文》：“逮，目進極也。从辵，聿聲。”聿，《説文》謂“讀若津”，楚簡中多用爲“盡”，以音近，“逮”可讀爲“進”。

邍  备

石鼓文·作原　　石鼓文·鑾車

上博三·周易 9　　陶彙 6·207　　璽彙 0862　　璽彙 1097

○丁佛言（1924）　邍　古幣平原。

《説文古籀補補》卷 2，頁 10

○張政烺（1934）　（編按：石鼓文）章《注》：“古‘原’字。”羅云：“《説文》：‘邍，高平之野，人所登。从辵、备、录。闕。’今按鼓文下从‘象’，即‘象’字，非从‘录’。單白鬲作‘象’，亦从‘象’。許書从‘录’殆由‘象’而訛。”

《張政烺文史論集》頁 18，2004；原載《史學論叢》1

○强運開（1935）　（編按：石鼓文）諸家均釋作原。潘云古原字。張德容云：“按此原本字，《説文》：‘高平曰邍。’小篆乃借用原字，原，篆文屬也。今邍字惟見《周禮》，蓋籀文也。”羅振玉云：“鼓文下从象即象字，非从录。單伯鬲作邍，亦从象，許書从录，殆由象而訛。”

《石鼓釋文》丙鼓，頁 5

○羅福頤等（1981）　（編按：璽彙 0862、1097）备。

《古璽文編》頁 330

○蔡全法（1986）　（編按：陶彙 6·207）“备”字陶盆：

一件，泥質灰陶殘口沿，戰國時器。1982 年 10 月，在東城後端灣春秋墓地采集。“备”陰文，豎向刻寫於盆沿上。璽印备字作“备”可證。可能是陶工名。

《中原文物》1986-1，頁 79

○**高明、葛英會**(1991)　（編按：陶彙 6·207）古幣文有备字同此,張頷以爲古邍字省體。

《古陶文字徵》頁 160

○**何琳儀**(1998)　石鼓邍,讀原。"邍隰",讀"原隰"。《詩·小雅·皇皇者華》"于彼原隰",傳:"高平曰原,下溼曰隰。"《國語·周語》上"猶有原隰衍沃也",注:"廣平曰原,下溼曰隰。"

（編按：璽彙 0862、1097 等）备,从夊从田。邍之省文。夊演化爲𠂤、𠂤,參峉字。趙幣"平备",讀"平原",地名。

《戰國古文字典》頁 1014

○**陳秉新、李立芳**(1998)　邍字,《説文》作𨖫,曰:"高平之野,人所登。从辵、备、录,闕。"《説文》已注明字形字義,又曰闕,所闕當是从录之義。徐鍇《繫傳》以爲"人所登故从辵,登而上故从夊。夊,止也。《春秋左傳》曰'原田每每',《詩》曰'周原膴膴',故从田。未知何故从录也"。王筠《繫傳校録》云:"石鼓作𨖫,从辵从夊从田以會意,象則聲也。"這是清代《説文》學家利用古文字資料補證《説文》闕疑的一個範例。金文作𨖫(陳公子甗)、𨖫(史敦簋)等形,均从象聲。象與原古音同在元部,與石鼓文略同。《説文》訛象爲录,录之形、音、義均與邍無涉,故注曰"闕"。證以古文字,則疑團頓釋。《金文編》附録下 091 有𨖫(且甲罍)字,从彳从夊,象聲。張亞初先生釋邍,甚是。又附録下 557 𨖫字(散盤)从二田从夊,象聲,應該也是邍字古文異體。《説文》釋義爲"高平之野人所登",即今所謂平原之原,此義經傳多借用原(原是源的初文)。《周禮·夏官·邍師》"掌四方之地名,辯其丘陵墳衍邍隰之名"用本字。賈公彥疏:"高平曰原,平溼曰隰。"《書·盤庚上》"若火之燎于原"用借字。"高平之野人所登",故从辵从夊,夊本象倒止(趾),辵和夊都表示人的行動;野謂田野,故从田;从象則取其聲。且甲罍之𨖫,以彳代辵,並省田字。散盤之𨖫,从二田與从一田無別,从夊表人所登,不从辵。又《古璽彙編》有𨖫(璽 0862,1097)和𨖫字(2139),分別隸爲备爲郒,前者爲人名,後者爲姓。我們認爲备是邍的省簡,當分別隸爲邍和酄,酄古國名,又爲姓氏名,典籍作原。《左傳·僖公二十四年》:"……畢原酄郇,文之昭也。"原故地在今河南濟源縣境。《通志·氏族略三》:"原氏,周文王第十六子原伯之後,封河内。周有原莊公,世爲周卿士,故以邑爲氏。孔子弟子有原憲。"

《文物研究》11,頁 280;又刊《古籍研究》1998-1

○**劉樂賢**（2002）　（編按：璽彙 0862、1097）原。

《追尋中華古代文明的踪迹》頁 71

○**馮勝君**（2004）　　古文字中還有一種用作偏旁且形體變化得比較劇烈的
"夗"字，我們也在此一併討論。《孔子詩論》20、21 號簡《宛丘》之"宛"寫作
🔡形，字又見於九店及包山楚簡，从艸，寫作🔡、🔡（九店 56 號墓 22 號簡、包山
楚墓 151 號簡）。🔡所從之🔡董珊先生認爲與"邍"字上部所從字有關，很正
確。徐在國先生將這一形體分析爲"从艸从田夗聲"，則更加準確。由於
董、徐二先生都沒有對他們的説法詳細論證，今試做補充如下。金文中
"邍"字寫作：

🔡《金文編》104 頁　　　　　🔡《晉國奇珍》82 頁

還有一種寫法是：

🔡《金文編》105 頁　　　　　🔡《晉國奇珍》84 頁

第一種寫法的"邍"从🔡，而🔡所從的🔡應該釋爲"夗"。《集成》4197 號簋銘
中器主的名字作如下形體：🔡　🔡
第一個形體🔡所從的🔡正是我們前面討論過的"夗"字，其異體所從的🔡無疑
也應該釋爲"夗"。這種形體的"夗"正與🔡所從的🔡形相近。其實在甲骨
文中就已經有寫作🔡形（《屯南》2551 號）的"夗"字了。所以將🔡所從之🔡釋
爲"夗"也是有充分的字形根據的。

　　後一種寫法的"邍"字所從之"备"作🔡、🔡形，其所從的🔡、🔡也是"夗"
字的變形。甲骨文中北方名寫作：

🔡（🔡）《合集》14294

陳邦懷釋爲"夗"，十分正確。類似的"夗"字形體在金文中寫作：

🔡成嗣鼎"餕"所從，《集成》2708 號

"夗"字寫作🔡的這種形體，是很容易類化爲"勹"字的，如🔡所從之🔡。所以
金文中"邍"字所從的"备"，其實都是从田夗聲的"畹"字。

　　我們再回過頭來看楚簡中🔡、🔡所从的🔡、🔡，無疑是來源於我們前面
所討論的金文中🔡、🔡形所從的"夗"的。特別是九店楚簡中的🔡，秦簡《日
書》楚除乙種作"惋"，更是將🔡、🔡所從釋爲"夗"的有力證據。所以楚簡中
的🔡、🔡等形體也應該分析爲从田夗聲，隸定作"畹"，釋爲"畹"。

　　如此看來，"邍"本从"夗"聲（邍，疑紐元部；夗，匣紐元部，二字古音極
近），"象"當是纍加的聲符（象，透紐元部。古音中舌頭與喉牙通轉的現象很

多,如同樣从肙得聲的捐、絹、娟就分别屬於喻紐、見紐和影紐)。

　　古文字中作爲偏旁的"夗"寫作、形,與我們前面討論的上博《緇衣》"夗"字作、形差别較大,可能是因爲同一個古文字在分别用作獨體、偏旁時,其形體演變方向和速度往往會有較大不同,這一現象已經爲古文字學者所熟知,毋庸贅述。另外需要交待的是,戰國楚系文字中的"怨"大多寫作惌(或从宀),與上面我們討論的上博《緇衣》的情況有所不同,這可能反映了不同國家和地區在文字形體或用字習慣上的差别。對於上博《緇衣》簡,李家浩先生認爲從文字風格上看可能並非楚國抄本,而是魯國地區的抄本,我們基本上同意這一意見。上博《緇衣》篇中的一些字的確體現出濃厚的齊魯文字風格,如大、於、不、也、糸等字或偏旁的寫法。在用字習慣上的不同如表示"寒"這一意義的字,上博《緇衣》就寫作"寒"(不从宀),而戰國楚文字多寫作"倉(滄、蒼)"等。由於這一問題比較複雜,我們擬另文詳論。

　　補記:"邍"字在古璽中又可省作、形(《古璽文編》330頁),字也應該分析爲从田夗聲,釋爲"畹"。

《古文字研究》25,頁 283—285

○**李守奎、曲冰、孫偉龍**(2007)　"备"之構型可能从田,夗省聲。

《上海博物館藏戰國楚竹書(一—五)文字編》頁 87

○**陳劍**(2008)　準確地講,"彖/彔"是古書"田獵"義之"原"的本字、表意初文,其義本與原野之"邍"無關。其繁體增从"彳",可能還有再增从"止"作从"辵"的寫法,"邍"字即从意符"田"(或將"田"説爲聲符,不確)从之得聲,即前舉 B 類之形(編按:指金文作"邍"一類寫法),在此基礎上又形成各種省變之體。(中略)C 類形(編按:指《集成》18 邍鐘"邍"一類寫法)皆見於春秋時期,係時代較晚的訛體,或將其右上方所从"夂(倒止)"形的訛體"勹"形與"田"結合分析爲从"甸",或將"勹"形與"夗"聯繫,恐皆不妥。

《古文字研究》27,頁 131

△**按**　《説文》:"邍,高平之野,人所登。从辵、备、录,闕。"此字正確隸定應作"邍",省體作"备"。"邍"之來源,可從陳劍説。

道 衜 衡

睡虎地·答問 196　集粹　秦印　秦陶 1235

詛楚文　郭店·五行 5　郭店·成之 4　上博一·性情 7

集成 2840 中山王鼎　　集成 9734 舒盏壺　　郭店·老甲 24　　郭店·尊德 9

上博一·性情 8　　上博二·子羔 7　　上博三·彭祖 8　　上博四·曹沫 40

上博六·季桓 4　　侯馬 156:19

璽彙 3385　　璽彙 3388

石鼓文·鑾車　　郭店·老甲 6　　郭店·性自 12　　郭店·語二 38

○**張政烺**（1934）　（編按:石鼓文）錢云:"此字兩見,前協'原溼陰陽',後協'或陰或陽',當讀户郎切,即古'行'字。"（《石鼓讀》）羅云:"錢説是也。古文'行'字作朮,象四達之衢,衢中有人,'行'之形義照然矣。商人卜辭亦作狀,與鼓文正同。又作朮,則'衍'之省。"

《張政烺文史論集》頁 22,2004;原載《史學論叢》1

○**强運開**（1935）　（編按:石鼓文）"衍"薛、趙、楊均釋作道。潘云即道字,見古《尚書》。錢大昕云:"此字兩見,前協'邍溼陰陽',後協'或陰或陽',當讀户郎切,即古'行'字。"張德容云:"錢説是也,鼓文道自作衕。"羅振玉云:"古文'行'字作朮,象四達之衢,衢中有人行之,'行'之形義昭然矣。商人卜辭亦作狀,與鼓文正同,又作朮,則'衍'之省。"

《石鼓釋文》丁鼓,頁 7

○**中大楚簡整理小組**（1977）　（編按:信陽 1·16）訓崩良,身又首,行又道,度又□☑

此爲簡首,上有組痕。又、有同用。行有道,謂行爲符合奴隸主階級的道德規範。

《戰國楚簡研究》2,頁 10

○**張政烺**（1979）　（編按:舒盏壺）道,侯馬盟書道字同,蓋六國古文如此。《説文》道"从辵、首",但在部首卻説"𦣻,頭也","首,古文𦣻也",把小篆和古文弄顛倒了。此處言亡道指燕王噲。

《古文字研究》1,頁 238

○**裘錫圭**（1981）　秦簡南郡守騰文書提到"縣、道嗇夫"（15 頁）,就是指縣和道的令、長。秦漢時代把少數民族聚居的縣叫做道。

《雲夢秦簡研究》頁 228

○**商承祚**(1982)　(編按:中山王鼎)道讀導,金文曾伯簠、虢鼎作復,後分道、導爲二字。

《古文字研究》7,頁53

○**湯餘惠**(1983)　(編按:信陽1·5)簡文中的"道"似指仁義之道。《禮記·樂記》"君子樂得其道",鄭注"道謂仁義也",可以爲證。總括起來説,簡文這句話的大意是,君子所奉行的仁義之道,一定要像五谷那樣宏大幽深,無所不可以貫徹,無所不可以施行。這批竹書不止一處援引周公的説教,而周公制禮作樂是以仁義爲主體的儒家思想的鼻祖。因此,105號簡文的内容與竹書的中心思想是協調的。

《古文字論集》1,頁66

○**何琳儀**(1986)　(編按:石鼓文)衍,原釋道。錢大昕據石鼓文衍在入韻處屬陽部,釋衍爲"古行字"(引羅振玉《石鼓文考釋》)。

《古文字研究》15,頁131

○**睡簡整理小組**(1990)　(編按:睡虎地·語書1"南郡守騰謂縣、道嗇夫")道,少數民族集居的縣。《漢舊儀》:"内郡爲縣,三邊爲道。"

《睡虎地秦墓竹簡》頁14

○**張守中**(1994)　(編按:睡虎地簡)通導　以教道民　語二。

《睡虎地秦簡文字編》頁22

○**何琳儀**(1998)　天星觀簡道,道路之神。《荀子·禮論》"郊止乎天子,而社止於諸侯,道及士大夫",注:"道,行神也。"

《戰國古文字典》頁195

○**荊門市博物館**(1998)　衍,"道"字。《汗簡》"道"字與簡文同。

《郭店楚墓竹簡》頁114

○**李學勤**(1998)　荊門郭店楚墓竹簡公布後,在國内外都引起了非常熱烈的討論。大家的注意力,多集中在竹簡佚籍的學術史性質及價值上,對竹簡本身的古文字學意義,研究還不很多。我在幾次研討會上,曾拈取簡中"衍"字,略作論述,也是由於這個字的釋讀同學術史的問題大有關係。在一篇小文裏,我説:

　　　例如簡中多見"衍"字,均讀爲"道"。此字曾見秦石鼓文和馬王堆帛書,讀爲"行",而《汗簡》和《古文四聲韻》記爲"道"字古文,云出"古《尚書》""古《老子》",正與竹簡相合……由此説明,古人流傳的《尚書》《老子》等古文實有所本,當時人們確曾見過像郭店簡這樣的戰國簡帛書籍。

意思基本説出來了,但語焉未詳。由於這個字確實很關緊要,本文想專門探討一下。

郭店簡中的"𧗟"字很多,遍及於道家、儒家書籍。前者如《老子》甲組:"以𧗟差人宝者,不谷(欲)以兵强於天下",即傳世本三十章:"以道佐人主者,不以兵强天下。"後者如《六德》:"……緐(由)其𧗟,唯(雖)堯求之,弗得也。"亦無疑應讀爲"道"。

簡中"道"字也有作别的寫法的,如《五行》:"善,人道也;悳(德),天道也。"有長沙馬王堆帛書本可對照,其"道"字均從"頁"作"𨔶"。但作"𧗟"的,一律都是"道"字。

"𧗟"字在較晚的古文字裏,例子是石鼓文。石鼓的時代歷來有着爭論,近年由於秦文字發現日多,其演變脈絡逐漸清楚,可以判定石鼓文的書寫時間當在春秋晚年。石鼓的《靁雨》一石,有這樣幾句:

　　　□□自郦,徒馭湯湯,惟舟以𧗟,或陰或陽。極深以□,□于水一方。

詩以"湯、𧗟、陽、方"爲韻,皆屬古陽部。因此,學者論此字云:

　　　薛尚功釋"道",楊慎云:"音道。"均誤。鼓文有"道"字,此篆當釋"行",户郎切,與"湯、陽"爲韻。象形會意,行,衢道也。道中有人,行走也。

石鼓"道"字作"衙",分見《作原》《吾水》二石,證明"𧗟"不能再讀爲"道"。

馬王堆帛書有所謂"篆隸陰陽五行",實際上是一種式法,卷中也有"𧗟"字,察其上下文,同樣須讀爲"行"。

已有著作指出,"𧗟"字見於殷墟甲骨文,然而没有考釋説明。

甲骨文的"𧗟"字,或寫作"𨒪、𨗶",島邦男《殷墟卜辭綜類》可能已意識到這一點,從而將幾個字形排在一起。不過,他仍沿用傳統釋讀,把"𨒪"釋爲"派"。該字左側確與"辰、永"相似,但對校文例,讀"派"或"泳"都不可通。

"𧗟"的幾種寫法,只要對看《綜類》所引幾條卜辭,就不難明白了:

　　　惠㲅田,湄(彌)日亡𢦏(災),禽,𨒪王。(《殷契拾掇》1,401)

　　　惠盙田,弗每(悔),亡𢦏(災),𨗶王,禽。(《京都大學人文科學研究所藏甲骨文字》2049)

　　　王其田,惠乙,湄(彌)日亡𢦏(災),𧗟王,禽。(《甲骨續存》1,1965)

除這類田獵卜辭外,這個字還有别的用法,如《綜類》引用的:

　　　癸巳卜兄貞,丁、辛吉,𨒪于並。(《庫方二氏藏甲骨卜辭》1542)

　　　辛未卜夏貞,今日王𨒪。(《甲骨卜辭七集》P81)

戊戌卜貞,才(在)雞□告□……王其從……往來亡𡿧(災),王其衜。(《殷契佚存》995)

惠敹(鏞)奏,王衜。(《殷虚文字甲編》641)

在這些條卜辭裏,“衜”是動詞,容易看出應讀爲“行”,即行走之行。“行於並”“今日王行”“王其行”等,都是文通字順。

前引田獵卜辭的這個字,其實也讀爲“行”,不過意思不是行走,而是賜予。“行”訓爲賜,古書屢見,如《周禮·羅氏》注:“行,謂付賜。”《禮記·月令》注:“行,猶賜也。”辭意是説該次田獵,神以獵物賜王,故云賜王有擒。

“行”字這一訓詁,還見於商代金文,如《商周金文録遺》507—508方彝:

竹宁(予),父戊,告彡。

竹即孤竹國。揣係孤竹君對器主有所賜予,於是作器祭祀父戊,以告這次賞賜。

總之,甲骨文的“衜”,包括其不同寫法,都是“行”字,不能釋作“道”。“行、道”有時可以互訓,但不是一個字,在音上也不能通假。郭店簡以“衜”爲“道”,乃是一種晚起的現象。過去學者見“衜”讀“行”,懷疑其字不讀爲“道”,或以爲假爲道,都不準確。

《汗簡》及《古文四聲韻》中,“道”字有好多種形體,大别之爲:

一　从辵从首　與《説文》篆文同　　二　从行从首

三　从首从寸　與《説文》古文同　　四　从行从首、寸

五　从辵从頁　　六　从行从頁

七　从彳从頁　　八　从行从人

其中一、二、四三體,都見於金文。“道”本从“首”聲,其或从“頁”,可理解爲在“首”下从“人”。由此不妨提出一個設想,讀爲“道”的“衜”是上述第六體省去聲符“首”而形成的。它和讀爲“行”的“衜”是人步於衢道之間的會意字,來源本不一樣。

《汗簡》記“衜”出自《尚書》,《古文四聲韻》則説出自古《尚書》和古《老子》。在本文開頭提到的小文裏,我已經説明,古《尚書》指孔壁《尚書》,本係竹簡;古《老子》指項羽妾冢《老子》,也屬簡帛,它們所使用的都可能是楚文字,因而有讀爲“道”的“衜”,不足爲異。

“衜”讀爲“道”在郭店簡發現,充分證明《汗簡》《古文四聲韻》的古文確實來自先秦簡帛,爲古文《尚書》《老子》的可信增添了證據。

《簡帛研究》3,頁40—43

○**裘錫圭**（2000）　衒（道）　甲六：“吕（以）△差（佐）人宔（主）者，不谷（欲）吕（以）兵弜（强）於天下。”今本三十章作：“以道佐人主者，不以兵强天下。”△字還見於甲十和甲十三，今本十五章和三十七章中的相應之字也都作“道”（郭店《老子》甲本其他“道”字及乙本、丙本“道”字仍作从“首”的“道”）。《汗簡·卷上之一·行部》引《古文尚書》“道”字或作衒（《汗簡·古文四聲韻》5 頁，中華書局 1983 年），《古文四聲韻·上聲·晧韻》“道”字引《古尚書》同，又引《古老子》，或作泒（同上 44 頁），皆與簡文△字相合。

《中國哲學》21，頁 181

○**李若暉**（2000）　竹簡整理者於《老子》甲篇 6“以衒佐人主者，不欲以兵强於天下”句下注曰：“衒，‘道’字。《汗簡》‘道’字與簡文同。”將簡本與今本文字對勘，其説可從。然而讀通簡文僅僅只是一個開始，更進一步的問題是：“道”何以作“衒”？

“道”何以作“衒”，這一問題所追問的，實即“衒”之字形與“道”之意義有無聯繫。對此，黃錫全先生認爲：“《爾雅·釋宮》：‘行，道也。’衒殆行之異文，假爲道。薛本道有作行，鄭珍以爲：‘人行爲道，會意。’”但正如黃季剛先生所指出的，古文字字形有筆意與筆勢之分，王寧先生進而認爲：“因爲本字與筆意是形義統一的必要條件，所以在借助字形來探求詞義時，如果遇到借字，必須求出本字，如果遇到筆勢，必須追尋筆意。由借字探求本字叫溯本，由筆勢推尋筆意叫復形。”因此，我們首先應當追尋“衒”這一字形的來龍去脈，弄清它究爲筆意抑或筆勢。

“衒”這一字形，已有學者指出又見於石鼓文，研碻舊説如薛尚功、楊慎釋“道”，錢大昕、郭沫若、羅君惕、李鐵華等釋“行”，何琳儀釋“永”。有學者復指出石鼓文此字源於甲骨文，考契諸家若李孝定、劉釗、于省吾等釋“永”，羅振玉、王襄、李學勤等釋“行”，嚴一萍釋“道”。

細繹諸説，以釋“永”爲長。劉釗先生文對“永”之字形演變作了詳盡考察，此不贅述。由劉説可知“衒”之形當爲筆勢，甲骨文作“彴”者方爲筆意，即“永”之初文。且甲骨文“衒”與“行”同見於一辭，如《殷契粹編》511：“辛未卜，行貞，其呼衒行有菁。”然則“衒”非“行”，當可定讞。考石鼓文之《霝雨》石以“衒”與“湯、陽、方”韻，若釋爲“道”，顯然不妥。再檢金文之“衒”，如《吕王壺》：“其彴寶享用。”《叔賓父盨》：“子＝孫＝彴用。”與它器辭例對勘，“衒”必爲“永”。

但是，古人釋“衒”爲“道”也並非全無由來。除上述郭店簡可謂鐵案如山外,嚴一萍先生還指出《封泥考略》卷五第 37 頁"衍人令印"封泥,當依吳式芬、陳介祺之說釋爲"道人令印"。"道人"即《漢書·地理志》代郡道人縣,"其地距殷都安陽亦不甚遠,則卜辭地名方國之衍,或即道人縣名之所自也。"(中略)

由上引諸家之說可知,石鼓文實爲聯繫各文獻的中介,學界已公認石鼓文爲春秋中晚期秦國遺物,衆所周知,周室東遷後,豐鎬爲秦所有,因而秦文化深受周文化影響。在文字上,當六國文字日益訛變時,秦國仍然基本保持着西周文字的風貌。所以,石鼓文、西周金文、甲骨文中的"衍"字,應是一脈相承。

由是,我們可推測"衍"字及其所表達的思想,乃是來源於周文化。

其中一個有力的證據就是據《汗簡》著録,"衍"字見於古《尚書》。所謂"古《尚書》",即漢代發現的六國寫本《尚書》,漢人曾將其隸定。從敦煌殘卷《古文尚書》的情況看,隋唐以來至宋代刊本出現之前,"古字《尚書》當時可能還占主要地位,即使是天寶三年衛包改從今文以後,民間傳抄的還是古字的《尚書》"。再檢《宋史》卷二〇二《藝文志》一著録:"《古文尚書》二卷,孔安國隸。"可知這個本子宋代尚存,《汗簡》的作者郭忠恕即曾整理過《古文尚書》。

今本《尚書》固然已無"衍"字,但我們仍可將其視爲孔子刪削之前的原始《尚書》的抽樣調查。在今本《尚書》中,"道"字共 36 見,(中略)除去其中公認的所謂"僞《古文尚書》"(中略),作於戰國的《大禹謨》4 次、《禹貢》4 次,所餘《洪範》4 次、《康誥》1 次、《君奭》1 次、《顧命》2 次,均屬《周書》。在《周書》這 8 次中,《洪範》4 次爲"遵王之道""王道蕩蕩""王道平平""王道正直",《君奭》1 次爲"我道惟寧王德延",《康誥》1 次爲"既道極厥辜",《顧命》2 次爲"道揚末命""皇天有訓厥道"。是《周書》之"道"仍重在治國之法,"但涵義已比較豐富,含有抽象的理論思維的萌芽"。

孔子及儒家與《尚書》的關係自不待言。即便是道家,儘管學界歷來認爲其屬於楚文化,但也並非没有反對意見,如張松輝先生就明確提出"先秦道家文化應屬中原文化"。從最低限度來説,道家思想在一定程度上受到周文化的影響,應是必然的事實。老子曾爲周之柱下史,即執掌搜集保管文獻資料的官吏,孔子刪削之前的原始《尚書》當即爲老子所保管。因此,郭店《老子》與儒簡中的"衍"字,便極有可能襲用了原始《尚書》。可見,老子和孔子應當都是受到《尚書》等古代典籍啟發而提出自己的哲學觀點的。

至此,釋字矛盾便再次凸顯:在甲骨文—西周金文—石鼓文與《尚書》—郭店簡—漢印之間形成了斷裂和對立。並且這一對立還被疊壓在同一文本之中:

《老子》,甲篇用"術"字,乙、丙篇用"道"字;《性自命出》,22"幣帛,所以爲信與證也,其詞義道也"用"道"字;《語叢》一,22"仁生於人,義生於道",30"知天所爲,知人所爲,然後知道,知道然後知命",68"諄天道以化民氣"用"道"字;尤可注意者,《性自命出》19"其先後之舍則義術也"用"術"字,22"幣帛,所以爲信與證也,其詞義道也"用"道"字;《語叢》一 37"《易》所以會天術人術"用"術"字,68"諄天道以化民氣"用"道"字——這就可以證明"術、道"二字在此並不具有語義上的對立,而僅僅是字形不同。若再細察,在《忠信之道》《語叢》三等篇中,只用"術"字,不用"道"字;而其餘篇章則只用"道"字,不用"術"字——由此看來,"術"與"道"仍存在互補關係。值得一提的是,《老子》甲篇與乙、丙篇中"術"與"道"的互補關係。丁四新博士曾論證,《老子》甲、乙、丙三篇存在着歷時性差異,而以甲篇抄寫時代最早。這就提醒我們,"術"與"道"在最初是兩個截然不同的字,由於種種原因發生混用,最後合二爲一。

於是我們便回到了開始時的論證:"術"當爲"永"的異體。然而,這只是論證的基點,問題並未徹底解決。我們首先必須回答的就是:"永"與"道"因何混用?(中略)正如《韓非子·解老》所言:"夫物之一存一亡,乍死乍生,初盛而後衰者,不可謂常。唯夫與天地之剖判也俱生,至天地之消散也不死不衰者謂常。""永"正有"恆常"義。又,《說文》:"永,水長也。象水𡿨理之長永。"是"永"亦有𡿨理義,後起區別字即"脈"。而道路通達天下,有似於經脈,因此"永"與"道"在某種程度上有近義關係。《韓非子·解老》:"道者,萬物之所然也,萬理之所稽也。理者,成物之文也,道者,萬物之所以成也……萬物各異理。萬物各異理而道盡。稽萬物之理。"這即是以"理"釋"道"。因此,"永"與"道"具有混用的意義基礎。

接下來的問題是,這一混同如何發生?

從現有材料看,與"道"混同的"永"字,均作"術"形。因此,在"永"字內部應發生過一次字形分化。即由於"永"字字形承載意義過多,不利於正常表義,因此作"術"形者從"永"字中分化出來。當"術"字獲得獨立後,它就被用來專指"道"的意義。而在讀音上便也徑直訓讀爲"道"。

至此,"術"便被視爲"道"之異體字,而與"永"無關了。隨着漢字的規整化,"術"形逐漸爲"道"取代,終成歷史遺迹。

《中國哲學史》2000-1,頁 36—38

○吕浩(2001)　《郭店·六德》簡二五至二六:

　　新此多也,會此多也,頗此多也。術(道)宗止。

　　裘錫圭先生指出:"疑'道枀'即以上一篇的篇名,'止'即此篇至此完了之意。'枀'也有可能當釋'柞'或'柰',待考。"簡文此處有分章標記。又長沙馬王堆三號漢墓《老子》乙本前古佚書常有以"××止"表一篇之終結,故裘先生這樣説當有所據。然而仔細審察原簡圖版,"衍"字下有一小短畫。該短畫似不應視爲編繩留下的痕迹,而應爲重文符號或合文符號(《郭簡》中多處用到一短畫表示重文或合文)。這樣,簡文就存在五種釋讀可能:一、衍衍;二、衍人;三、行衍;四、人衍;五、衍行。根據文例,前三種可能性可先排除掉。第四種釋法於上下文義大體一致,上文言"君子不變如道","君子如欲求人道"。然而根據文義,《六德》篇所言之"道"皆指"人道"(與"天道"相對),似此處不必明言"人道"。況且,若此處釋"人道",則下一"枀"字没有著落。

　　《新語・術事》:"耳聽八極,目睹四方;忠進讒退,直立邪亡;道行奸止,不得兩張。"這裏的"道行奸止"給我們以啟發:我們可否把簡文釋作"道行枀止"呢?這還得從上下文來考察。上文言:"故夫夫,父父,子子,君君,臣臣,六者各行其職而狃奢無由作也。"下文言:"此六者各行其職而狃奢蔑由作也。"這兩處皆"狃奢"連文,其中"狃"字在下文中又與"剸(斷)"連用,凡三見。從文義看,"狃"似應讀爲"訕"(二者皆从山得聲,古音可通)。《説文》:"訕,謗也。"《玉篇・言部》:"訕,毀語也。"《論語・陽貨》:"惡居下流而訕上者。"何晏集解:"訕,毀謗。""奢"即古文"誇"字。《玉篇・言部》:"誇,逞也。奢,古文。""逞"即故意誇大其辭,與毀謗義相關,故"狃奢"連文。

　　上文提到《六德》篇講的"道"是指"人道",則"六者各行其職"即行人道,亦即"父聖、子仁、夫智、婦信、君義、臣忠"。"狃奢無由作"即"斷狃",亦即狃奢止,義謂行人道則狃奢止。較之"道行枀止",故疑"枀"字讀爲"罔"——二者古音皆在陽部明紐,且文獻中亦不乏"亡"或从亡之字與"罔"字換用的例子,如《易・大壯》:"君子用罔。"漢帛書本"罔"作"亡"。《國語・魯語下》:"汪芒氏之君也。"《史記・孔子世家》"汪芒"作"汪罔"。又《山海經・中山經》"芒草"《本草經》作"蔄草",芒蔄異構。

　　《字彙・网部》:"罔,誣也。"即無中生有之義,與"訕"之毀謗義正合。聯繫上下文,此處言人道行則誣罔止,文通辭暢。要之,此處簡文宜釋作"衍(道)行枀(罔)止"。

《中國文字研究》2,頁 279—280

○濮茅左(2001)　(編按:上博一・性情 2"道始於情,情生於性")此句言道、情與性的來源關係,即性生情,情始生道,這與《郭店楚墓竹簡・語叢二》"情生於性,禮生於情”句相類,“道司(始)於情”同於“禮生於情”,可見簡文所言的“道”也就是“禮”,這個“禮”包括了人的一切所爲,《荀子·樂論》“而人之道,聲音動靜,性術之變盡是矣”,第六簡“長眚(性)者,道也”,第三十五簡“唯人道爲可道也”所說都是指人道。又如《荀子·儒效》:“道者,非天之道也,非地之道也,人之所以道也,君子之所道也。”所說的“道”也是“人道”。

（編按:上博一·性情8“道四述也,唯人道爲可道也”）“道四述”之“道”,可讀爲“導”。

《上海博物館藏戰國楚竹書》(一) 頁 223、230

○張光裕(2002) （編按:上博二·從甲8“威則民不道”）“道”,讀爲“導”,“民不導”,言百姓倘失在位者之引領教導,則易於迷失。“是以民可敬道(導)也,而不可弅(壅)也”。(《郭店楚墓竹簡·成之聞之》第十五、十六簡)

《上海博物館藏戰國楚竹書》(二) 頁 222

○吳辛丑(2002) 郭店簡中多次出現“衍”字。如《老子》三十章“以道佐人主者,不以兵强天下”,郭店簡《老子》甲組作“以衍差人宔者,不谷以兵强於天下”。《郭店楚墓竹簡》整理者注曰:“衍,‘道’字。《汗簡》‘道’字與簡文同。”廖名春先生《從荆門楚簡論先秦儒家與〈周易〉的關係》一文則把“衍”釋爲“行”字,看作“道”的同義詞。裘錫圭先生也把此字釋爲“道”字。李學勤先生認爲這個“衍”字的釋讀“同學術史的問題大有關係”,專創《說郭店簡“道”字》一文予以申說。(中略)

順着李先生的思路,我們似可得出另一個結論:“衍”(道)與“衍”(行)是同形字,分別代表兩個不同的詞。然而這兩個字又有共同的形源和義源,是同源字。甲骨文的“衍”字,是“人步於衢道之閒的會意字”,用作動詞,即行走之行。如李先生所引《甲骨卜辭七集》81頁:“辛未卜夏貞,今日王衍。”“王衍”意即“王行”。此義當爲《說文解字》“行”義之所本(《說文》云“行,人之步趨也”)。按甲骨文的“行”字,本象四通八達的大路或大街,“衍”字從人從行,正會人行於大路之意。取意偏於人的行走動作,乃有“衍”(行)字。若取意偏於所走之路,則爲“衍”(道)字。儘管甲骨文中“衍”字不用於“道路”義,但從字形上說,實爲“道路”義之本字(甲骨文不見“道”字)。至於作“行走”講的“衍”,就詞義來說,是“道路”義之引申,就字形來說,是由“行”而衍生。“衍”(行)與“衍”(道),其共有之形是“行”,其相關之義是路,行於路是“衍”(行),所行之路是“衍”(道),故二者可視爲同源字。另外,關於楚簡中“衍”字的形體,李學勤先生以爲所從之“人”乃由“頁”字省去聲符“首”而來,此說並非十分圓通。比如,傳世古文“衍”字有一異體作“衍”,内作重人,兩體有繁簡關係,單人似可理解爲由重人減省而來,重人也可看作單人的增益。然而古文字中"頁"字下面並無作重人者,所以我們不能説"衍"字重人也由"頁"字省略而來。以我們上面的分析,楚簡"衍"字的形體當由甲骨文繼承而來,不煩以省略解之。

《古文字研究》24,頁 365—366

△按 《説文》:"道,所行道也。从辵从首。一達謂之道。𧗟,古文道从首、寸。"戰國文字或从首、或从頁、或从百,三者實一字分化。作"衍"或是以人步於行中會意,郭店《語叢二》簡 38 之"衜",則是"道、衍"之糅合。

【道之遠尔】上博四·采風 3

○馬承源(2004) 道之遠尔 曲目。不知所出,《詩》有句與之相似,《邶風·雄雉》:"瞻彼日月,悠悠我思。道之云遠,曷云能來。"

《上海博物館藏戰國楚竹書》(四)頁 167

○陳劍(2007) 又簡 3 有曲目名"道之遠尔",原考釋引《詩經·邶風·雄雉》"道之云遠",謂與簡文相似。董珊先生《讀〈上博藏戰國楚竹書(四)〉雜記》讀爲"道之遠邇",謂"'遠邇'似偏指'遠'"。按"尔"當爲句末語氣詞。《論語·子罕》:"'唐棣之華,偏其反而。豈不爾思?室是遠而。'子曰:'未之思也,夫何遠之有?'"所引逸詩"室是遠而"之"而"與簡文"道之遠尔"之"尔"用法相同,兩句結構和意思亦相類。

《中國文字研究》8,頁 69

【道途】上博二·容成 4

△按 簡文云"道途無殤死者","道路"爲同義連用。

遽 𧾷

𧾷 睡虎地·日甲 67 背貳

△按 《説文》:"遽,傳也。一曰:窘也。从辵,豦聲。"

迅 𧾷

𧾷 上博五·競建 10 　𧾷 上博五·鮑叔 5

△按 《説文》:"迅,至也。从辵,弔聲。"簡文人名"豎迅"即傳世文獻之"豎

刁”,同篇則以“弔”或“督”記寫“鮑叔牙”之“叔”。

邊 邊 鄒

邊 詛楚文　　邊 睡虎地·秦律62　　邊 曾侯乙172

邊 上博四·曹沫13　　邊 上博四·曹沫17

△按　《説文》:“邊,行垂崖也。从辵,臱聲。”又:“臱,宮不見也。闕。”《説文》小篆所從之“臱”,當是訛變字形,其下半本从穴从方,而戰國文字則多訛變爲“旁”,似有表音作用。“邊”从辵,故《説文》以“行”訓釋,垂崖即臨邊。楚系文字多以“鄒”記寫{邊},字从“邑”,當是邊境、邊邑義之專字,形義構成原理略近於“鄙”。“鄒”卷六邑部重見。

【邊城】詛楚文

○何琳儀(1998)　詛楚文“邊城”,見《漢書·匈奴傳》“夫邊城不選守境武略臣”。

《戰國古文字典》頁 1075

【邊競】詛楚文

○何琳儀(1998)　詛楚文“邊競”,讀“邊境”。《國語·吳語》:“夫邊境者,國之尾也。”

《戰國古文字典》頁 1075

【鄒城】上博四·曹沫13

△按　即“邊城”,見【邊城】條。

迄 迄

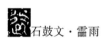石鼓文·靁雨

○強運開(1935)　薛、趙俱釋作迄,楊升庵作逆,非是。運開按,迄字許書未見,徐鉉本新坿云:“迄,至也,从辵,乞聲,許訖切。”又按,《説文》:“汔,水涸也,或曰泣下,《詩》曰:汔可小康。”《大雅·民勞》傳:“汔,危也。”《箋》云:“幾也。”是汔本訓水涸,引申之義爲危、爲幾,又《大雅》“以迄于今”,《周頌》“迄用有成”,《禹貢》“聲教訖于四海”,蓋汔、迄、訖三字古皆通用迄字,許氏原書未收,竊疑即汔之或體。鼓文上言靁雨,下言湧=盈洔,正言水之由涸而盈,與

汔訓水涸之義相合,是迄殆即籀文汔字也。

《石鼓釋文》戊鼓,頁 2

○**何琳儀**(1998)　　石鼓迄,讀起。《説文》:"起,直行也。从辵(编按:"辵"當作"走"),气聲。"

《戰國古文字典》頁 1200

迢　趒

璽彙 3323　璽彙 1540

△按　《説文》新附:"迢,迢遙也。从辵,召聲。"璽文用爲人名。

迡

郭店·尊德 17　上博二·民之 8

○**劉釗**(2000)　(编按:郭店·尊德 17"察迡則亡避")匸字《説文》謂:"匸,衺徯,有所俠藏也,从乚,上有一覆之。讀與徯同。""匸"字有掩藏義,又可讀同"衺",而典籍"衺"訓爲"惡"或"不正"。僻字典籍訓爲"邪僻"。所以"察匸則亡避"意爲"究察隱匿就没有邪僻"。

《郭店楚簡國際學術研討會論文集》頁 87

○**李零**(2002)　(编按:郭店·尊德 17)"曲",原作"迡"。

《郭店楚簡校讀記》(增訂本)頁 142

○**濮茅左**(2002)　(编按:上博二·民之 8"何志是迡")"迡",讀爲"迡",《集韻·去霽》:"迡,近也。"今本作"近"。字也見於《郭店楚墓竹簡·尊德義》第十七簡,作"迡",上海博物館藏戰國楚竹書有"迡"字,作"",另有"仲尼"之"尼"作"尼",从此。"迡",从辵从匸,匸聲,不見於字書,"匸"字作"匸"或"匸",内增小黑點指事。《説文·匸部》:"匸,衺徯,有所俠藏也,从乚,上有一覆之。讀與徯同。"與"尼、迡"音可通假,或以爲"迡"即""省。

　　本句《禮記·孔子閒居》作"敢問何詩近之",《孔子家語·論禮》作"敢問三無何詩近之"。

《上海博物館藏戰國楚竹書》(二)頁 165

○**黃德寬**(2004)　我們認爲很可能是"匿"的省寫(加點以標示)。《説文》:"匿,亡也,从匸,若聲。"段玉裁謂"讀尼質切";又"匽,匿也",段注:"匽之言隱也。”郭店楚簡《緇衣》三十四簡“言從行之則行不可匿”，上博楚竹書《緇衣》與此同。“匿”，《廣雅·釋詁》“藏也”，字從亡。《説文》：“亡，……有所俠藏也，從乚上有一覆之……讀與俟同”。匿、亡音義皆近，故可省“匿”爲“亡”。如此，䢔、𠤎、䢔可分别隸定爲遷、偃、遷。簡文“可（何）志（詩）是䢔”，䢔通暱。《説文》：“暱，日近也。”《爾雅·釋詁》：“暱，近也。”“暱”與“昵”每互作，《説文》引“《春秋傳》曰私降暱燕”，昭公二十五年《左傳》文作“昵”。《説文》以“昵”爲“暱”之異體。《從政》甲“君子之相就也，不必才（在）近䢔樂”，“樂”應屬下讀。“相就”而“不必在近暱”文義順暢。《左傳》僖公二十四年：“庸勳、親親、暱近、尊賢，德之大者也。”《從政》之“近暱”，與《左傳》“暱近”同。《左傳》成公十三年：“諸侯備聞此言，斯是用痛心疾首，暱就寡人。”“暱就”連用與《從政》之“君子之相就也，不必才（在）近暱”可相印證。郭店楚墓竹簡《尊德義》十七簡“察䢔則亡避，不黨則亡怨”，“察䢔”疑讀爲“察暱”，尚待進一步證實。

《上博館藏戰國楚竹書研究續編》頁 435—436，2004；原載《學術界》2003-1

○褉健聰（2006）　《説文》：“尼，從後近之。從尸，匕聲。”又：“亡，袞俟，有所俠藏也。從乚，上有一覆之……讀與俟（當依段注作俟）同。”

楚簡有以下一組字：

A 𦟝郭店《尊德義》簡 17　　B 𦟝上博《民之父母》簡 8

C 𦟝上博《從政（甲）》簡 13　　D 𡰪上博《周易》簡 2

E 𡰪上博《周易》簡 40　　F 𡰪上博《仲弓》簡 8

A 字整理者無釋，李零先生釋爲“曲”；B 字整理者濮茅左先生指出從辵，亡聲，讀爲“迟”；C 字整理者張光裕先生認爲字所從即“耳”之誤，張先生並進一步認爲“尼”字秦陶文從“人”、《説文》從“匕”皆“耳”之誤。季旭昇先生則引于省吾先生説法，認爲“尼”從尸從人，自甲骨文即有之，只是楚文字把“尼”的下部聲化爲“耳”。

按，隨着材料的增加，促進了我們對上揭諸字的認識。諸字均從亡，寫法固定，其形與楚簡習見的“耳”字區别明顯，絶非“耳”之誤。濮茅左先生認爲即《説文》“亡”字，可從。其中之黑點乃指事符號，正表示有所夾藏於亡中，而這一指事符號又是“亡”與《説文》釋爲“受物之器”的“匚”字的關鍵性區别。

張光裕先生雖誤以“亡”爲“耳”，但其對《説文》“尼”字的分析值得重視。我們認爲，《説文》以尼爲形聲字本不誤，只是“亡”在傳抄過程中訛誤爲

“匕”。至於甲骨文的“秜”和秦陶文的“尼”，或別爲一字，或是“尼”字的另一種來源，與許愼所據不同。

尼既從匸聲，故可省爲匸。A、B、C 皆即“迡”，A 在簡文中可讀爲暱，《説文》：“暱，日近也……昵，暱或從尼。”B、C 二字用與“邇、近”等同。D、E 二字分別對應今本《周易》之“泥”和“柅”。F 字即“仲尼”之“尼”。

《許愼文化研究》頁 313

○**周波**（2006）　（編按：郭店·尊德17）按簡文“迡”可如字讀，“察迡”當指善察周近的人。或以爲當讀爲“昵”，指親近之人，意思差別並不大（《尊德義》簡首云：“尊德義，明乎人倫，可以爲君。”對於君主來説，周近或親近之人就是指的便嬖）。“無避”之“避”可如劉釗先生説讀爲“僻”。睡虎地秦簡《語書》：“今法律令已布，聞吏民犯法爲閒私者不止，私好鄉俗之心不變，自從令丞以下智（知）而弗舉論，是即明避主之明法殹（也），而養匿邪避（僻）之民。”“邪僻”之“僻”即寫作“避”。則簡文“察迡則無避”可能義爲君子（爲政者）若能善察周近之人就不會偏離正道。裘錫圭先生指出簡文“避”或不必改讀，“避”有躲避、藏匿之義。“無避”可能是奸邪無可隱匿的意思。

《出土文獻與古文字研究》1，頁 335

△**按**　“迊”從辵，匸聲，“匸”應與“匿”音義皆近，故楚文字“尼”以匸爲聲，《説文》“暱”或體作“昵”。“迊”與“迡”或爲一字繁簡，見本卷“迡”字條。

辻

聖彙 3559　信陽 2·14　包山 16　包山 16　包山 16
包山 74　包山 164　上博四·昭王 3　上博四·昭王 4　包山 265
集成 10199 鑄客匜

○**中大楚簡整理小組**（1977）　（編按：信陽 2·14）迅。

《戰國楚簡研究》2，頁 31

○**吳振武**（1983）　1567 絑徙·絑迅。

《古文字學論集》（初編）頁 499

○**劉雨**（1986）　（編按：信陽 2·14）迅。

《信陽楚墓》頁 129

○**李零**（1992）　（編按：鑄客匜）御銍，銍字，朱德熙、裘錫圭先生讀遷，謂遷與駐通,解釋爲楚王御用之傳騶。我們懷疑,銍字可能同於窒,即室字,上面的御字可能是指“女御”,《周禮·天官冢宰》“内宰”“以婦職之法教九御”,鄭玄注:“九御,女御也。”女御位在世婦之次。

《古文字研究》19,頁 150

○**李零**(1999)　　所从<img_char>乃“卜”字,應釋“辻”。辭例“新佲(造)~尹”(或省稱“新佲[造]~”“佲[造]~”,或加“大”字而稱“佲[造]大~”“大佲[造]~”“大~尹”“大~”)、“~大敏(令)”(或省稱“~敏[令]”)、“集~命(令)”“陵~尹”,皆官名;“~缶”則爲器名,乃浴缶或盥缶之别名。此字从卜得聲(古幫母侯部字),疑讀爲“瓶”(古並母侯部字,也有人認爲是古之部字,但古从音聲之字多在侯部),據《方言》卷五,瓶是缶類器物。東周缶類器物分兩種:一種是作酒器的缶,自銘“尊缶”,來源是商代、西周的“罍”;一種是作水器的缶,自銘“浴缶”或“盥缶”,則與安徽境内(也波及到山東南部、江蘇北部的鄰近地區)的“舒式缶”形態相似。後一種缶,有一件邨子邨缶,自銘“趏缶”(1983年湖北穀城禹山廟嘴出土)。應即楚簡所見的“辻缶”(“趏、辻”皆“赴”之異文)。學者多把“辻缶”釋爲“迅缶”,指爲尊缶(參看劉彬徽《楚系青銅器研究》180頁注③,湖北教育出版社1995年),得此可知其非。“辻缶”應是體型矮胖,習慣上稱爲“瓶”的那種缶。

《出土文獻研究》5,頁 141—142

△**按**　　根據近年公布的大批楚簡材料可知,此字所从之<img_char>,即卜字,爲戰國文字的特有寫法,故知字當釋作“辻”。包山簡265之字卜旁之短横移位,形近於毛,然文作<img_char>缶,與信陽2·14“辻缶”辭例同,故知仍是“辻”。《集成》10199鑄客匜之字,舊多釋爲“御”,於形不合,近石小力(《壽縣朱家集銅器銘文“窒”字補釋》,《簡帛》11輯23—28頁,上海古籍出版社2015年)據中山大學古文字研究所容庚商承祚先生紀念室藏《十二家吉金圖録》稿本所附清晰圖版,將字確釋爲“辻”。

【**辻缶**】

○**彭浩**(1984)　　(編按:信陽2·14)“迅”字本義的疾走貌,顯然與簡文不合。似借作“酳”字。這二字同屬真韻,迅是心母字,酳字歸心母,音近可通假。酳字亦作醇。《玉篇》:“酳、醇同字。”鄭玄在《儀禮·士虞禮》、《少牢饋食禮》的注中都指出,古文“酳”作“酌”。《儀禮·士昏禮》:“贊况(編按:“况”當作“洗”)爵酳,酳主人。”鄭玄注:“酳,漱也。酳之言演也,安也。漱所以潔口且演安其所食。”《特牲饋食禮》:“主人洗角升酳酳尸。”《少牢饋食禮》:“主人酳酒乃酳尸。”上面引文中的“酳”均爲進食後含水漱口的意思。由此可知,“迅缶”應爲“酳(酌)缶”,是專門用於盛漱口所用之水。缶大可以多儲水,漱口時用“汲瓶”分出。據禮書記載,宴饗時往陳罍水和盤(洗)匜。《儀禮・少牢饋食禮》:“司宫設罍水於洗東,有枓。”鄭玄注:“凡設水用罍,沃盥用枓,禮在此也。”簡文的“酳缶”很可能是盥缶,也即文獻用於盛水的罍。

《江漢考古》1984-2,頁 65

○**劉彬徽**(1994)　迅與尊乃通假字,迅,古韻真部心紐,尊,文部心紐,乃疊韻字,聲紐亦近,可通轉。古書中有迅、浚、焌、鐏、樽、尊通用的例子。因此,迅缶即尊缶,專指酒器類的缶,而非水器類的缶,有必要在此予以澄清認識。

《考古》1994-10,頁 940

○**郭若愚**(1994)　(編按:信陽2・14)迅,《説文》:“疾也。”缶,《説文》:“瓦器,所以盛酒漿。”《爾雅・釋器》:“盎謂之缶。”注:“盆也。”“迅缶”謂使用便捷之盆。

《戰國楚簡文字編》頁 83

○**朱德熙、裘錫圭、李家浩**(1995)　(編按:望山2・54“一迅缶”)信陽二一四號簡亦有“一迅缶”,其位置亦在“一湯鼎”之前。

《望山楚簡》頁 129

○**劉信芳**(1997)　包山簡二六五:“二卵缶,二迅缶。”“卵缶”謂其外形如卵之缶。出土實物有“卵缶”二件(標本二:二八九;三九一),有弧蓋,斂口,矮領,弧肩,圓腹,矮圈足。信二・一:“二圂缶。”“圂”讀如“圓”。信陽簡未見“卵”字,是“圂缶”即“卵缶”。惟該墓未見與包山二號墓“卵缶”類似之器形,頗疑報告所稱之“敦”即圂缶(標本一:七;八),該器作圓球形,蓋略平,有環狀鈕三個。

“迅”讀爲“抾”,《説文》:“從上取捊也。”凡以器斟酌於水謂之抾。《詩・小雅・大東》:“維北有斗,不可以挹酒漿。”《儀禮・有司徹》:“以抾涪注於疏匕。”鄭注謂今文“抾皆爲挹”。包山二號墓出土有迅缶二件,標本二:四一九,器内置一銅勺,即用於抾注之勺。

信二・一四:“一迅缶。”未詳其實物。望二・四六:“二卵缶,有盍。”該墓出土銅缶一件(標本 T 九○)。望二・五三:“二卵缶。”又五四:“一迅缶。”出土實物爲陶缶二件,已殘。

《中國文字》新 22,頁 197

○**李零**（1999）　見"辻"字條。

○**陳昭容**（2000）　　1983 年湖北穀城一座楚墓中出土一件典型的浴缶,銘爲"邨(中)子彭之趐缶",趐字或以爲假爲"福"或"寶",或以爲行走之意,"趐缶"意爲"行缶"。劉彬徽認爲"趐"字可能是"浴"字的通假。我們以爲將"趐"讀爲"浴"的可能性是存在的,"趐"字從"卜"得聲,"卜"與"浴"同在上古屋部,不過聲母相去較遠。"趐"字或可讀爲"沐",從卜聲與"沐"聲韻並近。究竟"趐"是讀爲"浴"或"沐",需再研究。（原注:此意見是季旭昇先生與筆者討論時提出的。）筆者認爲"趐"也有讀爲"湢"的可能,《禮記·内則》謂男女"不共湢浴",《注》"湢,浴室也"。從卜或從畐,聲母皆脣音,韻部職屋旁轉,"趐"與"湢"聲音是相近的。"邨子彭之趐(湢)缶"點出此"缶"之置用地,正與"呔所獻爲下寝盂"相似。（中略）

　　簡文中的"迅缶"常出現在"湯鼎"前,當與"湯鼎"配合使用無疑。如果"迅缶"應隸定爲"辻缶",並與"邨子彭之趐缶"同指"浴缶"（或"沐缶、湢缶"）,簡文的次序安排,就有較合理的解釋。

《史語所集刊》71 本 4 分,頁 898—900

○**劉信芳**（2003）　　信陽簡 2-014:"一辻缶。"望山簡 2-54:"一辻缶。"1983年,湖北穀城禹山廟咀出土中子賓缶,銘文爲"邨子賓之赴缶",知"辻缶"即"赴缶"。施謝捷認爲赴缶猶征缶、行缶,金文常見"行鬲、行盤"之類（參陳千萬《"中子賓缶"初探》,《江漢考古》1985 年 3 期;施謝捷《楚器"邨子鬵缶"跋》,《江漢考古》1989 年 4 期）。李零認爲"辻缶"乃"浴缶或盥缶之别名",字讀爲"瓶",據《方言》卷五,瓶是缶類器物（《讀〈楚系簡帛文字編〉》,《出土文獻研究》第五輯）。按李氏謂"缶"即浴缶或盥缶,應是正確的意見。惟"辻缶"文字意義以理解爲"行缶、征缶"爲義長,又如楚官"辻尹"猶周官之行人。

《包山楚簡解詁》頁 286

△**按**　"辻缶"一詞既見於信陽、望山、包山等竹簡,也見於新出曾🔲尹缶、曾侯丙方缶等東周曾國銅器銘文。廣瀬薫雄曾先後撰兩文論證"辻"當讀爲"沐"（《釋"卜缶"》,《古文字研究》28 輯 504—509 頁,中華書局 2010 年;《釋卜鼎——〈釋卜缶〉補説》,《古文字研究》29 輯 441—448 頁,中華書局 2012 年）。他根據出土實物,指出辻缶、辻鼎與楚系銅器較爲常見的浴缶、湯鼎有比較一致的形制特徵:直領小口,蓋口掩住器口,蓋沿落於肩部,並引朱德熙等説,指出這種形制的好處爲鼎口小,不易散熱,搬動時所盛液體不易晃出,用來盛熱水比較

適宜。廣瀨薰雄又認爲，“辻”只用爲洗浴用器物的修飾語，説明“辻”是專門表示洗浴義的詞。然銘文又見以“辻”作鼎（蔦夫人嬭鼎）、斗（曾公子棄疾斗）的修飾語，“辻”從辵、邨子鬶缶“赹”從走，形符與沐浴義了不相涉，其字與“沐”等除了音理可通外，没有其他能佐證二者關係的語言學證據，以此作爲刻鑄在常用器物上的日常用詞的書寫符號，似不合常理。結合楚簡“辻尹、辻命尹”等辭例考察，似以從施謝捷等説，將“辻缶”視爲“趜缶、行缶”之謂較勝。

【辻尹】包山 16

○**劉信芳**（2003）　楚官“辻尹”猶周官之行人。

《包山楚簡解詁》頁 286

○**李守奎、曲冰、孫偉龍**（2007）　“辻尹”即楚官“卜尹”。“辻”或可釋“赹”。

《上海博物館藏戰國楚竹書（一—五）文字編》頁 89

△**按**　疑“辻”於楚職官名中表趨赴義，“辻命尹、辻尹”指奔走趨赴之官。

【辻命尹】上博四・昭王 3

○**陳佩芬**（2004）　“辻”，假借爲“卜”。“卜命尹”疑爲“卜尹”，“卜尹”爲官名，春秋楚置，掌占卜。《左傳・昭公十三年》楚子召觀從，“曰：‘唯爾所欲。’對曰：‘臣之先佐開卜。’乃使爲卜尹”。

《上海博物館藏戰國楚竹書》（四）頁 184

迈

迈 新蔡甲三 99　　迈 上博四・柬大 17

○**何琳儀**（2004）　（編按：新蔡簡）先之以一璧，乃而歸之。（甲三：99）

“乃”，原篆下從“辶”，見《集韻》。訓“往”或“及”，即《説文》訓“驚聲”之“迺”（五上十二）的異文。

“乃而”，應讀“乃若”。（“而”“若”相通，典籍習見。）王引之曰：“乃若，亦轉語詞也。《墨・兼愛》篇曰，然而今天下之士子君曰然，乃若兼而善矣。《孟子・離婁》篇曰，乃若所憂則有之。”

《安徽大學學報》2004-3，頁 6

○**宋華强**（2010）　我們認爲葛陵簡和《柬大王泊旱》的“乃而”就是由表示順接關係的“乃”和“而”組成的複合連詞，仍然是表示順接，連接兩個有順承關係的分句。其用法似與"乃"無別,"乃而歸之"即"乃歸之","乃而謂之"即"乃謂之"。馬建忠説表示順承的"而"字"有'因'字、'則'字之意",簡文中的"乃而"似也可以替換爲"因","乃而歸之"即"因歸之","乃而謂之"即"因謂之"。

　　沈培在給筆者的來信中指出:"乃而"雖不見於早期傳世文獻,但是見於中古以後的文獻,例如五代人編著的《祖堂集》卷二"達摩大師乃而告曰……"。他認爲"新蔡簡有多處反映口語的特色,而口語的辭彙往往在正統的傳世文獻中不見"。這個意見無疑是值得重視的。葛陵簡有"亟祈"(零448+零691),傳世文獻中始見於唐末,可以和"乃而"參看。

《新蔡葛陵楚簡初探》頁 314

迓

璽彙 0619

△按　"下"字異體,增辵以爲動符,與"上"或作"辻"同例。見卷一"下"字條。

辻

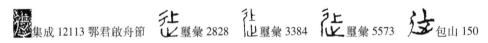集成 12113 鄂君啟舟節　　璽彙 2828　　璽彙 3384　　璽彙 5573　　包山 150

△按　"上"字異體,增辵以爲動符,與"下"或作"迓"同例。辻字包山簡 150 兩見,或以爲"徒"字,然右上所從與"土"旁有別,其與一般"上"字稍異而合於《説文》古文"丄",故暫繫於此。簡文"辻繭"爲地名。"上"見卷一。

迻

郭店·性自 60　　　　上博五·季庚 15

○陳偉(1999)　(編按:郭店簡)凡於路毋畏、毋獨言(性自命出 60)

　　路,原隸定爲"迻"。將此字與《緇衣》38 號簡首字及 39 號簡第 5 字比較,其基本寫法相似,只是此字"辶"中的構形三道向右傾斜的筆畫沒有那麼規則。《緇衣》38 號簡首字釋文讀爲"格",39 號簡第 5 字讀爲"略",因有傳世本對照，這種讀法當可信從。而"戟"字在古文字中所从或作"各"，或與這二字所从相同，則在文字學角度提供了證據。如果簡文此字確與《緇衣》簡二字相同，則似應讀爲"客"或"路"。看前文說到"交"，而隨後講"毋獨言"，讀爲"客"的可能性恐怕要大一些。

《武漢大學學報》1999-5，頁 31

○陳偉（2003）

成之聞之 31	性自命出 60

《性自命出》60 號簡中的這個字，我們曾懷疑應从"各"，讀爲"客"或"路"，相關簡文讀作："凡於路，毋畏，毋獨言。"上海博物館藏簡《性情》30 號簡記此言作："凡於道路，毋畏，毋獨言。"證實了這一猜測。在古文字中作爲形旁，从"止"與从"辵"往往無別。因而我們所討論的這個字也應該釋爲"路"。在簡書中，此字似應讀爲"格"。"格"有至、匡正、法式諸義，用在簡書中似皆可通。

《郭店竹書別釋》頁 110

○陳斯鵬（2008）　郭店簡《性自命出》60 號有字作：D1
文云："凡於 D1，毋畏，毋獨言。"陳偉先生曾據郭店簡《緇衣》"格、略"之作"逄"推測 D1 當讀爲"客"或"路"。此一思路後來得到上博簡異文的支持。上博簡《性情論》30 號云："凡於道逄（編按：此字原文漏排），毋畏，毋獨言。""逄"字古文字中常見，多讀爲"路"。從文意看，"D1"顯然也應該讀爲"路"。字形上，陳先生將它和"逄"聯繫起來，也是很有見地的。但仔細觀察，"D1"與"逄"還微有不同，"逄"字無論本簡之作，還是郭店《緇衣》之作（簡 38）、（簡 39），"辵"以外部件都作三平行左斜筆與一右斜筆相交之形，是清清楚楚的"夅"，而"D1"所從的，第二左斜筆與第一左斜筆是相粘連的，它更像是加了飾筆的"夂"（倒"止"）。戰國文字中"夂"旁加飾筆的現象是很常見的，這裏僅舉出"夂"在"各"及从"各"之字中的若干形態，作爲參照：

各：《上四·曹沫之陣》32　　　《上四·曹沫之陣》65

客：包山 58　　　　　　　　《古璽彙編》0160

逄：《上二·容成氏》4　　　曾侯 184　　　　　　曾侯 188

結合"D1"與"逄"相對應的事實考慮，我們有理由懷疑"D1"就是"逄"省去

“口”旁的省體,隸定作“辶”,可徑釋作“迳”。

《上五·季庚子問於孔子》第 15 號簡有如下一字：D2 ![字]

文云：“【先人之所】惡勿弁〈史—使〉,先人之所法(廢)勿起,則民 D2 不善……”“D2”原整理者濮茅左先生分析爲从“辵”“坐”聲,讀爲“坐”,於形不合。何有祖先生改釋“降”。陳偉先生認爲此字同時對應兩個字,一是“陞”,一是“路”(即我們上面討論的“D1”),取前者在則讀爲“懲”,取後者則讀爲“格”；陳先生表示二者之閒尚難取捨,但暫取前說。楊澤生先生則隸定爲“迬”,讀“登”。

今按,楚簡中確定的“降”或“陞”都从“阜”作,它們與“D2”的相合程度遠不如“D1”與“D2”的相合程度。“D1”與“D2”顯然完全同形,所以陳偉先生提出的第二條思路最爲可取。“D2”應該同“D1”一樣釋爲“迳(逐)”。陳先生提出字應讀“格”,義爲糾正、匡正,所舉書證有：

　　《書·冏命》：“繩愆糾謬,格其非心。”孔疏：“格其非妄之心。心有妄作則格正之。”

　　《孟子·離婁上》：“人不足與適也,政不足閒也,惟大人爲能格君心之非。”趙注：“格,正也。”

顯然是文獻有徵,合理可從的。“格”的“格正”義當引申自“法式”義。《玉篇·木部》：“格,式也。”《孔子家語·五儀解》：“所謂庸人者,心不存慎終之規,口不吐訓格之言。”王肅注：“格,法也。”《禮記·緇衣》：“言有物而行有格也,是以生則不可奪志,死則不可奪名。”鄭玄注：“格,舊法也。”(這個“格”對應的就是上文提到的郭店《緇衣》第 38 號的“迳”)“法式”義的“格”用爲動詞,就是使合法式的意思,故舊訓多以“正”解之。除上引陳先生所舉外,又如《後漢書·范滂傳》：“若范孟博者,豈宜以公禮格之?”李賢注亦云：“格,正也。”簡文“格不善”,即“正不善”之意,與上引《孟子》“格非”之說正可相互證明。

　　　　　　　　　　　　　　　　《江漢考古》2008-2,頁 125—126

△按　疑是“各”字異體,易口旁爲辵旁,明確並分化“各”之格至義。字又作“釜”,見止部。

迳

集成 2840 中山王鼎　　集成 9735 中山王方壺　　郭店·性自 34

○**張政烺**（1979）　（編按：中山王器）迗，从辵，亡聲，讀爲亡。此銘以亡爲有無之
無，故又作此喪亡之亡字。

《古文字研究》1，頁 219

○**孫稚雛**（1979）　（編按：中山王器）銘文中還有一個值得注意的現象，是用增加
偏旁的方法來區別詞義，這反映了文字在記錄語言上逐漸趨於精密。例如鼎
銘"亡不率仁""亡不順道""及三世亡不若"的亡，義與無同，寫法如字；而壺
銘"邦亡身死"的亡字，則增加辵旁寫作迗，以示區別。

《古文字研究》1，頁 281

○**商承祚**（1982）　（編按：中山王器）迗字《說文》以爲古文撫。《字彙》訓"逃
去"，是也。從字的形聲義說，有逃亡之意，用爲撫則借字。

《古文字研究》7，頁 48

○**陳邦懷**（1983）　（編按：中山王鼎）

迗**㣚**　讀爲亡
　　　　大鼎　　而迗其邦　　　　　　25 頁

　　按，《說文》辵部："撫，安也。"古文作**㣚**，"从辵、亡"。亡字有兩讀，一讀
存亡之亡，一讀有無之無，迗以亡（無）爲聲。鼎銘借迗爲亡，是以亡爲聲。

《天津社會科學》1983-1，頁 64

○**龐樸**（1998）　（編按：郭店·性自 34"猷斯迗，迗，喜之終也"）這一段文字，和《禮記·
檀弓下》子游談禮道的一段話很相似，子游說："人喜則斯陶，陶斯詠，詠斯
猶，猶斯舞，舞斯愠，愠斯戚，戚斯歎，歎斯辟，辟斯踊矣。品節斯，斯之
謂禮。"

　　子游這段話，歷來很費解。因爲它本是回答"喪之踊"的，卻從"人之喜"
談起，一環一環，最後到了悲之極的踊。雖說樂極可以生悲，但談喪之踊（號
啕頓足），於情於理，似乎並無從喜談起的必要。加上版本不同，句子互有差
異，所以一直沒人能弄清楚這段話的準確意思。

　　現在好了，我們把文獻與文物合起來看，真正看到了一副合則雙美的情
景：竹簡上不認識的字，馬上全都可以認識了；文獻中不好懂的意思，頓時也
就豁然貫通了。（中略）舞字在竹簡从亡从辶，正是無字下面加兩足。

《歷史研究》1998-4，頁 9

△**按**　《說文》"撫"字古文作"迗"，與此字形同。郭店《性自命出》簡 34"迗"
對應傳世文獻作"舞"，顯示"迗"與"撫、舞"關係密切。不過，中山王器之
"迗"與之可能僅是同形關係，誠如孫稚雛所言，是亡增加辵旁標示動詞義，以

示區别於表示有無義之"亡"。

记　逗

包山 164　郭店·老甲 31　上博五·競建 9　郭店·語三 10

△按　字從辵,己聲,爲楚系"起"字的固定寫法,《説文》"起"字古文從辵,正與此同。見走部"起"字條。郭店《語叢三》簡 10 之字有口旁,爲"己"旁之贅符,戰國文字"己"常寫作"㠯"。

迩

璽彙 0177

○羅福頤等(1981)　迩。

《古璽文編》頁 40

○何琳儀(1998)　迩,從辵,女聲。
　　齊璽迩,疑讀如。《爾雅·釋詁》:"如,往也。"

《戰國古文字典》頁 560

㳬　㳬

包山 123　郭店·老乙 7　上博四·曹沫 52

郭店·語二 19　郭店·語二 19

新蔡乙四 9

○中大楚簡整理小組(1977)　(編按:信陽 1·02"賤人剛愎而㳬於刑者")㳬,應讀如攴;《説文》:"小擊也。"此處義如懲罰。

《戰國楚簡研究》2,頁 2

○李家浩(1990)　(編按:信陽 1·02)撲。

《文史》33,頁 11

○湯餘惠(1993)　(編按:包山簡)122　㳬·㳬(及)　注 202:"㳬,迒字,借爲駕。《説文》:'次第馳也。'即前後相隨而馳。"細審原篆,字當從及。侯馬盟書及字作,中山王鼎作,均與簡文相近。䢔,即伋,今通作及。122 簡:“埸貯既走於前,孔弗~。”“女返,既走於前,孔弗~。”“不割既走於前,孔弗~。”123 簡:“邦俸之攸既走於前,孔弗~。”弗䢔,即弗及,意思是没有追上,没有逮到。

《考古與文物》1993-2,頁 72

○**何琳儀**(1998) 这,从辵,支聲。疑支之繁文。

《戰國古文字典》頁 394

○**李零**(1999) (**編按**:信陽 1·02)䢔(及)。

《出土文獻研究》5,頁 139

○**何琳儀**(2001) (**編按**:信陽 1·02)“扑”,原篆从“辶”,从“支”。《集韻》:“支,《説文》小擊也。或作扑。”按,“支”从“又”从“卜”,會手持杖擊之意,“卜”亦聲。“扑”,从“手”从“卜”,會手持杖擊之意,“卜”亦聲。故“反文”與“扑”實乃一字分化。至於“支”下加“辶”僅表行動而已。參信陽簡 1-04 號“化”之繁文。竹書“扑刑”,見《書·舜典》“扑作教刑”,傳:“朴,榎楚也。不勤道業則撻之。”

《安徽大學學報》2001-1,頁 28

○**李零**(2002) (**編按**:信陽 1·02)“及”,原从辵旁,“及於刑”和下文的“刑罰至”,意思是一樣的。

《揖芬集》頁 310

○**濮茅左**(2002) (**編按**:上博二·民之 12“亡聖之樂,它䢔孫₌”)“它”,讀爲“施”,音通。“䢔”,从辵从及,讀爲“及”,字亦見於金文《䶂弔盨》:“䶂弔其萬年永䢔(及)中姬寶用。”今本用作“及”。

《上海博物館藏戰國楚竹書》(二)頁 172—173

△**按** “及”字異體,增辵以爲動符。《説文》:“,亦古文及。”郭店《語叢》二之字與古文近同。參見卷三又部“及”字條。信陽簡 1·2 之字圖版不甚清晰,中山大學古文字研究室楚簡整理小組認爲其所从與信陽簡 2·14 第三字所从一致,當可信。彼字爲“𨒅”,故此字當即“䢔”。

迅

陶彙 6·29 陶彙 3·346

○**李先登**(1982) (**編按**:陶彙 6·29)“迅皿”陶量:

一件,已殘,1978 年 4 月 6 日告東冶 T3H21 出土。陰文長方印“迅皿”二字,豎行一行,豎向捺印於陶量腹外壁上,陰文外框高 3.2 釐米,寬 2.1 釐米。

按此“迅”字與篆文“訊”字相近,疑爲古文迅字。《説文解字》卷二下:“迅,疾也,从辵卂聲。”陶文“迅”可能是器主人之名。“皿”是皿字或體,按周金文𤔲父鬲之盨作𥂁,沇兒鐘的盤字作𥂞,王子申盞的盞字作𥂥。從上三字皆當从皿,而皆从皿,可證陶文皿當釋爲皿。量器而名之爲皿,殆爲陶文中之新發現。

《古文字研究》7,頁 214—215

○高明、葛英會(1991)　　(編按:陶彙 3·346)达。

《古陶文字徵》頁 236

△按　　二字疑皆从辵,元聲。新蔡簡零 207“元”字作𢀩,與《陶彙》6·29 之字所从形近;《陶彙》3·346 之字右半从人而突出其頭部,與早期金文元字同。

迊

陶彙 6·28　　　陶彙 3·814

○高明、葛英會(1991)　　《説文》所無,《類篇》:迊,周也。

《古陶文字徵》頁 233

○何琳儀(1998)　　迊,从辵,帀聲。帀之繁文。《集韻》:“帀或作迊。”
　　齊陶迊,讀師,姓氏。

《戰國古文字典》頁 1281

达

集成 4596 陳曼簠　　璽彙 0263　　上博三·周易 43　　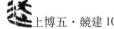上博五·競建 10

○施謝捷(1998)　　(編按:璽彙)0263 郰隨达鉢·郰隨达(逐)鉢。

《容庚先生百年誕辰紀念文集》頁 645

○何琳儀(1998)　　达,从辵,犬聲。
　　齊璽达,人名。

《戰國古文字典》頁 1009

○吳振武(1998)　　齊器陳曼瑚中有达字,舊有“從、逸、遂、达(逐)、达(逸)”等隸釋法。目前最流行的釋法是釋“逸”,見於多種金文論著和工具書。

我們認爲,從釋字上講,上揭各種釋法中,只有日本學者高田忠周的釋“迖(逐)”説是正確的(高説見《金文詁林》第5934—5935頁),其他都難信從。理由如下:

一、根據燕璽“犬”旁常作(《古璽文編》第248、250、251頁),可以推知此字右上所从確是“犬”,跟“从、兔、豕”等旁無關。齊、燕接壤,兩地文字在寫法上互有影響,自屬情理中事。此器全銘風格近燕,尤可注意。

二、彙集古文字中已知的“逸”及跟三體石經“逸”字古文“𧷢”有關係的字,如秦子戈、矛和𣄰䖵壺中的“逸”和“俛(逸)”,古璽“逸(或)徙”(《古璽彙編》2620—2622)、“鄷(曹)逸饋(貸)廗(府)”(同上0304)、“鄷(曹)逸津”(同上1616)中的“逸”,多友鼎“湯(鎏)鐘一牖(肆)”,卯簋“宗彝一牖(肆)”,𢊁父尊、卣“宗彝牖(肆,舊誤釋爲‘將’)”中的“牖”,繁卣“宗彝一䏌(肆)”中的“䏌”,戎佩尊、卣“宗彝牖(肆,舊誤釋爲‘將’)”中的“牖”等等,可知古來“逸”及跟“逸”字古文有關係的字均从“兔”作,從未見有从“犬”作者。故“迖”亦不可能是“逸”字異體。

三、在戰國文字資料中,屢見“豕、犬”二旁互替之例。因此,把“迖”看成“逐”字異體是有道理的。《汗簡》犬部“逐”字作“迖”,楚璽人名“追逐”作“𨗳迖”(《古璽彙編》0263,二字舊皆不識)是“迖”應釋“逐”的硬證。

陳曼瑚傳世有兩件,一藏臺北故宮博物院,一藏上海博物館。前者見《三代吉金文存》10.19下,後者見同書10.20上。兩器銘文横看最末一行有異,一般認爲臺北故宮那件鑄範有誤。今據上海博物館所藏者隸釋如下:

> 齊陞(陳)曼不敢迖(逐)康,肇堇(勤)經德,乍(作)皇考獻弔(叔)𩜁厰(盤),永保用。(瑚)。

從瑚銘看,釋爲“迖(逐)”也是合適的。“不敢逐康”,意即不敢追求安樂。古書中有“逐利、逐勢、逐名、逐樂”等詞,可資比較。高田忠周雖然釋出“迖(逐)”字,但他主張據故宮所藏者釋解銘文,即將“迖(逐)”字與“永保用”連讀,遂不可通。

《吉林大學古籍整理研究所建所十五周年紀念文集》頁46—47

○**黄錫全**(2000) 又古璽有字作(璽彙0263)。《古璽文編》列入附録。字書不見迖字,唯見《義雲章》逐字作,璽文無疑應釋爲逐字,古从犬从豕義同,鄭珍誤以爲“篆从遯省,此改从犬非”。

《古文字研究》20,頁247

○濮茅左（2003）　（編按：上博三·周易 43）"达"，《廣韻》："达，足滑。"亦有"移動"之意。

　　　　　　　　　　　　　　　　　　　《上海博物館藏戰國楚竹書》（三）頁 195

○張桂光（2004）　甲骨文中，逐字犬、豕通用，西周金文則統一从豕，璽文从犬者，當即甲骨文寫法的遺留。

　　　　　　　　　　　　　　　　　　　　　　　《古文字論集》頁 111

○李守奎、曲冰、孫偉龍（2007）　（編按：上博三·周易 43）逐（動）。

　　　　　　　　　　《上海博物館藏戰國楚竹書（一—五）文字編》頁 832

△按　"达"見於齊系金文和楚簡（又如新出清華二《繫年》簡 6、清華三《周公之琴舞》簡 9 等），當是齊、楚文字記録追逐之"逐"的用字。關於"达"字的來源，吳振武認爲是戰國文字常見的"豕、犬"互替之例，張桂光認爲是甲骨文寫法的遺留（張文初發表於 1992 年中國古文字研究會第九次年會），又鄔可晶（《釋上博楚簡中的所謂"逐"字》，《簡帛研究二〇一二》，20—33 頁，廣西師範大學出版社 2013 年）認爲有可能是甲骨文與"逐"用法相似的"犬（逐）"之變。楚簡"逐"字亦多見，然部分當讀爲"邇"，與追逐之"逐"同形。

迓

睡虎地·日甲 57 背貳

○睡簡整理小組（1990）　迓，疑讀爲牙。粲牙，露齒。

　　　　　　　　　　　　　　　　　　　　《睡虎地秦墓竹簡》頁 218

迿

璽彙 3617

○羅福頤等（1981）　送。

　　　　　　　　　　　　　　　　　　　　　　　《古璽文編》頁 40

○施謝捷（1998）　3617皆從（送）·亡（亡）迿（退）。

　　　　　　　　　　　　　　　　《容庚先生百年誕辰紀念文集》頁 650

○何琳儀（1998）　迿，从辵，内聲。退之異文。見退字。

　　楚璽迿，人名。

　　　　　　　　　　　　　　　　　　　　　《戰國古文字典》頁 1259

迕

上博五・姑成 4　璽彙 2040

○何琳儀（1998）　迕，从辵，午聲。御之省文。

《戰國古文字典》頁 510

△按　上博五《姑成家父》簡 4 云“欲以長建主君而迕難”，“迕”讀爲“御”，應即“御”字省體。見彳部“御”字條。

进

曾侯乙 183

△按　字又作“岇”，“岇、进”一字異體，簡文“进徒”讀“登徒”。見止部“岇”字條。

迖

上博四・柬大 2

○濮茅左（2004）　（編按：上博四・柬大 2）“迖”，讀爲“突”。《類篇》：“突，深也。”句意“病容益深”。

《上海博物館藏戰國楚竹書》（四）頁 197

△按　疑“夭”之繁構，簡文云“龜尹知王之疧於日而病，爷悆愈迖”。

迚　企

郭店・老丙 13　信陽 1・4　上博四・曹沫 52　上博五・三德 8

包山 105　上博一・緇衣 11

郭店・老甲 12　上博三・周易 56

○中大楚簡整理小組（1977）　（編按：信陽 1・4）迚同附。

《戰國楚簡研究》2，頁 12

○**劉雨**（1986）　（編按：信陽1·4）附。

○**何琳儀**（1993）　（編按：信陽簡）“竹書”1-04 號簡云：

　　［相］△如盇（合）。相保如芥（介）。

　　“△”，原篆作：𨒅

商承祚隸定“过”。細審照片及摹本均不從“付”。筆者曾從舊說詮釋，不妥。

　　“△”，亦見天星觀簡，從“辵”從“化”，應隸定“迊”。其所從“辵”僅表動作，可有可無。“竹書”1-01 號簡“这”即“攴”，讀“扑”，可資旁證。天星觀簡“迊”即讀“化”，指“化祝”，見《周禮·春官·大祝》。“迊”即“化”之異文，本義爲變化，引申訓“生”。《禮記·樂記》“和故百物皆化”，注“化猶生也”。

　　“如”，訓“與”，連詞。

　　“盇”，疑“蛤”之異文。（《龍龕手鑒》“盇，音精。出《西江賦》”。不詳。）“合”與“會”本一字分化。《説文》：“會，合也。”其音義均通。

　　“相迊如盇”讀“相化如合”，有“互相生化與互相合洽”之義。參見《周禮·春官·大宗伯》“以禮樂合天地之化，百物之産”，注：“能生非類曰化。”疏：“萬物感化，則能合天地之化。”

　　“保”與“介”均有輔助之義，合成“保介”一詞，見《詩·周頌·臣工》“嗟嗟保介”。“保介”可分可合，“化合”的衍生詞“化洽”也可分可合。（《詩·小雅·正月》“洽比其鄰”，傳：“洽，合。”）“化洽”，見《三國志·魏志·蘇則傳》“陛下化洽中國”。“化”與“洽”則見《皇極經世》“俟化之，必洽教之”。

○**夏渌**（1993）　《包簡 103—119》關於“國帑貸黃金”的簡文，多達十七簡，二十筆款項以上，黃金貸款多的有一百數十鎰，少則幾鎰至幾十鎰，有的不記金數，有鎰數可查的合計也有數百鎰，折合黃金近萬兩，主要用途是用於地區都邑賑農糴種，具有信貸和農貸的性質。這類反映國庫信貸的楚簡，估計是由國帑的主管呈報左尹備案的。這類簡文中有“逝（辭）賄，不賽金”的財政金融專門用語。《包簡考釋》讀爲“過期，不賽金”。今結合字形“晦”假爲“賄”，釋作“辭賄，不賽金”。

　　“逝”字簡文如附圖（11），從辵從人（疑爲人行，人往的“詣”字初文）從乚（代表隱或蚓）是由三個部件組合的“詣隱”表意的楚字，在簡文“不賽金”即“不支付貸款”的前面，似當假借爲“辭”字。“逝賄”讀“誓賄”，即謝絕貸款單位按常規繳納的財禮。這個“賄”字與前釋“受賄”的“賄”爲“贓款”有異，它相當於手續費、申報費之類,是正當的錢財,貸黃金不成,依章予以退回,所以"辭賄,不賽金"連文。《詩·衛風·氓》:"以爾車來,以我賄遷。"賄,指婚姻對方的嫁妝和財物。辭,《正韻》:"辭,卻不受也。"

關於楚字從乚的"逝"字,可以舉"亡"字作旁證。《説文》:"亡,逃也。從入從乚。"入隱是逃亡的會意字。《正韻》:"逝,亡也。"人死亡叫"長逝",《前漢·司馬遷傳》:"長逝者魂魄。"亡與逝義近,一從"入隱",一從"詣隱",皆從"隱"之象形初文。從《曾侯乙墓器銘》墓主人名看,乙與隱初文也是一字分化,"乙"專門作十干之第二位用,本義爲"蚯蚓"與"隱蔽"的"隱",蚓、隱也是音義有内在聯繫的字。

信貸楚簡中有關"逝(辭)賄,不賽金"的文例較多,有的申請一次,退回"申請費",不予貸款,就作罷了。也有的經再次申請,得到批准,如申報之金額兑現貸款的。還有雖然經再次申報獲准貸金的,但金額有所減少。也有貸款成功,不言"不賽金"的,也有著明"賄至,賽金"的。

《江漢考古》1993-2,頁 82

○**陳偉武**(1997)　包山簡 105:"迻期不賽金。"整理者注:"迻,讀作過。"

今按,"迻"字於包山簡凡七見,文例相同。考古籍中"迻、譌、吪"諸字用法,有"行動、移動"義,如《詩·小雅·無羊》:"或寢或訛。"毛傳:"訛,動也。"又《王風·兔爰》:"尚寐無吪。"毛傳:"吪,動也。"有"改變"義,如《詩·豳風·破斧》:"周公東征,四國是吪。"有"錯誤"義,如《詩·小雅·沔水》:"民之訛言,寧莫之懲。"《説文》:"譌,譌言也。"引《詩》"訛言"作"譌言"。《爾雅·釋詁》:"訛,言也。"郭璞注:"世以妖言爲訛。"因此,楚簡中"迻"字當是與"訛、譌、吪"音義相同的分化字,"迻期"猶言"誤期",簡文意謂錯過期約不償還貨款,"迻"字不必讀爲"過"。古文字中從辵之字往往可表行動義,故"迻"當是經傳所謂"動也"的專用字,從而區別於從言、從口指詐僞之言的"訛、譌、吪"諸字。中山王方壺銘"詆(詆)郾之訛",朱德熙和裘錫圭兩位先生認爲"'訛'似當讀爲'過'",解爲"錯誤"似亦可通,毋煩讀破。

《第三屆國際中國古文字學研討會論文集》頁 651—652

○**陳佩芬**(2001)　(編按:上博一·緇衣 11"富貴已迻")迻　即"過"字,《包山楚簡》:"迻期不賽金。""迻"即"過"字,今本作"過"。

《上海博物館藏戰國楚竹書》(一)頁 186

○**李守奎**(2003)　楚簡之迻,或爲"過"之異體。

《楚文字編》頁 96

△**按**　由大量新出楚簡可知，"迡"就是表示經過之"過"的楚系用字，目前所見僅郭店《語叢三》用"過"字，而是篇並非典型的楚文字風格。楚文字過錯之"過"亦以"化"爲聲，從"心"或"言"作"悇、訛"等。"迡"部分字形所從之"化"旁，倒人形兩筆連寫作一筆，這種筆畫連寫情況古文字並不罕見。

逪

迡 郭店・緇衣 38　　迡 郭店・緇衣 39　　迡 上博五・弟子 5

○**顔世鉉**（1999）　（編按:郭店簡）子曰："君子言有物，行有逪（格）……精知，逪（略）而行之……"（《緇衣》簡三七—三九）

　　逪，《郭簡》注："逪，從'丯'聲，從今本讀作'格'。""逪，從今本讀作'略'。"於字形無説。按，此字作迡、迡。曾侯乙墓出土兵器上有銘文作戟、戟、戟，竹簡有"一戟"（簡三），此爲"戟"字異體；包山楚簡也有戟字，簡六一"戟戟"，簡二六九"車戟"，簡二七三"二戟"，作戟、戟、戟。《汗簡》有"格"字作戟，黃錫全先生説："按兵器戟上有字作戟（蔡□□戟），戟（滕侯吴戟），形與此全同，應釋爲戟（格），假爲戟。格（戟）、戟同屬見母鐸部。戟字《説文》失收。"楊樹達《滕侯戟跋》則説："按戟爲會意字，銘文作戟，從戈，各聲，爲形聲字，戟之或作也。從各聲者，各與戟古音相同故也。"可知戟爲戟字異體，而戟（格）則可讀作戟。《説文》："戟，有枝兵也。""袼，枝袼也，從丯，各聲。"《釋名・釋兵》："戟，格也，旁有枝格也。"戟和格除音近可通外，似乎也有意義引申的關係。而格又有"來、至"之義，《詩・大雅・抑》"神之格思"，毛《傳》："格，至也。"《禮記・大學》"致知在格物"，鄭《注》："格，來也。"疑《郭簡》的"逪"是從"辵"從"戟（戟）"省所造之"格"字，從"辵"表"格"有"來、至"之義；亦即"逪"釋作"格"，又可讀爲"略"。

《張以仁先生七秩壽慶論文集》頁 385—386

○**劉信芳**（2000）　（編按:郭店・緇衣 37）行有格　今本作"而行有格也"。鄭注："格，舊法也。"原簡"格"從戈聲，包簡 269、277"戟"亦從"戈"聲。《釋名・釋兵》："戟，格也，旁有枝格也。"釋爲"戟"之"格"，《説文》作"袼"，"戟、袼"讀音相通，而"戈"正象三戈戟之形。

《郭店楚簡國際學術研討會論文集》頁 177

○陳高志（2000）　　（編按：郭店·緇衣37—39）以今本《禮記》相校，簡文中的兩個"迲"字，前者爲格，後者爲略。所謂"行有格"，文義可通，但"略而行之"，則有待思量。

迲，整理小組將之隸定作迲，由偏旁分析法得知，从辵之字必有"行來、行動"之意。此字由於字書所無，因此，它的字義必須仔細思考。此字所从的丯，李師孝定先生在《甲骨文字集釋·韧》中，引屈萬里先生說：

> 隸定之當作韧。按，《汗簡》及《古文四聲韻》並有此字作韧云格八切，《六書正訛》謂：即契字，其說可信。

李老師在其後的按語中說：

> 以字形言之，丯當即象韧刻之齒，从刀所以契之也。

《說文·丯》："草蔡也，象草之散亂也。"

由語言的發展過程來看，丯應是割的初文。《說文》又有"辂"字，其形義爲："枝辂也，从丯，各聲。"

丯既象刀割之狀，因此，甲骨文中"作"字就寫成 𠂤、乇，字也通"乍"。古代所謂"枝辂"今則作"枝格"，意爲樹木的枝幹柯條。王筠《說文句讀》說：枝柯多橫長側生，故字从丯以爲形符。這是枝辂木義，段玉裁在辂字下注說："格行而辂字廢矣。"《公羊傳·莊卅一年》："六月，齊侯來獻戎捷，齊大國也，曷爲親來獻戎捷，威我也，其威我奈何，旗獲而過我也。"何休《注》："古者方伯征伐，不道諸侯交格而戰者，誅絶其國，獻捷於王者……"

此"交格"即是後起的引申義。簡本的迲字，今本作格，迲與格，兩字僅聲母相同，上古韻部卻相差很遠，即"丯"在祭部，"各"在魚部，因此，二者未必是通假關係。丯與各，可能是各自分別向外引申，最後殊途同歸。因爲，"各"甲骨文作 𠯑，象人由外而至，辂爲其纍增，因有"行來、行至"之義，故後來引申作正路、改正之訓解。《論語·爲政》："道之以德，齊之以禮，有恥且格。"何晏《集解》說："格，正也。"迲字从丯，丯之義爲契，爲割，《說文》說："契，大約也。"詞義引申後而有法度之義。因此，迲、格二字在字義訓釋上有相當程度的近似。簡本用迲，今本用格，其參差的原因是出於同義詞的代換。因此，今本《禮記》將格字訓爲"舊法"，是可以接受的。

但是，第三十九簡的迲，今本作"略"，無論就義理或文句疏解來說，都覺得義有未安。此句的迲字，應隸作"恪"。今本此字鄭玄未注，孔穎達《正義》說："'精之略而行之者'……謂聞見雖多，執守簡要也。"

陳澔説:"略者,約也,謂求其至約而行之。"

王夢鷗先生的《禮記今注今譯》將之譯爲:"行其大略。"

以這些疏注去通讀今本《禮記》,總覺文脈扞格。若讀爲"恪",則上下一氣連貫。因爲,《爾雅·釋詁》説:"恪,敬也。"有硜硜堅守之意。《詩經·商頌·那》:"温恭朝夕,執事有恪。"鄭玄《箋》:"其禮儀温温然,恭敬執事,薦饌,則又敬也。"唯有將略字讀爲"恪",才能扣緊下文"淑人君子,其儀一也"的詩意,也唯有如此,才能使文章密接無縫。

《中國哲學》21,頁241—243

○**陳斯鵬**(2008)　《弟子問》簡5云:"'☐者,可 D 而告也。'子曰:小子,來,聖(聽)余言:登年不恆至,耇老不復壯……""聖"字原釋作"取",不確,李天虹先生改釋"耵",讀"聽",近之。字形實爲"聖"。"登年"二字原誤釋爲"春秋",此從陳偉、田煒等先生説改。

　　"D"原篆如下:🖎

整理者隸定作"逹",讀爲"奉",蓋以爲從"丰"得聲,非是。或釋"逆",亦非。禤健聰先生指出,此字見於郭店《緇衣》簡38,其聲符爲"𢆶",而非"丰",其説甚是。故"D"隸定當作"遆"。禤先生同時還指出,郭店《緇衣》簡38"遆"字對應今本"格",唯於本簡之釋讀未作明確表態。但本簡之"遆"若讀"格",文意似不易解。筆者以爲"遆"字於此應讀"略"。實際上,"遆"字還見於郭店《緇衣》簡39,文云:"精智,遆(編按:此字原文漏排)而行之。"傳世本正作"略",從文義看,作"略"者是,竹簡本當從今本讀爲"略"。陳澔《禮記集説》引吕大臨云:"雖由多聞多知而得之,又當精思以求其至約而行之。略者,約也。"此説可從。"略"有要約之義。《淮南子·本經訓》:"其言略而循理,其行悦而順情。"高誘注:"略,要約也。""略而行之"猶言"要約行之",是本簡"略而告"亦猶"要約告之"也。從孔子答以"登年不恆至,耇老不復壯"等簡練而富哲理的話來看,豈非"略而告"者耶?(中略)

　　"遆"和"迻"既有密切聯繫,又有細微差别,前者很可能脱胎自後者。我們看"D2、D3"中的"𢆶"還是比較典型的寫法(飾筆較輕、短),而"D1"的"𢆶"則已經寫得有些類似於"丰"(飾筆較重、長),這也是有學者將"D1"同"遆"聯繫起來的原因。"D1"中"𢆶"的寫法可看作由典型的"𢆶"向"丰"過渡的中閒形態,其閒演變軌迹爲:🖎→🖎→🖎

　　促使"迻"被改造成"遆"的,大概有兩方面的因素:一是"遂"之省作

"迳",有悖一般構形原理,因爲"洛"中的"各"是聲符,省作"夂"表音不明確;一是與"夂"和"丰"形體相近,而"丰"與"各"古音也接近,能夠滿足表音的需要。"丰"爲見母月部字,"各"爲見母鐸部字,聲同韻近。戰國文字中的"戟"既可以"丰"爲聲符,又可以"各"爲聲符,是二者音通的明證。裘錫圭先生據以懷疑《説文》"挌"字爲雙聲字,是很有道理的。總之,從"辵""丰"聲的"逑"字,不但是"洛"的異體,而且是"迳(洛)"變形聲化而成的變體。

在上博本《緇衣》中,與上舉郭店本《緇衣》二"逑"字相應之字如下:

D4 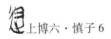《上一·緇衣》19

"D4"在文中無疑也應分別讀爲"格"和"略"。字隸定作"陸",從"阜"從"土","丰"聲。"阜"和"土"作爲義符,同樣適用於"格至"或"道路"等意義,所以"陸"可以看作"逑"字的異體,也就是"洛"字的又一個異體。我們推測,"陸"大概産生於由"洛"脱胎出"逑"字之後,是在"逑"的基礎上再把義符"辵"替換成"阜、土"而成。

《江漢考古》2008-2,頁 125—127

△按 "逑"似當視爲表格至義之"格"的楚系專字,出土文獻作"各"(楚簡亦見之),傳世文獻作"格"。然似不必以丰旁爲夂旁之變形聲化,"丰、各"音近,作聲旁常可互易,故可以從辵、丰聲之"逑"表格至義。

迻

上博六·慎子6

△按 字從辵,今聲,簡文云"……遴迻爲民之故,仁之至。是以君子向方知道,不可以疑……",讀法不詳。

没

郭店·五行45　上博二·容成3　上博二·容成16

△按 "役"字古體,趙平安《説"役"》(《語言研究》2011 年 3 期)論之其詳。詳卷三殳部"役"字條。

迂

石鼓文·鑾車

○**强運開**（1935）　此篆惟薛尚功本有之，然摹寫前後倒置，各本均已磨泐。今據安藏北宋拓弟一本橅拓如上，从辵从予，《説文》所無。《正字通》云"石鼓文迂今作徐"，蓋謂即徐字，但毫無佐證，殊未可信。迂篆或上與下當闕一字，與如虎兩字聯合成句，既係摹擬虎狀，似與徐字之義極不相近，其音與義實未敢臆定也。

《石鼓釋文》丁鼓，頁 9

○**何琳儀**（1998）　迂，从辵，予聲。徐之異文。《正字通》："迂，今作徐。"《説文》："徐，安行也。从彳，余聲。"

石鼓迂，讀予或余，第一人稱代詞。

《戰國古文字典》頁 568

試

上博六·季桓 11

○**陳劍**（2008）　"試"字原作如下之形：

整理者原摹而未釋。其除去"辵"旁後的部分从"戈"形很明顯，梁靜（2008）將這部分釋爲"或"。其"戈"旁的長横筆上多出一飾筆，梁靜（2008）已舉出《上博（二）·民之父母》簡 13"或"字作爲證，甚確。但其"戈"旁下方、"止"旁的上方是一長横筆，跟"或"形的區別還是頗爲明顯的。此字除去"辵"旁後的部分就是"戉（式）"字。"式"字《説文》古文从"弋"形，但古文字中本多从"戈"作"戉"。簡文"此与（與）息（仁）人戉（式/貳/二）者也"，"二"意爲"兩樣、不同、相反"。《荀子·儒效》（又《王制》有略同之語）："言道德之求，不二後王。道過三代謂之蕩，法二後王謂之不雅。"

《出土文獻與古文字研究》2，頁 176—177

△**按**　是篇字迹潦草，殘斷較多，陳説或是。卷十四"二"字條重見。

迖

郭店·老乙 8　　郭店·成之 21　　上博四·柬大 12　　璽彙 0857

璽彙 1433　璽彙 1481

○羅福頤等(1981)　（編按：璽彙 0857 等）以璽文去疾去病而知是去，从彳。

《古璽文編》頁 110

○高明、葛英會(1991)　（編按：陶彙 3·178）畲壺去作𠫔，从止去聲，此从辵去聲，亦去字或體。

《古陶文字徵》頁 234

○李家浩(2000)　（編按：九店 56·15）"迲"字屢見於戰國文字，从"辵"从"去"聲，即來去之"去"的專字。

《九店楚簡》頁 70

○劉國勝(2000)　（編按：九店 56·15）"寄"，簡文字形从辵去，當讀爲"寄"。字見於郭店《老子》竹簡："愛以身爲天下，若可以寄天下矣。""寄"正作此形。字又見於江陵天星觀楚簡："期中將動，寄處不爲友。""寄"亦作此形，原釋"去"，釋"寄"較釋"去"更爲貼切。

《奮發荊楚　探索文明》頁 217

△按　"去"字繁構。戰國文字又或从彳，或从止。見卷五"去"字條。

迲

天星觀　包山 182

○何琳儀(1998)　迲，从辵，巨聲。或加又旁繁化。《龍龕手鑒》："迲音亳。"疑爲音轉。

《戰國古文字典》頁 496

○白於藍(1999)　即《說文》距字。偏旁辵、止可通用。

《中國文字》新 25，頁 177

○劉信芳(2003)　迲：同"距"，有如簡 121"大迲"即"大路"。

《包山楚簡解詁》頁 190

△按　字从辵，巨聲，簡文中均用爲人名。

迉

上博四·柬大 16　上博四·昭王 1　上博四·昭王 5　上博六·平王 3

近二 987 大市量　　九店 56・32　　包山 120

○**何琳儀**（1993）　（編按：包山 120）"逅楚"與"逅郢"（128 反）之"逅"均應讀"觏"（"邂逅"或作"邂觏"）。《詩·大雅·公劉》"廼觏于京"，傳："觏，見也。"

《江漢考古》1993-4，頁 61

○**何琳儀**（1998）　逅，從辵（或止），石聲。疑跖之異文。《説文》："跖，足下也。從足，石聲。"

　楚簡逅，讀蹠。《史記·伯夷列傳》"盜蹠日殺不辜"，索隱："蹠及注作跖。"是其佐證。《廣雅·釋詁》一："蹠，行也。"《淮南子·原道》"自無蹠有，自有蹠無"，注："蹠，適也。"

《戰國古文字典》頁 547

○**陳秉新**（1998）　（編按：包山簡）簡 120："□客監𦰩逅楚之歲。"

　考釋 193："逅，讀如遇。《禮記·曲禮》：'諸侯未及期相見曰遇。'"

　按：讀遇不確。遇指施事雙方相遇、相逢，某國之客（使臣）訪問另一國不得稱"遇"。根據簡文文義，逅當讀爲講。《説文》："講，和解也。從言，冓聲。"《戰國策·秦策》："三國之兵深矣，寡人欲割河東而講。"高誘注："講，成也。"《史記·蘇秦列傳》："已得講於魏，至（質）公子延，因犀首屬行而攻趙。"司馬貞索隱："講，和也，解也。"典籍又作購或媾。《史記·刺客列傳》："北購於單于。"索隱："《戰國策》'購'作'講'，講，和也。今讀購'爲燕媾'同，媾亦合也。"段玉裁《説文解字注》："《史記》虞卿、甘茂二傳，《漢書·項羽傳》皆假媾爲講，古音同也。"講、購、媾本皆從冓聲，上古音當均隸侯部，聲母同屬見紐，講字後來音轉入陽部，侯陽旁對轉。逅屬匣紐侯韻，故可通講。"□客監𦰩講楚之歲"是說某國使臣和楚的那一年。包山二號墓的年代一般認爲在楚懷王前期（參看《包山楚墓》330—333 頁），但由於監𦰩和楚史書闕載，其確切年代及史實尚難判定。

《南方文物》1998-3，頁 59

○**李零**（1999）　（編按：九店 56・32"逅四方野外"）"逅"與"之"顯然是含義相近的詞，用法類似於"徂"。"徂"是從母魚部字，"逅"從石，"石"是禪母鐸部字，讀音相近。

《出土文獻研究》5，頁 142

○**李家浩**（2000）　（編按：九店 56·32）“秪吕行俊，【迱】四方埜外”，秦簡《日書》甲種楚除外陽日占辭作“利以遮墅（野）外”，乙種楚除成、外陽之日占辭作“利以祭，之四旁（方）墅（野）外”。按下三二號簡有“不秪（利）吕（以）行俊（作），迱四方墅（野）外”之語，與此文義相反。兩相對照，本簡“四方埜外”之上當漏寫一“迱”字，釋文據之補出。“迱”字亦見於包山楚墓竹簡。包山一二○號簡説：“□客監臣迱楚之戥（歲）。”包山一二八號簡背説：“亓（其）譁（?），戠（識）言坤（市）既吕（以）迱郢。”“客”上一字原文模糊不清，當是國名。“□客”指某國的賓客。“言市”是“識”的名字，“識”即一二八號簡正面所説的“戠（識）獄之宔（主）”。此二簡“迱”字與本組簡“迱”字用法相同，是“適、至”的意思。“迱”字爲字書所無，上引秦簡《日書》甲種楚除外陽日占辭與此字相當的文字作“遮”。“迱”從“石”聲，“遮”從“庶”聲。按“庶”本從“石”聲（參看下考釋［一九五］），故“石、庶”二字作爲聲旁可以通用。例如《説文》手部“拓”字重文作“摭”，《廣韻》卷四禡韻“柘”字重文作“樜”，卷五昔韻“蹠”字重文作“跖”。據此，疑楚簡“迱”應當是“遮”字的異體。古代“蹠”字有“適、至”義。《淮南子·原道》“出生入死，自無蹠有，自有蹠無，而以衰賤矣”，高誘注：“蹠，適也。”《楚辭·九章·哀郢》“心嬋媛而傷懷兮，眇不知其所蹠”，何劍熏據上引《淮南子》高注，謂“此處蹠字，亦當訓適。適，之也，往也”（《楚辭新詁》221 頁）。《淮南子·説林》“蹠越者，或以舟，或以車，雖異路，所極一也”，高誘注：“蹠，至也。”至，來也，到也。楚簡“迱（遮）”字和秦簡“遮”字，都應當讀爲“蹠”。本組簡“蹠四方野外”和秦簡“蹠野外”之“蹠”訓爲“適”，包山楚簡“蹠楚”和“蹠郢”之“蹠”訓爲“至”。馬王堆漢墓帛書《老子》甲本也有“迱”：“故貴爲身於天下，若可以迱天下矣。”傳本“迱”作“託”。“蹠、託”古音都是鐸部字，故可通假。

　　“迱”字所從“石”旁原文作👉，與《汗簡》卷中之二“石”字的古文👉寫法相近。

《九店楚簡》頁 89—90、93

○**唐友波**（2000）　（編按：大市量）誠如很多研究者所指出的，楚以事紀年者，不論是正常的聘問等外交活動，還是軍事衝突，抑或國土、民衆的歸棄得失，皆可歸於外事，或與外事有關。對其中的涵義、年代的推定等，也有不少的研究，但仍有一些問題没有得到很好的解決，比如包山簡的“□客監臣迱楚之歲”、天星觀卜簡的“郙客君公頌迱楚之歲”之“迱”（以下用#符號代替）。包山簡整理者釋此字爲“逅”，“讀如遇”，不僅字形不合，文義也難通。張守中

《包山楚簡文字編》釋“#”，無説。滕壬生《楚系簡帛文字編》釋“#”，然據《龍龕手鑒》説其“同近，乃近之俗體”，問題又回到了原處。李零《包山楚簡研究・文書類》隸爲“#”，然未釋義；同文將 128 反之“以#郢”解作“返回郢”，可以讀通，但“返”義顯然不能適用於對前述“×客#楚之歲”的通解。近讀何琳儀《戰國古文字典》，其 547 頁云（#）“疑跖之異文”，通“蹠”，行也，適也。這就基本上解決了問題。因爲上述“#”或用作“×客#楚”，或用作（某職司）“#郢”，本銘又用爲“××（楚人）#秦”。此動詞與“行、適”等的詞性非常接近，如“適”既有“往”義，又有“至、歸”之義，以之釋上述諸“#”，均可獲通解而無疑滯。

《古文字研究》22，頁 130

○**劉信芳**（2003）　（編按：包山 120）字從辵，石聲，讀爲“適”，曾侯乙簡 1：“大莫囂歔喙適騙之春。”句例相同。天星觀簡亦有“迊楚之歲”（滕壬生《楚系簡帛文字編》頁 149）。整理小組釋“近”，非是。“迴”字見簡 85、172、178，“后”字見郭店《唐虞之道》5，均與此字構形不同。九店簡 56-32：“外害日，不利以行作。迊四方野外。”睡虎地秦簡《日書》738：“外害日，不可以行作，之四方野外。”之、迊互文見義。

《包山楚簡解詁》頁 109

○**陳佩芬**（2004）　（編按：上博四・昭王 2）“迊”，從辵，石聲，疑“趏”之異文，《集韻》：“趏，行也。”或讀爲“適”，《集韻》：“適，往也。”

《上海博物館藏戰國楚竹書》（四）頁 183

○**濮茅左**（2004）　（編按：上博四・柬大 16）“迊”，讀爲“蹠”，聲符相通，《集韻》“拓”作“摭”，“坧”作“墌”，“蚚”作“蟅”。《廣韻》：“蹠，足履踐也，跖同。”從辵、從足義符亦近，《增修互注禮部韻略》：“蹠，足履踐也，楚人謂跳躍曰蹠。”

《上海博物館藏戰國楚竹書》（四）頁 209

○**李守奎、曲冰、孫偉龍**（2007）　或當釋爲“蹠”。（中略）
簡文中皆讀爲“適”。

《上海博物館藏戰國楚竹書(一—五)文字編》頁 90

△**按**　字從辵，石聲，大量文例可知，“迊”表到往義，與“之、適”等詞相當。傳世文獻常見的“適”，楚系文字中僅曾侯乙簡 1 一見，而曾侯乙簡雖屬廣義楚系，畢竟仍有其自身的特點，故從文獻的對應性來看，“迊”很可能就是記錄“適”這個詞的楚系用字。

迌 徂

郭店・尊德 37　郭店・尊德 38　郭店・窮達 7

郭店・忠信 8

○ **裘錫圭**（1998）　（編按：郭店・窮達 8）各書多言百里奚以五羊之皮賣身，“五羊”上二字疑當與“賣”義有關。（中略）第一字从“旦”聲，似可讀爲“轉”。《淮南子・脩務》：“百里奚轉鬻。”

《郭店楚墓竹簡》頁 146

○ **周鳳五**（1998）　（編按：郭店・忠信 8）遭而可受：《郭簡》云：“徂，疑借作‘亶’。《爾雅・釋詁》：‘亶，誠也。’”按，簡文上句“君子其施也忠，故蠻親附也”指原本不親附的南蠻來親附，則本句當指原來不可受之言語可以接受，“而”字在句中爲轉接連詞，亶若訓誠，於文法不合，字當讀爲遭，《楚辭・九歌・湘君》“遭吾道兮洞庭”，王逸章句：“遭，轉也，楚人名轉曰遭。”遭，展轉，猶“重譯”之“重”。《史記・三王世家》：“遠方殊俗，重譯而朝。”《新語・無爲》：“越裳之君，重譯來朝。”簡文意謂：君子的言語如此可信，故雖展轉傳遞而仍可接受。《窮達以時》：“百里迌鬻五羊。”迌亦讀爲遭。

《中國文字》新 24，頁 127—128

○ **陳偉**（1999）　（編按：郭店・尊德 37—38）遭，从旦从辶，裘錫圭先生按云：“迌疑可讀爲‘轉’，參看《窮達以時》注九。”在《窮達以時》注釋按語中裘先生指出：“各書多言百里奚以五羊之皮賣身，‘五羊’上二字當與‘賣’義有關。疑第二字……讀爲‘賣’，通‘鬻’。第一字从‘旦’聲，似可讀爲‘轉’。《淮南子・修務》：‘百里奚轉鬻。’”所云很有道理。不過，這裏也許存在另外一種可能性。即“迌”實爲“遭”之原形或省寫。《楚辭・離騷》：“遭吾道夫昆侖兮，路修遠而周流。”王注：“遭，轉也。楚人名轉曰遭。”《廣雅・釋詁四》則徑云：“遭，轉也。”因此，這個字恐應釋爲“遭”，訓爲“轉”。依王逸之説，其爲楚方言用字。在推斷本篇與《窮達以時》的產生地域時，這是一個應予考慮的現象。

《武漢大學學報》1999-5，頁 30

○ **陳偉**（2003）　（編按：郭店・尊德 37—38）遭，字本从“旦”从“辵”。應即“遭”字初文，轉變義。《楚辭・離騷》：“遭吾道夫昆侖兮，路修遠而周流。”王逸注：

“遱,轉也。楚人名轉曰遱。”《廣雅・釋詁四》:“遱,易,轉也。”《淮南子・要略》云:“《人閒》者,所以觀禍福之變,察利害之反;鑽脈得失之迹,標舉終始之壇也。分別百事之微,敷陳存亡之機,使人知禍之爲福,亡之爲得,成之爲敗,利之爲害也。”高誘注:“壇,場也。”俞樾《諸子平議》云:“然則‘始終’不當以壇場言,此注未得其義。壇當讀爲‘嬗’。《説文》‘女’部:‘嬗,一曰傳也。’《精神》篇‘以不同形相嬗也’,高注曰:‘嬗,傳也。’‘始終之嬗’即‘始終之傳’,作‘壇’者,假字也。”作爲另一種可能,“壇”也許是“遱”的借字。不過,“遱、嬗”均從“亶”作,辭義相近,我們難以也無需在其閒作出取捨。值得注意的是,《淮南子・要略》講述《人閒》篇主旨,即禍福、亡得、成敗、利害的轉化,正與簡書相通。其中的“壇”無論讀“嬗”或“遱”,都可對簡文“遱”字的釋讀提供支持。

《郭店竹書別釋》頁 167

迪　繈

石鼓文・鑾車　 郭店・緇衣 19　 上博一・緇衣 20

璽彙 3146　 璽彙 2456　 璽彙 1283

上博一・緇衣 10

○**吳大澂**(1884)　迪　《説文》所無,古鉢文。

《説文古籀補》卷 2,頁 7

○**張政烺**(1934)　(**編按**:石鼓文・鑾車)章《注》:“鄭云‘迪’今作‘徇’。”烺按:字又見第九碣。《一切經音義》廿一引《蒼頡》:“徇,求也。”《廣雅・釋言》:“徇,巡也。”此應訓求,第九碣應訓巡。

　　(**編按**:石鼓文・吾水)字已見前第四碣。鄭云:“今作‘徇’。”考《廣雅・釋言》:“徇,巡也。”《周語》:“乃命其旅曰徇。”《注》:“徇,行也。”以釋碣文於義可通。

《張政烺文史論集》頁 23、33,2004;原載《史學論叢》1

○**强運開**(1935)　(**編按**:石鼓文)趙古則作趣,誤。楊升庵作迪。鄭云今作徇。張德容云:“按此當是籀文巡字,巛,古坤字,此作𡿧,蓋从坤省。”運開按,《古今字詁》曰:“徇,巡也。”張氏蓋从鄭説。今則徇而古則巡也。《正字通》云:“石鼓迪禽奉雉,乘馬既迪,並與陳同。”按陳古文作𨸂,𢏚古文申,籀文作𡿧,此篆从辵从昌,當即籀文陳字也。

《石鼓釋文》丁鼓,頁 11

○**羅福頤等**(1981)　（編按:璽彙 3146、1283、2456）迧。

《古璽文編》頁 38

○**何琳儀**(1998)　迧,从辵,申聲。陳之異文。《正字通》:“迧,與陳同。”
石鼓迧,讀陳,陳列。

《戰國古文字典》頁 1119

△**按**　字从辵,申聲。上博、郭店《緇衣》篇“君迧”,即今本《尚書》篇名“君
陳”。上博一《緇衣》簡 10 之字从糸,應是“迧”字異體。

迻

璽彙 2183　　璽彙 2486　　璽彙 2661

○**羅福頤等**(1981)　迻。

《古璽文編》頁 36

○**吳振武**(1983)　2661 閔　·閔(藺)徙。

《古文字學論集》(初編)頁 509

△**按**　字从辵,之聲,不从止,與《說文》“徙”非爲一字,且戰國文字遷徙之徙皆
不从止得聲。疑爲“辻”字繁構,古文字从止、从辵常無別。璽文中用爲人名。

迌

包山 86

○**李零**(1995)　(4)（《包山楚簡》簡 86）(中略)例(4)原書釋迌,其實是
巡字。

《國學研究》3,頁 273

○**陳偉武**(1997)　迌。

《第三屆國際中國古文字學研討會論文集》頁 641

○**劉信芳**(2003)　李零釋“巡”(《古文字雜識 [五則]》,《國學研究》第三卷,
1995 年;又《讀〈楚系簡帛文字編〉》,《出土文獻研究》第五集,科學出版社

1999 年)按是説可疑。該字所从之"舟"與"朝"(楚帛書甲 8)之聲符"舟"同形,此字符"舟"即釋作車轅的"舟"(輈),與水行之"舟"不是一個字,因而書寫有不同(別有説)。作爲姓氏讀爲"朝",《左傳》昭公十三年、十四年記有楚人"朝吳",《論衡·累害》:"朝吳忠貞,無忌逐之。"

《包山楚簡解詁》頁 83—84

△按　陳斯鵬(《讀〈上博竹書[五]〉小記》,簡帛網 2006 年 4 月 1 日)分析此字右半即金文"潮"字如▨(盂鼎)、▨(獸鼎)右半的變形,而▨即"潮"之象形初文,可從。故此字从辵,以"潮"之象形初文爲聲符,與《璽彙》3313 之"趙"爲異體。

逌

▨ 包山 172　　　▨ 包山 178　　　▨ 上博五·競建 10
▨ 上博五·鮑叔 2　　　▨ 上博五·鮑叔 2　　　▨ 上博五·鮑叔 2

○何琳儀(1998)　逌,从辵,句聲。《字彙補》:"逌,音未詳。"
　　包山簡逌,人名。

《戰國古文字典》頁 342

△按　上博五《競建内之》簡 10"逌述",讀爲"驅逐"。"逌"可能是驅逐之"驅"的楚文字寫法,馬王堆帛書《戰國縱横家書》219"天下服聽,因逌韓、魏以伐齊",亦讀爲"驅"。

【逌述】上博五·競建 10
△按　辭云"逌述田纔","逌述"讀爲"驅逐"。
【逌佝】上博五·鮑叔 2
○李學勤(2006)　周人在"觀其容,聽[其]言"之外,又加上"逌佝者使","逌"字疑讀爲同音的"侯",意同"惟","佝"即"治"字。《荀子·修身》:"不苟禮義之謂治。"所以"侯治者使"意即只任用那些通禮義的人士。周室之走向衰亡,是忘記了這樣的原則。桓公宣布,他將改變對豎刁、易牙之流的偏愛,惟禮義之士是用。

《文物》2006-9,頁 93—94

○李鋭(2007)　試將此段文字與《大戴禮記·少閒》孔子之語比較:
　　子曰:"昔堯取人以狀,舜取人以色,禹取人以言,湯取人以聲,文王取人以度,此四代五王之取人以治天下如此。"

雖和簡文不盡相同,但是不難發現相似性,這爲我們的釋讀提供了方向。需要指出的是,盧辯注云:"以度,觀其志度",但是又引或説謂:"文王取人以度四代,謂之兼也。"此或説後人有從之,揆諸上下文,這個或説似不太可信。而本篇簡文中,殷人繼承了夏人的"觀其容",加入了"聽其言",則周人繼承了夏殷之人的"觀其容,聽其言",又加入了"迥佁",是兼衆之長。

關於文王取人,有《大戴禮記·文王官人》和《逸周書·官人》可以參考。《文王官人》有"六徵":觀誠、考志、視中、觀色、觀隱、揆德;《官人》作:觀誠、考言、視聲、觀色、觀隱、揆德,内容基本相同,明確提到了言、聲、色,或者剩下的内容中有與"取人以狀"相關者。《官人》提到齊用六徵,《文王官人》則還提及"九用、任七屬",最後説:"女廢朕命,亂我法,罪致不赦。"因此,文王官人之法,是一套成體系的法度。在這種意義上,也許可以説"文王取人以度"的"度",是法度而不是志度(後人信從盧辯的或説,可能與此有關)。但是《大戴禮記·少閒》下文説:

> 公曰:"嘻! 善之不同也。"子曰:"何謂其不同也?"公曰:"同乎?"子曰:"同。"公曰:"人狀可知乎?"子曰:"不可知也。"公曰:"五王取人,各有以舉之,胡爲人之不可知也?"子曰:"五王取人,比而視,相而望。五王取人各以己焉,是以同狀。"

孔子認爲五王取人是"各以己焉",這應該不是法度。後人若將文王取人之法總結歸納爲條文規則,才可謂是法度。

關於"佁"字,其右上部"吕"字古音喻紐之部,"度"古音定紐鐸部,似乎較遠。但是度從庶得聲,庶古音書紐魚部,與"吕"字音近。又從"吕"字得聲的"治"字與"除"古通,"除"從余聲,而從余得聲的字與從度得聲的字古多相通。所以將"佁"字讀爲"度"是可行的。

"迥"字曾見於《馬王堆漢墓帛書·戰國縱橫家書·謂燕王章》:"天下服聽,因迥(驅)韓魏以伐齊。""驅"字有《戰國策·燕策一》《史記·蘇秦列傳》爲證,當是"迥"的通假字。"迥"當從"句"得聲,"句"古音爲見紐侯部("驅"古音溪紐侯部),此疑讀爲"考"(古音溪紐幽部;"句"從"丩"得聲,"丩"古音見紐幽部)。

因此,"迥佁"即可讀爲"考度"。簡文中的"考度",根據《大戴禮記》盧辯注,義爲考察志度。"考度"一詞,古書習見,但是多用爲"考慮"之義,或許用爲考察志度之義當是引申義。如《新書·大政下》:"官駕百乘,而食食千人,近側者不足以問諫,而由朝假不足以考度,故政謂此國無人也。"

　　“迵佁者使”,比照“觀其容以使”,是指經考察其度可用,便任用之。“忘其迵佁”,則是忘記了考察度。“寡人將迵佁”,則是指齊桓公將從周舊法,考度用人。

《古籍整理研究學刊》2007-3,頁72

○ **史傑鵬**(2010)　　我們認爲,“迵佁”可以讀爲“耇鮐”。“迵”和“耇”都從“句”得聲,可以通假;“迵”(編按:當是“佁”字,排版誤植)的右旁是個雙聲字,從“台”從“刁”,“台”和“司”相通,從甲骨文時代就開始了,金文中多見它們一起組成的雙聲字,也就是説,“鮐”和“佁”皆從“台”得聲,可以通假。總之,把“迵佁”讀爲“耇鮐”,從音理上是毫無問題的。

　　古人常用“耇”或者“鮐”來代稱老人,《説文》:“耇,老人面凍黎若垢。”《釋名·釋長幼》:“耇,垢也,皮色驪悴,恆如有垢者……或曰凍梨,皮有斑黑,如凍梨色也。”《爾雅·釋詁》:“鮐背、耇老,壽也。”郭璞注:“鮐背,背皮如鮐魚。”《詩經·大雅·行葦》:“黃髪台背。”毛傳:“台背,大老也。”鄭玄箋:“台之言鮐也。大老則背有鮐文。”馬瑞辰認爲“台、鮐”是“鸛”的通假字,是黑的意思,“《詩》以台背與黃耇對舉,鮐背即背有黑文耳……鮐魚之鮐,亦取背有黑文,與台背同,不必老人背似鮐魚也”。不管“鮐背”的“鮐”是不是如馬瑞辰解釋的那樣意思是黑色,它和“耇”都用來指代老人,是沒有問題的。古書上還有把“耇鮐”合稱的例子,《方言》卷一:“眉、黎、鲞、鮐,老也。東齊曰眉……秦晉之郊、陳兖之會曰耇鮐。”所謂“陳兖之會”,當是指陳國和兖州交接之處,陳國屬於淮陽地區,雖然在戰國後期被楚國占領,但從傳統上看,和齊國文化更爲接近,語言上應當更接近齊國,如果説從齊國人嘴裏説出“耇鮐”這個詞,是完全可能的。

　　當然,就算撇去方言的因素,也不能對我們的釋讀構成反證。沈培先生曾把我們上揭簡文中的“遹”讀爲“凡”,認爲是總括副詞,這個結論確不可易;但他同時又認爲,這種蒸、侵兩部通假的現象是齊國方言特色,並且進一步懷疑“迵佁”是齊方言詞,恐怕就值得商榷了。不管是傳世文獻還是出土文獻,蒸、侵兩部相通的例子都不少,甲骨文“鳳”加“凡”爲聲符,而“鳳”和“鵬”乃是一字分化,“鳳、鵬”都爲蒸部字,而“凡”在侵部;“朕”爲侵部字,而以它爲聲符的字如“勝、騰、滕”等皆在蒸部,都是證據,我們總不能説這些古老的聲韻材料都和齊人有關吧。當時的方言,恐怕早已融入了各種文獻資料中,爲天下學者所通用。就如上面所引《方言》中的“眉、黎、鲞、鮐,老也”,揚雄雖然進一步解釋説:“東齊曰眉,燕代之北鄙曰黎,宋衞兖豫之内曰鲞,秦晉之交、陳兗之會曰耇鮐。"但它們每個詞都是我們所熟知的,在傳世的先秦兩漢文獻中,也似乎看不出有被不同籍貫的著書立説者劃然分別使用的迹象,也就是説,反映不出有多少方言的因素。因此,説"迥偝"是齊方言,證據並不堅實,在上博簡中,能確切無疑地可以稱之爲方言的因素似乎也還沒有找到,這些不會影響我們對簡文的釋讀。

如果將"迥偝"讀爲"耇鮐",簡文的最後幾句可以翻譯爲:周人代替商人(任用官吏),不但要觀其容,聽其言,而且還要是年老有德的人。總結其最後衰亡的原因,就是忘掉了他的年老有德者。所以寡人將重新任用年老有德的人。(中略)

當然,將"迥偝"讀爲"耇鮐",還有一個語法上的疑點須要解決。在一般情況下,"迥偝"是個名詞,就指老年人。但第一個"迥偝者使","迥偝"後面有一個"者"字,朱德熙先生認爲這個"者"字是一種表示自指的語法功能,加不加它,都不影響在它前面名詞的語義,這説明"迥偝者"就等於"迥偝";第二個"忘其迥偝也","迥偝"後面無"者"字,詞義與"迥偝者"一樣。但是第三個"寡人將迥偝"這句卻有些麻煩,因爲如果將"迥偝"讀爲"耇鮐",看成是名詞的話,這句話將沒有動詞。這裏有兩種可能,第一,簡文漏抄了一個動詞"使"。學者多公認這篇簡文筆迹不一,乃是由兩位抄手抄補而成,簡文中有不少塗抹痕迹,還有衍文脱文。在這句抄脱一個"使"字,是完全可能的。就上面引用的簡文來説,"周人之所以代之,觀其容,聽言",其中"聽"和"言"之間就顯然漏了一個代詞"其",所以,"寡人將迥偝"這句漏抄了一個動詞毫不奇怪。第二,"耇鮐"可能作動詞用,就如"老吾老以及人之老"的"老",但關於這點,我們暫時沒有在文獻中找到比較合適的例子,所以暫時存疑。

最後需要提到的是,"迥偝"一詞出現的三處地方,所需要填補的詞在語法功能上難以趨於一致,非常棘手。但從文意上看,前兩處所指必須一致,否則句子意思不通。如果我們把"迥偝"看成是名詞的話,前兩處所指沒有問題是一致的,第三處"寡人將迥偝"則不合適;如果把"迥偝"看成是動賓詞組,則"迥偝者"和"迥偝"是矛盾的,因爲根據上面提到的朱德熙先生的文章,在動賓式詞組後加"者"字,會使形容詞和動賓詞組名詞化,那麼"迥偝者"將不再是動賓詞組,而變爲名詞,這個名詞與原來的動賓詞組的所指也就是詞義不同,朱德熙先生把這種名詞化稱爲"轉指"。(中略)如果"迥偝"是形容詞,第一處的"迥偝者"在"者"的作用下同樣會名詞化,第二處"忘其迥偝也"中的"迥偝"同樣和第一處所指不同,(中略)而將"迥偝"讀爲"耇鮐",也僅能使關鍵的前兩處通順無礙,要找出一個詞性全部滿足簡文中三處的條件幾乎是不大可能的,所以,我們認爲最後一句漏抄動詞"使"的可能性最大。

《古文字研究》28,頁 439—441

△按　董珊(《〈鮑叔牙〉篇的"考治"與其歷史文獻背景》,簡帛網 2007 年 7 月 16 日,後收入《簡帛》第 7 輯,上海古籍出版社 2012 年)謂"迵佝"一詞當讀爲"考治",認爲"忘其迵佝"是指"忘掉了那考績(的辦法)","寡人將迵佝"是齊桓公説"我將考察(你們的)政績","迵佝者使"是指"被考治的人得到任用",又謂末句"者"爲"以"之誤,則此句指"采取'考治'的辦法"。諸説於文義似皆有未洽,如何釋讀,尚待研究。

迬

迬 郭店·老甲 10

○張桂光(1999)　四是甲組第十簡的迬字。此字釋文隷定爲"迬",注〈27〉引裘錫圭先生按語云:"'迬'帛書本作'重',今本作'動'。"考主、重二字韻部所屬之侯、東二部雖可對轉,終有陰、陽之別;聲母所屬之章、澄二紐,雖上古同歸舌頭,亦終有清、濁之殊。聯繫到第二十三簡"虛而不屈,迬(動)而愈出"及第三十七簡"返也者,道僮(動)也",既能用"迬""僮"爲"動",則用"迬"爲"動"就顯嫌迂曲了。竊以爲"迬"字从乇主聲,當爲"駐"字異體。其結字之旨蓋與"驅"字別構"毆"字之从支區聲相類。簡文當釋作"竺(孰)能濁以束(次)者?(將)舍(徐)清;竺(孰)能庀(庇)以駐者?牆(將)舍(徐)生"。句中之讀"竺"爲"孰",讀"牆"爲"將",讀"舍"爲"徐",均依原釋文,而"束"之讀"次",主要據二字清紐雙聲,而"束"字所屬之錫韻與"次"字所屬之脂韻可相通轉,故得通用。《尚書·泰誓中》:"惟戊午,王次于河朔。"孔安國傳:"次,止也。"其言"濁以次"者,當與河上公本"孰能濁以止?靜之徐清"句之"濁以止"相近。至"庀"之通"庇",爲史籍所習見。《集韻·紙韻》:"庀,或作庇。"《左傳》襄公十年:"我實不能御楚,又不能庀鄭。"阮元校勘記:"各本庀作庇。"其言"庇以駐"者,亦當與河上公本"熟能安以久?動之徐生"句之"安以久"相仿。

《江漢考古》1999-2,頁 73—74

○劉信芳(1999)　簡甲九:"竺能厄以迬(種)者牆(將)舍(徐)生。""迬"字

《郭店》隸作"迬"。按字即《説文》"徰"字。

《中國古文字研究》1，頁 105

○**何琳儀**（2000）　《注釋》"裘按，迬帛書本作重，今本作動。主與重上古音聲母相近，韻部陰陽對轉"。其説可信。戰國文字"冢"字習見，從"主"聲，讀"重"。參拙文《句黽王劍補釋》，載《第二屆國際中國古文字學研討會論文集》。今郭店簡以"迬"爲"動"，適可印證拙説。

《文物研究》12，頁 196

△**按**　從辵，主聲，或即"動"字異體，楚文字輕重之"重"或作"砫"，以主爲聲，運動之"動"作"達"，從辵。

逞

　　　　　　　　上博四・柬大 18　　　　　　　　上博五・君子 1

○**李守奎、曲冰、孫偉龍**（2007）　疑爲"坐"字異體。

《上海博物館藏戰國楚竹書（一—五）文字編》頁 90

△**按**　"呈"字繁構，增辵旁以爲動符。上博四《柬大王泊旱》簡 18"社稷以逞"，讀爲"危"；上博五《君子爲禮》簡 1"逞，吾語汝"，讀爲"坐"。"呈"一般以爲即"坐"字，"坐、跪"同源，"跪、危"音近。

迡

　　　上博二・從甲 13

○**張光裕**（2002）　"遐"即"迡"，讀爲"昵"。"遐"簡文書作"　"，從　從辵，即"迡"字。上博竹書中有稱"仲尼"者，"尼"字即書作"　"。"迡"又有僅從乚從辵者，見《郭店楚墓竹簡・尊德義》第十七簡："敤迡則亡避，不黨（黨）則亡情（怨）。""迡"，原書未釋。考楚簡"耳"字書作"　"，"乚"當爲"耳"形之訛。故上引從"乚"諸字可分別隸作"遐、屔"及"迡"。"屔"即"尼"，孔子字"仲尼"，"仲屔"即"仲尼"也。《説文・尸部》："尼，從後近之。從尸，匕聲。""匕聲"云者，實誤。秦陶文"尼"字書作"　"，字從"人"作（《秦陶文編》1361、1362、1363），此或即《説文》所謂"從後近之"一義所自昉歟！由上引例證，秦陶文"尼"字所從"人"形，亦無非"乚"形之訛。今日所見"尼"字則更爲一訛再訛所致。因知"尼"實原作"屌",而"毖、汇"亦應隸作"遲(迡)"及"迡",而讀爲"昵"或"邇"。"昵、邇"皆有"近"義,據此隸釋原簡,自可通讀無礙。按《説文·人部》別有"佴"字,説解云:"佽也。从人,耳聲。"段玉裁注引鄭箋釋"佽":"謂手指相次比也。"段注"佴"云:"司馬遷傳曰,僕又佴之蠶室。如淳曰,佴,次也,若人相次也。"無論"手指相次比"或"人相次","佴"皆蒙近通之意。"佴"古韻屬之部,"屌(尼)"屬脂部。之、脂韻可通轉。如《春秋·隱公十一年》:"夏,公會鄭伯于時來。""時來",《公羊傳》作"祁黎"。"時來"疊韻,屬支部,"祁黎"疊韻,屬脂部,即其證。是知"佴、屌(尼)、遲(迡)、迡"皆訓爲近,其理亦至明矣。《韓非子·難三》:"葉公子高問政於仲尼。仲尼曰:'政在悦近而來遠。'"《尸子》卷下則作"悦尼而來遠"。所用正"尼"之本義,而改"尼"爲"昵(暱)"則唐以後事。《説文》"尼"字條下段注言之至詳,今不俱引。

《上海博物館藏戰國楚竹書》(二)頁 226—227

△按　當是"迡"字,其中尼旁从匚(表音),非从匕。又或作"汇",見本卷"汇"字條。

迣

走 包山 137　　　走 包山 137 反

○**劉彬徽、彭浩、胡雅麗、劉祖信**(1991)　迣,讀如圭。《禮記·儒行》"篳門圭窬",注:"穿牆爲之如圭矣。"笍,讀作拘,意爲牢房。

《包山楚簡》頁 49

○**陳偉武**(1997)　包山簡 137 反:"陰之正既爲之盟(盟)諎,慶逃,惺迣笍,亓余鉖(執)牆(將)至肯而劚之。"簡 137:"夆(舒)惺鉖(執),未又(有)劚,迣笍而逃。"整理者注:"迣,讀如圭。《禮記·儒行》'篳門圭窬',注:'穿牆爲之如圭矣。'笍,讀作拘,意爲牢房。"

今按,《説文》無迣字,而有趌字,《走部》云:"趌,半步也,舉一足也。與跬同。"迣當是趌、跬、跬之初文,但楚簡不用跬步義。包山簡整理者讀迣爲圭亦非是。同墓所出 120 簡云:"易城公業罦命佟邦解句。"整理者注:"句,借作拘。"此注近是,而更準確的解釋應是:句,讀爲枸。睡虎地秦簡《秦律十八種·司空律》:"毋赤其衣,勿枸櫝欙杕。"又:"皆赤其衣,枸櫝欙杕。"整理小

組注云："枸檳欔柣,均爲刑具。枸檳應爲木械,如枷或桎梏之類……"可謂的
詁。"枸"指用以拘執罪犯的木製刑具,當是專用字。包山楚簡"觧句"就是打
開桎梏的意思,簡 144 稱"小人(合文)取愴之刀以觧小人(合文)之桎"可證。
筆者以爲前文所引包山簡 137 反、137 兩例"迀旬"均宜讀作"觧枸",迀(趌),
古音爲溪紐支部;觧,見紐支部。兩字旁紐同部,例可通假。《説文》:"觧,判
也。从刀判牛角。一曰觧廌,卨也。"觧廌即獬豸。《集韻·蟹韻》:"獬,獬豸,
卨名。或作觟。"《論衡·是應》:"觟䚡者,一角之羊也,性知有罪。"亦省稱
"觟"。望山二號墓所出遣策有"二觟冗(冠)"語,整理者指出"觟冠"亦即"獬
冠"。《太平御覽》卷六八四引《淮南子》:"楚莊王好觟冠,楚效之也。"今本
《淮南子·主術》作"獬冠"。高誘注:"獬豸之冠,如今御史冠。"包山簡 259
稱"一桂冗",整理者謂"桂,疑讀爲獬",是。从圭得聲之字可與"觧"字或从
"觧"得聲之字相通,甚至"觟"字就是"觧"之異構,爲後起的形聲字。由此可
知包山簡"迀旬"之"迀"讀爲"觧"在語音上當無問題。上引包山簡 137 是説
舒煋被抓獲,還未判決,就(私自)打開枷鎖逃跑。簡 137 反"煋迀旬"是對簡
137 的復述簡縮。"旬"字从宀佝聲,與簡 123"旬"字从宀句聲異體同字,當是
牢房義的專字,只是簡 123 稱"死於旬",字用本義,而簡 137、137 反須讀爲
"枸"罷了。

　　江陵九店五十六號東周墓所出竹簡 28:"巳、午、未、申、栖(酉)、戌、亥、
子、丑、寅、卯、辰,是胃(謂)□日,利吕(以)迀兇,敍(除)不羊(祥)。"李家浩
先生釋文於"迀"字未加括注,劉樂賢先生釋"迀"爲"趌",括注"躅"字。根據
前文分析,"迀"讀爲"觧"訓"觧除"於此亦頗合適,簡文"利迀兇,敍不羊"是
説利於解脱凶患,除去不祥。睡虎地秦簡《日書》甲種《除》篇:"害日,利吕除
凶屬,兑(説)不羊(祥)。"又《馬禖祝辭》:"敺(驅)其央(殃),去其不羊
(祥)。"楚、秦簡文的語意及句式均甚吻合。

《第三屆國際中國古文字學研討會論文集》頁 637—640

○**陳秉新、李立芳**(1998)　　(編按:包山 137)旬从宀从人从句,句亦聲,字書所
無,或即是拘人之所的專字。考釋訓爲牢房,可從。迀字,考釋未釋本爲何
字,讀爲圭,亦不確。"篳門圭窬"之"圭"是形容詞,圭旬頗爲費解。迀从
辵,圭聲,乃趌之古文。《説文》:"趌,半步也。从走,圭聲。"《玉篇》:"趌,
半步也,舉一足也。與跬同。"《方言》卷十二:"跬,半步爲跬。"走、足作爲偏
旁意符時,可以互通。旬應當讀爲牢。《説文》:"窐,甄空也。"徐鍇《繫傳》
云:"甄,下孔也。"由甄空(編按:此處原尚有四字,唯原刊漫滅不清,未能移録)引申爲穿

破,那麼,"迖苟"釋爲破苟,"迖苟而逃"釋爲破苟而逃,文從字順而無詰籬之病矣。

○ **李家浩**(2000)　（編按:九店 56·28）"秒迖兇",秦簡《日書》甲種楚除害日占辭作"利以除凶屬"。"迖"字不見於字書,當從"圭"得聲。"圭、解"二字古音相近,可以通用。例如《淮南子·主術》"楚文王好服獬冠",《太平御覽》卷六八四引作"楚莊王好觟冠"。"觟冠"亦見於望山二號楚墓六二號簡,包山楚墓二五九號簡作"桂冠"。據此,簡文"迖兇"應當讀爲"解凶"。"解凶"與"除凶屬"同義。"迖"字還見於包山楚墓竹簡,凡兩見。包山一三七號簡説:"舒娌執,未又(有)劗(斷),迖苟而逃。"一三七號簡背:"慶逃,娌迖苟,亓(其)余(餘)執,牆(將)至峕(時)而劗(斷)之。"此二"迖"字也應當讀爲"解"(包山一二〇號簡有"昜[陽]城公样罪命倞邦解句"之語,"解句"是否是"迖苟"的異文,待考)。睡虎地秦簡《司空》律説:"公士以下居贖刑罪、死罪者,居於城旦舂,毋赤其衣,勿枸櫝欙杕。""枸櫝欙杕"是四種刑具。睡虎地秦墓竹簡整理小組注指出,"枸櫝應爲木械,如枷或桎梏之類。欙,讀爲縲(音雷),繫在囚徒頸上的黑索。杕,讀爲鈦(音第),套在囚徒足脛的鐵鉗"(《睡虎地秦墓竹簡》釋文注釋 51、52 頁),"苟"從"佝"聲,"佝、枸"都從"句"聲。包山楚簡的"迖(解)苟"之"苟"當是指"枸櫝欙杕"之"枸"這種刑具。古代有一種把兩手銬在一起的刑具叫作"共"。《説文》手部:"共,兩手同械也。从手从共,共亦聲。《周禮》'上辠梏共而桎'。栱,共或从木。"《隋書·刑法志》:"凡死罪枷而共……獄成將殺者,書其姓名及其罪於共,而殺之市。""句、共"二字古音相近,可以通用。上古音"句"屬見母侯部,"共"屬見母東部,二字聲母相同,侯、東二部陰陽對轉。《左傳》襄公九年"陳畚挶",《漢書·五行志上》引此,"挶"作"輂"。"輂"從"共"聲,"挶"從"局"聲,據古文字,"局"本從"句"聲(參看劉釗《〈説文解字〉匡謬[四則]》,《説文解字研究》第一輯 353、354 頁),此是"句、共"二字可以通用的例子。頗疑"苟、枸"皆應當讀爲"共"。《漢書·酷吏義縱傳》顔師古注引孟康曰:"律,諸囚徒私解脱桎梏鉗赭,加罪一等;爲人解脱,與同罪。"《論衡·辨祟》:"一旦令至,解械徑出。"包山楚簡"解共"猶此"解械、解脱桎梏鉗赭"。包山一二三號簡還有一個"苟"字,其結構與"苟"相似。原簡文説:"郪倅未至劗(斷),有疾,死於句。"根據文義,此"句"字顯然不是刑具,而應當是《包山楚簡》48 頁考釋(二〇四)所説的"牢房"。《漢書·宣帝紀》地節四年九月詔："今繫者或以掠辜若飢寒瘐死獄中。"《後漢書·襄楷傳》："頃數十歲以來，州郡翫習，又欲避請讞之煩，輒托疾病，多死牢獄。""句、獄"古音相近。"句"屬見母侯部，"獄"屬疑母屋部。見、疑二母都是喉音，侯、屋二部陰入對轉。包山一二三號簡的"句"有可能應當讀爲"獄"。

《九店楚簡》頁 83—85

遲

上博二·昔者 2

【遲人】

○**陳佩芬**（2002）　"遲人"即"寺人"。《周禮·天官·寺人》："寺人掌王之內人及女宮之戒令，相導其出入之事而糾之。若有喪紀賓客祭祀之事，則帥女宮而致於有司。佐世婦治禮事，掌內人之禁令，凡內人弔臨于外，則帥而往立于其前而詔相之。"賈公彥疏："寺人是奄者，故得佐世婦治喪事。"

《上海博物館藏戰國楚竹書》（二）頁 244

△**按**　"遲"從辵，疑是"寺"增動符辵而爲寺人之"寺"的專字。

诣

陶彙 3·206　　璽彙 4106

○**羅福頤等**（1981）　（編按：璽彙 4106）诣。

《古璽文編》頁 39

△**按**　"诣"字陶、璽文字皆用爲人名。

逭

集成 11255 吳王光戈　　包山 55　　郭店·窮達 6　　上博三·中弓 1

△**按**　當是"趄"字異體。傳世文獻多借"桓"爲之。郭店《窮達以時》簡 6"齊逭"即"齊桓"，上博三《中弓》簡 1"季逭子"即"季桓子"。詳本卷走部"趄"字條。

逳

集成 9735 中山王方壺　　集成 2840 中山王鼎

○**張政烺**（1979）　逳，从辵，吏聲。讀爲使。

《古文字研究》1，頁 213

○**朱德熙、裘錫圭**（1979）　“逳”疑當讀爲“置”，《廣雅·釋詁四》：“置，驛也。”“左置車”疑是中山王御用的傳驛機構。

《朱德熙古文字論集》頁 106，1995；原載《文物》1979-1

○**商承祚**（1982）　事、使二字在戰國前同字，此作逳，即後來使字所由生。

《古文字研究》7，頁 52

○**湯餘惠**（1993）　使，同逳、使。中山王鼎“使知社稷之任”字作逳。

《戰國銘文選》頁 42

△**按**　當是“吏”字繁構，吏、使本同字，增辵旁以爲動符，專表使役義。此與中山王器喪亡之“亡”寫作“迄”同理。字又作“使”，从彳與从辵同理，彳部重見。

迀

上博六·季桓 22

○**陳劍**（2008）　所謂“迀”字原作如下之形：

整理者原釋爲“赴”，陳偉（2007c）改釋作“迀”，研究者多從之。此字除去“辵”旁後所从的“乇”形跟楚簡文字一般寫法的“乇”頗有不同之處，但陳偉（2007c）舉出以下兩個字形爲證：

郭店《老子甲》簡 23“囩（橐）”　　《上博（五）·姑成家父》簡 7“乇”

另外中山王墓兆域圖銅版多見的用爲“尺”之字作ㄅ，不少研究者也已指出字當釋爲“乇”而讀爲“尺”，其形也跟上舉諸形相近，可見陳偉（2007c）的意見在字形上不是沒有根據的。但問題是，循此以求，實在沒有辦法將簡文講通。陳偉（2007c）解釋説：

　　（迀）疑當讀爲“宅”。宅訓居，引申爲“存心”。《論語·雍也》：“居敬而行簡，以臨其民，不亦可乎?”上博竹書《君子爲禮》1 號簡：“回不敏，弗能少居也。”可參看。

"斯不宅"恐甚爲不辭。李鋭(2007b)讀"不迁"爲"不敏",按"乇"與"敏"古音懸隔,其説亦牽强難信。簡文這種某人表示自謙的説法,古書中除了"不敏"外,還有"不肖、無似、不佞"等。將字形跟文意結合考慮,此字當分析爲从"年"省聲,讀爲"佞"。"不佞"本指没有口才,又用於謙稱,泛指没有才能、没有才智。古書中"寡人不佞""臣不佞"一類的説法極爲多見,不煩舉證。

我們知道,"年/秊"字下半本从"人"聲,"人"字豎筆上常加一裝飾性的小點,又變爲短横,《説文》遂分析爲从"千聲"。楚簡中有不少"年"字的下半寫得獨具特色,其"人"旁末筆故作曲折,例如:

九店 M56 簡 26　　《上博(三)·周易》簡 24　　《上博(五)·鬼神之明、融師有成氏》簡 2

《上博(二)·容成氏》簡 28(同篇中此類"年"字多見)　　《上博(四)·曹沫之陳》簡 12　　

上引最末一形見於本篇簡 18,其右下部分的上方應也本是一折筆,其墨迹有漫漶。上舉諸形除去上半"禾"旁後(保留其與"千"形共用的中豎),餘下之形顯然與簡文""形極近。雖然"年/秊"字下半所从的就是"千"形,但古文字中獨立的"千"字,和在其他字中作偏旁的"千"字(或者説"人"字末筆上加裝飾筆畫之形),似皆没有看到寫作形的。所以此字所从的所謂"千",只能跟"年"字聯繫起來看作其省體。我們將其隸定作从"千",也是没有辦法的辦法。戰國文字省略變化的種種匪夷所思,我們算是由此字又再次領教了。

睡虎地秦簡《日書》乙種"楚除"二二壹:"生子,年。不可遠行,遠行不返。"李家浩(1999,頁 899—900;2002,頁 385)指出"年"當讀爲"佞",指"巧言善辯",對這兩字相通有集中的舉證,今具引如下:

> "年、佞"二字古音相近,可以通用。《左傳》襄公三十年《經》"天王殺其弟佞夫",《公羊傳》經文"佞夫"作"年夫"。《論語·憲問》"非敢爲佞也"和《季氏》"友便佞"二句中的"佞"字,定州漢墓竹簡本皆作"年"。馬王堆漢墓帛書《老子》乙本卷前古佚書《十六經·成法》"年辯用知(智)","年辯乃止",帛書整理小組在此二句的"年"下皆括注"佞",即整理者認爲"年"讀爲"佞"。

此外又如《大戴禮記·公符〈冠〉》:"使王近於民,遠於年。"《説苑·修文》"年"作"佞",亦其例。從上舉諸例還可以看出,大概"佞"字的通行是比較晚的事情,所以秦漢出土文獻中用來表示"佞"這個詞的字大都是"年"。簡文用从"年省聲"之字表示"佞",正與此相合,並非偶然。

《出土文獻與古文字研究》2,頁 179—181

选

𨒅 上博三·周易 18　　𨒅 新蔡零 337

○濮茅左（2003）　（編按：上博三·周易 18）“选”，“先”之繁文。“选甲三日，遂（後）甲三日”，知“选”即爲“先後”之“先”。先甲三日，指甲日先之三日，即“辛”日。

《上海博物館藏戰國楚竹書》（三）頁 162

△按　“先”字繁構，詳卷八“先”字條。

逬

𨒅 包山 131　　𨒅 包山 159　　𨒅 包山 173　　𨒅 郭店·太一 6

○陳偉武（1997）　包山簡有字作𨒅（86）、𨒅（131），亦見於簡 136、137、159、173，整理者隸作逬。

　　今按，舟、周古音同，故常通作。《詩·小雅·大東》：“舟人之子，熊羆是裘。”鄭玄箋：“舟當作周……周人之子，謂周世臣之子孫。”《周禮·考工記》：“作舟以行水。”鄭玄注：“故書舟作周，鄭司農云：周當作舟。”《老子》八十章：“雖有舟輿，無所乘之。”“舟”字馬王堆漢墓帛書甲、乙本均作“周”。舟、周作聲符互換之例有侜與倜、鵃與雕、蚞與蜩等。《説文》：“匊，帀徧也。从勹，舟聲。”《汗簡》卷三：“匊，周。”“匊”的本義爲“匊帀、環繞”，後世多假“周”字來表示，又增形符作週。《玉篇》：“週，迴也。”論其本字，當即包山簡的“逬”字，从辵，舟聲。包山簡 86“逬塙”、簡 159“逬叟”均假“逬（週）”爲周氏之“周”。簡 131 人名“夆（舒）逬”，簡 136、137 省稱爲“逬”。簡 135 人名𨒅，整理者隸作逶，謂與簡 130（當作“131”——引者按）爲同一人名，其説可從。字當隸作逬，爲逬（週）之異體，《楚系簡帛文字編》釋“逾”，非是。簡 173 𨒅（逬）亦用作人名。簡 244 稱“保𨒅之”，第二字整理者隸作盦，括注問號，疑亦“逬”字，用法待考。

《第三屆國際中國古文字學研討會論文集》頁 641—642

○何琳儀（1998）　逬，从辵，舟聲。趙之異文，見趙字。

　　包山簡趙，讀舟，姓氏。姜姓，炎帝之裔有舟國，因氏。見《姓源》。

《戰國古文字典》頁 184

△按　〔字〕與包山簡 86〔字〕字所從不同,後者所從的〔字〕即"潮"字象形初文,參卷十一"潮"字條。〔字〕見本卷辵部"迆"字條。

迸

上博四·柬大 14

○濮茅左(2004)　"迸",從辵,半聲。"半"亦同"料",《說文·斗部》:"料,量物分半也,從斗、半,半亦聲。"段玉裁注:"今按半即料也。"讀爲"伴"。

《上海博物館藏戰國楚竹書》(四)頁 207

○李守奎、曲冰、孫偉龍(2007)　疑爲"遂"字。

《上海博物館藏戰國楚竹書(一——五)文字編》頁 91

△按　簡文云"侯太宰遜迸進太宰",文義不甚明了,董珊(《讀〈上博藏戰國楚竹書(四)〉雜記》,簡帛研究網 2005 年 2 月 20 日)謂讀爲"返","'返進太宰'是王發出的動作,然後王詢問太宰自己應該怎麼做",可備一說。

迯

包山 141　　　曾侯乙 118　　　上博五·弟子 19　　　新蔡乙二 10　　　曾侯乙 195

△按　楚文字"路"均作迯,從辵。詳見足部"路"字條。

建

〔字〕陶彙 5·168　　　〔字〕睡虎地·日乙 29 壹

△按　"建"字異體,見廴部"建"字條。

迣

璽彙 2619

△按　字當分析爲從辵,攻聲,或是"攻"字繁構。璽文作"迣官"。

逜

逜郭店·緇衣 1

△按　“巷”字古體,或从行作“衖”,或又增止旁作“衚”。字形分析詳見行部“衖”字條。巷字見卷六畾部。

逫

逫望山 2·20

○朱德熙、裘錫圭、李家浩(1995)　逫。

《望山楚簡》頁 109

○劉信芳(1998)　望 2.20 釋文:“☐之箬,綌(錦)純。亓(其)逫☐。”經檢核原簡,“逫”應是“逫”之誤釋。

《簡帛研究》3,頁 38

△按　此字从辵,匜聲。疑是“匜”字繁構,“匜”在戰國文字中多讀爲“委”。

�

遊集成 10478 中山兆域圖　遊上博六·用曰 10

○朱德熙、裘錫圭(1979)　(編按:中山兆域圖)“遊”字所从之“茲”象兩束絲相連,乃“聯”之初文(戰國印璽文字“聯”正作🔲。又戰國文字“茲”聲與“絲”聲相通,故“鞏”即“鑾”字,詳另文)。“遊”从“茲”得聲,銘文讀爲“連”。

《朱德熙古文字論集》頁 107,1995;原載《文物》1979-1

○張克忠(1979)　(編按:中山兆域圖)“率子孫其一從”,命貫率子孫一致尊從王罍。

《故宮博物院院刊》1979-1,頁 48

○徐中舒、伍仕謙(1979)　(編按:中山兆域圖)遊,即幾之異文。幾,及也。幾、及並群母字,故遊得用爲及。

《中國史研究》1979-4,頁 95

○黄德寬(1999)　晉侯鞝盨被盜出後流失海外,1992 年春由上海博物館收歸。盨共兩組六器，收歸四器。其第一組器蓋銘文同文，共六行三十字，有如下銘辭：

其用田獸（狩），甚（湛）樂於邍（原）𨘋（隰）。

馬承源先生於1993年香港中文大學第二屆國際中國古文字學研討會發表了《晉侯䊸盨》一文，考證了該器銘文。上舉銘文"原隰"之"隰"作𨘋，正是一個从"𢇁"的字。馬先生指出："𨘋，讀隰。邍隰一詞，見於文獻。《周禮·夏官》：'邍師，掌四方之地名，辨其丘陵墳衍邍隰之名。'《說文》：'邍，高平之野人所登。''隰，阪下溼也。'《爾雅·釋地》'下溼曰隰，大野曰平，廣平曰原，高平曰陸……陂者曰阪，下者曰隰……'邍隰爲高平和低溼之地。""隰字作从辵从𦃃，石鼓牽軟作溼，所从聲符與此相同，絲上有一横連，大約是簡筆。《史懋壺》作𤐩，字象絲在機上整理，《夨盤》作𣹸，是另一變形。"馬文讀𨘋爲"隰"顯然是正確無疑的。這個字又見於《𢦚簋》《敔簋》等器，分别寫作𨘋、𨘋，商器𨘋鬲、𨘋簋用作人名的字，當也是這個字。裘先生文中曾討論了這個字。他說："目前我們對這個字還提不出肯定的意見來。不過如果'𨘋'字所从的'𢇁'是一個音符，或是兼有表音作用的意符的話，這個字就是很可能是遮闌的'闌'的古字。"由於晉侯䊸盨銘文此字讀作"隰"，就爲"𨘋"及"𢇁"的辨認提供了可能。

首先，我們討論"𨘋"字。此字除晉侯䊸盨用作"隰"外，在銅器銘文中，有三例富有討論價值：

1.戎伐𣪕，𢦚逹（率）有𤔲（司）師氏奔追𨘋戎於䧅林，博（搏）戎𠭯。（𢦚簋，《商周青銅器銘文選》三·一一五）

2.南淮尸（夷）遷殳（?），内（入）伐溟、昴、參泉、裕敏、陰陽洛。王令敔追𨘋於上洛、炂谷，至於伊。（敔簋，同上三·二八六）

3.不行王命者，恣（殃）𨘋子孫。（中山王兆域圖，同上四·五八二）

對於前兩例，舊或釋"御"、釋"迎"，裘先生已論其非，並認爲其字以"𢇁"作爲音符可能讀遮闌之"闌"，銘文"追闌"猶言追踪邀擊；後一例朱德熙、裘錫圭先生以爲應讀爲"連"，馬承源讀爲"咎"。由於現在已確知其字音與"隰"相同或相近，以上讀法就没有語音依據了。根據"隰"音這一線索，我們認爲"𨘋"可能讀作"襲"。

"襲"，《說文》："左衽袍，从衣，𦐇省聲。"其字从衣，爲衣物之用字，學者無異辭。然而，典籍中"襲"還有另一常見用法。《左傳·莊公二十九年》："凡師，有鐘鼓曰伐，無曰侵，輕曰襲。"這種用法與"襲"的構形本義似乎關係不大,應該是假借義。“輕曰襲”,説明“襲”是一種特别的軍事行動。《左傳·襄公二十三年》經:“齊師襲莒。”注:“輕行掩其不備曰襲。”《正義》曰:“是輕者舍其輜重,倍道輕行,掩其不備。”《左傳·僖公三十二年》載,秦穆公將襲鄭,“訪諸蹇叔。蹇叔曰:‘勞師以襲遠,非所聞也。’”《公羊傳·僖公三十三年》記同一事,語有不同,曰:“千里而襲人,未有不亡者也。”注曰:“輕行疾至,不戒以入曰襲。”《吕氏春秋·悔過篇》記載蹇叔之言,則曰:“臣聞之,襲國邑,以車不過百里,以人不過三十里,皆以氣之趫與力之盛至。是以犯敵能滅,去之能速。”《國語·晉語五》:“是故伐備鐘鼓,聲其辠也;戰以錞于丁寧,儆其民也;襲侵密聲,爲蹔事也。”注:“蹔其無備。”《玉篇》:“蹔,不久也,與暫同。”即快速之意。綜合文獻對“襲”的解釋和運用,可知“襲”是一種輕裝疾行、快速出兵、攻敵不備的戰法。《孫子·九地篇》:“兵之情主快,乘人之不及,由不虞之道,攻其所不戒也。”《吴子·料敵》:“襲亂其屯,先奪其氣,輕進速退。”體現的都是這種用兵之道,根據上引文獻資料,將《㦵簋》《敔簋》⿺止⿰𢆶卩字讀作“襲”頗爲通暢。《㦵簋》“奔追⿺辶⿰㬎卩”連用,由“奔追”二字可知,㦵與戎作戰是在快速運動中進行的,“奔走、追逐、襲擊”戎敵,正是“輕行疾至”具體的記載,故“犯敵能滅”,取得勝利。《敔簋》記載敔受王命出兵,“追⿺辶⿰㬎卩”南淮夷於上洛,大獲全勝。敔這次出戰,當也是“輕行疾至”,乘其不備而克敵致勝的。《左傳·成公十七年》:“舒庸人以楚師之敗也,導吴人圍巢,伐駕,圍釐、虺,遂恃吴而不設備。楚公子櫜師襲舒庸,滅之。”這段記載所用“襲”字可與《㦵簋》《敔簋》銘文相印證。“⿺辶⿰㬎卩”前“追”的用法,也爲將它讀作“襲”提供了有利的語境條件。“追”的這種用法,典籍中常見。《公羊傳·莊公十八年》:“夏,公追戎於濟西。此未有言伐者,其言追何?大其爲中國追也。此未有伐中國者,則其言爲中國追何?大其未至而豫禦之也。”注:“以兵逐之曰追。”《左傳·僖公二十六年》經:“齊人侵我西鄙,公追齊師,至酅,弗及。”這些“追”的用法與《㦵簋》《敔簋》相同。“追⿺辶⿰㬎卩”連用,讀作“追襲”也顯得十分自然。

“襲”在《㦵簋》銘文中就有,銘曰“永襲氒身”,顯然與“輕曰襲”的“襲”不相干。既然“襲”的這種義項是假借而來,那麼“⿺辶⿰㬎卩”是否可能就是其本字呢?其字从“止”或从“辵”無别,表示與行走相關的意義,與“奔、追”相一致,而其音與“隰”同。典籍“隰、濕、溼(濕之異體)”每互用無别。《石鼓文·𠦪𣏌》:“原⿰氵⿱𢆶土陰陽。”“隰”正作“溼”,“㬎”作爲聲符與“𡐛”相同,而且“𡐛”還是“隰”的古體。趙幣“𡐛城”,即“隰城”,字作⿱𢆶土,从土𢆶聲。“⿺辶⿰㬎卩”以“𢆶”爲聲符,與“隰”的異體“溼”、古體“㞚”所从聲符相同,而“隰、襲”古音均爲邪母緝韻入聲,故“襲”可作爲“𨘔”的借字,“𨘔”也可借作“隰”。當“襲”借作“𨘔”之後,假而不歸,“襲”行而“𨘔”廢,作爲“輕曰襲”的本字“𨘔”出現時,我們反而迷惑不解。

我們將“𨘔”讀作“襲”,並進而指出它就是“襲擊”之“襲”的本字,那麼中山王《兆域圖》的“㤅(殃)遱子孫”之“遱”如何解釋呢?這個字即“𨘔”字省略了彳形,爲“𨘔”的省寫無疑,將它讀作“襲”,也文意可通。《廣雅·釋詁》:“襲,及也。”《楚辭·九歌·大司命》“綠葉兮素枝,芳菲菲兮襲予”,注:“襲,及也。”“殃襲子孫”,就是“殃及子孫”。

　　　　　　　　　　　　　　　《中國古文字研究》1,頁321—323

○李家浩(2006)　　先談戰國文字中另一個从“茲”聲的字。這個字是指平山戰國中山王兆域圖銘文的“遱”。(中略)

前面提到的西周金文中从“茲”聲的字,見於晉侯盨、敔簋等,其實它們是从“遱”聲,“茲”是其基本聲符:

　　　　𦣓晉侯盨　　　𦣓敔簋

馬承源先生將晉侯盨之字讀爲“原隰”之“隰”,裘錫圭先生等將敔簋之字讀爲“追襲”之“襲”。上博戰國竹簡《孔子詩論》26號“隰有長楚”之“隰”和《容成氏》18號“山陵平隰”之“隰”,原文都从“㞚”聲。可證“遱”所从的聲旁,確實是“㞚”所从的聲旁。黃德寬先生指出,兆域圖銘文的“遱”與上揭金文所从的“遱”是同一個字,他認爲兆域圖的“遱”應該讀爲“襲”,訓爲“及”。我們認爲不如直接把兆域圖的“遱”讀爲“及”。古代“溼、及”二字音近。從韻部來説,“溼、及”都屬緝部。從聲母來説,雖然“溼”屬書母,“及”屬群母,但是《説文》説“溼”字所从聲旁是“㬎”之省,“㬎”屬疑母,與群母都是喉音。上面説過,从“茲”聲之字可以讀爲“襲”。篆文“襲”字所从聲旁與从“及”聲的“馺”,《説文》都説“讀若沓”。所以兆域圖銘文的“遱”可以讀爲“及”。“殃及子孫”是古人常用語,(中略)於此可見,把兆域圖銘文的“遱”讀爲“及”是合理的。

　　　　　　　　　　　　　　　　　　　　《康樂集》頁23—24

△按　　上博六《用曰》簡10“☐之遱,春秋環轉,而謤既及”,疑“遱、及”爲韻,然辭殘,不詳其讀。新出清華一《祭公之顧命》簡6有“茲迪遱學于文武之曼德”句,“遱”亦讀爲“襲”。

遷

逕 上博六·競公 12

△按　"遷"應即"徑"字異體,參本卷彳部"徑"字條。

逃

集成 10374 子禾子釜　　　集成 10374 子禾子釜　　　璽彙 0155

璽彙 0282　　　璽彙 3233　　　璽彙 0232

○**潘祖蔭**(1872)　　此从辵从都省,疑即徒字。

《攀古樓彝器款識》2,頁 8

○**吳大澂**(1884)　　徒　**𧺰**　子禾子釜**𧺱**,罪名。

《説文古籀補》卷 2,頁 6

○**丁佛言**(1924)　　徒本从𣥠,因省作土,故爲土聲,此以下古鉨各徒字右皆从𣥠省,許氏曰:"𣥠,古文旅。"古文以爲魯衛之魯。

《説文古籀補補》卷 2,頁 7

○**高田忠周**(1925)　(編按:子禾子釜)选字字書所無,此當光異文,考石鼓文籀文多从辵走以取茂美,此亦當是。又或从遠省,《左·莊二十二年傳》:"光遠而自他有耀者也。"从辵亦爲會意。銘意蓋爲廣字義,所謂光明弘大之意,此義實應爲正字也。

《古籀篇》66,頁 32

○**羅福頤等**(1981)　(編按:璽彙 0155、0282、0232)选。

(編按:璽彙 3233)迊。

《古璽文編》頁 39、40

○**李家浩**(1992)　　春秋戰國時期,齊國文字中有一個从"辵"从"兜"的字,作下列諸形:

A1 **𧺱**子仲姜鎛　A2 **𧺰**子禾子釜　A3 **𧺲**右遂文牶信璽　A4 **𧺳**鄩遂璽

A4 的"兜"旁是反文。"兜"旁還見於齊國的叔弓鎛及其附庸國莒國的莒叔之仲子平鐘:

B1　叔弓鎛　　B2　莒叔之仲子平鐘　　B3　莒叔之仲子平鐘

這三字的寫法略有出入，但它們的用法相同，是同一個字。“兇”的字形比較奇特，過去有許多學者認爲它的上部與古文字“者”的上部形近，從而認爲“兇”與“者”同音，將 B1 讀爲“都”，A1、A2 讀爲“徒”。其實這種說法是靠不住的。雖然 B1 所從“兇”旁的上部與古文字“者”的上部形近，但是 B2、B3 和 A 所從“兇”旁的上部卻與古文字“者”的上部差別較大，尤其是與它們同時代的齊國文字“者”的上部差別更大，大家不妨將它們跟子仲姜鎛的“都”字和叔弓鎛的“堵”字所從“者”旁，以及子禾子釜、印文、陶文等的“者”字比較一下。所以我們說舊以爲“兇”與“者”同音，將 B1 讀爲“都”，A1、A2 讀爲“徒”是靠不住的。此外，“兇”字還有“光、先、兒、肖、徵”等不同釋法，都跟字形差別較大，在此就不一一辨析了。

“殺”字在古文字中有多種寫法，其中齊庚壺銘文和魏正始石經古文作C1、C2 二形：

　　　　C1　《總集》7·5804　　　C2　《石刻》3·24

A1 所從的偏旁與 C1 所從的左旁相近，A2 所從的偏旁與 C2 所從的左旁更相近，它們顯然是同一個字。“殺”字《說文》正篆從“殳”，而古文字多寫作從“攴”，如侯馬盟書、楚帛書、《說文》古文和魏正始石經古文等。王國維在考釋梁伯戈銘文“斁方”之“斁”，小盂鼎銘文作“戜”時說：“凡從‘攴’從‘戈’，皆有擊意，故古文往往相通。”並舉不嬰簋銘文“敷”字寫作“戜”爲例子。除王氏所說的這兩個例子外，還有古文字“啟、救、寇”，馬王堆漢墓帛書“敵、攻”等字所從的“攴”旁，皆有寫作從“戈”的。從這一情況來看，上揭 B 有可能是古文“殺”字的異體。

由此我們認爲，即 A 所從的聲符“兇”與“殺”字古文 C 所從的聲符“兇”是同一個字，它的讀音應該跟“殺”相同或相近。這一認識很重要，對於我們識讀 A 很有幫助。

古代“殺、遂”二字的讀音非常相近。《說文》“殺”字正篆作“殺”，說從“杀”聲，但該書未收“杀”字。“杀”字見於銀雀山漢墓竹簡，張參《五經文字》卷下殳部說是古文“殺”。據《說文》篆文“杀”旁的寫法，“杀”應該分析爲從“乂”從“术”聲。古文字和古書中，屢見從“术”聲之字與“遂”字通用的例子。例如：遹盂“命遹事（使）于述土”，戰國中山王壺“述定君臣之位”，此兩句中的“述”字都讀爲“遂”；《左傳》僖公三十三年人名“西乞术”，《公羊傳》文公十二年作“西乞遂”。《説文》辵部説“遂”从“㒸”聲。古代从“㒸”聲之字與从“殺”聲之字可以通用。例如馬王堆漢墓帛書《老子》甲本卷後佚書《五行》“知君之［所］道而掾然行之”之“掾然行之”，或作“俶然行之”。衆所周知，在形聲字的異體中，有許多是因聲符不同而造成的。就拿“遂”字爲例。《説文》古文“遂”和魏正始石經古文“遂”，古文字學家多認爲是“述”字之訛。這一説法是可信的。再從上引銅器銘文鄉遂之“遂”和副詞之“遂”作“述”的情況看，“述”與“遂”在古代可能是同一個字的異體。齊國文字中的 A，很可能是“遂”字的另一個異體。

　　《古文四聲韻》卷四至韻所收《古尚書》“遂”字作如下之形：遂

　　此字字形很特別，既不同於“遂”字的寫法，也不同於“述”字的寫法，而與上揭 A2 形近。疑《古尚書》“遂”字即由 A2 那類形體訛誤而成，下面《説文》古文“殺”和《籒韻》“兊（弁）”二字的訛誤情況可供比較：

殺　　　魏正始石經　　　　　　　　《説文》殳部

兊　　　《四聲》線韻引《義雲章》　　　　《四聲》線韻引《籒韻》

　　此二字的第二種寫法，都是由第一種寫法那類形體訛誤而成的，其訛誤情況與《古尚書》“遂”字有相同或相似之處。若此，可以進一步證實 A 是“遂”字異體的推測。

　　衆所周知，西漢前期在孔子老家牆壁中發現了一批用古文字書寫的《尚書》等經書，《説文·序》稱之爲“孔子壁中書”，《説文》古文和魏正始石經古文主要采自這批經書。《古文四聲韻》所收的古文，現已被證明多是戰國文字，就其所收的《古尚書》文字來説，也可能出自孔子壁中書的古文《尚書》。孔子壁中書是楚滅魯以前（公元前 256 年）魯國人書寫的。齊、魯兩國比鄰。據目前看到的戰國文字資料，齊、魯兩國的文字特點比較接近，例如《説文》古文“平”在齊國文字中就可以找到相類似的寫法。我們明白了這一道理，也就明白了魏正始石經古文“殺”字所从偏旁與子禾子釜“遂”字所从偏旁相同和《古文四聲韻》所收《古尚書》“遂”字與子禾子釜“遂”字相近不是偶然的，而是由於文字特點相近的結果。

　　以上討論的主要是齊國文字中的“遂”字字形，現在討論它在文中的用法。根據目前見到的古文字資料，齊國文字中的“遂”有兩種用法，動詞和名詞。用作動詞的“遂”僅見於子禾子釜，用作名詞的“遂”見於子仲姜鎛和古印。下面分別加以論述。

（1）關人□□其吏，中刑，乎（厥）遂，贖以［金］鈞；□□其盍（賄？），大辟，乎（厥）遂，贖以□犀。　子禾子釜　《商周》2.856

“大辟”之“大”，原文上部右側一畫殘渺，很像是“乎”字，所以舊誤釋爲“乎”。《周禮·地官·司市》：“中刑徇罰，大刑撲罰。”《國語·魯語下》：“中刑用刀鋸，其次用鑽笮；大刑用甲兵，其次用斧鉞。”（1）以“中刑、大辟”對舉，與此以“中刑、大刑”對舉文例相同。又（1）“中刑……贖以［金］鈞”“大辟……贖以□犀”，與《管子·小匡》“小罪入以金鈞”、《國語·齊語》“重罪贖以犀甲一戟”文義也很相似。可見將“辟”上一字釋爲“大”是合理的。不過（1）的“中刑、大辟”用如動詞，即判處中刑、判處大辟的意思。

兩個“乎遂”之“乎”，舊都缺釋。前一個“乎”字筆畫清晰可辨，但後一個“乎”字不甚清楚，釋文據前者而定。“乎”字在古文字中用爲“厥”。裴學海、周法高曾先後指出，“厥”在古代漢語中可以用來表示假設，並舉《尚書》的《酒誥》《無逸》和《史記·三王世家》、蔡篚、毛公鼎銘文等的句子爲例。我們認爲（1）的“乎”字也用爲“厥”，表示假設。從裴、周氏所舉的例子看，“厥”表示假設主要見於西周時期的文獻和銅器銘文。（1）屬於法律性質的文字。一般來説，法律條文比較保守，所以在（1）中保留了以“厥”表示假設這一古老的用法。

“遂”字在古代有許多含義，拿修訂本《辭源》來説吧，就列有十六個義項，但這些義項都無法將（1）的文字講通。不過古籍中的“遂”還有赦免一義，爲《辭源》等辭書和字書所未收。先將句例抄寫在下面：

赦其衆，遂其咎，撫其□，助其囊，武之閒也。　《周書·武稱》

克敵者，上大夫受縣……庶人工商遂，人臣隸圉免。　《左傳·哀公二年》

朱右曾和杜預對這二例中的“遂其咎”和“庶人工商遂”分別作過注解。朱右曾《周書集訓校釋》：“遂，亡也。咎，災也。謂恤其艱厄。”杜預《春秋經傳集解》：“得遂進仕。”朱氏在解釋字義時，將“遂”釋爲“亡”，“咎”釋爲“災”。因“亡其災”不詞，所以他在解釋句義時，將“遂”釋爲“恤”，“咎”釋爲“艱厄”。按“遂”無“恤”義，朱氏的解釋顯然是有問題的。杜氏對“庶人工商遂”之“遂”的解釋也顯得很勉強，顯然沒有真正把握住“遂”字的含義。根據訓詁學原理，處在結構相同或相似的上下兩個句子中的相同位置上的字和詞，往往是同義或反義的。第一例“遂”與“赦”所處的語法位置相同，第二例“遂”與“免”所處的語法位置相同。將這兩個例子放在一起來看，“遂”應該跟"赦、免"同義是十分清楚的。《詩·小雅·伐木》"微我有咎",毛傳:"咎,過也。"《周書·文酌》"除戎咎醜",孔晁注:"咎,罪也。"《大戴禮記·子張問入官》:"民有小罪,必以其善以赦其過。"《史記·循吏列傳》:"王赦其罪,上惠也;伏誅而死,臣職也。"第一例"遂其咎",猶《大戴禮記》的"赦其過"和《史記》的"赦其罪",是免除其罪過的意思。春秋時期,庶人、工、商的地位比較低賤,皆世襲其業,不得變動。第二例"庶人工商遂",大概是說因庶人、工、商殺敵有功,可以免去他們不得進仕的規定。

(1)的"厥遂"之"遂",正是作爲赦免之義來用的。《書·吕刑》有"墨辟疑赦,其罰百鍰……大辟疑赦,其罰千鍰"等語,與(1)"中刑,厥遂,贖以〔金〕鈞""大辟,厥遂,贖以□犀"文義相近,可以參考。

作爲赦免講的"遂",大概是一個假借字。《詩·大雅·瞻卬》"彼宜有罪,女覆説之",毛傳:"説,赦也。"《後漢書·王符傳》引《瞻卬》作"汝覆脱之"。是訓爲"赦也"的"説"即"脱"的假借。《漢書·陳餘傳》"恐不得脱於禍",顏師古注:"脱,免也。"古代"遂、脱"二字音近可通。例如:《詩·衞風·碩人》"説于農郊",鄭玄箋:"説,當作'禭'。"《禮記·檀弓下》"齊莊公襲莒於奪",鄭玄注認爲"奪"指《左傳》襄公二十三年"且於之隧"的"隧",並且説"'隧、奪'聲相近。或爲'兑'"。疑作爲赦免講的"遂"即"脱"的假借。

綜上所説,(1)的意思是説,關人因"□□其吏",要判處中刑,如果赦免,要用金三十斤贖罪;因"□□其賄(?)",要判處大辟,如果赦免,要用"□犀"贖罪。

(2)鼄子□曰:"余彌心畏忌。余四事是台(治):余爲大攻厄、大事(史)、大遂、大宰,是辝(台)可事。"　　(齊子仲姜鎛　《集成》1.271.2)

(3)□陽遂師璽。　　（古印　《璽彙》26·0155）

(4)郯遂璽。　　（古印　《璽彙》303·3233）

(5)璋□郙遂信璽。　　（古印　《璽彙》39·0232）

(6)右遂文宗信璽。　　（古印　《璽彙》48·0282）

此外,《陶齋藏印》和《説文古籀補補》2·7各著録一枚帶有"遂"字的印。前者著録的一枚文曰"右嗣遂遝昏遃質之璽",從文字風格看,當是僞品。後者著録的一枚文曰"右遂","遂"字原文从"彳"。"彳"與"辵"在古文字中作爲意符往往相通,所以這一個字是"遂"字是没有問題的。不過我們目前在古印譜中尚未查到原印,其真僞不詳。

(3)至(5)的"遂"前之字都是地名。(4)的"郯"字所从"兌"旁,跟它下面的"遂"字所从"兇"旁相同（A4），不同之處只是後者是反文。《古璽彙編》和《古璽文編》將此字釋爲"邿"，非是，傳山東臨沂出土的邿右戈銘文的"邿"字寫法與此有別可證。"鄌"字應該分析爲从"邑"从"兇"聲，疑是《左傳》莊公十三年《經》"齊人滅遂"之"遂"的專字。其地在今山東寧陽西北，與肥縣接界。（3）（5）的地名之字，因有的字不可辨識，無法跟文獻中的地名相印證。

　　（2）的"大遂"、（3）的"遂師"和（6）的"文氽"，都是職官名。

　　從這些"遂"字出現在地名之後和跟其他的字組成職官名等情況來看，應該是指鄉遂制度中的"遂"。據《周禮》一書，古人將王畿内土地劃分爲"國"與"野"兩大區域，以"郊"爲界。國都以外、郊以内的廣大地區稱爲"國"，共設六鄉；郊以外的廣大地區稱爲"野"，共設六遂。這就是鄉遂制度中的"鄉"和"遂"。在邊遠地區，鄉大夫的采邑還有一種跟鄉遂制度相似的都鄙制度，將其土地劃分爲甸、稍、縣、都、鄙等。先秦時期，各國都實行過這種制度，不過名稱、規定等略有不同而已。

　　傳世齊國文獻中有關於"遂"的記載。《管子·度地》説："百家爲里，里十爲術，術十爲州，州十爲都。"

　　清人桂馥對這段文字中的"術"發表過意見，他説：

　　　　馥謂"術"當爲"遂"。《學記》"術有序"鄭注"'術'當爲'遂'"。《地官·大司徒》"五縣爲遂"。王國内有六鄉，外有六遂。《月令》"審端徑術"，"術"亦當爲"遂"。《地官·遂人》"夫間有遂，遂上有徑"。

　　桂氏的意見是十分正確的。不過從有關資料看，《度地》的文字可能有訛誤。《管子·立政》和銀雀山漢墓竹簡《田法》，都以十里爲"州"。楚國也以"州"爲"里"的上級單位。《田法》説：

　　　　五十家而爲里，十里而爲州，十鄉［州］而爲州［鄉］。

　　銀雀山漢墓竹簡整理小組注指出，簡文"十鄉而爲州"是"十州而爲鄉"的誤文。上引簡文"鄉"和"州"後方括號内的"州"和"鄉"，即表示前者是後者之誤。古人書寫的習慣，當兩個相同的字重疊出現時，往往在第一個字下加兩點，以表示第二個字是第一個字的重文。疑《度地》"百家爲里，里十爲術，術十爲州，州十爲都"，本作"百家爲里ᆖ十爲術ᆖ十爲術ᆖ十爲都"，在傳抄過程中，像《田法》將"十州而爲鄉"誤寫作"十鄉而爲州"那樣，將其誤寫作"百家爲里ᆖ十爲術ᆖ十爲州ᆖ十爲都"，後人又將重文符號改爲所重之字，於是就成了我們現在所看到的傳本文字的樣子。若此，上引《度地》的文字可校改如下：

　　　百家爲里，里十爲州，州十爲術（遂），術（遂）十爲都。

　　將這段校改後的文字跟上面《田法》那段文字對照，主要有三點不同。一、《度地》的"里"是一百家，而《田法》的"里"是五十家，前者比後者大一倍；二、跟《度地》"遂"相當的一級，《田法》作"鄉"；三、《度地》比《田法》多一級"都"。《周禮·地官》所記的鄉遂制度，屬於"鄉"的一級，與屬於遂的"遂"一級相當。由此可見，《田法》所説的是實行於鄉遂之"鄉"的制度，而《度地》所説的是實行於一般都邑的制度，跟《周禮》所記的都鄙制相當，所以二者之間的"里"的大小、名稱等有所不同。

　　另外還有一點需要説明一下。《度地》所説的里、州、遂，都是居民組織單位，但從這些單位的名稱看，它們實際上是以行政區劃單位作爲居民組織稱謂的，跟《周禮》六遂的鄰、里、鄼、鄙、縣、遂等既是行政區劃單位，又是居民組織單位的情況相同。

　　目前學術界比較一致的意見，認爲《管子》一書是戰國時期齊國的作品。（3）至（6）印文的時代、國別，也是戰國時期齊國的，因此這些印文中的"遂"大概就是《度地》所説的"州十爲遂，遂十爲都"的那種"遂"。若此，（5）的"璋□"應該是"鄅遂"上一級單位"都"的名稱。《古璽彙編》著録的0198號印"陽都"和0272號印"陶都"，大概也是這種"都"。從（6）"右遂"語看，"十州爲遂"之"遂"，又分爲左右二遂，分別由五州組成。

　　根據（3）"□陽遂師璽"，"遂"的長官爲"遂師"，與齊國鄉的長官爲"鄉師"的稱謂形式是一致的。從這一點來説，似乎也可以證明我們在前面對《管子·度地》那段文字的校改是合理的。"遂師"亦見於《周禮·地官》："遂師，各掌其遂之政令戒禁……"印文"遂師"的職掌大概與之相當。

　　再根據（6）"右遂文枭信璽"，"文枭"應該是左右遂的有司，也就是"遂師"的下屬，其職掌可能跟文書有關。

　　（2）的"大遂"與"大工厄、大史、大宰"並列，應該是春秋時期齊國國家管理"遂"的最高長官。前面説過，《管子·度地》所説的"百家爲里，里十爲州，州十爲遂，遂十爲都"，是實行於一般都邑的制度，那麼（2）所説的"大遂"，大概是對一般都邑的"遂"而言的，它應該是指齊國國都所屬的"遂"，即《周禮》所説的六遂。《周禮》六遂的最高長官是"遂人"，掌管六遂的土地和人民，"大遂"的地位、職掌大概與之相當。

　　鄉遂制度是中國古代奴隸制社會結構的重要特徵之一。過去研究齊國的鄉遂制度,主要是根據齊桓公時代管子制定的"三國五鄙"政策。現在我們從古文字中找出五條有關齊國鄉遂之"遂"的資料,不能不説是一件令人高興的事。我們在上面對這些資料只是略作了些説明,有許多問題還有待進一步研究。例如齊國的"遂"制特點在春秋時期與戰國時期有什麼不同的地方?它們與管子制定的"三國五鄙"政策關係如何?《戰國策・齊策一》所説的齊宣王令匡章"將五都之兵"之"都",跟《管子・度地》所説的"遂十爲都"之"都"是不是一回事?若是,舊説齊國共設有五都的説法是否可靠?等等。

《著名中年語言學家自選集・李家浩卷》頁 35—48,2002;
原載《湖北大學學報》1992-3

○**何琳儀**(1992) "㝎"(《璽彙》○二三二),應隸定爲"逭",同"犯"。"犯"古"犯"字,見《玉篇》。璽文文意不明,文字呈齊系風格。

《古文字研究》19,頁 485

○**何琳儀**(1998) (編按:璽彙 0232)述,从辵,朮聲。疑踸之異文。《集韻》:"踸,跋或省。"(中略)齊璽踸,讀督。《後漢書・郭公傳》"軍征校尉,一統於督",注:"督,謂大將。"

《戰國古文字典》頁 200

(編按:子禾子釜、璽彙 3233)述,从辵,杀聲。

子禾子釜"匃述",疑讀"割察"。《禮記・鄉飲酒義》"愁之以時察守義者也",注:"察或爲殺。"是其佐證。《周禮・天官・寺人》"而糾之",注:"糾,猶割察也。"《廣雅・釋詁》:"割,斷也。""割察"相當"禁察、糾察"。詳《周禮・天官・小宰》孫詒讓疏。

《戰國古文字典》頁 941

误

上博五・鮑叔 4

○**李守奎、曲冰、孫偉龍**(2007) 所从"㠯"或作"㠯",讀若"歡"。

《上海博物館藏戰國楚竹書(一—五)文字編》頁 92

△**按** 此字所从之㠯,見上博《緇衣》簡 13,對應郭店《緇衣》篇作"蕙",此即李守奎等"讀若'歡'"之根據,然字形無説。簡文云"獲民獵樂,篤误倍惡","误"確可能表示歡娛義。疑"㠯"爲"吳"字變體,在簡文中讀爲"娛",參本卷

口部"昱"字條。若是,則"逞"自可讀爲"娛"。

逬

包山 128

○**何琳儀**(1998)　　迸,从辵,嵒聲。

包山簡"迸門",讀"徵問",問罪。

《戰國古文字典》頁 141

△**按**　字所從之聲旁半,是"徵"字之核心部分(徵,《説文》古文作"斆"),與"升"音近,作爲聲旁可互易。簡文"迸門",他簡多作"阱門、蚟門",或以爲當讀"徵問"。參卷十四"阱"字條。

逳

𧺼璽彙 2939　　𧺼香續一 58

○**羅福頤等**(1981)　　(編按:璽彙 2939)逳。

《古璽文編》頁 40

○**王人聰**(1996)　　(編按:香續一 58)逴。

《香港中文大學文物館藏印續集一》頁 165

○**劉釗**(1997)　　(編按:香續一 58)編號 58 之璽釋文作"郵逴"。按印文第二字釋爲"逴"非是。字從"辵"從"身",應隸定作"逳"。《古璽彙編》2939 號璽有此字,《古璽文編》隸定作"逳"不誤。

《中國篆刻》1997-4,頁 47

○**施謝捷**(1998)　　(編按:璽彙)2939 弨𧺼(逳)·弨迎(迎)。

《容庚先生百年誕辰紀念文集》頁 648

○**何琳儀**(1998)　　(編按:璽彙 2939)逳,从辵,身聲。逳與《正字通》"逳,俗邊字"似各有來源,並非一字。

晉璽逳,人名。

《戰國古文字典》頁 1139

△**按**　釋"逳"可從。

途

![字形]新蔡零 222

△按　簡文中用爲人名,他簡又寫作"余"(新蔡乙一 14)。

逾

![字形]郭店·語一 75

○**荆門市博物館**(1998)　逾。

《郭店楚墓竹簡》頁 197

○**李零**(2002)　疑是达字的異體。

《郭店楚簡校讀記》(增訂本)頁 162

○**陳斯鵬**(2002)　第二字原篆作![字形],所從谷旁中間多一短畫當是衍筆,原釋文的隸定是正確的。**(中略)**

　　綜上,本簡文可釋讀爲:"……受,逾寇不逮從一道。"逾應從辵谷聲,疑讀爲"遘",谷、遘同屬見紐,韻部屋侯對轉,音近可通。古書中冓聲系與殻聲系可通,而谷又通穀,可爲佐證。遘,遇也。簡文謂遇見盗寇而擒之不逮,則從其一道以追逐之,暗含不可多端猶豫顧此失彼之意。

《古文字研究》24,頁 411

○**劉釗**(2003)　"逾"字從"谷",疑讀爲"御"。"受"字疑"寇"字。此四字疑與《孫子》"窮寇莫追"意近。

《郭店楚簡校釋》頁 197

△按　辭例爲"逾受不逮,從一衖",釋讀待考。

逻　　徆

![字形]侯馬 3:21

○**何琳儀**(1998)　逻,從辵(或省作彳),寽聲。疑踤之異文。《玉篇》:"踤,踊也。"

　　侯馬盟書逻,人名。

《戰國古文字典》頁 935

△按　盟書用爲人名,對應之字又作"尋",又或從彳、從木、從犬,形符不定。

這

璽彙 3087　　璽彙 3563　　陶彙 3·175　　陶彙 3·54

○**羅福頤等**(1981)　(編按:璽彙 3087、3563)迶。

《古璽文編》頁 39

○**高明、葛英會**(1991)　(編按:陶彙 3·54)迶。

《古陶文字徵》頁 237

○**林素清**(1990)　(編按:《古璽文編》)二·一二徍釋作迶。然,𧾷與 4285"愂言"璽言字近似,應可釋爲從辵從言之這字。

《金祥恆教授逝世周年紀念論文集》頁 101

○**湯餘惠**(1986)　晚周陶文有寫作徸《季木》77.5　徸《季木》80.6 等形的一個字,丁佛言《補補》2.7、顧廷龍《睿録》2.2、金祥恆《匋文編》2.11 均釋爲"造"。按此字右旁上半與"告"的寫法迥異,釋"造"可疑;其形與"舍"相近,但也不是一回事。考陶文旂(斿)字或作𣃟(《季木》11.1),又"誰誤"的誰字作𧥣(《鐵雲》96.1),言旁均鋭上,知爲"言"之變體。因此上揭陶文應即"這"字。《玉篇》辵部:"這,宜箭切,迎也。"當即此字。

　　古璽也有"這"字,見於:

　　　羊徸3563　臧(臧)馬迶伯(信)鉨3087

其形與陶文可以互證。就個人所見,鋭上的言旁均出齊文字,其形的産生可以追溯到春秋之世。

　　堪稱金文長篇巨制的齊侯鎛銘文有下面一段話:

　　　卑若鐘鼓,外内剴(開)辟(闗),𨺙=(都)咢=(與),這而(爾)倗(朋)剏(儕)。

"這"字寫作徸,跟上揭陶璽文字略同,銘文"這"字正有"迎"義,可見《玉篇》訓解有據。

《古文字研究》15,頁 30—31

○**何琳儀**(1986)　誕　徲《匋》2.11　徲 93(14)(中略)

　　(14)湯餘惠《略論戰國文字形體研究中的幾個問題》(中國古文字研究會第五屆年會論文)隸定徲爲"這"。按"這"疑即"誕"之籀文。"這",從辵言聲

(《慧琳音義》五十七卷),魚變切(《廣韻》三十三線),與“誕”音近。

○陳偉武(1995)　這　《文字徵》第 237 頁“迻”字下:“〔字〕3.15,王孫□迻左里㩜毫釜。《説文》所無。〔字〕3.54,陳迻□□。〔字〕3.174,蔓圜匋里邦迻。〔字〕3.871,獨字。〔字〕3.872,同上。〔字〕3.873,同上。”今按,此字當從湯餘惠先生釋爲這。《古璽彙編》3563 作〔字〕,與《陶彙》3.15 這字最相似。《陶彙》釋文均作“這”。

○何琳儀(1998)　這,从辵,言聲。《集韻》:“這,迎也。”

齊器這,人名。

说

〔字〕郭店 · 老乙 13　　〔字〕郭店 · 性自 46

○陳偉(2003)　(編按:郭店 · 性自 46)兑(字本作“说”),爲人簡易,亦寫作“悦”或“脱”。《吕氏春秋 · 士容》:“乾乾乎取舍不悦,而心甚素樸。”高誘注:“取舍不悦,常敬慎也。”陳奇猷按云:“‘悦’張本作‘兑’,是也。今作‘悦’者,以音同通假耳。《淮南 · 本經訓》注:‘兑,簡易也。’‘簡易’猶今語‘馬虎’‘不精細’。高誘釋‘取舍不悦’爲‘常敬慎’,亦事事不馬虎之意,是高亦讀悦爲兑也。”《淮南子 · 本經》:“其言略而循理,其行兑而順情。”高誘注:“略,約要也。兑,簡易也。”《國語 · 晉語七》云“其冠也,和安而好敬”,爲温順安分之意。簡文似指和睦相處,與《國語》所云不盡同。

△按　郭店《老子》乙簡 13“说”,對應今本《老子》作“兑”。

递

〔字〕包山 240　　〔字〕包山 243　　〔字〕璽彙 2455

○劉彬徽、彭浩、胡雅麗、劉祖信(1991)　(編按:包山簡)递,讀爲赿,《説文》:“趨也。”

○**周鳳五**(1993)　　(編按:包山簡)"有瘧"承"疾變"而來,當指病情生變,將有某種新的症狀。而"递瘧"則爲"有瘧"的補語,递在這裏用爲形容"瘧"的副詞,表狀態或時閒。

簡文用以形容"瘧"的副詞主要有"急"與"遲",都表時閒,語義相反,可以視爲一組反義詞。递從弟聲,古音與遲同,徑讀爲遲似亦可通,但簡文既已有遲字,且遲字、递字均不止一見,似應各有所指,則递字不當釋爲遲的或體,而必須另尋解答。依音義推求,递字似應讀爲"滯"。滯從帶聲,弟與帶二字古音同屬定紐祭部,同音通假。滯有凝止、遲留意義,(中略)"滯瘧"與"遲瘧"語雖近似而微有不同,前者指病情拖延,一直不見好轉;後者則表疾病遲遲而愈,療程甚長。

《王叔岷先生八十壽慶論文集》頁 366

○**劉釗**(2002)　　(編按:包山簡)"递瘧"之"递"有的學者解釋爲"漸漸",非是。递應讀爲"遲"。递從弟聲,弟、遲古音皆在定紐脂部。

《中國文字》新 28,頁 128

○**劉信芳**(2003)　　(編按:包山簡)《吕氏春秋・原亂》"亂必有弟",高誘《注》:"弟,次也。"递瘧即漸次病愈,實謂疾病一時未能痊愈。

《包山楚簡解詁》頁 247

△**按**　　包山簡"递"讀爲"遲",與"辿"並用無別,或即"遲"字異體。

迎

郭店・性自 44

○**陳偉**(1999)　　迎,從辶,似應讀爲節。《大戴禮記・四代》引孔子云:"群然,戚然,頤然,罩然,蹜然,柱然,抽然,首然,僉然,湛然,淵淵然,淑淑然,齊齊然,節節然,穆穆然,皇皇然。"王聘珍解詁引《釋名》云:"節,有限節也。""節節然"即有節制的樣子。簡文"節節如"應即此意。

《武漢大學學報》1999-5,頁 31;《郭店竹書別釋》頁 204 略同

道

郭店・語三 58

○**李零**(2002)　　"有道春秋",第三字,也可能是從"月"得聲,這裏疑讀"有閱

春秋"。"閱"是經歷之義。

《郭店楚簡校讀記》(增訂本)頁 154

△按　此字居簡 58 之末,李零、劉釗(《郭店楚簡校釋》209 頁)等皆後續簡 20。此字所从,疑即"韜"之省。未詳其讀。

逬

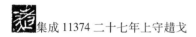

集成 11374 二十七年上守趙戈

○湯餘惠等(2001)　逬。

《戰國文字編》頁 114

△按　《殷周金文集成》(修訂增補本)釋作"豬"(6131 頁),二年皇陽令戈(《集成》11314)"豵"字作𦏵,廿一年相邦冉戈(《集成》11342)"造"字作𧽐,比對字形,此字似以釋"逬"爲較近。銘文中用爲人名。

逵

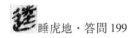

睡虎地·答問 199

【逵卒】睡虎地·答問 199

○睡簡整理小組(1990)　逵,《爾雅·釋宮》:"九達謂之逵。"注:"四道交出,復有旁通。"《左傳》隱公十一年注:"道方九軌也。"則把逵解釋爲一種廣闊的道路,與《爾雅》不同。卒,《漢書·辛慶忌傳》注:"謂暴也。"逵卒,從字面上疑指在大道上發生的暴行。

《睡虎地秦墓竹簡》頁 141

△按　簡文云:"有大繇而曹鬭相趣,是謂逵卒。"睡簡整理小組解釋"曹鬭"云"分成兩群互相鬭毆",並讀"趣"爲"聚"。疑"卒"當讀爲"萃",《周易·萃》:"象曰:'萃,聚也。'"《左傳·宣公十二年》:"楚師方壯,若萃於我,吾師必盡。"杜預注:"萃,集也。""逵萃"指大道上非法聚集鬭毆。

遼

郭店·成之 19　祈室銅位

○**黃盛璋**（1993）　（編按：祈室銅位）𨒥（逡）：字从辵，夋聲，但不見字書，説明爲秦以外之六國文字，爲秦所罷者；初文爲“夋”，而“逡”爲其後起字。殷器子夋尊作𡕾，下从止，即“逡”之異寫，从“止”與从“夂”同義，蓋出後改，“逡”則又加“辵”旁。

《説文》：“夋，越也。从夂从允。允，高也，一曰夋，徲也。”遲爲徲之異體字。按《説文》：𦥑/𦥑“象人兩脛有所躝也”，“陟、降”字即此兩相疊，方向向下爲“降”，向上爲“陟”即升，“夋”从允从夂，爲會意，表向高處一步一步向上移行，“夂，行遲曳夂夂也”，故有遲意，《荀子·宥坐》“百仞之山，任負重登焉，何則，陵遲故也”，而陵越、憑陵、侵陵、凌升等意，亦古籍所常見，原皆來自“夋”之本義“越”，而後造“陵、凌、逡”等字，以表引申諸義，本銘之“逡”，當含有升陵意，“戟逡”連文則爲聯語，有舉供、高臨、憑陵等意，在此姑解爲“憑陵”。（中略）

（3）“逡”从“夋”/𡕾，和齊陳猷釜“平陵”，齊臨淄故城出土陶文“平陵陳尋立事歲”“□門陳棱三”“陳棱舟”，以及《古璽彙編》齊印“□陵□□笿師”中“陵、棱”所从“夋”，完全一樣，皆作𡕾。

《第二屆國際中國古文字學研討會論文集》（續編）頁 270、274

○**何琳儀**（1998）　（編按：祈室銅位）逡，从辵，夋聲。疑徲之繁文。《集韻》：“徲，姓也。”

銅柱“戟逡”，讀“侵陵”。

《戰國古文字典》頁 1463

○**趙平安**（2001）　荊門郭店簡中有一個寫作𡕾形的字（爲便於印刷，文中用 a 表示），分別見於下列簡文：

①智而比即，則民谷（欲）其智之述也。福而貧賤，則民谷（欲）其福之大也。貴而罷（能）纕，則民谷（欲）其貴之上也。反此道也，民必因此厚也以復之，可不斳（慎）唇（乎）！古（故）君子所復之不多，所求之不 a，戚反者

（諸）昌（己）而可以智（知）人。《成之聞之》一七—二〇

②是古（故）君子簸筶（席）之上毁（讓）而爰（援）學；朝廷之立（位），毁（讓）而処戔（賤）；所㡯（宅）不 a 俟（矣）。《成之聞之》三三—三四

就筆者所見，目前對這個字至少有兩種不同的處理意見。

裘錫圭先生認爲可能是"遠"的誤寫。他的意見已經得到了一些學者的認同。

張光裕、袁國華先生把這個字隸作遳，懷疑應讀爲登。這個意見顯然受到了楚簡中"阩"字釋法的影響。

《成之聞之》篇有兩個遠字，二一簡作𤞤，三七簡作𤗕，前者與例①中的 a 緊接，係一人手筆，區別卻十分明顯。這似乎可以説明 a 是遠字寫誤的可能性很小。事實上，在我們見到的楚文字中，從無把遠字寫作 a 形的。

把 a 隸作遳，首先是不成字，讀爲"登"，文例也扞格不通。

因此有必要重新對 a 進行考釋。

按照一般的構形原則，a 可以分析爲兩個部分：偏旁辵和𥎊（下文用 b 表示）。而 b 是釋讀此字的關鍵。

我們認爲 b 就是夋字。袁仲一《秦代陶文》收有一件陶質板瓦（491 號），上有刻文：

蘭陵居貲便里不更牙

其中"陵"作𨸏，右旁所从與 b 酷似，所不同者 b 在"夂"的尾筆上附加一畫，這正是古文字常見的作風，如

复作𤔔（郭店《老子》甲一）　　　復作𢓶（郭店《尊德義》二三）

後作𢔛（郭店《成之聞之》三五）　　退作𢓊（郭店《魯穆公問子思》二）

都屬此類。

b 是從𡕟（夋伯觶）、𡕟（庚壺綾所从）之類寫法的基礎上省變而來的。其中變化最大的在字的中部，這正合乎漢字形體演變的一般規律。

b 既是"夋"，那麼 a 就可以隸作遳。遳是夋的纍增字。

《説文·夋部》："夋，越也。从夂从𠑹，𠑹，高也。一曰，夋倨也。"後在字上加"走"旁，寫作"趪"。"趪，越也"（《玉篇·走部》）。趪之與遳，和趲之作遳（叔多父簋）、起之作𧺆（《説文·走部》）同類，古文字辵旁與走旁往往可以通用。

體味文意，例①和例②中的遳都當"越"講，但具體用法略有不同。例①

中的"遼"與《周易·繫辭下》"其稱名也,雜而不越"、《漢書·宣帝紀》"越職
踰法,以取名譽"的"越"屬於一路,指"踰越界限、超出常度"而言。這個意義
的遼古書或作陵。《禮記·檀弓上》:"故喪事雖遽不陵節。"又《學記》:"不陵
節而施之謂孫。"疏:"陵,猶越也。""所求之不遼",是説所求不超出常度,不
過分。例②的"遼"與《尚書·太甲上》"毋越厥命以自覆"、《左傳·成公二
年》"射其左,越於車下"的"越"相似,指"失墜、墜落"。"宅"當"居"講,"所
宅不遼矣"是説所居之位不會墜失。

這樣解釋,可以文從字順。

在郭店簡出土之前,楚系古文字資料中與夌有關的只有陵和陵,陵作陸
(包山 12),省作坴(《古璽彙編》0164),陵作薩(包山 153)、𦫵(包山 154)之
形。它們的子聲符分別是來和夂,這和當時他國文字陵作𣌭(《古璽彙編》
1128)、𨸏(《古陶文彙編》3.43),顯然不同系列,很容易給人一種錯覺,好像楚
文字"夌"是作坴(有些字編直接把它隸作夌)的。這種情況在某種程度上制
約了我們對真正的夌和從夌字的釋讀。因此,郭店《成之聞之》中"遼"的釋
出,對今後楚文字夌和從夌字的釋讀有着積極的意義。

　　　　　　　　　　　　　　　　　　　　　《簡帛研究二〇〇一》頁 174—175

△按　　祈室銅位暫從黃盛璋定名,所謂"戕遼",當是"戕遼","戕"即楚文字
常見之侵伐之"侵"的用字。

迡

△按　　"迡"爲"趣"字異體,見走部"趣"字條。

迣

迣 郭店·緇衣 34

○**李家浩**(2006)　　上引上博簡本《緇衣》釋文 A 所代表的字,原文寫法比較奇
特,作如下之形:

　　A　𪘁

上博竹簡整理者把 A 釋爲"幾"。按"幾"常見於古文字,與之寫法有別,A 顯然不是"幾"字。因此,對於 A 的釋讀需要重新研究。

值得注意的是,與 A 相當的字,不論是郭店簡本《緇衣》,還是今本《緇衣》和《詩·大雅·文王》,都是兩個字。根據這一情況再來審觀此字,就會發現 A 是兩個字的合文,右下側兩斜畫即合文符號。這一認識對正確釋讀 A 很重要。把 A 的合文符號去掉後,可以將其分析爲 A1、A2:

A1 　　A2

(中略)跟 A2 相當的字,不論是郭店簡本《緇衣》還是今本《緇衣》,都從"𦣞"聲(參看下文)。按包山楚墓竹簡 176 號"姬"字所從"𦣞"旁作:

《包山楚簡》圖片八〇

將 A2 與此"𦣞"旁進行比較,不難看出 A2 就是"𦣞"字的訛體。A2 即把"𦣞"的"𠃊"字形筆畫寫作一撇,再把中間一橫省去,下面右側一畫寫到上面橫畫之下,字形訛變的十分屬害,不易辨認。(中略)"熙"從"𤋮"聲,"𤋮"所從"𦣞、巳"皆聲。"𦤶"從"𦣞"聲,A2 的"𦣞"也應該從今本《緇衣》和《詩》讀爲"熙"。於此可見,上博簡本《緇衣》A 與郭店簡本《緇衣》"𦤶𦣞",儘管文字寫法不同,但是它們所表示的詞卻是相同的。《詩·大雅·文王》毛傳:"緝熙,光明也。"

《康樂集》頁 21—23

逨　逨

望山 1·125　　上博三·周易 9　　陶彙 3·621

上博二·容成 47

○**高明、葛英會**(1991)　《說文》以來爲行來之來,《玉篇》作徠,魏三體石經古文作逨,與此同。

《古陶文字徵》頁 99

○**楊澤生**(1996)　(編按:《古陶文字徵》)99 頁"逨"字是 20 頁"來"字的異體,應合併。

《江漢考古》1996-4,頁 80

○**何琳儀**(1998)　逨,從辵,來聲。來之繁文。《集韻》:"來,或從辵。"《玉篇》:"逨,來也。"

望山簡迹,神祇名。

《戰國古文字典》頁 1462

(編按:陶彙3·621)迩,从辵,巠聲。疑邇之省文。(中略)

齊陶迩,人名。

《戰國古文字典》頁 868

○**湯餘惠等**(2001)　(編按:陶彙3·621)遴。

《戰國文字編》頁 113

○**李零**(2002)　(編按:上博二·容成7)逨　同"徠",這裏是使來之義。

(編按:上博二·容成47)逨　即"來",指來服。

《上海博物館藏戰國楚竹書》(二)頁 256、288

○**劉信芳**(2003)　(編按:包山132)逨:字屢見於郭店簡,同"來"。"以此等來",以此文書行至唐公官府。知該案由左尹官府派員督察辦案,所移文書即簡132—135 所載舒慶之上訴狀。

《包山楚簡解詁》頁 129

△**按**　"來"字繁構,增辵旁以爲動符。來去之"來"戰國六國文字多增義符"辵、止"或"彳",作"逨、𣥠、徠"等。楚簡多用"𣥠",也用"逨"表示來去之"來",僅個別文例仍保留"來"的寫法。上博二《容成氏》簡 47 之字"來"旁下半訛作𡈼,則與楚文字"夌"字形近。陶文"來"字或作▨(《陶彙》1·57),與《陶彙》3·621"迩"所从相同。參卷五"來"字。

【逨遑】九店 56·44

○**李家浩**(2000)　《楚辭》的《招魂》《大招》,在寫招魂歸來時,常用"徠歸"或"來歸"之語。例如《招魂》"魂兮來歸,去君之恆幹,何爲兮四方些"(此據《文選》卷三三)。《大招》"魂乎徠歸,國家爲只";"魂乎徠歸,尚三王只"。簡文"逨遑"即此"來歸"或"徠歸"。《汗簡》卷上之二引《義雲切韻》,以"逨、徠"爲"來"字的古文。"遑"字亦見於下八七號簡、望山一號楚墓竹簡和包山楚墓竹簡,即"歸"字的異體。《古文四聲韻》卷一微韻引《道德經》等"歸"字,从"辵"作,與簡文同。傳本《招魂》《大招》"來歸、徠歸",多誤作"歸來、歸徠",洪興祖《楚辭補注》所附《考異》多云"一作'徠歸'",王逸注文也多作"來歸、徠歸",其詞序與簡文同,可見《楚辭》古本如此。

《九店楚簡》頁 110

遱　遳　徲

璽彙 0203　郭店・尊德 28　上博五・季庚 14　上博五・季庚 14

上博六・用曰 10

集成 12097 王命龍節　郭店・語四 20　楚帛書

郭店・唐虞 1

○唐蘭（1941）　(編按:王命龍節)遱。

《唐蘭先生金文論集》頁 54,1995;原載《北大國學季刊》6-4

○商承祚（1964）　(編按:楚帛書)遳爲傳之別構,見龍節銘。

《文物》1964-9,頁 17

○饒宗頤（1968）　(編按:楚帛書)遳字从更从辵,當釋轉。

《史語所集刊》40 本上,頁 5

○石志廉（1980）　(編按:璽彙 0203)傳。

《中國歷史博物館館刊》1980-2,頁 111

○羅福頤等（1981）　(編按:璽彙 0203)遱(傳)。

《古璽彙編》頁 34

○陳邦懷（1981）　(編按:楚帛書)"朕遳",即騰傳。《説文解字》:"騰,傳也。从馬,朕聲。"帛書作朕省馬,主聲不主形也。"遳",傳之異體,又見於龍節。"騰傳"爲同義連文,在此騰有上升意,傳有下遞意。《洪範五行傳》:"天者,轉於下而運於上。"帛書"乃上下騰傳",其義與上句"□咎天步□"正相應也。

《古文字研究》5,頁 240

○饒宗頤（1985）　(編按:楚帛書)遳字見《龍節銘》"王命遳賃一楰飤之",爲傳之別稱。此言因日月之運轉而逆(迎)送之。

《楚帛書》頁 33

○高明（1985）　(編按:楚帛書)字曾見於《龍節》,釋傳,在此假爲愽,《詩經・檜風・素冠》"勞勞愽愽兮",毛傳:"愽愽,憂也。"

《古文字研究》12,頁 377

○李零（1986）　"遳",曾兩見於長沙子彈庫楚帛書,一作"起乃上下朕遳",一作"乃起日月以遳相□思"。另外《三代》18.31.3 之"騎遳竹侯"馬形節也有這個字。此字从辵剬聲,剬即《説文》斷字的古文。其所从更,《説文》古文有二體；一作❖，據緐鎛"惠"字作❖，中山王礜方壺"譸"作❖，實際上應作❖，中閒一豎不通連；一作❖，即❖，據長沙子彈庫楚帛書遳字作❖，實際上應作❖或❖。這裏的遳字，讀法有兩種可能，一種可能是指驛傳之傳，即持節所到之傳舍驛站，另一種可能是指符傳之傳，即此節本身。《漢書·寧成傳》："詐刻傳出關歸家。"顏師古注："傳，所以出關之符也。""王命命傳"可以解釋爲"王下令命傳舍"如何如何，或者"王命所命之符傳"。

《古文字研究》13，頁 381

○**何琳儀**（1986）　（編按：楚帛書）"遳"，从辵从剬。"剬"即"剸"，見信陽簡和古璽。"遳"乃"傳"之異文，其从"辵"行動之義尤顯（亦見楚龍節）。陳引《説文》"騰，傳也"謂"'騰傳'爲同義連文，在此騰有上升意，傳有下遞意"。甚確。

《江漢考古》1986-2，頁 80

○**裘錫圭、李家浩**（1989）　（編按：曾侯乙 212）"遳"字亦見於王命傳龍節，用爲傳遽之"傳"。

《曾侯乙墓》頁 530

○**何琳儀**（1998）　遳，从辵，叀聲。疑遄之省文，即遄之異文。《正字通》："遳，俗遄字。"《説文》："遄，往來數也。从辵，耑聲。"

《戰國古文字典》頁 1026

遳，从辵，剬聲。疑遄之異文，見遳字。

龍、虎節"遳賃"，讀"專任"。

《戰國古文字典》頁 1027

○**李家浩**（1998）　（編按：王命龍節）正面苐三字舊有"惠、道、遄"等不同釋法，唐蘭先生釋爲"傳"，現已得到大家的公認。此字原文从"辵"，从《説文》古文"斷"聲，當是傳遽之"傳"的專字。

《考古學報》1998-1，頁 1

○**裘錫圭**（1998）　（編按：郭店·語四 20）遳（轉）。

《郭店楚墓竹簡》頁 219

○**周鳳五**（1999）　（編按：郭店·唐虞 1）專，簡文作❖，《郭店》讀作"傳"而無説。按，當讀作"專"，指專擅、獨占。禪而不專，即禪讓而不獨占，亦即傳賢不傳子；若傳子則政權由一家一姓獨占，不得稱之爲禪讓。且禪（嬗）字本訓"傳"，已見上引段、朱之説，簡文若讀作"禪而不傳"，則語意矛盾。再就字形考察，楚文字"傳"皆从辵，如《王命龍節》"王命命傳賃"字作❖，《王命虎符》同。同墓所出《語叢四》"若兩輪之相轉"亦作此形。簡文"專"字从彳，與从辵之字有別,不可混淆。

《史語所集刊》70 本 3 分,頁 742

○張光裕(2007)　(編按:上博六·用曰 10)春秋還遳　"遳"字亦見銅龍節"王命,命遳賃,一梏飤之","遳"讀爲"專"或"傳",本簡可讀爲"轉",郭店楚簡《語叢四》簡二十:"若兩輪之相遳(轉)。""春秋還轉",言四時代序也。

《上海博物館藏戰國楚竹書》(六)頁 296

△按　此爲傳遞之"傳"及運轉之"轉"的專字,从辵,叀聲,或从劃聲,"劃"即"劐",《説文》以爲"叀"字或體,實即"斷"之古文。郭店《唐虞之道》簡 1 之字省从彳。

【遳遽】璽彙 0203

○石志廉(1980)　此璽王光烈《古鉢精華》著録,陰文四字,其第一字作,應釋爲傳。戰國騎傳馬節,傳字作,龍節傳作,傳室之璽傳作,見《十鐘山房印舉》《古鉢精華》等書。中國歷史博物館陳列的楚王命傳遽虎節傳作,戰國陶文傳作、,見《古匋文香録》附 30 上,雁節傳作,與大同小異,實爲一字,只不過有繁簡耳。

　　第二字應爲遽之省文。楚王命傳遽虎節之遽即省作。(中略)典籍中馹和遽都訓爲傳車之傳。《爾雅·釋言》:"馹、遽,傳也。"《左傳·僖公三十三年》:"且使遽告於鄭。"杜注:"遽,傳車。"《左傳·哀公二十年》:"群臣將傳遽以告寡君。"《周禮·秋官·行夫》:"掌邦國傳遽之小事。"《釋名·釋宮室》:"傳,傳也。人所止息而去後人復來轉轉相傳無常主也。"(第二個轉字據畢沅校本加。)《廣雅·釋言》:"傳,舍也。"1958 年貴州赫章縣可樂鎮出土一漢代"武陽傳舍比二"鐵爐,它與古代驛傳交通有關。戰國秦漢之際有郵、亭、驛、傳等設施。傳,《漢書·高帝紀》顏師古注:"傳者,若今之驛,古者以車,謂之傳車,其後又單置馬,謂之驛騎。"傳有房舍供食宿。《史記·廉頗藺相如列傳》敘完璧歸趙故事有"秦王……舍相如廣成傳"的記載,司馬貞索隱指出"廣成是傳舍之名"。武陽是漢代犍爲郡治首府,故地在今四川成都以南彭山附近,"武陽傳舍比二"鐵爐應是武陽地方官辦傳舍的用具。"比二"即同樣爐子有兩件。可證傳遽之鉢與傳室之鉢,平陰都遽馹,上黨遽司馬等印的用途一樣,都是車馬遠行持以供給食宿和休憩所用者。此印稱爲傳遽之鉢,其意義更爲明顯。

《中國歷史博物館館刊》1980-2,頁 111—112

○王人聰(1983)　此璽著録於《古璽彙編》編號 0203(以下簡稱《彙編》)。《彙編》釋璽文爲"遳(傳)□之鉢"。今按璽文第一字應隸定爲遳,即傳字,其繁體作邅,見長沙出土之銅龍節。第二字从辵从虍,虍字的寫法與虜叚虜字所从之虍旁相同。古璽文字常省略偏旁結構中的一部分,此字所从之虍旁實爲虜字之省,故此字應釋爲遽,璽文全文爲“遄(傳)遽之鉨”。此璽文字書法具有楚文字的特點,其中遄字與長沙出土楚器銅龍節之遄字與江陵望山二號墓遣策及其他楚國璽印的文字,均風格一致,可知是楚印。

　　璽文“傳遽”是戰國時期傳遽制度中所設的組織機構。關於春秋戰國時期的傳遽制度,唐蘭先生在《王命傳考》一文中曾有詳細的考證。(中略)

　　《彙編》編號 0228 及 0229 還著錄兩方“専室之鉨”,從其璽文的書法風格可知也是楚印。璽文之専即傳,是傳字的簡寫。室,段注《説文》云:“《釋名》曰:室,實也,人物實滿其中也。引申之則凡所居皆曰室。”舍字,朱駿聲《説文通訓定聲》云:“按客居也。《周禮》之廬也,路室也,候館也,皆是。”所以専(傳)室也即是文獻中的傳舍。《簠齋古印集》1·27 著錄一方秦漢之際的官印,印文爲“傳舍之印”,可以爲證。以上所考的傳遽之鉨和兩方専室之鉨,都是楚國傳遽機構所用的官璽。

　　　　《古璽印與古文字論集》頁 28—29,2000;原載《古文字學論集》(初編)

○**劉釗**(1991)　傳遅(徙)之鉨

　　舊著錄於陳介祺《陳簠齋手拓古印集》,後收錄於《古璽彙編》,編號爲 0203,此璽爲方形白文璽,帶有邊框。其中傳字寫法與長沙帛書傳字作“𢔟”,楚銅龍節傳字作“邅”風格相同,爲楚璽無疑。第二字《古璽彙編》不識,字从辵从“夅”。按“夅”乃尾字,字應隸作遅,釋爲“遅”。遅字从犀聲,而犀又从尾聲,故遅字可省去牛旁而保留聲符作“遅”。遅字還見於楚帛書和古璽,作下揭形:𨒪 長沙帛書　徥《古璽文編》2.11

長沙楚帛書遅(遅)字舊釋“逬”,古璽遅(遅)字舊混同於“逑”字(《古璽文編》2.11),都是錯誤的。《古璽彙編》還著錄下揭一方楚姓名私璽:

其中“盂”字《古璽彙編》和《古璽文編》皆不識。按字从尾从出,實爲“屈”字。屈爲楚之大姓,璽文應讀作“屈姒(或始)”,其屈字所从之“牛”的寫法,與上揭璽文“遅”所从之“夅”形體相同,可證釋“徥”爲遅(遅)之不誤。長沙帛書“遅(遅)”字李零先生讀作“徙”,其説可從。古音遅、徙非常接近,可以通假。《説文》徙字古文作“屖”,上部所从就是“尾”字之訛。璽文“遅(遅)”字應假爲徙。《説文》:“傳,遽也。”古驛乘曰傳。《釋名》:“傳猶轉也。”《説文》:“徙,迻也。”《廣雅·釋詁》:“遷、運,徙也。”按“傳徙”猶言“傳

迻、轉運、轉徙"。《釋名》："壐,徙也,封物使可轉徙,而不可發也。"壐文"傳
遲(遲)之鉨",就應該讀爲"傳徙之鉨"或"轉徙之鉨"。

楚龍節有傳字,唐蘭認爲就是指傳車的"信傳"。《古壐彙編》著録有二方
楚"專(傳)室之壐"(《古壐彙編》0228、0229),"傳室"猶言傳舍,是指供應驛
傳車馬及飲食休憩的機構,這些加上前文考釋的"傳徙之鉨",都是有關楚國
驛傳制度的實物史料。

《江漢考古》1991-1,頁 73—74

△按　"遲"爲"遲(徙)"之省,故"遠遲"即"傳徙"。

【遄虞】集成 12105 鷹節

○**李家浩**(1998)　第一字見於騎傳馬節,原文作从"辵"从"更",唐蘭先生釋爲
"傳"。(原注:王國維在 1917 年 10 月 21 日寫給羅振玉的信中説:"[鄭]景叔送虎符拓本,上有六國古文,此
器似不僞。"又説"六國符文,第一字从馬,第二字或傳字,豈驛遽之符耶"[《王國維全集·書信》225—226 頁]。
據王氏所説的符文,所謂的"虎符"就是本文所説的馬節。可見在唐氏之前,王氏也認出了節文的"傳"字。)
第二字朱德熙先生和裘錫圭先生釋爲"虞",讀爲"遽"。這些意見都是十分正確
的,已得到古文字學界的公認。"傳遽"二字又見於雁節,唯"遽"字原文寫作从
"辵"从"虞"。《左傳》哀公二十一年:"群臣將傳遽以告寡君。"《周禮·秋官·行
夫》"掌邦國傳遽之小事",鄭玄注:"傳遽,若今時乘傳騎驛而使者也。"

《著名中年語言學家自選集·李家浩卷》頁 83—84,2002;原載《海上論叢》2

【遄賃】王命龍節

○**唐蘭**(1941)　遄字舊皆以爲从行从止从更,故釋爲惠及虘。江釋爲道,蓋
據李陽冰書謙卦道作遄。是亦以爲从行从止也。羅福頤釋作遄,則以爲从辵
从刀。實則右旁从人,壽州所出一器最爲明晰,可證其非刀。又以本器賃字偏
人刀作證之,亦可決其不从刀也。今按字當釋爲遄。容庚《金文編》重訂本以
爲傳字从辵,甚確。遄兒鐸及遄兒尊遄字作遄,容乃置於附録而未釋。阮書
彙敦之彙,本作遄,徐同柏釋遄,吳雲釋惠,劉心源釋虘,今按當釋爲遄。容亦
以入於附録,其實皆可與此器遄字互證也。(中略)

遄讀爲傳。《説文》:"傳,遽也。"《爾雅·釋言》:"馹,遽傳也。"

《唐蘭先生金文論集》頁 54,1995;原載《北大國學季刊》6-4

○**流火**(1960)　"王命命**遄**賃":"**遄**賃"可能是官名。鄂君啟節中有"王命命
集尹悊稽、裁尹逆……",郭沫若先生考證集尹、裁尹爲官名,故此節之**遄**賃亦
當爲官名。賃字从貝,當與經濟貿易有關。

《文物》1960-8、9,頁 81

○**石志廉**（1961）　遬爲傳字，从人从更从辵，作遱。今人詮釋，早已作出一致的結論，可以甲骨文之專字作𢍄或𢍀，戰國“傳迁之鉌”的傳字作𢔌來加以證明，不應再闕釋存疑。《說文》：“傳，遽也。”《爾雅・釋言》：“馹、遽，傳也。”《廣雅・釋室》：“傳，舍也。”《禮・玉藻》鄭玄注云：“傳遽以車馬給使者也。”

《文物》1961-1，頁72

○**何琳儀**（1991）　龍節銘文舊讀“王命𠃠傳，任一擔飤之”。近或引中山王方壺銘“而尃（專）賃（任）之邦”，讀龍節“遬賃”爲“專任”，可信。其斷句爲“王命，命專任一擔飤之”。據虎節“王命𠃠車牡”，再參照龍節正反面各鑄四字的格式，則龍節銘文四、四停頓，讀作“王命𠃠專任，一擔食之”，似更爲合理。

《汕頭大學學報》1991-3，頁27

○**湯餘惠**（1993）　遬，通傳，指傳驛。古時傳驛有車馬供使者騎乘，有傳舍以供行人食宿。《管子・大匡》云：“三十里置遽委焉，有司職之。從諸侯欲通，吏從行者令一人爲負以車。若宿者，令人養其馬，食其委。”遽即驛遽，傳遽。委謂委積，糧穀芻秣之類，可供人馬食用者。

《戰國銘文選》頁51

○**李家浩**（1998）　古代跟驛傳之“傳”有關的詞語，有“傳車、傳舍、傳馬、傳置、傳遽”等。節銘“傳賃”與之文例相同，當是一個複合詞。《管子・揆度》説：

　　　　管子曰：善正（征）商任者，省有肆。省有肆則市朝閒，市朝閒則田野充，田野充則民財足，民財足則君賦斂焉不窮。

“賃”从“任”得聲，所以“賃、任”二字古通。如《吕氏春秋・舉難》記寧戚欲干齊桓公，“爲商旅將任車以至齊”，《新序・雜事五》記此事，“任車”作“賃車”。又如戰國中山王銅器銘文多以“賃”爲“任”。下文將要指出，“商任”應讀爲“商賃”。節銘“傳賃”與《管子》“商賃”結構相同，也可以證明“傳賃”是一個複合詞。衆所周知，複合詞是不能分開來讀的。

　　上引《管子》那段文字意思是説，國家要“善征商任”，“省有肆”，這樣才能使人民不從事交易，而返歸於農；種田的人多了，就會使農業豐收，人民富裕，國家收入增多。張佩綸、郭沫若將“有”讀爲“賄”，謂“省賄肆”是“稽察市廛”的意思。那麼“善征商任”之“商任”是什麼意思呢？張佩綸説：

　　　　商任，《周禮・閭師》“任商以市事，貢貨賄”。一説：《淮南・道應訓》“於是爲商旅將任車”，高《注》“任，載也”。

張氏第一種意見似是認爲“商任”即《周禮・地官・閭師》“任商以市事”之

"任商"的倒文。按此説不確。"商任"是名詞,而"任商"是動賓結構的詞組,不能混爲一談。第二種意見似是認爲"商任"之"任"即"任車"。按此説也不確。"任"有"載"義,但"任車"似不能省稱爲"任"。

我們認爲"商任"之"任",應該讀爲"傳賃"之"賃"。《説文》貝部:"賃,庸也。从貝,任聲。"

段玉裁注:"庸者,今之傭字。《廣韻》曰:傭,余封切,傭賃也。凡雇儌皆曰庸,曰賃。"

居延"建武三年候粟君所責寇恩事"簡册,記"粟君借恩爲就(儌)",從潁川昆陽到居延販賣魚。寇恩就是一位雇傭商人。"商賃"大概就是類似這種雇傭商人。《周書·糴匡》:"征當商旅,以救窮乏。""善征商賃"與"征當商旅"義近,意思是説要善於徵收雇傭商人的税。

"商賃"是指雇傭商人,那麼"傳賃"應該是指雇傭從事驛傳的人。

《考古學報》1998-1,頁 2—3

【遬遬】集成 12103 雁節
△按　參【遫虔】條。

遝

遝包山 99　遝包山 170

○**劉彬徽、彭浩、胡雅麗、劉祖信**(1991)　遝。

《包山楚簡》頁 24

○**高智**(1996)　包山楚簡有字作"遝"(99)、"遝"(170)二形,《包山楚簡》釋爲"遝"字。按此字上之所从正與《汗簡》中的"庶"作"庶庶"等形、《三體石經》中作"庶"、金文作"庶"(《子仲匜》)形同,均爲从"火"(炎)从"石"之形。在古文字中往往"火"訛變成"土"或"土"形,上與《汗簡》中之"遮"作"遮"形同,故此字當釋爲"遮"字。

《于省吾教授百年誕辰紀念文集》頁 184

○**李家浩**(1999)　按"厚"字《説文》古文和宋版《古文四聲韻》上聲厚韻引《古尚書》作如下之形:

垕《説文》　垕《古尚書》

《玉篇》土部所收古文"厚"有兩種寫法。一種从"后"作"垕",一種从"石"作

"至"。商承祚《説文中之古文考》説:"《玉篇》有至,云古文厚。其字從土上石,厚意也。古文石作辰,省之則爲反,遂與后形同矣。匡從石、土會意,非從后聲也。"上引《古尚書》"厚",正作從古文"石",可證商説甚是。包山楚簡中有一個從"辵"之字,作 B1、B2 二形:

　　　　　B1 遞《包山》圖版四二·99　　B2 遞《包山》圖版七七·170

其所從偏旁與古文"厚"形近。《包山楚簡》把這兩個字都釋寫作"遲",顯然認爲 B 所從偏旁爲"厚"字古文"至"。

《中國古文字研究》1,頁 99

○陳偉等(2009)　趧,簡文從"辵"作。(中略)此字所從與郭店竹書《緇衣》36 號簡釋爲"廛"、讀爲"展"的字類似,應釋爲"趧"。

《楚地出土戰國簡册》(十四種)頁 89

△按　楚簡"厚"字、"庶"字與此字右半所從似皆有閒,此暫隸作"遲"。字在簡文用爲人名。

迻

迻包山 68

─────────────────────────

○張守中(1996)　迻。

《包山楚簡文字編》頁 27

○何琳儀(1998)　迻,從辵,奇聲。隨之異文。《字彙補》:"迻,同隨。"

　　包山簡迻,人名。

《戰國古文字典》頁 851

○白於藍(1999)　即《説文》徛字。偏旁彳、辵可通用。

《中國文字》新 25,頁 177

△按　字從辵,奇聲,簡文用爲人名。"迻"未必與後世字書同形之字有關。

遂

遂包山 202　　遂包山 238　　遂上博五·競建 6　　遂上博六·鄭壽 5　　遂璽彙 3080

─────────────────────────

△按　"遂"即"踐"字六國古文寫法,參足部"踐"字條。

遲　達

遲 包山 34　　遲 包山 36　　遲 包山 23　　遲 包山 66

遲 包山 228　　遲 包山 230　　遲 上博四·曹沫 27　　遲 上博四·曹沫 32

遲 包山 226　　達 包山 232　　達 包山 234

○夏淥(1993)　《包簡》"受賄"諸篇中有種種形式的枉法行爲,"不達某某以廷",我們理解爲受賄後不執達罪犯到廷受審的意思。(中略)

達,就是"執達"之意,是將罪犯抓到法庭受審的法律術語。"疋獄篇"《包簡 85》有批語:"咨廢籍,達以廷。"大意是將一批在逃的陶工廢除他們取得的户籍、工籍,抓回他們到法庭受審。關於"達"字的形義來源還可以討論。簡文"達"詳附圖(5),從辵從匩,匩亦聲。關鍵是這個意符兼聲符的部件怎麽去認讀。《包簡考釋》從徐中舒教授説,讀爲"將",認爲該部件是"匩"字,與將音近。"將"與"達"從意義上講是可以相通的,但從字形考慮,甲骨文"匩"以象形的筐具盛有矢鏃表意,附圖(6),"匩"是以筐盛羊,表示人們珍愛的小羊羔,讀若"達",是小羊、羊羔之意,兩字音義和形來源都是不相同的。匩字形聲化,産生了從羊大聲的"夻",據古注説羊産子順利,所以有通達的含義,通達的"達"就從辵夻聲了,實際上它也是形聲兼會意字。

《説文》:"夻,小羊也。從羊,大聲,讀若達。"《詩經·生民》寫羊圖騰的周姜部落始祖的降生説,姜嫄生下后稷,非常順利,"誕彌厥月,先生如達,不坼不副,無菑無害"。舊注:"達"爲"夻"假借字。是説后稷初生下來像只小羊羔,歌頌他生育順利是一方面,主要是歌頌他具有羊圖騰的德性。漢字有許多從羊而具有美善義的字,"達"字的音義也和羊圖騰崇拜有關。

"匩"應讀"達",不讀"匩";"遲"應讀達,不讀"將",我們也可以從卜辭文例和金文用語中得到印證。"癸酉卜:王匩(達),唯入于商?"(庫 273)"……卜貞:婦好匩于……王徝斯方?"(庫 1517)

王達於某地,婦好達於某所,都文從字順,如讀"匩"假爲"將"頗難以通講。

金文《史頌簋》:"日達天子顯命。"《蔡侯鐘》:"天命是達。"《麥尊》:"唯歸達天子,攸告亡尤。"《麥彝》:"出入達命。"《井侯尊》:"達明命。"

"達"就是通達、傳達、到達的意思,所有的卜辭和銘文都能通讀。"將"和"達"意義也相通,《康熙字典》:"以物相將曰達。"《周禮·夏官·懷方氏》:

“達之以旌節。”注：“達民以旌節，達貢物以璽節。”《包簡》中三四十例“達以廷”或“不達某某以廷”，是執達被告到法庭受審或不能執達被告到法庭受審之意。在受賄簡篇中是指受賄者有意縱罪，不能執達罪犯到廷之意。

　　《包簡》文字另有如附圖(7)，從辵從羊的諸異體字“祥”通假作“將”，從徐中舒先生説是對的。但簡文的“達”，不從羊，羊外有筐，音義已起變化，不應將“達”與“祥”二字混淆。《包簡247》：“大司馬邵滑祥（將，率也）楚邦之師徒以救甫之歲。”

《江漢考古》1993-3，頁 79—80

〇**劉信芳**(1996)　（編按：包山簡）遲，簡文作“遲”，全部用例俱見於“受期”簡（簡一九至七九），如簡一九：“頤（夏）㮰之月乙丑之日，郯（鄂）正婁到帀受期，八月乙亥之日不遲龔倉吕廷，阩門又敗。”類似句例多見，不盡録。按“遲”讀如“詳”，《尚書·吕刑》：“度作詳刑以詰四方。”鄭玄注：“審察之也。”《説文》：“詳，審議也。”其字又作“祥”，《廣雅·釋詁》：“祥、審，諟也。”該句謂：至期約審案之日，没有審議龔倉之案於公堂。簡文“遲”又作“行”，簡六一：“九月辛酉之日，新大廏陳漸受期，十月辛未之日，不行代易廏尹郙之人或䢵（載）於長㠱（沙）公之軍，阩門又敗。”按“行”與“詳”音近義通，《禮記·樂記》：“使之行商容而復其位。”鄭玄注：“行猶視也。”《吕氏春秋·季夏紀》：“入山行木。”高誘注：“行，察也，視山木禁民不得斬伐。”簡文“遲、行”並爲“詳”之假，《通典》卷一六八有“詳讞”一門，專述歷代獄訟程序法規。

　　迖，簡文作“迖”，見於簡二二六、二三二、二三四、二三六、二四五、二四七，簡二二六：“大司馬悪骵迖楚邦之師徒吕救郙之戡。”句意明白易懂，“迖”爲“將”之假，帥也。

　　遲，簡文作“遲”，見於簡二二八、二三〇、二三九、二四二，辭例與“迖”之辭例同，如簡二二八：“……遲楚邦之師徒。”知“遲”爲“迖”之異體。

《考古與文物》1996-2，頁 85；《簡帛研究》2，頁 18；
《包山楚簡解詁》頁 30、63 與此略同

〇**何琳儀**(1998)　迖，從辵，羊聲。《玉篇》：“迖，進退皃。”

　　包山簡迖，讀將。《詩·陳風·東門之枌》“其葉牂牂”，《易林·革之大有》引牂作將。《禮記·内則》“炮取豚若將”，注：“將當爲牂。”《集韻》蒿或作鷲。是其佐證。《説文》：“將，帥也。”引申爲率領。《史記·秦始皇紀》“將軍擊趙”，正義：“將猶領也。”

《戰國古文字典》頁 673

遟,从辵,犀聲,疑迻之繁文。

《戰國古文字典》頁 674

遟,从辵,匡聲。疑迻之繁文。

《戰國古文字典》頁 674

○白於藍（1999）　從辭例上來看，"遟"與"遟"用法全不相同，卻和同頁"迻"字條所收之字用法一致，故"遟"字應作爲"迻"之異體收入"迻"字條。

《中國文字》新 25，頁 177

○黄德寛（2002）　包山等楚簡中△（編按：代指"遟"字）的出現及其用例，爲徐中舒讀△爲"將"提供了非常有力的證據。包山簡用△多達 49 例，如：

（6）不△龏倉以廷，阣門又敗。（2-19）

（7）不△邻大司敗以盟……阣門又敗。（2-23）

（8）大司馬悆骰△（遟或作迻）楚邦之帀（師）徒以救郙之歲。（2-228）

以上三例是△在包山簡中的典型用法，《包山楚簡》整理者，采用了徐中舒先生的説法，並注作"率"。《楚系簡帛文字編》所引常二、秦九九·一二兩例，一曰"△其衆"，一曰"△其□孫人□"，與包山簡用法相同。《説文》："將，帥也。"段玉裁注云："帥當作衛。行部曰：'衛，將也。'二字互訓。《儀禮》《周禮》古文衛多作率，今文多作帥。毛《詩》'率時農夫'，韓《詩》作帥……毛《詩》'將'字故訓特多，大也、迻也、行也、養也、齊也、側也、願也、請也。此等或見《爾雅》，或不見，皆各依文爲義，亦皆就疊韻雙聲得之。"將△讀作"將"，用來解釋楚簡，均十分合適，學者少有疑義，有些學者隸定包山楚簡甚至將△直接寫作"將"。楚簡用△之例，典籍多用"將"，不煩徵引。而徐氏讀金文△爲"將"，由楚簡可得到進一步的證明。（中略）

將古文字資料與傳世文獻相比較，凡古文字用△之例，傳世文獻多用"將"。而《説文》訓"將"爲"帥"，這並非其構形本義。甲骨文中"鬺"作 𤲮𤲮𤲮 等形，从鼎，𢼸聲。𢼸从肉，爿聲。于省吾先生以爲甲骨文 𢼸 即鬺字所从之 𢼸，應隸定作 牁，"乃將之初文"，"本象祭祀陳列肉類於几案之形"。"將"之義訓文獻甚多，"皆各依文爲義"。而"將"之"行也、奉也、迻也、衛也"等義項均與行走義相關，顯然不是"將"構形本義的自然引申，當是其借義。而文獻諸例中"將"表示與行走有關的上述一組義項，古文字資料中恰恰都用△。而△从辵，匡聲，辵正是漢字中表示與行走義相關的專用義符。因此，我們有理由推測，"將，行也"之"將"是一個借字，其本字正是△字。由於△爲借字"將"所奪，故"將"行而△廢，△字功能也就由"將"字肩負，使之成爲一個義

項複雜的字。這種情況與“襲”作爲借字取代表示“追襲”之“襲”的本字
“䙝”,而“襲”之本字遂廢而不用是一樣的。這是漢字内部調整的一個值得重
視的現象。

《古文字研究》24,頁 273—275

△按　疑爲楚文字表率領義之“將”的專字,因將領義與率領義本密切相關,
故亦以表將帥之“將”,後者楚文字一般寫作“牆”。“遱”從“辵”,“匡”聲,
“匡”當是以“羊”爲聲,故“遱”又可簡省作“达”。“达”亦見新出清華二《繫
年》簡 81,亦用爲將率之“將”。

【遱衒】上博四·曹沬 32

○李零(2004)　遱(將)衒(帥)。

《上海博物館藏戰國楚竹書》(四)頁 263

遱

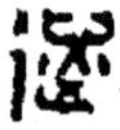

古壐文字徵·附 3

○朱德熙、裘錫圭(1972)　我們要討論的是以下一類壐印：

　　1.平陰都吳皇　　(《十鐘山房印舉》1·2 附圖一)

　　2.桓易都吳皇　　(同上)

　　3.武易都吳皇　　(《尊古齋古鉨集林》第一集 1·8)

　　4.文安都吳皇　　(《歷代古印大觀》第一集)

　　5.閎易都吳皇　　(《鉨苑》上 33,附圖二)

　　6.洵城都吳皇　　(《二百蘭亭齋古銅印存》3·4)

　　7.湩都吳皇　　(《棗華書屋藏印擴存》)

　　8.武城□皇　　(《尊古齋印存》第四集 1·5)

附圖一 　　 附圖二

(一)吳和皇兩個字都不認識,我們先討論吳字。這個字有以下一些寫法：

古印中還有兩個以此爲偏旁的字,一個從辵：

《古壐文字徵》附 3 上

一個从宀：

     《古璽文字徵》附 26 上   《濱虹草堂藏古鈢印》"長賓"印

由此可知這個字還可以寫作等形。金文王孫鐘趞字作：《三代》1·63

偏旁異字下邊一部分和吳字基本相同，只是吳字左右兩側加了飾筆。《尊古齋古鈢集林》第二集 3·21 著録一枚私印有異字：

其下端跟吳字形體全同。

我們再把吳字跟邱鐘和壬午劍的虡字下端進行比較：

    邱鐘   壬午劍（《金文編》267）

主要的區別是虡字下端增加了足形。古文字人字形和大字形加不加足形，往往只是繁簡的不同。乘字可以作，也可以作，便是一例。

《說文·虍部》："虡，鐘鼓之柎也。飾爲猛獸。从虍，異象其下足。鐻，虡或从金豦聲。𤭖，篆文虡省。"

我們在古文字裏没有看到从虍从異的虡字，邱鐘和壬午劍的虡字，形體和《說文》所謂"篆文虡省"的虡字相當。我們猜想，由於虡字所从的吳和異字下端形體相同，所以後來誤以爲虡字从虍从異，換言之，从虍从異的虡可能是一個後起的字。

吳字和異字下端相同，和虡字下端也相同。戰國文字常常把省去一個字的一部分作爲簡化的手段，例如：

    馬省作《古璽文字徵》10·1 上   官省作同上 14·2 下

    訢（忻）省作、同上 10·5   霖（秦）省作同上 7·3 下

因此我們有理由假設吳是異字的簡化，同樣也有理由假設吳是虡字的簡化。

（中略）

（三）現在我們可以回到吳字上來了。如果釋皇爲呈是正確的，我們就可以由此確定吳應釋作虡，不應釋作異。因爲把呈讀爲馸，把虡讀爲遽，全部有關材料都能得到最合理的解釋。

我們在本文開頭列舉的八枚古印裏，1—7 都是虡呈二字連文，應當讀爲遽馸。虡和遽都是群母魚部字，《說文》虡字或體作鐻，鐻、遽皆从豦聲。呈和馸都是脂部入聲，聲母都是鼻音。典籍中馸和遽都訓爲傳車之傳。《爾雅·釋言》："馸、遽，傳也。"《說文·馬部》："馸，驛傳也。"《左傳·僖公三十三年》"且使遽告於鄭"，杜注："遽，傳車。"又《文公十六年》"楚子乘馸會師于臨品"，杜注："馸，傳車也。"典籍往往合言傳遽或遽傳。例如：《左傳·哀公二十

一年》:"群臣將傳遽以告寡君。"《周禮・秋官・行夫》:"掌邦國傳遽之小事。"《韓非子・喻老》:"遽傳不用,故曰卻走馬以糞。"印文 1—7 並言遽駰,遽駰猶言遽傳或傳遽。(中略)

　　(四)我們在(一)中舉出古印有以吳爲偏旁的還、寏二字。還字自當釋作遽。《夢庵藏印》有"上竺還司馬"印(據《古璽文字徵》附 3 上轉引):

　　　當讀爲上黨遽司馬。遽司馬當是掌傳驛的官職。寏字我們還不能認識。

　　　　　　　　《朱德熙古文字論集》頁 43—48,1995;原載《考古學報》1972-1

遌

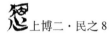

──────────

△按　　"得"字異體,从辵。參彳部"得"字條。

遒

上博二・民之 8

──────────

○濮茅左(2002)　　"遒",从辵从夙,讀作"夙"。《説文・夕部》"夙",古文作"佰、個","早敬也,从丮、夕,持事雖夕不休,早敬者也"。"遒(夙)夜",即朝夕。

　　　　　　　　　　　　　　　　　《上海博物館藏戰國楚竹書》(二)頁 166
○李守奎、曲冰、孫偉龍(2007)　　簡文中讀"夙",所从"佰"聲與"辵"旁借筆。
　　　　　　　　　　　　　《上海博物館藏戰國楚竹書(一——五)文字編》頁 93

連

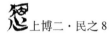上博四・曹沫 18　　上博四・曹沫 42

──────────

○李零(2004)　(編按:上博四・曹沫 18)便連　"連"从卑,與"嬖"同爲幫母支部字,可通假。"便嬖",受寵愛者。

（編按：上博四·曹沫 42"其將逯"）逯（卑）。

《上海博物館藏戰國楚竹書》（四）頁 254、270

△按　楚簡便嬖之"嬖"寫作"逯"，又作"辟、俾"（如上博四《曹沫之陳》簡 25、35），"逯"又用爲"卑"，"卑、嬖"音義相因。

逡

璽彙 2833　　璽彙 4094

○何琳儀（1998）　逡，從辵，受聲。疑受之異文。

燕璽逡，人名。

《戰國古文字典》頁 187

△按　二字《古璽文編》收於附録（396、397 頁）而未釋。田煒釋前字爲"逡"，後字爲"遚"，謂：字當隸定爲"遚"，"止"爲益加義符，這種情況與侯馬盟書"踊"之或作踊同理。《璽彙》4094 此字也可能仍是從受，姑暫隸於此。

逃

新蔡零 100

△按　"卦"字增繁，辭云"逃亡咎"，如字讀。

诌

上博四·曹沫 60

○李零（2004）　毋冒吕诌　讀"毋冒吕陷"。"冒"，指冒險。"陷"，指陷敗。

《上海博物館藏戰國楚竹書》（四）頁 282

△按　《説文》："臽，小阱也。從人在臼上。"此字增辵旁以爲動符，專指陷入之陷。

遊　迂　遰

集成 9735 中山王方壺　　璽彙 1154　　包山 7　　上博五·君子 6

曾侯乙120　包山188　郭店·語三51

包山277　璽彙2251

○**商承祚**(1982)　（編按：中山王方壺）《説文》有游，無遊，游不入水部而附㫃部，非是。其古文作。古文有斿、遊而無游，見《金文編》。《説文》古文爲之寫訛。

《古文字研究》7，頁 55

○**湯餘惠**(1993)　（編按：包山277）《説文》游字古文作，實即遊字，字从古文子。《六書通》引《雲臺碑》游作，亦从子。簡云“紊組之迀”，用爲旗斿字。

《考古與文物》1993-2，頁 78

○**何琳儀**(1998)　天星觀簡遊，讀游，姓氏。鄭公子偃，字游，子孫以王父字爲氏。見《元和姓纂》。

《戰國古文字典》頁 214—215

迀，从辵，汙省聲（或斿省聲）。遊之異文。《説文》游古文作，子上附加三曲筆，參見春秋金文游作（簠叔之仲子平鐘）所从。《集韻》：“迀，行也。或从子从辵。”

包山簡迀，讀游（斿），或作旒。

《戰國古文字典》頁 215

○**湯餘惠等**(2001)　（編按：包山7、227）迀　同遊。

《戰國文字編》頁 119

○**李家浩**(2003)　“迀”見於《古文四聲韻》卷二尤韻，是古文“遊”，在此當讀爲“斿”。“斿”或作“旒”，是古代旌旗旗幅末端的下垂飾物。

《古籍整理研究學刊》2003-5，頁 7

△**按**　《説文》無“遊”字，卷七㫃部有游：“游，旌旗之流也。从㫃，汙聲。，古文游。”从辵从古文子，與包山簡之“迀”正對應。“游”與“遊”本當有別，“遊”爲巡遊之遊，“游”爲游泳之游，上博五《三德》篇簡21 游泳之“游”作，正从水。以“游”爲巡遊之“遊”主要見於秦系文字，參見卷七㫃部。

【**遊夕**】中山王方壺

○**張政烺**(1979)　遊夕見《管子·戒》：“先王之遊也，春出，原農事之不卒者謂之遊；秋出，補人之不足者謂之夕。”又“先王有遊夕之業於人，無荒亡之行於身”。《孟子·梁惠王下》：“春省耕而補不足，秋省斂而助不給。夏諺曰：吾王不遊,吾何以休。吾王不豫,吾何以助。一遊一豫,爲諸侯度。"豫即夕。

《古文字研究》1,頁 213—214

○**李學勤、李零**(1979) 下一行"遊夕"一詞是非常罕見的。《管子・戒》:"先王之遊也,春出原農事之不本者,謂之遊;秋出補人之不足者,謂之夕。"可知遊是春遊,夕是秋遊。如果没有《管子》的解釋,這個詞便很難索解了。

《新出青銅器研究》頁 179,1990;原載《考古學報》1979-2

○**朱德熙、裘錫圭**(1979) 夕,疑當讀爲"射",又疑當讀爲"舍","遊舍"猶言"遊息"。

《朱德熙古文字論集》頁 101,1995;原載《文物》1979-1

○**朱德熙、裘錫圭**(1995) (編按:指"夕"讀爲"射"或"舍")此説非,已有學者指出"遊夕"之語見於《管子》。

《朱德熙古文字論集》頁 101

【遊車】曾侯乙 120
○**裘錫圭、李家浩**(1989) 《國語・齊語》"戎車待游車之裂",韋昭注:"游車,游獵之車也。"《周禮・春官・司常》"斿車載旌",鄭玄注:"斿車,木路也,王以田以鄙。"

《曾侯乙墓》頁 521

○**李守奎**(2000) 在曾侯乙墓竹簡中,120 至 121 號兩支簡是總計車數的,除了上文提到的四輛軍車帶有"圓軒"外,尚有九輛"遊車"也帶有"圓軒",這些遊車中應該包括前文所列的魚軒、圓軒、安車等。帶圓軒的車何以稱爲遊車?《國語・齊語》"戎士凍餒,戎車待遊車之裂,戎士待陳妾之餘"韋昭注:"戎車,兵車也;遊車,遊戲之車也。"遊車與戎車相對,是出行外遊之車,車上裝有圓軒,乘坐舒適,這些車可以很豪華,也可以很簡便。戎車中的乘車也是因平時乘駕,故也裝置了圓軒。

《古文字研究》22,頁 196

【遊宮】集成 12110—12113 鄂君啟節
○**劉信芳**(1987) 其三,郊有遊宮。

《禮記・禮器》"魯人將有事於上帝。必先有事於頖宮",鄭玄注:"頖,郊之學也。《詩》所謂頖宮也,字或爲郊宮。"《禮記・王制》:"天子曰辟廱,諸侯曰頖宮。"

例二一,《左傳》哀公二年,"衛侯遊於郊,子南僕,公曰:余無子,將立女。不對。他日又謂之,對曰:郢不足以辱社稷,君其改圖。君夫人在堂,三揖在下,君命衹辱"。

　　衛侯遊於郊並且在"堂"討論後嗣大事,"堂"就是"宮"之類的設施。

　　在魯爲"郊宮",在衛爲"堂",在楚爲"遊宮",三者類似。

《江漢考古》1987-1,頁 81

○**湯餘惠**(1993)　　離宮別館。

《戰國銘文選》頁 46

○**何琳儀**(1998)　　鄂君啟車節"遊宮",行宮。

《戰國古文字典》頁 214

逪

上博五・鮑叔 8

△按　"歸"字楚文字寫法,見止部。

迹

侯馬 92:23

○**何琳儀**(1998)　　迹,从辵,亟聲。疑徑之繁文。

《戰國古文字典》頁 33

△按　盟書中爲"明亟視之"之"亟"諸異體之一。

遙

郭店・五行 21　　　郭店・五行 34

○**荆門市博物館**(1998)　　(編按:郭店・五行 21"不直不遙,不遙不果")帛書本此句作"不直不迣"。

《郭店楚墓竹簡》頁 152

○**李零**(1999)　　"肆",釋文作"遙",馬王堆帛書《五行》對應的字是从辵从世,疑讀爲"肆"("肆"是心母質部字,"世"是書母月部字,讀音相近)。

《道家文化研究》17,頁 491

○**孟蓬生**(2002)　　經文中"遙(迣)"當讀爲"肆",訓爲"屈伸"之"伸"。古音希聲與肆聲相通。《説文·希部》:"絼,希屬。从二希。《虞書》:絼類於上帝。"絼亦衍希聲。今本《尚書·堯典》:"肆類於上帝。"《左傳·僖公三十年》:"又欲肆我西封。"注:"肆,申也。"《廣雅·釋詁》:"肆,伸也。"《老子》:"直而不肆。"注:"肆,申也。"《周禮·秋官·掌戮》:"肆之三日。"注:"肆,猶申也。"《周易·繫辭下》:"其言曲而中,其事肆而隱。"李鼎祚《周易集解》引虞翻曰:"肆,直也。""不直不肆"意爲"不直則不伸",與"不親不愛""不愛不仁"句法相同,均以近義詞連用而成文。

　　傳文中是用"遂"來解釋"遳(迣)"字的含義的。作傳者之所以這樣做,是因爲古音希聲、肆聲又與豕聲相通。

　　《説文·希部》:"絼,希屬。从二希。《虞書》:絼類於上帝。"今本《尚書·堯典》:"肆類於上帝。"傳:"肆,遂也。"《史記·五帝本紀》作"遂類於上帝"。《尚書·堯典》:"肆覲東後。"《史記·五帝本紀》作"遂覲東後"。《大戴禮記·夏小正》:"狸子肇肆。"傳:"肆,遂也。"《老子》:"直而不肆。"注:"肆,申也。"《國語·晉語》:"是遂威而遠權。"注:"遂,申也。"簡本《五行》曰:"悳(直)而述(遂)之,遳也。"帛書《五行》曰:"直也而遂之迣,迣也者,遂直者,直者也。"

　　遂有"終"義。《周書·太子晉》:"逡巡而退其不遂。"注:"遂,終也。"帛書《五行》作傳者對"不直不迣"的解釋是"直也者直其中也,義氣也。直而笱(後)能迣。迣也者終之者也。弗受於衆人,受之孟賁,未迣也"。因此我們知道,在"悳(直)而述(遂)之,遳也"(帛書本作"直也而遂之迣")這句話中,實際上是以述(遂)來訓遳(迣),是古代聲訓的一種方式。帛書本"直而笱(後)能迣,迣也者終之者也"與這兩句話同意,但采用的是義訓方式。按照作傳者的理解,《五行》經文中的遳(迣)與"述(遂)"同音,是取"終成"之義。簡本"悳(直)而述(遂)之,遳也"這句話的意思:内心保持正直並能夠把它貫徹到底,這就叫做"遳"。帛書本作傳者對"不直不迣"的解釋譯成現代漢語,大意是這樣的:直就是使自己的内心保持正直,這是一種正義之氣。内心保持正直之後才能夠做到"迣"。所謂"迣"就是貫徹到底。如果在衆人面前能保持"直",而遇到像孟賁一樣的勇士就"曲",那是不能叫做"迣(遂)"的。

《簡帛語言文字研究》1,頁 31—32

△按　簡文中讀爲"肆"。

遷

包山 182

○何琳儀（1998）　遷，从辵，寅聲。

包山簡遷，人名。

《戰國古文字典》頁 1219

○劉信芳（2003）　遷：原簡字形从辵，要聲。“要”之字形請參郭店簡《忠信之道》5“不期而可要者，天也”句例中的“要”字。

《包山楚簡解詁》頁 190

○郭永秉（2010）　古璽人名“黃要”（《璽彙》1250）、包山簡人名“周遷”，雖無辭例可説，但亦不成爲反證。古人如春秋時衛國公文懿子即名“要”（《左傳·哀公二十五年》及同年杜預注）。“遷”疑是“邀”字異體。

《古文字研究》28，頁 110

△按　釋“遷”可信。郭永秉於“要”字演變有詳論。

遏

包山 141　　包山 87　　璽彙 4012

○羅福頤等（1981）　（編按：璽彙 4012）《説文》所無，《玉篇》：“遏，過也。”

《古璽文編》頁 38

○何琳儀（1998）　遏，从辵，易聲。《集韻》：“遏，失據倒也。一曰，過也。”

戰國文字遏，人名。

《戰國古文字典》頁 663

△按　包山簡用爲人名。

逴

集成 157 屬羌鐘

○劉節（1931）　逴即《説文》迕字。簋鼎亦有用征以迕之文。仲姞敦乍字从辵，仲鐮簋亦然。《文選·歐逝賦》注引《聲類》曰：“迕，迫也。”《玉篇》：“迫，

迲也。""率征秦迖齊"者,率征秦之師以迫齊也。

《古史考存》頁 90,1958;原載《國立北平圖書館館刊》5-6

○**吳其昌**(1931)　"迖"即"攴",亦即"迫",義爲擊,劉考是也。

《國立北平圖書館館刊》5-6,頁 48

○**徐中舒**(1932)　迖从乍从攴从辵,仍與作同。齊侯鎛鐘云:"女台(以)戒戒迠。"又云:"用迠鑄其寶鎛。"皆以迠爲作。簠鼎云:"乍造鼎十,用征以迖,以御賓客,子孫是若。"迖、客、若爲韻,仍讀迖爲作。作,行也,曾伯藜簠云:"用征用行。"文義正與此"用征以迖"同(《詩·常武》"王舒保作",箋云:"作,行也。")。此鐘征迖並用,征爲征伐,迖亦征伐。《詩·無衣》云"與子偕作",傳云:"作,起也。"《左氏》襄二十三年《傳》云"今君聞晉亂而後作焉,寧將事之",杜注:"作,起兵也。"曰起,曰起兵,皆征伐之事。

《徐中舒歷史論文選輯》頁 214,1998;原載《鳳氏編鐘圖釋》

○**唐蘭**(1932)　迖,即迠,迫也。廉南湖藏簠鼎云:"用征以迖。"亦以"征""迖"對文。(中略)迖齊者,晉平公之三年,周靈王之十七年,《春秋·襄公十八年》所謂"冬十月,公會晉侯、宋公、衛侯、鄭伯、莒子、邾子、薛伯、杞伯、小邾子同圍齊"者是也。

《唐蘭先生金文論集》頁 3,1995;原載《國立北平圖書館館刊》6-1

○**容庚**(1936)　《齊侯鎛鐘》"女台戒戒迠","用迠鑄其寶鎛",《姑氏簋》"姑氏自迠爲寶尊段",迠皆乍之異文,則此迖字亦即迠之異文,《簠鼎》"用征以迖",猶《曾伯藜簠》"用征用行"也。此亦征迖對文。《説文》:"迠,迫也。"

《善齋彝器圖録》頁 3

○**陳連慶**(1979)　"迖齊"就是入長城,虜齊侯。

《吉林師大學報》1979-3,頁 81

○**湯餘惠**(1993)　《水經注·汶水》引《竹書紀年》:"晉烈公十二年(公元前 404 年),王命韓景子、趙烈子、翟員伐齊,入長城。"和鐘銘"達征秦迠齊,入張城"正相符合。(中略)迠,與"征"義近。簠鼎:"用征用迠。"迠齊,指晉烈公征伐齊國。

《戰國銘文選》頁 11

復

楚帛書　　上博三·周易 19

包山 238　　　郭店·性自 18　　　郭店·尊德 34　　　上博四·曹沫 55

集成 9734 舒盗壺　　　侯馬 1:61　　　侯馬 3:21

△按　"復"字繁構,六國古文多從辵。參見彳部"復"字條。

逯

陶彙 9·7

○高明、葛英會(1991)　《説文》所無,《玉篇》:"逯,動也。"

《古陶文字徵》頁 236

○何琳儀(1998)　逯,從辵,彖聲。《玉篇》:"逯,動也。"

秦陶逯,人名。

《戰國古文字典》頁 1029

△按　《一切經音義》卷八以爲"遁(遯)"字異體,《集韻》魂韻以爲"豚"字異體。陶文用爲人名。

遺

郭店·窮達 7　　　新蔡甲三 11、24

○荆門市博物館(1998)　(編按:郭店·窮達 7)遺,從"峕"聲,唐蘭釋作"饋"。

《郭店楚墓竹簡》頁 146

○裘錫圭(1998)　(編按:郭店·窮達 7)"五羊"上二字疑當與"賣"義有關。疑第二字從"辵","㕭"聲,即遺字,讀爲"賣",通"鬻"。第一字從"旦"聲,似可讀爲"轉"。《淮南子·脩務》"百里奚轉鬻"。

《郭店楚墓竹簡》頁 146

○劉釗(2002)　(編按:郭店·窮達 7)句中"遺"字裘錫圭先生認爲是從"辵"從"㕭"聲,即"遺"字,讀爲"賣",通"鬻"。這一考釋非常正確。這個"遺"字所從的"㕭"的寫法也值得注意。

　　以上我們分析了包山楚簡和郭店楚簡中的三個已識的"價"和"遺"字,其形體寫法如下:1.　　2.　　3.

另外包山楚簡中還有 5 個用於人名的"賈"字,其中 4 個是指一個叫郞賈的
人,一個是指叫黃賈的人。這 5 個賈字以往不被大家注意,只有陳偉先生在其
《包山楚簡初探》一書的釋文中將其隸定作"賈"。其形體寫法如下:

4.圖   5.圖   6.圖   7.圖   8.圖

按《説文》的結構分析,"賈"字所從的"𠂤"是"睦"字的古文,本應從"目",上
引 7 所從的"𠂤"就是從"目"作的。3 和 8 的"𠂤"所從的"目"寫成了豎立的
形狀。4、5 的"𠂤"所從的"目"中閒省去了一筆,1、2、6 的"𠂤"所從的"目"變
成了橫置或置(編按:"置"前脱一"豎"字)的"自"。這個形體非常重要,是我們辨識
其他尚未釋出的"賈"字及相關諸字的關鍵環節。

《中國文字》新 28,頁 127

○**何琳儀**(2004)   (編按:新蔡甲三 11、24)"追",《釋文》從上讀,恐非是。"追"之
原篆上似從"屮"形,參陳肪簋"追"字,天星觀簡、隨縣編鐘"追、歸"及從"歸"
諸字之偏旁。"追、歸"同一聲系,故"追"亦可讀"歸"。《孟子・離婁上》"而
歸之",正義引《廣雅・釋詁一》"歸,往也"。《爾雅・釋言》:"宅,居也。"本銘
"歸宅",有往居之意。其與《潛夫論・遏利》"子罕歸玉,晏子歸宅"之"歸宅"
雖不盡相同,然可證明"歸"與"宅"確實可以連文。

《安徽大學學報》2004-3,頁 5

△**按**   新蔡甲三 11、24:"昔我先出自郳道,宅茲沍章,以選遷處。"董珊《新蔡
楚簡所見的"顓頊"與"雎章"》(簡帛研究網 2003 年 12 月 7 日)將"道"釋爲
"遒",讀爲"頊",連上"郳"字讀爲"顓頊"。新出清華簡《楚居》有季連"逆上
汌水,見盤庚之子處于方山,女曰妣隹"的記述,李學勤(《論清華簡〈楚居〉中
的古史傳説》,《中國史研究》2011 年 1 輯)謂古書講"出自"某某者,多"是指
族氏世系的來源而言,而所'出自'的一般是人名",故定"《楚居》傳説中處於
汌水地域的'妣隹',就是葛陵簡的'郳追',她正是楚王系所自出"。子居
(《清華簡〈楚居〉解析》,簡帛研究網 2011 年 3 月 20 日)認爲"'郳追'似可讀
爲'郳瀆'"。裘錫圭(《説從"㕱"聲的從"貝"與從"㞢"之字》,《文史》2012
年 3 輯)改讀爲"郳寶",認爲"葛陵簡的郳寶,其性質應與稱爲'洞庭'的地穴
之類相似,很可能就指汌水流域的地下穴道而言"。

郭店簡《窮達以時》簡 7 之字所從"㕱"旁上部異於一般寫法,裘錫圭認爲
是抄寫者爲了與"自"的繁體相區別而有意爲之。

新出清華簡《保訓》"乃遒中至河",整理者釋"遒"爲追,裘錫圭認爲亦當
讀爲"賣/賈(鬻)",義爲"買"。

送

包山 169

○**何琳儀**(1998)　送,从辵,癸聲。

包山簡“陽送”,地名。

《戰國古文字典》頁 1189

△**按**　包山簡用爲地名。

遺

上博三·周易 24　上博三·周易 25

○**濮茅左**(2003)　(編按:上博三·周易 24)“遺”,从辵,真聲,疑同“遺”,讀爲“填”,《説文》:“填,塞也。”“填頤”,糊口。

《上海博物館藏戰國楚竹書》(三)頁 170

○**陳斯鵬**(2006)　《周易·頤》六二及六四爻辭均有“顛頤”之語。馬王堆帛書本同。而新出楚簡本與“顛”相對應的字分別寫作(簡 25)和(簡 24),濮茅左先生隸定爲“遺”,應是正確的。按“遺”字疑爲“趙”之異體,“遺(趙)”與“顛”皆从“真”聲,且“趙”《説文》云“讀若顛”,故楚簡“遺(趙)”得與馬王堆帛書及今本之“顛”相通假。考其所从“真”,簡 25 一文下部鼎足之形猶存,簡 24 則演變爲“天”,大概是有意的變形聲化(“天、真”均爲古真部舌音字,音極接近,且“天”爲“顛”之初文,而“顛”正从“真”聲)。而最可注意者,則是二文上端皆作“出”形,與楚帛書“”字毫無二致。

《古文字研究》26,頁 344

△**按**　字从辵,真聲,疑是“顛”表動詞義之專字。

逼

包山 167　包山 192

○**何琳儀**(1998)　逼,从辵,畐聲。

戰國文字遍,人名。

《戰國古文字典》頁 764

△按 字从辵,鬲聲,簡文中用爲人名。

逪

包山 185   包山 193

○何琳儀(1998) 逪,从辵,牺聲。疑牺之繁文。
包山簡逪,人名。

《戰國古文字典》頁 1044

△按 字从辵,牺聲,簡文中用爲人名。

遽

陶彙 5·172

○高明、葛英會(1991) 遽。

《古陶文字徵》頁 238

○何琳儀(1998) 遽,从辵,虞聲。疑趦之異文。《説文》:"趦,塞行趦趦也。
从走,虞聲。讀若愆。"
秦陶遽,人名。

《戰國古文字典》頁 1008

△按 陶文中用爲人名。

邊

陶彙 3·203

○高明、葛英會(1991) 逮。

《古陶文字徵》頁 238

○何琳儀(1998) 逮,从辵,鬼聲。
齊陶逮,人名。

《戰國古文字典》頁 1185

△按　應隸定作"遲",陶文中用爲人名。

遫

集成 184 余義鐘

△按　字从辵,乘聲,所从之"乘"爲戰國文字典型寫法,銘文中用爲人名。

遄

上博五·姑成 5　上博五·姑成 7

△按　字从辵,舌聲,"舌"即"舌"字。辭云"今主君不遄於吾"(簡 5),"伐 乇 遄适,吾子圖之",讀法待考。

遙

侯馬 18:1　上博四·采風 4

△按　字从辵,舀聲,或爲"道"之異體。侯馬盟書"遙"用與"道"同。上博四 《采風曲目》曲目"嘉賓遙喜","遙"亦可讀爲言道之"道",或讀爲郁陶之 "陶",亦通。

遾

包山 167

○袁國華(1993)　"遲"字見"包山楚簡"第 167 簡,"䡅"見第 176 簡。《包 山楚簡》分別將二字隸定爲"遲"及"䡅"。"鄂君啟舟節""爰"作象;"包山楚 簡"有"媛""緩"兩字,所从"爰"通作象,字形與"遲""䡅"所从的"呆"有頗 大差別。"呆"字實即"釆"字,"釆"字見"包山楚簡",簡 82 字形作象,簡 197、199、201 字形亦同。"釆"亦可釋"釆",音義同"狄",因此"遲"字應隸定 爲"遲"或"遲",音同"逖";而"䡅"則應隸定爲"䡅"或"䡅",簡中用作人名。

《第二屆國際中國古文字學研討會論文集》頁 435

○白於藍（1996）　簡（167）有字作""，字表釋作"遐"。按此字右上非爲爰字，鄂君啓節"爰陵"之"爰"作""。簡文中从"爰"之字亦多見，如：

　　　　腶：45；愋：110 182

　　　　瑗：5；緩：76 90 189

所从之"爰"均與鄂君節之"爰"形近，與""所从之""不同。魏三體石經"逐"字作""，與""右上所从相同，故""應釋爲"逐"，"逐"字見於《説文》，在簡文中用作人名。

《簡帛研究》2，頁 44

△按　"釆"或"衺"皆楚系之"卒"字，與三體石經古文無關。簡文中用爲人名。

遛

璽彙 1490

○羅福頤等（1981）　于省吾釋遛。《説文》所無，《玉篇》："遛，逗遛。"

《古璽文編》頁 39

○何琳儀（1998）　遛，从辵，留聲。《集韻》："遛，逗遛不進。通作留。"

　　晉璽遛，人名。

《戰國古文字典》頁 263

遆

上博一·詩論 11　　　上博一·詩論 13　　上博一·詩論 27

○馬承源（2001）　（編按：上博一·詩論 11）"遆"从辵从啻。"啻"似"吏"而非是，簡文另有"吏"字。此字形有兩角交叉線，和"吏"不同，與金文"叀"的主體相近，如《井人妄鐘》和《楚篰》銘等，疑讀爲"叀"。《楚篰》"叀揚天下丕顯休"，"叀揚"相應於"對揚"，《默篰》"昳在位作叀在下"，"作叀"和"作配"相應；又《詩·大雅·皇矣》"帝作邦作對"，"作叀"和"作對"義相同。簡文可能是匹配之意，配者即指新人。

《上海博物館藏戰國楚竹書》（一）頁 141—142

○**周鳳五**（2002）　（編按：上博一·詩論）簡十一“儷者”：簡文从辵，離省聲，原缺釋。按，當讀爲“儷”，匹也，偶也。其詩首章言“百兩御之”，迎親也；次章言“百兩將之”，送親也；迎送皆以百兩，則夫與婦身份相當，故謂之“儷”以美之也。小序：“國君積行纍功以致爵位，夫人起家而居有之，德如鳲鳩，乃可以配焉。”與簡文大旨相同。簡十三：“《鵲巢》，出以百兩，不亦有儷乎?”明言其“出以百兩”，意尤顯豁，可以參看。又，簡二十七“離其所愛”，謂捨其所愛之物，以爲餽贈賓客之幣帛。“離”，去也，捨也，另是一義。

《上博館藏戰國楚竹書研究》頁 160

○**何琳儀**（2002）　鵲樔（巢）之歸，則遹（蕩）者……（十一）

　　鵲樔（巢）出以百兩（輛），不亦又（有）遹（蕩）虖（乎）？（十三）

“遹”，《考釋》闕釋。按，此字又見第二十七簡。所从𡿺金文習見，以下舉例比較：

遹　　𤲬上海簡《詩論》十一　　𤳉上海簡《詩論》二十七

𡿺　　𠇑紳卣　　　　　　　𤰔邶鐘（《集成》二三〇）

值得注意的是，邶鐘“𡿺”之上所从十形，與上海簡吻合。這可能是飾筆，也可能屬“形聲標音”（“𡿺、十”均屬舌音）。

　　“遹”，可讀“蕩”。《禮記·曲禮》下“天下𡿺”，《春秋繁露·執贄》作“天子用暢”。《史記·封禪書》“草木暢茂”，《漢書·郊祀志》引“暢”作“𡿺”。是其佐證。《左傳·襄公二十九年》“美哉蕩乎”，疏：“寬大之意。”

《上博館藏戰國楚竹書研究》頁 248

○**胡平生**（2002）　此字即“適”字，从辵从離（編按：當是“离”排印之誤，下同）省。《說文》：“離，山神也，獸形。从禽頭从厹从屮。”“从屮”，段注説“當从山”。今簡文乃“離”之省變。

　　《鵲巢》三章云：“之子于歸，百兩御之”“之子于歸，百兩將之”“之子于歸，百兩成之”。所謂“歸者”，實爲女子出嫁而“適”去。

　　又，“適”字又見於第二十七簡，字義十分妥帖。簡文云：“可斯雀之矣，離其所愛，必曰吾奚舍之賓贈是也。”考釋指出“可斯”應讀爲“何斯”，但未能確認與今本詩篇之對應者，雖已列出《召南·殷其雷》詩句，卻又説：“詩義與評語難以銜接，今闕釋。”與正確的解釋失之交臂，殊爲可惜。

　　《殷其雷》曰：“殷其雷，在南山之陽。何斯違斯，莫敢或遑。振振君子，歸哉歸哉。”三章反復歌詠，所敘正是君子離其所愛之情景。小序云：“召南大夫遠行從政，不遑寧處，其室家能閔其勤勞，勸以義也。”朱熹則説：“婦人以其君子從役在外而思念之。”值得注意的是，在阜陽雙古堆漢簡《詩經》裏，該篇寫作“印其離”。拙文《阜陽漢簡詩經異文初探》在探討異文別義時指出：“印（殷）其離，傷痛別離也。林義光説，前一‘斯’字及‘違’，‘皆離也’；後一‘斯’字訓爲‘此’，‘言何故離此也’，則文意恰與‘印其離’相承，可以參考……‘歸哉歸哉’，姚際恆説‘是望其歸之辭’。前有別離，後乃望歸，前後正相呼應。”至於“離其所愛”之後，“必曰吾奚舍之賓贈是也”的意義，還須斟酌。“賓贈”是出使他國之禮儀活動，全句大概而言可能是説，君子遠離所愛從政在外，雖然有夫人望歸，必答道：我怎能捨棄禮儀、公務呢？

《上博館藏戰國楚竹書研究》頁 283—284

○ **張桂光**（2002）　考“𧟻”字古文字多見，甲骨文作▢（《合集》三七五〇〇）、▢（《合集》三七七七四）、▢（《合集》三七七五八）等形，金文作▢（《秦公簋》）、▢、▢（《楚簋》）等形，陶文作▢，睡虎地簡作▢，中部都呈⊕若⊞狀，其作兩角交叉者，實僅《井人鐘》之▢字一例而已，且其兩角交叉之上爲全封閉，與簡文之作▢若▢者絶不相類，釋“𧟻”顯然欠妥。古文字中作兩角交叉而又上部不封閉者，實得▢（禽，《禽簋》）、▢（邕，《叔向》）、▢（離，古璽）、▢（曷，古璽）、▢（兑，楚帛書）等幾個偏旁而已，而與簡文字形最爲相近的，應該還是▢字。因此，我認爲該字乃是从辵離省聲的形聲字，是戰國時楚人爲離開的“離”造的專字，自然以釋“離”爲是。第十一簡“鵲巢之歸，則離者……”歸、離正好相對，歸於夫家，離者自然是娘家了；第十三簡“鵲巢出以百兩，不亦有離乎”，離指離巢，乃謂今日出百輛以迎親的鵲巢雖好，其自家的女兒不也有離巢出嫁之日嗎？第二十七簡“離其所愛，必曰吾奚舍之，賓贈是已”的“離”是指離棄，意謂丟棄原先所愛之物，也一定要説“我哪裏會舍棄她呢？不過將它做貴重禮品贈予他人罷了”。

《上博館藏戰國楚竹書研究》頁 339—340

○ **陳斯鵬**（2007）　（編按：上博一·詩論27）“邐”字原作▢，又見於簡 11、13，分別作▢、▢，字从“离”从“辵”，字書所無，學者多隸定爲“適”，是也。字蓋以“离”爲聲。按离、麗二系的字古多相通，如“釃”之通“醨”，“縞”之通“纚”，“離”之通“麗、儷、鸝、驪”，“蠣”之通“蠤”等，其例至夥。準此以推，疑“適”爲“邐”字異體。論者多讀爲“離”，作“離別”或“去捨舍”解，於義皆有不洽。竊謂字讀“離”者雖無不可，然應訓“遇”。《玉篇》：“離，遇也。”《周易·小過》：“飛鳥離之。”江藩《述補》：“離，遭也。”“離”之古訓有“兩、偶、並、附”等，亦皆與遭逢、遭遇之義相因。而這一類意義實都源於“麗”。“麗”金文作𪋩，爲鹿有兩角之形。《小爾雅·廣言》：“麗，兩也。”《説文解字繫傳》：“麗，所謂儷儷也。”字孳乳爲“儷”。《古文苑·揚雄〈太玄賦〉》：“載羨門與儷遊兮，永覽周乎八極。”章樵注：“儷，偕也。”要之，簡文之“邐”可讀“離”若“麗”若“儷”，爲逢遇、偕伴之意。簡 11、13 二“邐”字，周鳳五先生已讀爲“儷”，可從。

《簡帛文獻與文學考論》頁 42

○**裘錫圭**（2008）　《上海博物館藏戰國楚竹書（一）》所收《孔子詩論》篇，有一個以“辵”爲形旁，以字形與邤鐘“悤”字相合的字爲聲旁的字，篇中共出現三次（下引簡文，除所要討論之字外，皆以通行字形或通用字寫出，後文同）：

　　《鵲巢》之歸，則𨖈者……（簡 11）

　　《鵲巢》出以百兩，不亦有𨖈乎？（簡 13）

　　𨖈其所愛，必曰吾奚舍之？賓贈是已。（簡 27）

學者對此字聲旁有“离、囱、惠、叀”等釋法，皆不確。不過主張釋“囱”的何琳儀先生，指出它與邤鐘銘中我們釋爲“悤”的那個字是一個字，則是正確的。

　　上舉簡文從“辵”之字的三個“悤”旁，形狀稍有出入。其上部有𓏠、𓏡、𓏢三種寫法。這三種寫法在本文篇首所舉的那些“悤”字中皆有相類之例（邤鐘“悤”字直豎上原來可能也有點，但難以確定）。上舉最後一例“悤”旁的下端變“𐊜”爲“𐊝”，這與古文字“心”字的演變情況相合。

　　這個從“辵”“悤”聲之字，應該是“送”字的異構。“悤”是清母東部字，“送”是心母東部字。此二字中古音皆屬合口一等，如不計聲調，其韻母當完全相同。清、心二母音亦相近。從“悤”（忽）聲的“葱”爲清母字，而以其爲聲旁的從“木”、從“心”之字皆爲心母字。形聲字中清、心二母相諧之例頗多，不列舉。

　　上引簡 11、13 兩句，都是講《召南·鵲巢》的。《鵲巢》第一章説：“之子于歸，百兩御之。”毛傳：“百兩，百乘也。諸侯之子嫁於諸侯，送御皆百乘。”鄭箋：“……御，迎也……其往嫁也，家人送之，良人迎之，車皆百乘……”第二章説：“之子于歸，百兩將之。”毛傳：“將，送也。”簡 13“《鵲巢》出以百兩”，是就“百兩將之”説的，簡 11 的“送”當指娘家送女而言。“送者”二字已至簡末，此句後續文字當在另一簡之首,惜現已不可得見。由用車百輛,可見娘家送女之盛況,所以簡 13 說:"不亦有送乎!"

《説文·八上·人部》:"**倂**(**𠈌**),送也。"段注:"**𠈌**,今之'媵'字。《釋言》(引者按:指《爾雅·釋言》):'媵、將,送也。'""媵"字聲旁"朕"和"**𠈌**、送"二字都从"弅"聲。《説文·二下·辵部》且以"送"爲从"**𠈌**"省聲,所收籀文从"**𠈌**"不省。所以簡 11、13 的"送"也可讀爲"媵"。古代以財物、奴隸以至姪娣陪嫁,皆稱"媵"。"不亦有送乎"似以讀"不亦有媵乎"爲好。以車百輛送女,所媵之物與人必多。

《詩·秦風·渭陽》云:

我送舅氏,曰至渭陽。何以贈之?路車乘黃。

我送舅氏,悠悠我思。何以贈之?瓊瑰玉佩。

簡 27 說:"送其所愛,必曰吾奚舍(猶言"予")之?賓贈是已。"應該是說《渭陽》的。"奚舍之"與"何以贈之"同意。

《出土文獻與古文字研究》2,頁 2—4

⿺辶旂

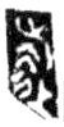陶彙 3·265

○**湯餘惠**(1986) 至於陶文的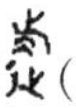(《季木》49.7)則可隸定爲"⿺辶旂",殆从辵,旂聲,有可能就是"近"字的異文。

《古文字研究》15,頁 34

⿺辶旅

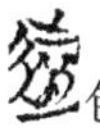包山 4 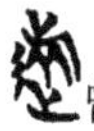曾侯乙 119 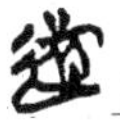上博三·周易 53

○**劉信芳**(2003) (編按:包山 4)⿺辶旅:"旅"之異體。《説文》以"旅"之古文爲魯衛之"魯"。

《包山楚簡解詁》頁 11

○**濮茅左**(2003) (編按:上博三·周易 53)"⿺辶旅",从辵,旅聲,字亦見於《包山楚簡》《曾侯乙墓(竹簡)》及金文,同"旅"字,卦名,《周易》第五十六卦,艮下離上。

《上海博物館藏戰國楚竹書》(三)頁 208

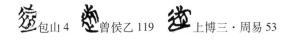

△**按** "遮"即"旅"字增繁,上博三《周易》"遮"即今本《周易》旅卦;《説文》謂"旅"字古文以爲魯衞之魯,實出於假借,楚簡"遮陽公"即"魯陽公"。

【遮公】曾侯乙 119

○**裘錫圭、李家浩**(1989) "遮"亦見於金文(《金文編》467 頁),从"辵"从"旅",即"旅"的異體。此簡"旅公三乘路車",跟見於下面 C 類 195 號簡的"旅陽公之路車三乘"應是一事,"旅公"即"旅陽公"之省。

《曾侯乙墓》頁 521

【遮昜公】

○**裘錫圭**(1979) 魯陽公和陽城君都是楚邑君的名稱,前者見《淮南子·覽冥》(《墨子》的《魯問》《耕柱》兩篇稱魯陽君),後者見《吕氏春秋·上德》。

《古文字論集》頁 406,1992;原載《文物》1979-7

○**裘錫圭、李家浩**(1989) (編按:曾侯乙 162)《國語·楚語下》"惠王以梁與魯陽文子",韋昭注:"文子,平王孫,司馬子期子魯陽公也。"《淮南子·覽冥》"魯陽公與韓搆難,戰酣日暮,援戈以撝之,日爲之反三舍",高誘注:"魯陽,楚之縣公,楚平王之孫,司馬子期之子,《國語》所稱'魯陽文子'也。楚僭號稱王,其守縣大夫皆稱公,故曰魯陽公。今南陽魯陽是也。"據楚王酓章鎛銘文,曾侯乙與楚惠王同時,簡文"魯陽公"可能就是魯陽文子。

《曾侯乙墓》頁 527

○**劉彬徽、彭浩、胡雅麗、劉祖信**(1991) (編按:包山 4)遮,簡文作遮,與《説文》旅字古文旅形似,讀作旅。對照上文可知,遮昜公即魯陽公。

《包山楚簡》頁 40

遃 衝

行氣玉銘　璽彙 2913　私庫衝飾
璽彙 0804　璽彙 1155　璽彙 2859
吉大 50

○**于省吾**(1932) (編按:行氣玉銘)畜 《老子》曰:"生之畜之,生而不有。"《詩·節南山》箋:"畜,養也。"蓋行氣之道,歸諸自然,則須涵養有素,不物於物,故曰天則畜。能畜則眇遠不測,故曰畜則神。

《雙劍誃吉金文選》附錄,頁 8

○**郭沫若**（1972）　(編按:行氣玉銘"深則邁")吸氣深入則多其量。

《考古》1972-3,頁 9

○**陳邦懷**（1982）　(編按:行氣玉銘)此字從辵畜聲,它和畜字的音同而義不同,《玉篇·辵部》收有邁字,訓"行貌"。邁意爲行,與"行氣"的行字正相呼應。

　　"吞則邁",是説行氣之道先吞(吸氣)後邁(行氣)。

《古文字研究》7,頁 188

○**吳振武**（1983）　0803 長𢌥·長邁　0804 同此釋。

　　1155 石𢌥·石邁。

《古文字學論集》(初編)頁 494、497

○**何琳儀**（1998）　邁,從辵,畜聲。《玉篇》:"邁,行貌。"

　　(編按:璽彙 0021)燕璽邁,疑讀邁,地名。即《漢書·地理志》涿郡"遒縣"。在今河北淶水。

《戰國古文字典》頁 161

遬

睡虎地·日乙 21 壹　　新蔡乙四 30、32

△按　睡簡《日書》乙種"外遬之日",甲種作"害日"。"遬"或即"害"增辵旁之異體。新蔡簡乙四 30、32"臨爾產毋遬爾",似亦讀爲"害",辭例未定。

遭

陶彙 2·1

○**高明、葛英會**（1991）　遭。

《古陶文字徵》頁 238

遺

璽彙 2618

○**何琳儀**（1998）　遺,從辵,貴省聲。

　　晉璽遁,姓氏。疑讀賁。

《戰國古文字典》頁 949

△按　字不識,僅作隸定。

遨

石鼓文·吾車

───────────────

○張政烺(1934)　薛尚功釋"我"(薛氏《鐘鼎款識》卷十七),嚴可均釋"吾"(《鐵橋金石跋》卷一)。烺按:字从辵从訸,訸亦聲也。"訸"即《説文》午部"牾,屰也。从午,吾聲"之"牾"字。古者形聲字形與聲無固定位置。《管子·七臣七主》篇:"事無常而法令申,不訸則失國勢。"《吕氏春秋·明理》篇:"亂世之民,長短頡訸百疾。"《戰國策》有"樓訸"。字皆左吾、右午可證。其"吾"作"吾"者,"五"本象交午之形,故可重疊之作"䇞"。儀兒鐘"語"作"䇞",《説文》"悟"之古文作"㤴",是其例也。常疑"吾"即"䇞"之古文,而"吾、䇞、㤴"古殆一字。蓋心爲思想源泉一觀念初民未知也,心之所喻惟知口説而已,故殷虚卜辭無"心"及从"心"之字。後世从"心"之字古文多从"言",更早多从"口"。如"忓"之與"訏、吁"(《説文》心部:"忓,惡也。"言部:"訏,詭譌也。一曰訏譽。"口部:"吁,驚也。"而在于部曰:"吁,驚語也。"又《詩·卷耳》傳:"吁,憂也。"則三字皆驚惪吁气意也),"忻"之與"訴、听"(《説文》言部:"訴,喜也。"口部:"听,笑皃。"心部:"忻,闓也。"《淮南·覽冥》"忻忻然常自以爲治",《注》:"得意之皃也。"是三字同義),"悊"之與"誓、哲"(《説文》心部:"悊,敬也。"口部:"哲,知也。悊,哲或从心。"是"悊、哲"一字。言部:"誓,約束也。"其義亦近。而番生毁"克誓厥德"則用"誓"爲"悊"),"怍"之與"詐、咋"(《説文》心部:"怍,慙也。"言部:"詐,慙語也。"《左傳》定八年:"桓子咋謂林楚。"三字之義並同),他如"怡"與"台"(《説文》心部:"怡,龢也。"口部:"台,説也。"《古文尚書·禹貢》"祗台德"先鄭《注》"敬和"),"悖"與"誖"(《説文》言部:"誖,亂也。悖,或从心。"),"愬"與"謞"若"謞"(《説文》:"謞,告也。謞,或从言、朔。愬,謞或从朔、心。"),"愃"與"俍"若"哀"(《説文》心部:"愃,痛聲也。"口部:"哀,閔也。"《廣雅·釋詁》:"哀,痛也。"《禮·雜記》:"童子哭不俍。"《釋文》:"俍《説文》作愃。"又《孝經》:"童子哭不俍。"漢李翊夫人碑:"誰不切兮作俍聲。""哀、俍、愃"寔一字),並古今字,

其例未可枚舉。“吾、語”从口、从言，其義本同。而《莊子·漁父》“甚矣子之難語也”，以“語”爲“悟”，尤“語、悟”一字之證也。文化日進，新義日多，習於通叚，遂爲數字，於是各有其義而本義不可尋矣。夫人之自稱，本以自然發音之詞言之，寔有音無義，傳世習用之字，皆出叚借，無所謂本字本義也。《爾雅·釋詁》：“卬、吾、台、予、朕、身、甫、余、言，我也。朕、余、躬，身也。台、朕、賚、畀、卜、陽，予也。”或以域地之殊，或因時代之異，聲韻通轉，叚借兹紛。然皆非其字之本義則可知也。“⿺辶許”當即《玉篇》之“迕”若“逜”字（“迕、逜”寔一字。《爾雅·釋言》：“逜，寤也。”注：“相干寤。”《釋文》：“孫本‘吾’字作‘午’。”則是孫本作“迕”。“迕、逜”字同也），从“許”與从“吾”或“午”音義同。而碣文則叚爲自稱之詞。薛音“我”，殆因《詩·車攻》之文，出諸臆説。嚴知應讀“吾”，即釋爲“吾”，則又失之拘泥，未明稱謂之詞皆出於叚借也。傅孟真先生（斯年）謂《詩》三百篇皆出流俗歌唱之辭，多因襲舊調稍易字句，故雷同之處甚多。今觀碣文“⿺辶許車既工”與《詩·車攻》之語同，《詩序》謂《車攻》爲宣王時物，則是秦處周土百餘年閒，其舊調猶存也。然而其第一人稱代名詞從格“我、吾”雙聲演變之迹，有可窺者矣。（第六、七兩碣皆有“我”字，似是主格；第九碣有“余”字似是足格，句殘未可深考。）

《張政烺文史論集》頁 2—3，2004；原載《史學論叢》1

○**强運開**（1935）　薛尚功、趙古則、楊升庵均釋作我，張德容《金石聚》引嚴可均説云即吾字。《説文》悟古文作⿱吾心，當是⿱五吾爲古文，籀文緐重增作⿺辶許，小篆从古文又省作吾耳。趙烈文、吳窓齋亦釋爲吾。運開按，毛公鼎“以乃族干⿱五吾王身”叚干吾爲敔敔。秦詛楚文吾字作𢓊，从彳與从辵同意，且六、七兩鼓别有我字乍我，正不必以此四語與《車攻》之詩相同遂讀此篆爲我也。

《石鼓釋文》甲鼓，頁 1

○**馬敘倫**（1935）　文曰⿺辶許水既瀞。倫按，⿺辶許字《説文》未録。薛尚功以⿺辶許車章“⿺辶許車既工”與《詩·車攻》“我車既攻”辭同，釋爲我。嚴可均以爲籀文吾字。倫謂《説文》悟之古文作⿱吾心。毛公鼎干⿱五吾王身，以干⿱五吾爲敔敔，則⿱五吾爲吾之異文無疑。然⿺辶許字復从辵从午，其非即吾字甚明。以六書之法言之，非从吾，迕聲，即从辵，許聲。迕許二字《説文》亦未録。迕字見《管子·君臣》上篇及《莊子·天道》篇。使从吾迕聲，自可以爲吾之轉注字。然倫以爲从辵从許，許即《説文》之啎，此特易其方位耳。啎字《吕氏春秋·明理》篇作⿰吾干，吾字在左，正與此同，但从干不从午。倫謂从干是也。《説文》啎在午部而訓逆也，然午爲杵之初文。舂臿皆从午可證也。啎从午，既無不順之意，許訓啎爲逆，證以《吕氏春秋》高注訓許爲迎,則逆乃迎逆義也(迎逆雙聲轉注字)。悟从午亦無逆意。(中略)卬逆一字,卬吾雙聲(《爾雅·釋詁》卬,我也,即卬吾也,借卬爲吾,今陝西言我聲猶如卬),故許省其甬而增吾聲爲許。此與省老而增丂聲轉注爲考,正同例也。後復增辵,遂成御字,但干訛爲午耳。《説文》甬下曰:从臼,干,所以舂之。夫干从県大,故訓爲犯,豈所以舂者。楊桓謂干非干犯之干,或午形之訛,是也。此午干篆文交訛之證。然則《説文》悟之从午,其訛不必始於許氏,而御之从午,由來蓋亦久矣。御从吾得聲,故此借爲吾。

《石鼓文疏記》

○**郭沫若**(1939)　　遇蓋御字之異,假爲吾。

《郭沫若全集·考古編》9,頁 75

○**吳振武**(1982)　　《詛楚文》"迷取吾邊城新郢"之吾作悟;《石鼓文》"吾車既好"之吾作御。可知作御者是在悟上又加注音符"午"(古文字从彳與从辵每無别)。五午古音同隸魚部,故二字在古文字中如作爲音符可以互换,如甲骨文御字或从午聲作御(前 6.22.6),而《石鼓文》"即御即時"的御字卻从五聲作御,可證。

《吉林大學研究生論文集刊》1982-1,頁 59

○**徐寶貴**(2004)　　春秋以後,代詞"吾"出現了很多同音假借字,而且具有明顯的時代和區域性特點。例如:

　春秋時期:

　　秦國用"遇",如:石鼓文用了十四個。

　　齊國用"虘",如:齊侯鎛:"保虘兄弟""保虘子姓(姓)"。

　　徐國用"歔",如:沇兒鐘:"歔以匽以喜。"

　春秋戰國之際:

　　燕國用"虘",如:杕氏壺:"虘以爲弄壺""虘以匽歔"。

　　晉國用"虘"、"魚"、"吳",如《侯馬盟書·宗盟類》1·1:"虘君其明亟眠之。"《宗盟類》156·3:"魚君丌盟祗眠之。"《宗盟類》1·57:"吳君其明亟眠之。"

　戰國時期:

　　越國用"虞",如:越王鐘:"以樂虞家。"

　　曾國用"虐"(此字當是"虎"字由增加飾畫後的訛變形體。"虎"字的虍頭之下部本象人形,增加飾畫之後則與"壬"字混同了),如:曾姬無卹壺:

“虘安丝漾陵蒿閒之無駆。”

　　楚國亦用“虘”字，如：信陽楚簡：“虘聞周公。”《郭店楚墓竹簡·老子乙》7：“虘所以又（有）大患者，爲虘又（有）身。”

　　中山國用“虘”，如：中山王大鼎：“虘先祖趄王。”

　　秦國，戰國中期用“䛩”，如：詛楚文：“䛩不敢曰可。”戰國晚期用“吾”，如《睡虎地秦墓竹簡·日書甲》159 背—160 背：“吾歲不敢忘。”

　　從以上實例看，第一人稱代詞“吾”，春秋、戰國時期中原地區的國家使用“歟、虘、魚、吳、虞、虘”等字代之。西方的秦國，春秋時期使用“遻”，戰國中期簡化作“䛩”，戰國晚期簡化作“吾”。此“吾”字後代一直在使用。誠如張先生所説：“人之自稱本以發音之詞言之，實有音無義。皆出假借，無所謂本字本義也。”所以，馬王堆漢墓帛書《老子》甲種本：“無有入於無閒，五是以知無爲之有益也。”竟以“五”字爲之。可以説，第一人稱代詞在古文字資料中所使用的假借字是最多的，而且有着明顯的時代與地域性的特點。

《韶關學院學報》2004-10，頁 86—87

遻

石鼓文·吾車

○**張政烺**（1934）　潘迪云：“或音‘御’。”嚴可均云：“即‘御’字。”（《鐵橋金石跋》）烺按：甲骨文有“🔲”字（《殷虚書契》卷六第廿二葉）與碣文同。五、午音同，從攴與從卩意近也。（碣文更有“䮻”字，然“䮻、御”似非古今字，猶“歐”之與“驅”也。）

《張政烺文史論集》頁 10，2004；原載《史學論叢》1

○**强運開**（1935）　薛尚功、趙古則均釋作我，蓋誤以爲與鼓文首一字之遻相同也。鄭云今作敔，與禁御之御同。楊升庵釋作御。運開按，此篆與遻固屬不同，作敔亦非，弟五鼓其奔其䚘，方是敔字。細審篆文從辵從敔婚，當即遻字。《説文》無遻字，午部“䛩，逆也”，與遻音義並同，此篆或即䛩之籒文。

《石鼓釋文》甲鼓，頁 15

○**馬敍倫**（1935）　文曰：即遻即時。薛尚功釋遻爲我，鄭樵謂即敔字，楊慎釋御，强運開曰：此篆與遻固不同，作敔亦非，弟五鼓其奔其䚘，方是敔字，此從辵從敔省，當即遻字，《説文》無遻字，午部：䛩，逆也，與敔音義同，或䛩之籒文。倫按:《説文》:"御,使馬也,从彳从卸,馭,古文御。"邵瑛謂:經傳御馭截然兩字,御字之爲用甚多,而馭則專歸使馬義。倫謂御馭疑非一字,御从彳从止从卩,會迎逆義,午聲。爲䢩之雙聲轉注字,於六書爲會意兼聲。蓋尤先於形聲之䢋字,古書午五二聲相通,《周禮》壺涿氏"午貫象齒"注:故書午爲五,《左》成十七年傳:夷羊五,《國語・晉語》五作午,是其證。又《左》桓十四年經:鄭伯使其弟語來盟,《穀梁》語作御。《説文》鋙或作鋯。以此相證,禦䢋之爲一字甚明,是楊以爲御强以爲䢋,其釋一也。然楊之意,蓋以御爲射御之御,以使馬義釋䢩,是也。特楊不知射御字乃馭之借耳。倫檢齊侯壺有䢩字,頌敦有▨字,即御字也。御尊蓋有䢩字,通敦作䢩,甲文作𢒰 𢒰 𢒰 𢒰 𢒰者,即此䢩字,卩即𤰔之形變。(中略)要之䢩非䢩字,而義爲使馬也。

《石鼓文疏記》

遍

璽彙5596

○施謝捷(1996)　　此名見於《古璽彙編》5596 著録的下揭一紐戰國私璽:

原釋文僅釋出姓氏字"采",人名二字均闕。

先説"采"下一字。此字"从辵从區省",把它隸定作"遍",應該没有問題。"遍"字諸字書無載,先秦古文字中作爲形旁的"辵、彳"往往可以通用,《玉篇》:"徑,尺主切。行。"因此"遍"很可能就是"徑"的異體字,从"區"得聲。

再説印文左一字。此字很可能即"麑"之異構,侯馬盟書"史䟆麑"的"麑"作:𪋿《侯馬盟書》338 頁

秦漢時期文字資料中的"麑"或作:

𪋿《説文》篆文　　　𪋿《漢印文字徵》9・14 上,賈麑私印　　　𪋿同上,齊厭麑

《説文》:"麑,豕也。後蹄發謂之麑,从㞢,矢聲,从二匕,麑足與鹿足同。"上揭《璽彙》5596 左一字作"从鹿省从麑省"之形,或與此有關。可見釋"麑"的可能性是很大的。

然則上揭印文可釋爲"采遍(徑)麑(?)",讀爲"采䟆麑",與侯馬盟書的"史䟆麑"名字相同。"遍(徑)"與"䟆"並从"區"聲,固可通假。或説,"馭"字同"御",古璽印文中或作:

徒《璽彙》2040,郵(童)不御　　軞同上 2082,郵御

以此例之,"遍"亦可能是"畞"的異構。

遚

陶彙 3·1078

○**高明、葛英會**(1991)　遚。

《古陶文字徵》頁 238

○**何琳儀**(1998)　遚,从辵,救聲。逑之繁文。《説文》:"逑,斂聚也。从辵,求聲。"

齊陶遚,人名。

《戰國古文字典》頁 178

遴

遵郭店·六德 46

○**荆門市博物館**(1998)　與之敝,猶言與之同歸於盡。

《郭店楚墓竹簡》頁 190

○**陳偉**(1999)　幣,从辶,釋文讀爲"敝",注釋云:"與之敝,猶言與之同歸於盡。"疑當讀爲"斃",爲仆倒之意,適與"立"字相對。

《武漢大學學報》1999-5,頁 33

○**劉釗**(2003)　"遴"从"㣚"("㒵"字異體),讀爲"敝",指"敝敗、衰敗"。

《郭店楚簡校釋》頁 120

遻

遻上博五·鮑叔 2　　遻上博五·鮑叔 2

○**沈培**(2006)　此字在簡文中出現過兩次,上下文是這樣的(釋文儘量用寬式):

　　(1)乃命百有司曰:有夏氏觀其容以使,及其亡也,皆爲其容。殷人之

所以代之,觀其容,聽其言。朋其所以亡,爲其容,爲其言。周人之所以代之,觀其容,聽言,迥佝者使。朋其所以衰亡,忘其迥佝也。二三子勉之,寡人將迥佝。

季旭昇認爲:

> 兩"堋"字的用法相當特殊,以文例而言,當與有夏氏句"及其亡也"的"及"字同義,然則"堋(幫紐蒸部)"字或當讀爲"比(並紐脂部)",二字聲同,韻爲旁對轉。比,及也,參謝紀鋒《虛詞詁林》64頁。

袁金平表示不同意季旭昇的觀點,他認爲:

> "堋"不應同於"及其亡也"之"及",在簡文中當用作動詞,有探究、分析之意,當讀爲剖析之"剖"……簡文"剖其所以亡""剖其所以衰亡",意指分析殷、周二朝滅亡的原因。

單育辰認爲此字應讀爲"逢"。

張富海認爲,簡文的"朋"是"不"的音變,可能是有指示作用的發聲詞,"朋其所以亡"猶言"夫其所以亡"。(中略)

我們認爲簡文中的"朋"表示的應當是一個常用詞,不大可能是所謂發聲詞"不"那樣一個特殊的詞。結合古音和語法考慮,我們認爲此字就應當讀爲"凡"。

從古音上看,"朋"讀爲"凡"應當沒有問題。經過古音學家的研究,大家已經非常熟悉在上古音中蒸部、冬部二部跟侵部有密切的關係,不煩舉例。"朋"是並母蒸部字,從"朋"得聲的字或有屬幫母的,但韻部皆爲蒸部。"凡"是並母侵部字。"朋、凡"二字在語音上應當是很接近的。

再從語法上看。四位學者都認識到,簡文"朋其所以亡也,爲其容"這樣的句子,"爲其容"是解釋"朋其所以亡也"原因的。這無疑是正確的。古書裏就有"凡……所以……,爲其……"的句子,跟簡文"朋其所以亡,爲其容"很相似。(中略)

季旭昇、單育辰等人都認爲"朋其所以亡""朋其所以衰亡"跟簡文前面所說的"及其亡也"有關係,我們已經說過,其實它們之閒並沒有可比性。真正值得注意的倒是"及其亡也"後面的"皆爲其容"的説法。從"皆爲其容"的説法可以知道,説話人(齊桓公)顯然認爲導致"夏亡"的原因是多方面的,但總的來説是"皆爲其容"。準此,我們對"朋其所以亡,爲其容,爲其言""朋其所以衰亡,忘其迥佝也"可以有進一步的瞭解。這兩句話的意思其實可以變換成這樣的説法:

＊其所以亡,皆爲其容,爲其言。

* 其所以衰亡,皆忘其迴僑也。

通過這樣的分析,我們甚至可以這樣説:當説話人説出"凡其所以亡"這樣的話時,其實已經隱含了"殷代(或周代)滅亡的原因有很多"的意思了。我們看到,"凡……所以,以……"之間其實可以插入別的成分,例如:

(23)凡君之所以安者,何也? 以其行理也。　《墨子·所染》

對於"凡其所以亡,爲其容"這樣的句子,我們可以推測説話者本來就有"其所以亡,其因固然甚多,概而言之,皆爲其容"的意思。因此,這種句子的"凡"所標志的主題仍然有"量多"的特點。

《出土文獻與古文字研究》1,頁 45—53

迶

上博二·從乙1

○張光裕(2002)　"迶"即"匚"。"匚",《説文·匚部》:"亡也。"

《上海博物館藏戰國楚竹書》(二)頁 234

○陳偉武(2003)　又簡乙1:"窀(壅)戒先迶(忒),則自只(己)司(始)。"同篇簡6:"不武則志不迶(忒)。"

"窀(壅)"字作𡰥,今從張光裕先生釋讀。此字亦見於郭店簡(《成之聞之》16),舊釋"弇"讀爲"掩"。"迶"原篆作𨗇,張先生均讀爲"匚"。今按,迶古音當同"慝",而"慝、忒"古字通,故"迶"可讀爲"忒",指差錯。"先忒"猶言"前愆"(如《孔叢子·論書》"憂思三年,追悔前愆")、"前惡"(如《國語·晉語五》"國之良也,滅其前惡")。"窀(壅)"指阻塞,"戒"指防止,二字義近。"只"字整理者原讀爲"忌",今從陳劍先生讀"己"。簡文意謂要防止以前之過失,必須從自己做起。簡6"不迶(忒)"指沒有差錯,如《孫子·形篇》:"故其戰勝不忒,不忒者所措必勝,勝已敗者也。"

《第四屆國際中國古文字學研討會論文集》頁 203

遶　选

𣥙包山119反　𨒪包山175

○劉彬徽、彭浩、胡雅麗、劉祖信(1991)　遶,簡文作𣥙,夫與《説文》堯字古文

林相近。

○**何琳儀**(1993) 原篆作慧,或作迚 175,均爲人名。應釋"迒",即"遽"(何琳儀《説无》,《江漢考古》1992 年 2 期)。《集韻》:"虺,《博雅》迹也,或作遽。"

《江漢考古》1993-4,頁 58

△按 字當從整理者分析爲从辵,堯聲。簡文中用爲人名。

遹

集成 2811 王子午鼎 近出 76 王孫誥鐘

△按 "德"字異體。詳見彳部"德"字條。

達 徣

楚帛書 包山 142 郭店·語二 50 郭店·老甲 11 郭店·老丙 11

上博六·季桓 3

○**商承祚**(1964) (編按:楚帛書)達。

《文物》1964-9,頁 12

○**陳邦懷**(1981) (編按:楚帛書)帛書"亂達其行",其義即詩句"不用其行",亦即不循道度之謂也。

《古文字研究》5,頁 235

○**李學勤**(1982) (編按:楚帛書)"日月星辰,亂逆其行。"古書分釋爲"亂行、逆行",均爲天體運行與推算不合的現象。"行",《詩·十月》箋:"道度也。"

《湖南考古輯刊》1,頁 68

○**李零**(1985) (編按:楚帛書)逆字帛書从辵从羍,商承祚釋達,解釋爲"日月星辰不應達而先達",饒宗頤(1968)從之,據《説文》釋爲"行不相遇"。今按帛書文例,此字在帛書中凡四見:(1)即此句,是與"亂"字連用;(2)作"經絀遊亂(?)";(3)作"是遊月閏之勿行";(4)作"遊終亡",與"亂紀亡"對文。巴納德曾猜測此字與亂字連讀,是同義的合成詞,我則認爲它應當就是"逆"字,其所從羊,當係屰之訛變(參《漢印文字徵》2·12 逆字)。這段的意思大約是説,置閏若有誤失(?)會造成星辰躔度的進退失當,四季的變常,以及日月星辰運行紊亂(應當説是觀測系統的紊亂)。

《長沙子彈庫戰國楚帛書研究》頁 51—52

○**何琳儀**(1986)　(編按:楚帛書)"遊",原篆作"**𨖷**",舊多釋"達",殊誤。日本林巳奈夫(轉引巴書)釋"迲",甚確。按,"遊"乃"迲"之繁化,下文"湯"作"瀗"亦从㐌,是其例。《玉篇》:"迲,進退兒。"

《江漢考古》1986-1,頁 52

○**劉彬徽、彭浩、胡雅麗、劉祖信**(1991)　(編按:包山 142)遊,讀爲趨,《説文》:"行貌。"《廣雅·釋訓》:"躊躊走也。"

《包山楚簡》頁 44

○**曾憲通**(1993)　(編按:楚帛書)此字舊釋爲達,林巳奈夫釋迲,何琳儀謂"'遊'乃'迲'之繁化,下文'湯'作'瀗'(編按:漏引"亦从㐌")是其例"。又説"迲、逆音義均近,故帛書中遊又可讀爲逆"。按何説甚是。惟從形體考察,逆、迲當是一字。逆字鄂君啟舟節作**𨒅**,秦簡作**𨒖**,馬王堆帛書《春秋事語》作**𨒖**,臨沂漢簡《孫臏兵法》作**𨔶**,由逆變迲演化之迹昭然。《玉篇》訓迲爲進退兒,音與章切,讀同羊。《萬象名義》訓迲爲迊、弗、廢、卻、迶、亂,音魚戟切,讀同逆。可見迲、逆爲一字之分化。故漢碑李翕《郙閣頌》"漢水逆讓",王念孫《讀書雜誌》引作"漢水逆讓"(編按:"逆"當"迲"之誤)。由此可見,李學勤將此字隸作遊而讀爲逆,同樣是正確的。

《長沙楚帛書文字編》頁 96—97

○**湯餘惠**(1993)　(編按:包山簡)**𨖷** 80　遊·徉　遊字不見於字書,分析其構形,當是从辵,䍩聲(亦即羊聲),大概就是"徉"字的古寫。《玉篇》:"徉,彷徉也。"古書中的"彷徉"一詞,又寫成"徜徉、儴佯"等多種形式(參看朱起鳳《辭通》),雙音節的聯綿詞"彷徉",該就是由單音節詞"遊(徉)"發展來的。簡文中此字,都有行、走之義,80 簡的"執勿遊",在前文中已有所討論。另外,142 簡又有"遊迡(趣)至州"一語,其字跟"趣"連文,字義相同。長沙楚帛書中,遊字凡四見:

　　1.日月星晨,亂遊其行。

　　2.經緯遊□,卉木亡尚。

　　3.天雨□□是遊,月閏之勿行。

　　4.一月、二月、三月、四月,是謂遊終。

　　除 4(編按:原文用外文序號,今改用數字序號)句的"遊終"係專名,可以不去管它,其餘 1、2、3 三句裏的"遊",可分別解作"行、運行"和"降",是行走或行走之義的引申。後世字書"倘佯"訓爲閒遊、戲蕩、徘徊,顯然都和其本義相關。

○**劉信芳**(1996)　(編按:楚帛書) 遊　字又見包山簡八〇:"既發笭(節),執勿遊。"簡一四二:"遊迊(趨)至州遶。"遊即"佯",或作"徉",宋玉《風賦》:"倘佯中庭。"李善注:"倘佯,猶徘徊也。"諸家或釋"遊"爲"逆",然帛書另有"逆"字,知用字有別。凡五星運行,有疾有遲,《史記·天官書》:"太白行疾,疾行;遲,遲行。"遊即遲行也。馬王堆帛書《五星占》:"其逆、留,留所不利。"留、遲、遊皆指運行之緩也。

○**廖名春**(1998)　　長沙子彈庫楚帛書"𨒪"字凡四見,商承祚、饒宗頤、陳邦懷、高明、滕壬生等釋爲"達";林巳奈夫作"送",饒宗頤改而從之,訓爲"逆";李學勤作"遬",讀爲"逆";李零作"遊",讀爲"逆",何琳儀、曾憲通從之。包山楚簡中此字亦兩見,《包山楚簡》一書作"遊"讀爲"躥";湯餘惠以爲"遊"係"佯"的古寫。"𨒪"到底爲何字? 當讀爲什麼? 還很值得研究。

　　"𨒪"字荊門楚簡多見,爲我們解決上述問題提供了可靠的線索。今本《老子》第 13 章:"得之若驚,失之若驚。"第 64 章:"爲者敗之,執者失之。是以聖人無爲,故無敗;無執,故無失。"《禮記·緇衣》篇:"民是以親失而教是以煩。"此四"失"字,荊門楚簡皆作"𨒪",無一例外。在以上句子中,"得、失"並稱,"敗、失"對舉,"𨒪"不可能讀爲"達",也不可能讀爲"逆"或"躥",只能讀爲"失"。

　　"失",荊門楚簡爲什麼作"𨒪"? 個中原因值得探討。筆者認爲諸家的隸定中,李零等作"遊"是,作"送"、作"遬"、作"達"皆非。林巳奈夫作"送",將字的右中上構件棄而不顧,似不可從。李學勤先生將字的右中構件徑作"芇",從上揭長沙子彈庫楚帛書、包山楚簡和荊門楚簡的 10 例來看,此字右中構件作"羊"絕無可疑。商承祚等將字的右上構件徑直隸定爲"大",似也可商,因爲古文字裏"大"無作此形之例。曾侯乙墓竹簡的"旗、旆、旂、旌、斿、遊、旅"等字所從之"㫃"形與此構件近,信陽楚簡、望山二號墓楚簡的"旂",包山楚簡的"遊、旅、族",天星觀楚簡的"遊"等字所從之"㫃"形與此構件同。除在包山楚簡的"壽(前)、遾"兩字中當作"止"外,此構件一般都當作"㫃"。"𨒪"字的構件"㫃"實從"大"來。"大"古音屬月部,"㫃"爲元部,其主要元音同,陽入對轉,故可通用。因此"達"就可寫作"遊"。《説文·辵部》:"達,行不相遇也。从辵,羍聲。《詩》曰:'挑兮達兮。'达,達或从大。或曰迭。""迭,更迭也。从辵，失聲。一曰达。"甲骨文有从辵从大之"达"字，有構件"羊"的"逢"字是在金文中才出現的。可見"逢"本作"达"。而作爲構件的"大"與"失、矢"在古文字中常混。如"睪"字《説文》云"从目从夲"（"夲"《説文》云从大），而"敦"金文有作从矢的，也有作从大的。還有从目从矢的"罢"字，劉釗認爲即"睪"字。《説文·目部》："睞，目不從正也。从目，失聲。"段玉裁注："《公羊傳·文六年》：'睞晉大夫使與公盟也。'何云：'以目通指曰睞。'《成公二年》：'郤克睞魯衞之使，使以其辭而爲之請。'《釋文》字皆从矢。云：'睞，音舜。本又作眛，丑乙反，又大結反。'《五經文字》曰：'睞，音舜。見《春秋傳》。'開成石經《公羊》二皆作睞。疑此字从矢會意；从失者，其訛體。"《集韻·屑韻》："睞，目出貌。一曰目不正。一曰以目使人也。或从夲。""睞"字所从之"矢"訛爲"失"，又从"夲"，是文獻中構件"大"與"失、矢"相混之證。正因爲構件"大"與"失"相混，所以《説文》就用"或曰、一曰"記下了"达、迭"相混的現象，指出"达"有異體"迭"，"迭"有異體"达"。明白了這一點，我們再來看長沙子彈庫楚帛書、包山楚簡、荊門楚簡裏的"遊"字，就會發現"遊"从"逢"來，"逢"本作"达"，而"达"實"迭"的形訛。古文獻中"失"與"佚"通用，"佚"與"迭"通用，"軼"與"佚"通用，不勝枚舉。因此"迭"乃"失"字之借。《説文》以"行不相遇也"訓"逢"，人多不解。如鈕樹玉就云："《詩·子衿》：'挑兮逢兮。'毛傳：'挑逢，往來相見貌。'此云'不相遇'，與傳正相反。竊疑'行不'二字爲'往來'之訛，蓋逢未有作不遇解者。"疑《説文》"行不相遇也"之"逢"字即"迭"（失）字，正因是"失"，故云"行不相遇也"。

將"遊"讀爲"失"，在長沙子彈庫楚帛書和包山楚簡的詞例中是完全可以成立的。《楚帛書·乙篇》的"亂遊其行"即"亂失其行"；"二絀遊襄"，即"盈縮失讓"；"遊月"即"失月"，謂月失其序；"遊終"即"失終"。"失"者，是有失誤；如讀爲"逆"，義爲倒行。"日月星辰"運行顛倒，恐怕言過其實；而且"遊月"恐怕就不是"閏之"能解決得了的。況且能通於此，也難通於彼，包山楚簡、荊門楚簡的"遊"字是不能讀爲"逆"的。

包山楚簡的"遊"字不能讀爲"逆"，也不能讀爲"躄"或"徉"。簡80的"執勿使遊"，即"拘捕而勿使逃失"，"遊"當讀爲"失"，簡142的"遊趣至……"，下文云"逃至……"，"遊"顯然是"失"，即逃佚。讀爲"躄"，非常勉强，而且用字生僻。以爲"徜徉"之"徉"的古寫，解爲"行"，不僅意義太一般化了，與簡文内容"執"不合，而且在長沙子彈庫楚帛書中也讀不通。因爲"亂遊其行"，

“遊”與“亂”連讀,其義當相近。澳大利亞學者巴納早就有説,可以信從。所以包山楚簡的“遊”字只有讀爲“失”,才能文從字順。

《吉林大學古籍整理研究所建所十五周年紀念文集》頁 89—92

〇黃德寬、徐在國(1998)　(編按:郭店簡)老甲 11 有字作𨓰,此字在郭店簡中多次出現,又見於楚帛書及其它楚簡資料中。注釋㉘:“遊,它本均作‘失’。此字楚文字中屢見,皆讀爲‘失’,字形結構待考。”頗疑此字所從之“𦍌”乃“矢”形之訛,楚文字中“矢”字或作𦍋(包 260)、𦍌、𦍌、𦍌(並“射”字所從,《簡帛編》417 頁)等形,與“羊”形近。如此,則此字可隸作“遞”。何琳儀先生在考釋楚帛書中的“𨓰”字時説:“‘遊’乃‘送’之繁化,下文‘湯’作‘瀄’是其例。”(《長沙楚帛書文字編》96 頁引)據此“遞”可視爲“送”字繁化。“送”可分析爲從“辵”“矢”聲,古音矢屬書紐脂部,失屬書紐質部,脂、質陰入對轉,故“送”字可讀爲“失”。

《吉林大學古籍整理研究所建所十五周年紀念文集》頁 99—100

〇李零(1999)　(編按:《楚系簡帛文字編》)143 頁:達。

按,應釋“遊”。辭例“執勿遊”“遊迤至州衙(巷)”“是遊月”“緹(盈)絀遊𪗋(亂)”“是胃(謂)遊冬(終)亡”,並應讀爲“得失”之“失”。

《出土文獻研究》5,頁 142

〇李家浩(1999)　在郭店楚簡中,常見一個從“辵”的字:

A 𨓰《郭店》七·六

此字見於《老子》甲組一一號、乙組六號、丙組一一號、《緇衣》一八號、《性自命出》三八號、《六德》四一號、《語叢二》四〇、五〇號、《語叢三》五九號等,釋文皆隸定作“遊”。《老子》甲組注釋[二八]説:

> 遊,它本均作“失”。此字楚文字中屢見,皆讀爲“失”,字形結構待考。

按注釋説“此字楚文字中屢見”,是指除見於上引郭店諸簡外,還見於包山楚簡八〇、一四二號簡和長沙楚帛書。舊除隸定作“遊”外,還有“達、送、逆”等不同釋法。現在據郭店楚簡《老子》《緇衣》等得知,A 讀爲“失”,這爲我們正確認識此字提供了重要線索。

我們認爲要想正確認識 A,首先得知道“失”字在古文字中的寫法。現在就把古文字中的"失",按照時代先後揭示於下：

    [字形]《甲骨文編》814 頁   [字形]《金文總集》一·五一一·一一四四

    [字形]《郭沫若全集·考古編》九 178 頁   [字形]《郭沫若全集·考古編》九 322 頁

    [字形]《漢印文字徵》七·十

    第一個是甲骨文的"失",第二個是金文的"失",第三個是石鼓文的一個從"矢"從"失"之字偏旁,第四個是詛楚文的"失",第五個是漢印的"秩"字偏旁。丁山在釋甲骨文"失"字時指出,這個字"當是失字初文,象人失足而血溢於趾形"。漢印篆文"失",即在"失"字的初文上加注聲符"乙"而成。《説文》説"失"字從"手","乙"聲,字形有誤。

    把上揭 A 所從的偏旁[字形]與"失"字初文[字形]比較,不難發現前者是後者的訛變。前者所從的"[字形]",是由後者所從的"止"訛變而成,與"孙"無關;前者所從的"[字形]",是由後者所從的"𠂆"訛變而成,與"羊"無關。於此可見,A 實際上應該釋爲"迭"。《説文》説"迭"從"失"聲,故楚國文字的"迭"可以讀爲"失"。

《中國哲學》20,頁 344—346

○**周鳳五**(1999)　教此以遊(《緇衣》簡一六):遊字《老子》屢見,《郭店》據以釋作"失"。按,此字見於子彈庫帛書與包山楚簡,當釋爲"佚",包山楚簡別有"失"字,見簡一四○與簡一四○反:"登人所斬木四百,失於鄴君之地襄溪之中;其百又八十,失於畢地郑中。"字作[字形],同於《説文》篆體,爲楚文字"失"之本字,其作遊者乃"佚"字,讀作失。

《張以仁先生七秩壽慶論文集》頁 353

○**何琳儀**(2000)　(編按:郭店·老甲 10)"遊"明確从"羊"聲。羊,喻紐四等,古讀定紐;失,審紐,古讀透紐。定與透均屬舌音,自可通假。郭店簡以"遊"爲"失"乃假借,與形體似無涉。至於楚帛書之"遊"疑讀"逆",既有音變,亦有形誤。參拙著《戰國古文聲系》674。

《文物研究》12,頁 196

○**李零**(2000)　(編按:楚帛書)"遊",漢印中的"逆"字往往作"迸",應屬形訛,拙作釋逆,李文同。《尚書大傳·洪範五行傳》:"時則有日月亂行,星辰逆行。"是相近文例。何文亦指出漢隸"逆"字往往作"迸",但以音近相假爲説,仍從林巳奈夫釋"迸"〔補注:何氏新近亦取形訛説,見所做《校補》文〕。"逆行"又叫"反道"或"反逆行"(《史記·天官書》)。《漢書·天文志》:"天文以東行爲順,西行爲逆。”“東行”即左旋,“西行”即右旋。

《古文字研究》20,頁 165

○**趙平安**(2000)　戰國文字中有一個作:

包山 2.142　　　　　　　　　　子彈庫帛書乙 10.30

等形的字,過去都隸定爲遊,或釋達,或釋送,或釋逆,郭店楚簡出土後,我們知道它應當讀爲失。

郭店簡《老子》甲組 11:“是以聖人亡爲古(故)亡敗;亡執古(故)亡遊。”《老子》乙組 6:“得之若纓(驚),遊之若纓(驚),是胃(謂)懸(寵)辱纓(驚)。”《老子》丙組 11:“爲之者敗之,執之者遊之。”《緇衣》18:“子曰:大人不新(親)其叹(賢),而信其所戔(賤),崟(教)此以遊,民此以緩(變)。”這些簡文都可與相應文獻對讀,其中遊,它本均作失。

李家浩先生根據郭店簡提供的線索,把遊釋爲迭。（中略）

此説於字形仍有未安。疑點主要集中在字中的下半部分。

我們認爲,所謂遊,實際上應隸作達,它由辵和羍兩部分組成。羍是由甲骨文奎演變而來的。上半“止”的變化和̄(《佚》698)作̄(郭店《老子》甲組 3)相同,下半“羍”的演變和虢(虏)、罩相似:

銐	奎	宰
庚壺	仰天湖 25.7	包山 2.81
睾	奎	睾
侯馬盟書	五十二病方 369	《漢印徵》10.5

奎在例中省作羊羊,而羊有時可以寫作羊(如吳王光鑑羃字所从),因此奎演變爲羍從形體上看是完全可能的。

奎從止從羍,而止在羍外,本義當爲逃逸。胡厚宣、羅琨先生指出此字表示“逃亡”之義,看來是可取的。

奎增纍爲達,省簡爲達,都不見於傳世文獻,可能是逸的本字。《説文·兔部》:“逸,失也。从辵、兔。兔謾訑善逃也。”達被逸取代後,就銷聲匿迹了。

從目前掌握的資料看,逸始見於春秋時的秦子戈和矛,戰國時代已廣爲行用。但在不同地域,達逸繼替的過程是不平行的,楚國至少戰國晚期仍然只用達。

逸和失韻部相同,聲母同爲舌音,古音很近,常相通用。《史記·吳王濞列傳》:“陛下多病志失。”《漢書·吳王濞傳》失作逸。《漢書·韋賢傳》:“彌彌其失。”《文選》作“彌彌其逸”。㒸達作爲逸的古字,也可以讀爲失。

　　把古文字資料中的㒸達理解爲逸或讀爲失,除了極個別的例子外,絶大多數都可以講通。（中略）

　　再看簡牘帛書:

　　（13）冬柰之月甲辰之日,少臧之州人信士石佢訟其州人信士石牒,言胃剔其弟石耴衃。既發笒,執勿達。包山 2.80

　　（14）甲辰之日,小人之州人君夫人之敀愴之㫚一夫遊逑至州巷,小人牉敷之,夫自剔,小人女歔之以告。包山 2.142

　　這兩個達,也都用本義。“執勿達”即抓住别讓跑了,“達逑至州巷”即逃跑到州巷。

　　（15）日月星辰,躘（亂）達其行。緹紃達躘（亂）,卉木亡尚（常）　子彈庫帛書《乙篇》

　　（16）是胃達月,閏之勿行。一月、二月、三月,是胃達終。　　同上

　　“躘達其行”猶“亂失其行”,意爲日月星辰紊亂,失去常道,與《詩經・小雅・十月》“日月告凶,不用其行”語義相近。“緹紃達躘”應讀爲“盈縮失亂”,意爲盈縮失常紊亂。達月、達終則可能是當時的專用名詞,其義待考。

《古文字研究》22,頁 275—277

○**劉信芳**（2002）　“遊”,舊多誤釋,自郭店簡公布以後,據其文例已知其字用爲“失”,然字形分析則仍有分歧。（中略）我在《荆門郭店竹簡老子解詁》（藝文印書館 1999 年）一書中討論過這一問題,字應讀爲“亡”,《説文》:“亡,逃也。”段《注》:“引申之則謂失爲亡。”楚系文字“亡”多讀爲“無”,故表逃亡必另有其字。甲骨文中的“㒸”,已有胡厚宣、羅琨先生指出此字表示“逃亡”之義。“遊”在楚簡中是常用字,從“羊”聲無疑。如果否定該字從“羊”聲,則無從談起。

《子彈庫楚墓出土文獻研究》頁 57—58

○**董琨**（2002）　何琳儀認爲“遊”乃“迸”之繁文,讀作“逆”,因《銀雀山簡・孫臏》106、漢碑《郙閣頌》《白石神君碑》《曹全碑》之“逆”均作“迸”形,且“逆”爲疑紐魚部,“遊”爲喻紐陽部,疑、喻均屬次濁音,魚、陽陰陽對轉,故“逆、遊”音亦近。而“逆”通“迎”,又可釋爲亂逆、拒等義（詳見《戰國古文字典》674 頁）。

　　這裏,可以認爲何氏解決了“遊”的字形結構問題,將“逆”作爲其通假字也是基本正確的;只是未曾涉及“達”作“失”講的義項,可能是著書時未見及

郭店楚簡的緣故。其實該字典已收包山簡 80"執勿遳"之例,該句的"遳"作
"逆"的上述義項講均不妥帖,而作"失"解則渙然冰釋。

那麼,"逆"又何以能解作"失"呢?

《廣雅·釋言》(卷五):"逆,遭也。"王念孫《疏證》:"〜(編按:當是"遳"字),
通作錯。卷三云:'逆,亂也。'亂,亦錯也。"而"錯"在古代楚地有"失"的意
義,如《楚辭·九思·憫上》:"心爲兮隔錯。"王逸注:"隔錯,失其性也。""隔"
有"障隔、阻塞"之意,與此句的"錯"爲"失"意屬近義連用,所以王逸用"失"
通釋之。(中略)

我們知道,"失"的本義是"失掉,喪失"(《論語·陽貨》"既得之,患失
之"),引申爲"錯過"(《孟子·梁惠王上》"雞豚狗彘之畜,勿失其時"),又引
申爲"錯誤,失誤"(《漢書·路溫舒傳》"臣聞秦有十失")。"失"與"錯"相
關,後世有複音詞"失錯"或"錯失",義爲"差錯",如《周禮·春官·大史》"讀
禮書而協事"唐賈公彥疏:"恐事有失錯,物有不供故也。"《顏氏家訓·音
辭》:"李季節著《音韻決疑》,時有錯失。"而"錯"的"錯誤"義則沿用到現代,
其引申序列中亦有"錯過"一義,起碼見於中古,如宋范成大《再題白傅詩》:
"香山晚歲錯芳辰,索酒尋花一笑欣。"綜上,可將"失、錯"的同步引申序列歸
納爲:

失:喪失———錯過———錯誤

錯: ? ———錯過———錯誤

據此我們不難推斷"錯"在"錯過"義之前曾存在過一個"喪失"義。這不一定
是"錯"的本義,但應是較早的一個意義。

這樣,我們又爲"遊—逆—遳(錯)"的"失"義的存在找到了一個間接的
證據,姑且書之於此,留待更多的文獻語料加以證明。

附記:此條札記寫畢之後,見及《古文字研究》第二十二輯刊載之趙平安
君《戰國文字的"遊"與甲骨文"羍"爲一字說》,認爲其視野更爲廣闊;但拙文
角度不同,似亦不妨聊備一說。

《古文字研究》24,頁 384—385

○ **饒宗頤**(2003) 　(編按:楚帛書)遊字帛書四見,舊釋逆或達皆誤。郭店楚簡
《老子》"執者失之"共見兩次,失字皆作遊,又一作"送之若纇",遊與得爲對
文,皆當釋"失"。"絚紃遊襄"句可讀盈紃失讓,《郙閣頌》云"漢水送讓"
是也。

遊月即謂月失其序,是宜置閏。《史記·曆書》云:"其後三苗服九黎之

德,故二官咸廢所職,而閏餘乖次,孟陬殄滅,攝提無紀,歷數失序。”如周襄王二十六年閏三月,春秋非之。敦煌卷伯三三〇六爲《月令節義》一卷,論正月之節日在虚之義云:“閏者是蘩殘餘分之日……大數三年一閏;細而言之,八年三閏,十九年九(應是七)閏,是足得蘩殘餘分之日,故爲閏月。”《荊楚歲時記》云:“閏月不舉百事。”觀帛書云:“閏之勿行。”知閏月不宜舉事之習俗,自戰國至於六朝,行之弗替。

《饒宗頤二十世紀學術文集》卷3,頁258、264

○**李守奎**(2003) 𡘵爲失之本字,逹爲失之繁體。

《楚文字編》頁676

△**按** 趙平安(2000)説可從。“逹”在戰國文字中多讀爲“失”,“𢓍”即“逹”字異體,彳部重見。

【𢓍人】上博六・季桓3

△**按** 簡文云:“聞其辭於𢓍人。”陳偉(《讀〈上博六〉條記之二》,簡帛網2007年7月10日)讀“𢓍人”爲“逸人”,謂即“孔子自謂”。

⿺辶㬰

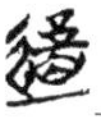上博三・周易32

○**濮茅左**(2003) 六晶:見車遏 “遏”,《説文》:“微止也。”阜陽漢簡《周易》作“渫”。《象》曰:“‘見輿曳’,位不當也。‘无初有終’,遇剛也。”

《上海博物館藏戰國楚竹書》(三)頁180

△**按** 此字當分析爲从辵,㬰聲。對應上博《周易》“遏”,對應馬王堆帛書本作“㓞”,今本《周易》作“曳”。楚帛書有“㪆”字,朱德熙認爲其所从之“㬰”爲“曷”之變。白於藍則認爲“‘㬰’旁很可能正是《爾雅・釋器》‘竹前謂之𥵍’之‘𥵍’的專字,‘㬰’字从西吕聲”。有關討論,參見卷三攴部“㪆”字條。

⿺辶⿰丨隹

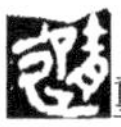璽彙0263

○**劉釗**(1990) 《文編》十四、七第6欄有字作下揭形:

隋2772　　隋2769　　隋0831

字還見於《古璽彙編》2937 號璽。《文編》隸作"隋"，以不識字列阜部後。按字從阜從"寿"，"寿"字從土從肉。侯馬盟書隋字作"𦔻"，去掉所從之"𣁋"，與古璽"隋"字形同。古璽"隋"即應爲"𦔻"之省體，戰國文字中省去"又"旁者習見，例不贅舉。故古璽"隋"字可釋爲"隋"。

《文編》附録十六第 3 欄有字作"𨖹"，按字從辵從"隋"，"𣁋"疑爲阜字形變，字應釋作"隨"。

《文編》十、四第 1 欄有字作"𤟇"，字從犬從"寿"，按"寿"似爲"寿"字形變，字似可釋爲"獢"。"隋"從肴聲，故"獢"可從肴作。獢字見於《廣韻》《集韻》。

《考古與文物》1990-2，頁 45

△按　右上肉旁以外的部分，當是"隹"字筆畫分離，故字可隸定作"邌"。

遧

遧望山 1 · 13　　遧楚帛書　　遧上博五 · 君子 2　　遧上博二 · 魯邦 3

○**中大楚簡整理小組**(1977)　　(編按：望山 1 · 13)遧，即動。《説文》動，古文作遧，古文鍾、鐘可通，是聲符重、童通用之證。簡文謂恐固心病發作，不可以動思。

《戰國楚簡研究》3，頁 13

○**饒宗頤**(1985)　　(編按：楚帛書)遧字見望山簡："不可以遧思。"即動字異構。旁，溥也。《堯典》："旁述僝功。"旁動與旁述文例正同。

《楚帛書》頁 26

○**何琳儀**(1986)　　(編按：楚帛書)遧即"運"，見《説文》"動"之古文。

《江漢考古》1986-2，頁 81

○**劉信芳**(1996)　　(編按：楚帛書)遧玟敪之　"遧"或釋"動"，未妥。按字讀如"橦"，"玟"讀如干旄之干，《詩 · 鄘風 · 干旄》："孑孑干旄。"《周禮 · 天官 · 夏采》："以乘車建綏復于四郊。"鄭玄注："綏者當作緌，字之誤也。緌以旄牛尾爲之，綴於橦上，所謂注旄於干首者。"據此知"橦干"即招魂幡，蓋以旄牛尾或五彩絲繫於橦干之首爲之。

《中國文字》新 21，頁 80

【遧命】上博二 · 魯邦 3

○**馬承源**(2002)　　讀作"重名"。"遧"，疑即"動"之古文(《説文 · 力部》)。

“動、重”通假。《老子》十五章：“孰能安以久，動之徐生。”《馬王堆漢墓帛書·老子甲本》、《老子乙本》“動”作“重”。“命”通作“名”，《書·呂刑》“乃命三后”，《墨子·尚賢中》引“命”作“名”。《禮記·祭法》“黄帝正名百物”，《國語·魯語上》“名”作“命”。《老子》十四章：“聽之不聞名曰希，搏之不得名曰微。”《馬王堆漢墓帛書·老子乙本》“名”作“命”。“名”，聲譽，即巷路上的評論。此謂重視巷路的反映。

《上海博物館藏戰國楚竹書》（二）頁 207—208

○**李守奎、曲冰、孫偉龍**（2007）　重命。

《上海博物館藏戰國楚竹書（一——五）文字編》頁 785

遱

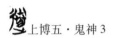 上博五·鬼神 3

○**李守奎、曲冰、孫偉龍**（2007）　所从聲符“䇞”或可釋“朕”。

《上海博物館藏戰國楚竹書（一——五）文字編》頁 83

【遱孟公】

○**曹錦炎**（2005）　“遱”，从辵，䇞聲，“䇞”即“朕”字所从的聲旁（《説文》則以爲“朕”字从“𦪉”聲），“䇞”从齐得聲。“遱”字的釋讀，有兩種可能，一即“朕”字異體；一即“送”字繁構。無論釋“朕”或“送”，疑當讀爲“榮”。古音“朕”爲定母蒸部字，“送”爲心母東部字，“榮”爲日母耕部字，韻部爲旁轉關係，有通假的可能。“孟”，从山从矛，字亦見於郭店楚簡《老子乙》（今本相對應字作“勤”，有别）。“遱孟公”，疑即“榮夷公”（或作“榮夷終”），爲厲王執政，實行“專利”，引起國人反抗。也有可能，“遱、孟公”指“榮夷公”與“傅公夷”兩人（从矛得聲的字與“傅”字古音相近可通），有待進一步研究。《墨子·所染》：“厲王染於厲王長父、榮夷終，幽王染於傅公夷、蔡公穀。”可以參看。

《上海博物館藏戰國楚竹書》（五）頁 317

○**李家浩、楊澤生**（2009）　先説把“遱孟公”讀作“秦穆公”在字音上是否可信。

　　在討論這個問題之前，先説説“遱”到底是整理者所説的“朕”字異體還是“送”字繁構。李鋭先生在曹錦炎先生所説“遱”从“䇞”聲的基礎上，指出《鬼

神之明》7 號簡"綊"字與"遱"字所从"絭"形近,唯後者將"糸"省作"幺"。按古文"縢"或將所从"糸"省作"幺":

《汗簡》卷中之一舟部引石經　　　《書法》1984 年第 4 期第 46 頁戰國璽印

"遱"字所从"絭"旁與此二"縢"字所从"絭"旁寫法相似,可證曹、李二氏的説法甚是。"綊"字亦見於望山二號墓竹簡和包山二號墓竹簡等,原文作左右並列結構,用爲"縢",當是"縢"的簡體,其字从"糸","夵"聲,與从"糸","券"聲的"絭"當非一字。根據漢字結構一般規律,"遱"應該像曹錦炎先生所分析的那樣从"辵","絭"聲。《説文》"送"字籒文作"𨕖",从"辵","侾(俟)"聲。以此例之,"遱"當是"送"字的異體。因爲"侾、絭"二字都从"夵"聲,故从"夵"聲的"送"又可寫作从"侾"聲的"𨕖"或从"絭"聲的"遱"。爲了印刷方便,下面徑將"遱"字寫作"送"。

　　古代从"夵"聲的字往往與文部的字相通。對此已有學者根據出土文獻和傳世文獻的例子加以討論,此不贅言。古代文部與真部的字音關係密切,所以从"夵"聲的字又與真部的字相通。例如:《儀禮·士喪禮》"兩綯無縢",鄭玄注:"古文'縢'爲'帴'。"《禮記·聘義》"天下有事,則用之於戰勝",鄭玄注:"勝,或爲'陳'。"《史記·酷吏列傳·周陽由》"由後爲河東都尉,時與其守勝屠公爭權",司馬貞《索隱》引《風俗通》云:"勝屠,即申屠。"《莊子·盜跖》"申子不自理",陸德明《釋文》作"勝子自理",説:"本又作'申子自理'。""縢"和"勝"並从"夵"得聲,而"帴、陳、申"皆屬真部字。上古音"秦"也屬真部字。

　　从"夵"聲的字,古音學家多歸入蒸部,如"侾(媵)、縢、滕、勝"等,但是"送"卻歸入東部。不過從簡文"送"所从聲旁"絭(縢)"和《説文》籒文"送"所从聲旁"侾"都屬蒸部來看,"送"在上古音裏可能也屬蒸部。而蒸部字和真部字關係密切。《書·盤庚下》"尚皆隱哉",漢熹平石經"隱"作"乘"。《詩·鄭風·溱洧》"溱與洧方涣涣兮",《説文·水部》"潧"字説解和《水經注·潧水》引"溱"作"潧"。《詩·大雅·下武》"繩其祖武",《後漢書·祭祀志》劉昭注引"繩"作"慎"。《周禮·地官·小司徒》"四丘爲甸",鄭玄注:"甸之言'乘'也。"《禮記·郊特牲》"丘乘共粢盛",鄭玄注:"乘,或爲'鄰'。"《史記·白起傳》"秦又攻其壘,取二尉,敗其陣"之"陣",裴駰《集解》引徐廣曰:"一作'乘'。""乘、潧、繩"屬蒸部,"隱、溱、慎、甸、鄰、陣"屬真部。此是異文的例子。西周銅器農卣銘文"王窺(親)令(命)白俹曰"的"窺"字,其聲旁"親"原文寫作从"見","丞"聲。按"親"从"見","亲"聲。"丞"是"承"字初文,屬蒸部,"亲"屬真部。《説文》"繒"字籀文作"絆",段玉裁、朱駿聲等認爲从"宰"省聲,其實"絆"从"辛"聲。"繒"屬蒸部,"辛"屬真部。此是諧聲字的例子。《論語·先進》"仍舊貫",陸德明《釋文》:"魯讀'仍'爲'仁'。""仍"屬蒸部,"仁"屬真部。《説文·邑部》説"郔""讀若泓"。"郔"屬真部,"泓"屬蒸部。此是異讀的例子。

在上面所舉蒸、真二部字音相通的例子中,值得注意的是从"夲"聲的"滕、勝"與真部字相通和从"秦"聲的"溱"與蒸部字相通。這是從韻部來説的。從聲母來説,"送、秦"二字的聲母亦近。"送"屬心母,"秦"屬從母,發音部位相同,都是齒頭音。所以簡文的"送"可以讀爲"秦"。

下面將要講到的《墨子·明鬼下》把"秦穆公"誤爲"鄭穆公",似乎也可以證明"送"可以讀爲"秦"。按"秦、鄭"二字不論是字形還是字音都相差甚遠,爲什麼《墨子·明鬼下》會把"秦穆公"誤爲"鄭穆公"呢? 這是值得討論的一個問題。"鄭"从"奠"得聲,所以古文字即以"奠"爲"鄭"。"奠、尊"二字形近易訛。例如:長沙馬王堆漢墓帛書"尊"多寫作"奠"。《儀禮·士喪禮》"奠用功布",鄭玄注:"古文'奠'爲'尊'。"惠棟《九經古義》説:"古'尊'字作'算',與'奠'相似,故訛从之。'奠'从'丌',讀若箕;'算'从'廾',讀若拱。""尊、秦"二字古音相近。上古音"尊"屬精母文部,"秦"屬從母真部,精從二母都是齒頭音,文真二部的字音關係密切。疑《墨子·明鬼下》"鄭穆公"之"鄭"本作"尊",但其字形卻像馬王堆漢墓帛書那樣寫作"奠",假借爲"秦",後人不知,因其爲國名,故妄加"邑"旁改作"鄭"。戰國竹簡文字或將"尊"寫作从"夲"聲的"奮",或借"送"爲从"尊"聲的"遵"。如果《墨子·明鬼下》"鄭穆公"之"鄭"本作"奠(尊)",假借爲"秦"的説法符合原來實際情況,更是古代"送"字與"秦"字音近可通的有力證明。

"孟"當从"矛"聲。古代"矛"與"卯"音近可通。例如:曾侯乙墓漆盒朱書二十八宿之一的"昴"作"茅(茅)"。《周禮·天官·醢人》"茆菹麏臡",鄭玄注:"鄭大夫讀'茆'爲'茅'。"據下文所説,秦穆公之"穆"應作"繆"。"繆"从"翏"聲。古代"卯"與"翏"亦音近可通。例如:《漢書·藝文志》諸子略縱橫家類"待詔金馬《聊蒼》三篇",顏師古注:"《嚴助傳》作'膠蒼'而此《志》作'聊',《志》《傳》不同,未知孰是。"《文選》卷十八稽叔夜《琴賦》"新聲憀亮",李善注"憀""亦與'聊'字義同"。既然从"矛"聲之字與从"卯"聲之字相通,而从"卯"聲之字又與从"翏"聲之字相通,那麼从"矛"聲的"孟"與从"翏"聲的"繆"當然也可以相通。

其次説"秦穆公"是否符合簡文所説的"長年而没"。

所謂"長年",整理者認爲就是"長壽","長年而没"即"長壽而終"。這是很正確的。根據史書記載,秦穆(繆)公恰恰也是以長壽終老著稱的歷史人物。《史記·秦本紀》説:

> 德公生三十三年而立,立二年卒。生子三人:長子宣公,中子成公,少子穆公。長子宣公立……十二年,宣公卒。生子九人,莫立,立其弟成公……成公立四年,卒。子七人,莫立,立其弟繆公……三十九年,繆公卒,葬雍。

假設德公死時穆公只有十歲,加上他之前兩位兄長在位的十六年和他本人在位的三十九年,秦穆公至少在六十五歲以上。這個歲數在今天當然不算什麼,但是對於那時生活在衛生條件差和醫療水平落後的人們來説,當然算得上是"長年而没"了。尤其是相對秦穆公的父親德公三十五歲和兩位兄長甚至不及三十五歲,以及簡文所説"鴟夷而死"的伍子胥來説,更算得上是"長年而没"了。（中略）

最後説"秦穆公"是否符合簡文所説"天下之亂人"的評價。

秦穆公之"穆"是謚,據《史記·秦本紀》和下面所引有關文字等當作"繆"。謚是根據人的生前事迹所給予的帶有褒貶之義的稱號。"繆"是貶義。《逸周書·謚法》:"名與實爽曰繆。"《史記·五宗世家》司馬貞《索隱》引《謚法》:"傷人蔽賢曰繆。"《漢書·景十三王傳·廣川惠王劉越》顏師古注引《謚法》:"蔽仁傷善曰繆。"《論衡·福虚》:"繆者,亂之名。"秦穆(繆)公死後爲什麼謚"繆",古書有這方面的記載。《史記·蒙恬傳》記蒙恬的弟弟蒙毅説:

> 昔者秦穆公殺三良而死,罪百里奚而非其罪也,故立號曰"繆"。昭襄王殺武安君白起,楚平王殺伍奢,吳王夫差殺伍子胥,此四君者,皆爲大失,而天下非之,以其君爲不明,以是籍於諸侯。故曰"用道治者不殺無罪,而罰不加於無辜"。唯大夫留心!

《風俗通·皇霸·五伯》説:

> 【秦】繆公受鄭甘言,置戍而去;違黄髮之計,而遇殽之敗;殺賢臣百里奚;以子車氏爲殉,詩《黄鳥》之所爲作。故謚曰"繆"。

據此記載,秦穆(繆)公之所以謚"繆",是因爲他做了四件極不得人心的事。第一件是公元前 630 年,秦穆(繆)公與晉文公圍鄭,秦穆(繆)公聽信了鄭人燭之武的話,與鄭人盟,使杞子、逢孫、楊孫留戍而還師。第二件是公元前 628 年,秦穆(繆)公不聽蹇叔、百里奚規勸,出兵伐鄭,第二年在殽這個地方,遭到晉軍和姜戎的夾攻,秦軍全軍覆沒。第三件是《蒙恬傳》所說的罪賢臣百里奚。大概百里奚因此事而死,所以《風俗通》說秦穆(繆)公"殺賢臣百里奚"。百里奚之死,《商君傳》說"秦國男女流涕"。第四件是秦穆(繆)公之死,以良臣子車氏奄息、仲行、鍼虎三人爲殉,秦人哀之,作《黃鳥》之詩。由此可見,不論是從秦穆(繆)公生前事迹來看,還是從他死後當時人和後人對他的評價來看,都跟簡文所說的"亂人"相合。

根據以上三個方面的論述,把簡文"送孟公"定爲秦穆(繆)公,大概是沒有什麼問題的。

《簡帛》4,頁 179—184

遚

璽彙 0805

○吳振武(1983)　0805 長遚・長遚。

《古文字學論集》(初編)頁 494

○何琳儀(1998)　遚,从辵,曾聲。蹭之異文。《說文新附》:"蹭,蹭蹬,失道也。从足,曾聲。"

晉璽遚,人名。

《戰國古文字典》頁 155

△按　當釋"遚",字从曾省聲。

遒

璽彙 0271

△按　疑"造"字異體。

邁

新蔡甲三 64

【邁戲】新蔡甲三 64

○何琳儀（2004）　小臣成奉害虐（甲三：64）

　　“奉”，讀“逢”。

　　“虐”，原篆右从“戈”，爲義符；左从“虐”之異文，參《説文》古文（5上17）。

　　“害虐”，殘害。《書·武成》：“暴殄天物，害虐烝民。”

《安徽大學學報》2004-3，頁 6

○徐在國（2004）　　“奉”後二字作者的隸定是正確的。最後一字从“戈”从“虎”从“口”（“口”可視爲贅加的無義偏旁），應釋爲“暴”。甲骨文、金文中有从“戈”从“虎”之字，裘錫圭先生已經正確地釋爲“暴”。“奉”後一字，从“辵”“害”聲，可能讀爲“遏”，但由於簡文殘缺，不敢確定。字又見於乙四30。

《中國文字研究》5，頁 155

△按　新蔡乙四30之字作“遣”，與此字从萬有別。

遳

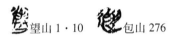望山 1·10　　　包山 276

────────────

△按　爲“舉”之楚系用字。字更常作“塱”，詳見止部“塱”字條。

【遳禱】

△按　“遳禱”又作“塱禱”，見止部。

遮

信陽 2·3

────────────

○劉雨（1986）　邊。

《信陽楚墓》頁 128

○郭若愚（1994）　邊。

《戰國楚簡文字編》頁 68

○何琳儀（1998）　《説文》：“遮，遏也。从辵，庶聲。”

　　信陽簡遮，見《玉篇》“遮，冒也”。

《戰國古文字典》頁 549

△按　此字所从之夏，亦見於上博簡《季庚子問於孔子》3、郭店簡《緇衣》36、上博簡《緇衣》18及上博簡《采風曲目》3，讀爲“展、亶”或“輾”，論者或以爲即“廛”字。字形可分析爲从石，炅聲。古文字中“炅”是“熱”字異體，又可作“鎮”

之聲符,其變體又可借爲"愼"。"熱"屬日母月部,"鎭"屬章母眞部,"愼"屬禪母眞部,上古音娘、日歸泥,故"炅"與端母元部的"展"古音應該十分接近。

遧

陶彙3·614

○**何琳儀**(1998)　遧,从辵,虘聲。

齊陶遧,人名。

《戰國古文字典》頁449

△**按**　字从叔,齊陶文"虘"所从之"且"或寫作⊕下有一橫之形(參吳振武《釋戰國文字中的从"虘"和从"朕"之字》,《古文字研究》19 輯;此文主張有關字形釋爲"虘",後已放棄,見《説仰天湖1號簡中的"蘆芷"一詞》,《簡帛》2輯)。傳世古書之"且",戰國文字常作"叔",疑"遧"即"退"字異體,《説文》:"退,往也。从辵,且聲。退,齊語。徂,退或从彳。遧,籒文从虘。"

遒　　儈

近出51 𪅐鐘　近出53 𪅐鐘　集成9735 中山王方壺　璽彙4075

集成2840 中山王鼎　陶彙6·120

○**張政烺**(1979)　(編按:中山王器)子遒,燕君名。《史記·燕召公世家》記燕易王卒,子燕噲立。《戰國策》《韓非子》皆作噲。據《史記·六國表》其在位凡七年(公元前320至前314年)。讓國於相子之在公元前316年。

《古文字研究》1,頁215

○**趙誠**(1979)　(編按:中山王器)儈,文獻均作噲。子儈,即燕王噲,公元前320年即位,後讓位與相國子之。

《古文字研究》1,頁250

○**朱德熙、裘錫圭**(1979)　(編按:中山王器)子遒,古書作"子噲",子噲讓位子之之事見《戰國策·燕策》《孟子·公孫丑下》《史記·燕世家》。

《朱德熙古文字論集》頁101,1995;原載《文物》1979-1

○**羅福頤等**(1981)　(編按:璽彙4075)儈　或从辵,與沇兒鐘儈字同。

《古璽文編》頁114

○**商承祚**（1982）　（編按：中山王器）禬，方壺第二十行作遧，彳、辵，古文通用。史書作噲，又爲一種寫法。

禬，史書多作噲，亦有作禬者，遧又爲禬之發展，古文彳、辵同作。此禬作“子禬”，而史則作燕王“噲”，無子字。

《古文字研究》7，頁 47、66

○**吳振武**（1983）　4075 馬是會·駰正遧。

《古文字學論集》（初編）頁 521

○**高明、葛英會**（1991）　（編按：陶彙 6·120）《説文》所無，《集韻》：禬禬，屋宇高明也。中山王嚳鼎鄾君子禬，史籍作噲。

《古陶文字徵》頁 100

○**湯餘惠**（1993）　（編按：中山王器）遧，同會。《詩經·大雅·大明》：“殷商之旅，其會如林。”鄭玄箋：“殷盛合其兵衆。”銘文此句形容參加田獵的人員衆多。

《戰國銘文選》頁 41

○**何琳儀**（1998）　遧，從辵，會聲。《玉篇》：“遧，迊也。”

中山王圓壺“其遧女林”，《詩·大雅·大明》作“其會如林”，《説文》作“其旛如林”。當以作遧爲是。《集韻》：“帀或作迊。”《廣雅·釋詁》二：“帀，徧也。”周徧與“如林”義正相函。中山王方壺“遧同”，讀“會同”。《詩·小雅·車攻》“會同有繹”，箋：“時見曰會，殷見曰同。”

《戰國古文字典》頁 893

○**張亞初**（1999）　迨字或作佮。有的是地名，有的就是作動詞遧合之遧用。姜子鎜壺“其遧如林”，《詩·大明》就作“其會如林”。佮、迨、遧、會古同字。

《中國古文字研究》1，頁 289

【遧奏倉倉】^{默鐘}

○**李家浩**（1998）　“會”字原文从“辵”。此字見於春秋時期的沇兒鐘和戰國時期的中山王壺等，皆用爲“會”。古代“會、合”二字形、音、義皆近，可以通用。例如：《説文》“會”字古文作“佮”，从“合”聲；《老子》第五十五章“未知牝牡之合而全作”，馬王堆漢墓帛書《老子》乙本“合”作“會”；當夾衣講的“袷”，楚簡作“繪”或“敆”。鐘銘的“會奏”，當讀爲“合奏”。張衡《七辯》：“金石合奏，妖冶邀會。”

“倉倉”，趙文讀爲“鎗鎗”，甚是。字或作“瑲瑲”。《荀子·富國》“撞鐘擊鼓而和，《詩》曰‘鐘鼓喤喤，管磬瑲瑲……’”楊倞注：“《詩·周頌·執競》

之篇,毛云:喤喤、瑲瑲,皆聲和貌。"鐘銘的"鎗鎗"是模擬鐘、磬、竽等樂器合奏的聲音。

《著名中年語言學家自選集·李家浩卷》頁 75,2002;原載《北大中文研究》

△按　疑"會"字繁構,增辵或彳以爲動符。

邊

上博五·三德 4

○李零(2005)　邊(罪)。

《上海博物館藏戰國楚竹書》(五)頁 290

△按　字从辵,臯聲。簡文云"求利,殘其親,是謂邊;君無主臣,是謂畏"。

運　運

上博二·容成 1　上博二·容成 9

包山 74　包山 193

○何琳儀(1998)　運,从辵,畢聲。疑徸之繁文,或趕、踵之異文。《集韻》:"趕、踵、徸,止行也。或从足,从彳。"

包山簡運,人名。

《戰國古文字典》頁 1104

△按　字从辵,畢(或罩)聲。包山簡用爲人名,上博二《容成氏》簡 1"壚運氏"爲上古帝王名號,文獻無載。上博二《容成氏》簡 9"運能其事",讀爲"畢"。

遱

上博二·容成 7　上博四·曹沫 9　上博四·曹沫 44　上博五·弟子 13

新蔡乙一 17　新蔡乙一 28

郭店·六德 48

○李零(1996)　上述銘文中的怪字,其實是"就"字的一種簡寫。西周金文的

“就”字有兩種寫法，一種作𦥑，像重亭之形，學者多隸定爲𦥑，還有一種是加有辵旁。過去學者多把此字當成“京”字的異體。(中略)不過，也有學者不這麼看，如高田忠周和朱先生都曾根據《説文》《正始石經》《汗簡》和《古文四聲韻》中的有關線索，指出此字應釋爲“就”，只不過没有引起重視罷了。

　　1980 年，史惠鼎在陝西長安縣出土，對人們重新認識這個字是重要推動，因爲史惠鼎銘有“日就月將”一語，是見於《詩·周頌·敬之》和《禮記·孔子閒居》的古代成語，鼎銘“就”字從辵從𦥑，正與《正始石經》等書假借爲“戚”字的“就”字相同。

　　古書中的“就”字有成就、趨就二義，《爾雅·釋詁》以成訓就，以終訓就。《廣雅·釋詁》也以就字與歸、往同訓，與即、因同訓，與長、久同訓，這裏除最後一條是假借之義，其他多與成就、趨就之義有關。西周金文中的“申就乃命”是再次下達此命的意思，而本節開頭所列三例中的“就”字是抵達或到的意思，這種含義正是從成就、趨就之義引申。

　　　　　　　　　　　　　　　　　　　　　　《于省吾教授百年誕辰紀念文集》頁 272—273

○**荊門市博物館**(1998)　(編按：郭店·六德 48“新遜遠近”) 遜(戚)。

　　　　　　　　　　　　　　　　　　　　　　　　　　　　《郭店楚墓竹簡》頁 188

○**李零**(2002)　(編按：上博二·容成 7) 遜　即“就”，有來、至之義。

　　　　　　　　　　　　　　　　　　　　《上海博物館藏戰國楚竹書》(二) 頁 255

○**劉信芳**(2003)　(編按：包山 74) 遜：讀爲“戚”。字形可參簡 120“剆”。郭店《六德》48：“新(親)遜(戚)遠近。”字從二京，與《汗簡》“戚”之古文同。《説文》“就”之籀文亦從二京，知“遜”亦“戚”之古文。

　　　　　　　　　　　　　　　　　　　　　　　　　　《包山楚簡解詁》頁 72—73

○**李零**(2004)　(編按：上博四·曹沫 44)“就之”，與“去之”相反，是前往趨敵。

　　　　　　　　　　　　　　　　　　　　《上海博物館藏戰國楚竹書》(四) 頁 272

○**李守奎、曲冰、孫偉龍**(2007)　　當即《説文》之“就”。

　　　　　　　　　　　　　《上海博物館藏戰國楚竹書(一—五) 文字編》頁 94

△**按**　字從辵，𦥑聲。“𦥑”即“就”字古寫，“就”《説文》籀文作𣀳，其左半即“𦥑”之訛。“遜”爲“𦥑”之增繁；亦作“𡺜”，從止(見止部)。詳參卷五“就”字條。

【遜禱】新蔡乙—17

△**按**　辭云：“遜禱三楚先屯一羊牂。”祭禱名“就禱”，具體所指未詳。

�遱

集成 2811 王子午鼎

──────────────

○**吳振武**（1990）　王子午鼎（器）稱"自作㰥彝△（从辵）鼎"，"㰥"即《詩・周頌・我將》"我將我享"之"將"，是進奉、奉獻的意思；△（瀝）則讀作"歷"，是陳列的意思。因這種成組的銅器在陳設時必然是成行成列的，故字又从"辵"。這裏的"辵"蓋相當於"彳"，同銘"德"作"遱"，可以爲證。《楚辭・九歎・惜賢》王逸注謂："歷歷，行列貌也。"另外，"歷"字古有行義（見《廣雅・釋詁》、《戰國策・秦策》"横歷天下"高注），後世又有"遾"字，或作"徧"，《集韻》訓爲"行皃"。這些顯然都和从"辵"的△字有淵源關係。可見把銅器銘文中的△字釋爲"瀝"，讀作"歷"是合適的。

《文物研究》6，頁 222

△**按**　字从![img],見於蔡侯申簋，吳振武以爲"瀝"字。

德德徟遾

集成 4596 陳曼簠　　秦陶 487

侯馬 92:34

集成 2811 王子午鼎　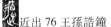近出 76 王孫誥鐘

──────────────

○**吳大澂**（1884）　德　![img]王孫鐘　![img]或从辵，亦王孫鐘文。

《説文古籀補》卷 2，頁 7

○**何琳儀**（1998）　《説文》："德，升也。从彳，悳聲。"德與陟音義均通，故德之本義典籍以陟爲之。而德則借用"道德"之德，實則應作悳。

《戰國古文字典》頁 68

△**按**　《説文》："德，升也。从彳，悳聲。"又："悳，外得於人，内得於己也。从直从心。惪，古文。"分"德、悳"爲二字，戰國文字皆以爲道德之"德"，無別。或省心旁，或增繁从辵。"悳"爲"德"之初文，戰國文字亦以"悳"爲最常用，詳參心部"悳"字條。

徑 徑 逕

上博六·用曰 4　　上博六·競公 12

△按　《説文》：“徑，步道也。从彳，巠聲。”上博六《用曰》簡 4 云“德徑于康”。上博六《競公瘧》簡 12“逕”，當是“徑”字異體，此字所从之巠旁最後一橫省去。

【逕暴】上博六·競公 12

△按　簡文“逕暴”爲詞，“逕”當與“暴”義近。或疑“巠”爲“㞢”之訛，戰國文字“巠、㞢”二旁時見訛混，則“逕暴”當讀爲“淫暴”。

復 復 複復

詛楚文　　睡虎地·效律 25　　睡虎地·封診 85　　侯馬 200：64　　侯馬 3：9

包山 238　　郭店·性自 18　　郭店·尊德 34　　上博四·曹沫 55

楚帛書　　璽彙 0509　　璽彙 3427　　侯馬 3：21

集成 9734 𡚽盜壺　　侯馬 1：61　　璽彙 0995　　璽彙 2909　　陶彙 9·6

侯馬 1：33

○**吳大澂**（1884）　復 古鉥文。

《説文古籀補》卷 2，頁 8

○**丁佛言**（1924）　（編按：璽彙 0995 等）復　古文來去往復字皆从㐱。

《説文古籀補補》卷 2，頁 8

○**嚴一萍**（1967）　（編按：楚帛書）復悳。

《中國文字》26，頁 10、26

○**饒宗頤**（1968）　（編按：楚帛書）復字从夏、㐱。以卜辭復作夏（鐵 145.1）例之，夏當釋复，㣤即復字。

《史語所集刊》40 本上，頁 26

○**張政烺**（1979）　（編按：中山王器）復，原作，又見於曋鼎“五年復吳”，讀爲覆。按曋壺“而退與諸侯齒長於逾同”，退作，“邵告後嗣”，後作，曋鼎“後

人其庸用之”，後字同。復退後三字《説文》皆入彳部，其退後二字古文下部加
止旁。這裏的特點是下部都加一足旁。足是“人之足也”，止即趾，義自相同，
惟筆畫多耳。

《古文字研究》1，頁 244

○于豪亮（1979）　（編按：中山王器）復讀爲覆，《禮記・緇衣》“毋越厥命，以自覆
也”，注：“覆，敗也。”

《考古學報》1979-2，頁 176

○羅福頤等（1981）　（編按：璽彙 0995）與侯馬盟書復字同。

《古璽文編》頁 41

○商承祚（1982）　（編按：中山王器）復，在此用爲覆敗、顛覆之覆。“五年覆吳”，
《史記・吳太伯世家》：吳王夫差十八年（魯哀公十七年）越王句踐伐吳，夫差
二十三年（魯哀公二十二年）爲越所滅，與銘文所云相符。

《古文字研究》7，頁 60

○饒宗頤（1985）　（編按：楚帛書）卜辭聂有“往夏”語（《前》五・一五・五）其字
爲复無疑。此遝字从辵，复聲。亦見望山簡云：“遝集歲之夻尸。”遝讀爲復。
此則宜讀爲覆。天覆而地載。右辭云“遝天”，猶云“天之所覆”。四神指上文
四木之精，亦即四時，其樹爲天所覆蔭。

《楚帛書》頁 26

○李零（1985）　（編按：楚帛書）讀爲覆。（中略）又讀爲復。

《長沙子彈庫戰國楚帛書研究》頁 109

○何琳儀（1986）　（編按：楚帛書）“復”，原篆从辵，亦見侯馬盟書、中山王鼎、三
體石經、《汗簡》等。“四神囗作，至于復”意謂“四神……行動起來恢復了原
來的正常的秩序”。

《江漢考古》1986-2，頁 81

○湯餘惠（1993）　（編按：中山王器）遝，同復，讀爲“覆滅”的“覆”。

《戰國銘文選》頁 36

○張守中（1994）　（編按：睡虎地簡）通複　復結衣　封七三。

《睡虎地秦簡文字編》頁 23

○劉信芳（1996）　（編按：楚帛書）字又見包山簡二三八：“由（使）左尹遝尻。”
乃“復”字異構。疑帛書“復”謂四神行招魂之禮，蓋山陵既傾折，招魂使復之
也。《儀禮・士喪禮》：“復者一人，以爵弁服簪裳於衣左，何之，扱領於帶，升
自前東榮中屋，北面招以衣，曰：皋，某復。三，降衣於前。”鄭玄注：“復者，有

司招魂復魄者。"《周禮·天官·夏采》:"夏采掌大喪,以冕服復於大祖,以乘車建綏復於四郊。"鄭玄注:"求之王平生常所有事之處。"帛書所云"復天旁",蓋謂招天柱之魂。天柱在"天旁"也。

《中國文字》新 21,頁 80

○何琳儀(1998)　《説文》:"復,往來也。从彳,复聲。"或作逶,辵與彳義通。夊或置於弓上,或从二夊。或加口、心爲飾。弓或訛作辛形、目形。

《戰國古文字典》頁 253

○李家浩(2000)　(編按:九店 56·13)"逶"是"復"字的古文,見魏正始石經古文(《石刻篆文編》二·二九)等。此建除名,秦簡《日書》楚除甲種作"復",與楚簡同;乙種作"甬",與楚簡異。按秦簡文字"甬"作甬,"葡"作葡("備"字的偏旁,《睡虎地秦簡文字編》107、129 頁),二字字形十分相似。"復、葡"二字音近古通。《禮儀·特牲饋食禮》"尸備荅拜焉",鄭玄注:"古文'備'爲'復'。"疑秦簡《日書》楚除乙種的"甬"即"葡"字之誤。

《九店楚簡》頁 65—66

○曾憲通、楊澤生、蕭毅(2001)　(編按:秦駰玉版)"復華大山之陰陽",指埋於華大山的南面和北面。"復"讀爲"覆",即埋藏。這和瓦書"志是埋封"的"埋"同義。

《考古與文物》2001-1,頁 52

○劉信芳(2002)　(編按:楚帛書)"復",拙稿舊釋爲"招魂復魄"之"復",誤。字應讀爲"覆",馬王堆漢墓帛書《五行》309 行"仁復四海",即"仁覆四海"。《爾雅·釋詁》:"覆,審也。"郝懿行《疏》:"《左氏》定四年傳:'藏在周府,可覆視也。'《月令》云:'命舟牧覆舟。'覆皆考索之意。"

《子彈庫楚墓出土文獻研究》頁 39

△按　《説文》:"復,往來也。从彳,复聲。"戰國文字多从辵,又偶或省从止。張政烺説中山王器逶等字下从足,不確。字實从辵从复,复旁與止旁之間的口,應視爲"复"所贅加的偏旁,此於戰國文字例多見。《古璽文編》391 頁附錄一三所録《古璽彙編》3677 逶字,田煒釋"逶"。

【逶山】九店 56·43

○李家浩(2002)　(編按:辭云"尔居逶山之圅")"復山、不周"都是山名。"不周"是中國古代神話中的很有名的山,這是大家都知道的。但是"復山"卻不見記載。夏德安認爲"復山"是"不周"的別名,"不周"實際上是"復"的"語音切分"。這一説法並沒有什麼根據,顯然是不可信的。《山海經·大荒西經》説:

　　　　西北海之外,大荒之隅,有山而不合,名曰不周負子,有兩黃獸守之。

既然《山海經》説"有山而不合",説明這座山應該有兩個峰。在《山海經》裏,有兩座以上的山名連言的情況。例如《大荒西經》"西有王母之山、壑山、海山";《大荒北經》"有山名齊州之山、君山、鬵山、鮮野山、魚山";《海内經》"流沙之東,黑水之間,有山名不死之山、華山"。我懷疑"不周負子"應該讀爲"不周、負子",指"有山而不合"的兩峰。上古音"負"屬並母之部,"復"屬並母覺部,二字聲母相同,之、覺二部字音有關,可以通用。例如《禮記·喪大記》"君弔則復殯服",鄭玄注:"復,或爲服。"《考工記·車人》"牝服二柯有參分柯之二",鄭玄注引鄭司農云:"服,讀爲負。""復"與"服"通,而"服"與"負"通,那麽"復"與"負"也應該可以相通。據此,頗疑簡文的"復山"就是《山海經》的"負子"。"復"可能讀爲"複"。因"有山而不合","缺壞不周匝"(郭璞注語),故將其中的一峰命名爲"不周";另一峰對不周山來説,是重複的山峰,故將其名爲"復(複)山"。後來人們把這座不合山的兩峰,統名爲不周山,復(複)山的名字遂逐漸被人們遺忘。

《著名中年語言學家自選集·李家浩卷》頁 321

【復衣】睡虎地·日甲 117 背

○**劉樂賢**(1994)　復衣是有衣裏可套棉絮的衣服。《禮記·喪大記》:"小斂,君、大夫、士皆用復衣、復衾。"

《睡虎地秦簡日書研究》頁 63

○**丁佛言**(1924)　(編按:陶彙 3·974)往。

《説文古籀補補》卷 2,頁 10

○**高明、葛英會**(1991)　(編按:陶彙 3·974)《説文》古文往从辵作。

《古陶文字徵》頁 97

○**楊澤生**(1996)　(編按:《古陶文字徵》)97 頁"往"字引《陶彙》3·972 與《説文》的"㞷"字同,應分立字頭。

《江漢考古》1996-4,頁 80

○**李家浩**（2000）　（編按：九店 56·87）“逴”，《説文》“往”字的古文。

《九店楚簡》頁 132

△**按**　《説文》：“往，之也。从彳，坒聲。逴，古文从辵。”“坒”爲“往”字初文。六國古文往往从辵，與《説文》古文同，坒旁下半又或變作壬。

【逴亡】九店 56·97

○**劉樂賢**（1998）　第 97 號簡是一支只存六字的殘簡，整理者的釋文爲：

☑逴（往）上遏（歸）死，習尻☑

《九店楚簡日書與秦簡日書比較研究》説該簡“‘上’乃‘亡’字誤書（楚簡‘上、亡’字形相近。秦簡《日書》786 反：‘是謂出亡歸死之日也。’‘出亡’即‘往亡’”。又在注脚中説：“經筆者重審照片，細繹其筆勢，該字應直接隸定作‘亡’。”

我們初讀九店日書時，也很懷疑釋文的“上”應是“亡”之誤，但因理由不夠充分，沒有將這個意見發表。近來重讀日書，發現該簡似與第 105、106、107 三殘簡有關，從而堅定了信心。三支殘簡的釋文分別是：

☑月旬，屈柰内（入）月二旬，遠柰内（入）☑ 105

☑内（入）月旬，覓（爨）月内（入）月☑☑ 106

☑一日，□柰内（入）月八日，八月☑ 107

根據第 13 至 24 號簡所載的月序，可以補出一些月名的缺字：

第 107 號：“八月”前面的兩個月名必爲“享月、夏柰”；

第 106 號：“覓月”前面的月名必爲“十月”；

第 105 號：“屈柰”前面的月名必爲“冬柰”。

這樣，月名與數字的對應是

享月　夏柰　十月　冬柰　屈柰

一日　八日　旬　　旬　　二旬

如果按睡虎地秦簡日書“歲篇”所附的“楚秦月名對照表”換算成秦月名，則爲：

三月　四月　七月　十月　十一月

一日　八日　旬　　旬　　二旬

睡虎地秦簡日書中共四處提到了“往亡”的日期，據我們的研究，只有甲種一〇七背、一〇八背抄寫無誤，其月與日的對應爲：

月	正	二	三	四	五	六	七	八	九	十	十一	十二
日	七	十四	廿一	八	十六	廿四	九	十八	廿七	十	廿	卅

兩種日書比較，四月、十月、十一月三個月的日數完全一致；秦簡三月爲

廿一日,楚簡三月(即享月)的"一日"前有缺字,補齊應爲"享月入月二旬一日",也應與秦簡一致。秦簡七月爲九日,而楚簡(即十月)爲"旬",二者不一致。從照片看,十月後的字釋爲"旬"是可信的。不過,簡文的"旬"字都寫得與"九日"的合文相近,此處視爲"九日"的合文,似乎也有可能。另外一個可能,就是原簡把"九"錯抄成了"旬"。

　　總之,説上述三支殘簡所記爲"往亡日"的日期,大概是沒有問題的,而且,它們原來很可能與第97號是同一支簡。我們認爲,根據這四支殘簡可以作如下的復原:

　　　　□進(往)亡逶(歸)死:刏尻[内(入)月七日,夏尻内(入)月旬四日,享月内(入)月旬]一日,夏柰内(入)月八日,八月[入月旬六日,九月内(入)月二旬四日,十月]内(入)月旬,爨(爨)月内(入)月旬[八日,獻馬内(入)月二旬七日,冬柰]内(入)月旬,屈柰内(入)月二旬,遠柰内(入)[月三旬]。

　　從出土日書和傳世選擇類書籍看,描述"往亡"時,總是從正月開始,依次列出十二月的日數。引人注目的是,九店日書第94號簡"往亡歸死"後的第一個月名是"刏尻"。這説明,楚日書的編抄者是把"刏尻"當作每年的第一個月。上文復原出的月序,正好與日書另外兩處的月序相合(關於另外兩處的月序,前面所列陳偉文已做了詳細討論)。包山楚簡162號至170號,以及171號至178號兩段文字中,也有同樣的月序。結合這些證據,我們認爲,楚月名的月序是:刏尻、夏尻、享月、夏柰、八月、九月、十月、爨月、獻馬、冬柰、屈柰、遠柰。弄清楚楚月名的月序,對確定楚國的用曆是很有用處的。

《簡帛研究》3,頁92—94

○**李家浩**(2000)　　秦簡《日書》甲種往亡一三三號正所記往亡日期的末尾,有這樣的話:"凡此日以歸,死;行,亡。""行"即"往"。本簡"往,亡;歸;死",與之用語相似,唯文字次序有所不同而已。據此,八七號殘簡文字應當與上八六號殘簡文字連讀,兩殘簡之間的缺文,可據秦簡補出"此日呂"三字。

《九店楚簡》頁133

彼 很

睡虎地・秦律174　　睡虎地・爲吏11伍

○**睡簡整理小組**(1990)　　(編按:睡虎地・秦律174"群它物當負償而偽出之以彼償,皆與盜同法”)貱(音貴),《説文》:“移予也。”貱償,補墊。

《睡虎地秦墓竹簡》頁 59

○**張守中**(1994)　　通貱　彼賞　秦一七四。

《睡虎地秦簡文字編》頁 23

△**按**　《説文》:“彼,往有所加也。从彳,皮聲。”戰國文字多以“皮”爲“彼”。

徼　徼

徼　睡虎地·答問 1　　　睡虎地·答問 5

○**睡簡整理小組**(1990)　(編按:睡虎地·答問 1“害盜別徼而盜,加罪之”)徼,《史記·平準書》集解引如淳云:“亦卒求盜之屬也。”即游徼的省稱。《漢書·百官表》鄉有游徼,“徼循禁賊盜”,是負責捕“盜”的小官。一説,別意爲分別,徼意爲巡邏。

　(編按:睡虎地·答問 5“把錢偕邦亡,出徼,得”)徼,邊塞,《漢書·鄧通傳》:“盜出徼外鑄錢。”注:“徼,猶塞也。”

《睡虎地秦墓竹簡》頁 93、94

○**陳偉武**(1998)　(編按:睡虎地·答問 1)“別”字既非讀爲背,亦非指分別,實爲他別之別,即另外之意,如《史記·高祖本紀》:“使沛公、項羽別攻城陽。”“徼”字固然可作遊徼省稱,亦有巡邏義,而且還有求取、謀求義,《左傳·文公十二年》:“寡君願徼福於周公、魯公以事君。”杜注:“徼,要也。”《史記·匈奴列傳》:“俗之言匈奴者,患其徼一時之權,而務諂納其説。”司馬貞索隱:“徼者,求也。言求一時之權寵。”因此,秦律所謂“別徼而盜”就是別有求取而行盜的意思。“害(憲)盜”與“求盜”職掌範圍當有差異,職能當無二致,那就是“求”(搜捕)“盜”(盜賊),害(憲)盜執法犯法,故律文加罪懲治。(中略)

　　《魏户律》:“民或棄邑居壄(野),入人孤寡,徼人婦女,非邦之故也。”整理小組注:“徼,求。”

　　今按,譯文以“謀求”對譯“徼”,其實,此處“徼”非謀求,當指强求,即攔截之意。銀雀山漢簡《孫子兵法·軍爭》:“毋要癭癭之旗,毋擊堂堂之陳(陣)。”“要”,宋本作“邀”,均通“徼”,義爲截擊。《孫臏兵法·陳忌問壘》即作“徼”:“短兵次之者,所以難其歸而徼其衰也。”“徼”字用法正與秦簡同。

《胡厚宣先生紀念文集》頁 206—207、209;又載《中國語文》1998-2

循 循

循 睡虎地・秦律 68

○睡簡整理小組(1990)　(編按:辭云"吏循之不謹")循,巡察。

《睡虎地秦墓竹簡》頁 37

微 微

微 石鼓文・作原　微 睡虎地・爲吏 5 壹

○强運開(1935)　(編按:石鼓文)《説文》:"隱行也。从彳,㣲聲。《春秋傳》曰:
白公其徒微之。"段注云:"㣲訓眇,微从彳,訓隱行,叚借通用微而㣲不行,《邶
風》'微我無酒',又叚微爲非。"又云:"白公其徒微之,《左傳》哀十六年文杜
注曰'微,匿也',與《釋詁》'匿,微也'互訓,皆言隱不言行。㣲之叚借字也。"
運開按,《論語》"微管仲"注:"無也。"又《晉語》:"公子重耳過曹,共公聞其駢
脅,諜其將浴,設微薄而觀之。"注:"微,蔽也。"

《石鼓釋文》己鼓,頁 5—6

○何琳儀(1998)　睡虎地簡"微密",機密。《管子・霸言》:"微密之營
壘也。"

《戰國古文字典》頁 1305

△按　《説文》:"微,隱行也。从彳,㣲聲。《春秋傳》曰:白公其徒微之。"戰
國文字多以"㣲"爲"微"。

徐 徐

徐 珍秦 136　徐 考古與文物 2000-1,頁 9　徐 陶彙 9・81　徐 睡虎地・日甲 102 正貳

○睡簡整理小組(1990)　(編按:睡虎地・日甲 102 正貳"毋以丑徐門户")除,整治。

《睡虎地秦墓竹簡》頁 197

○張守中(1994)　通除　毋以丑徐門户　日甲一〇二。

《睡虎地秦簡文字編》頁 24

○何琳儀(1998)　(編按:陶彙 9・7)秦陶徐,姓氏。顓頊之後,嬴姓,伯益之子,

夏時受封於徐,至偃王爲楚所滅,以國爲氏。見《元和姓纂》。

《戰國古文字典》頁 535

徲 徲 墬

徲 侯馬 203:9

△按　《說文》:"徲,行平易也。从彳,夷聲。"古文字"夷"常增土旁作"墬",故"墬"即"徲"字異體。盟書"麻徲非是",更常寫作"麻墬非是"。

徟 徟 㣛

徟 侯馬 3:26　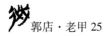 集成 9734 舒盗壺

△按　侯馬盟書委質類 3:26"徟之行道","徟"應爲"逢"之省文,與《說文》彳部訓爲"使也"之"徟"當非一字。"㣛"當"徟"之繁構。參辵部"逢"字條。

徙 徙

徙 郭店·老甲 25

○荊門市博物館(1998)　徙(散)。

《郭店楚墓竹簡》頁 112

○劉釗(2003)　"徙"字从"戔"聲,讀爲"散",古音"戔"在精紐元部,"散"在心紐元部,聲爲一系,韻部相同,於音可通。

《郭店楚簡校釋》頁 20

△按　《說文》:"徙,迹也。从彳,戔聲。"簡文云"其幾也,易徙也",今本《老子》作"其微易散"。

待 待

待 侯馬 16:9

△按　《說文》:"待,竢也。从彳,寺聲。"盟書宗盟類 16:9"定宫平待之命",與"待"相對之字,他處多作"峙"。

退 徥

郭店·魯穆 2　　郭店·老乙 11　　行氣玉銘

集成 9735 中山王方壺　　郭店·語二 43

上博四·曹沫 58　　楚帛書（殘字）

○于省吾（1932）　（編按:行氣玉銘）《老子》曰:"功成名遂身退,天之道。"王輔嗣曰:四時更運,功成則移。故曰"長則退,退則天"。

《雙劍誃吉金文選》附録,頁 8

○商承祚（1964）　（編按:楚帛書）退,《説文》古文作退,同此。

《文物》1964-9,頁 14

○郭沫若（1972）　（編按:行氣玉銘）退。

《考古》1972-3,頁 9

○張政烺（1979）　（編按:中山王方壺）退,《説文》作復,此於下部加一足旁。退對上句上覩言,《禮記·少儀》:"朝廷曰退。"

《古文字研究》1,頁 216

○張克忠（1979）　（編按:中山王方壺）退,《儀禮·聘禮》:"三退。"鄭注:"三逡遁也。"

《故宮博物院院刊》1979-1,頁 48

○徐中舒、伍仕謙（1979）　（編按:中山王方壺）"而退與諸侯齒齠于會同"。復,《説文》彳部,退,古文作退。此增一口形,只是緐文,仍當爲退。

　　退,當讀如"退食自公"之退。言避退免爲他人所見。

《中國史研究》1979-4,頁 87、95

○陳邦懷（1981）　（編按:信陽 1·26）退是退字繁體。《説文解字》彳部復（退）字古文作退,可爲此證。

《一得集》頁 125,1989;原載《楚文化新探》

○陳邦懷（1982）　（編按:行氣玉銘）遑（復）。

《古文字研究》7,頁 187

○許國經（1989）　（編按:行氣玉銘）退:當楷化作"遑"。字本作"复",後作"復"。此字三代金石篆文形體與"退"相近,故有楷化爲"退"者。筆者根據三代金石篆文拓文形體差別,並結合玉銘文義,認爲楷化爲"遆"較爲適合,聞、郭二説欠妥。此字篆書並非僅見,《侯馬盟書》和《散盤》均有此寫法。周法高主編的《金文詁林》(香港中文大學出版)收載此字,並在其下引高鴻縉《散盤集釋》云:"(复)周人加辵爲意符。秦篆省,隸楷作復。"《説文》:"复,行故道也。"又:"復,往來也。"銘文中的遆,其義即氣在體内走原路循環往復。

《湖北大學學報》1989-1,頁 21

○**馬承源**(2001)　(編按:上博一·詩論 3"難而悁退")"退"字在此不用本義,讀爲"懟",懟、退同部,一聲之轉。《説文》:"懟,怨也。从心,對聲。"《孟子》"以懟父母",趙岐注:"以怨懟父母。"

《上海博物館藏戰國楚竹書》(一)頁 129

○**陳佩芬**(2002)　(編按:上博二·昔者 1"母俤送退")"送",母弟將太子送往寢宮,以聽君命。"退",母弟送太子達宮然後退,以示其佑導程序完成。

《上海博物館藏戰國楚竹書》(二)頁 243

○**李零**(2004)　(編按:上博四·曹沫 58)退　寫法有點怪,聲旁的上部,裏面多了一豎。

《上海博物館藏戰國楚竹書》(四)頁 281

△**按**　《説文》:"復,卻也。一曰:行遲也。从彳从日从夂。衲,復或从内。退,古文从辵。"戰國文字與《説文》古文合,或於夂下增口旁爲羨符,與"復"字同例。上博四《曹沫之陳》簡 58 之字,右上部件增一豎,類似情形,戰國文字往往有之。

後 復 遑

後睡虎地·日乙 243

復集成 9710 曾姬無卹壺　復包山 4　復郭店·老甲 3　復郭店·語一 70

復集成 171 之利鐘　復璽彙 0296

復集成 9735 中山王方壺　復文史 2000-1,頁 32　復上博六·鄭壽 6

復陶彙 3·922　復陶彙 3·921

○**金祥恆**(1964)　(編按:陶彙 3·920、3·922)後。

○**羅福頤等**（1981）　（編按：璽彙 0096、0296）从彳，與余義鐘、杕氏壺後字同。

《古璽文編》頁 42

○**曾憲通**（1983）　（編按：集成 171 之利鐘）後字作𢓸，除彡爲裝飾符號外，與《說文》古文大體相同。前第二行"之後"字从木，恐係摹刻之誤。（**中略**）

𢓸字與上文二處"之後"比較，雖摹刻顯有訛奪，然依文例，"之"下此字仍以釋"後"爲是。

《古文字學論集》（初編）頁 373、376

○**高明、葛英會**（1991）　（編按：陶彙 3·920—922）《說文》古文後从辵作遂。

《古陶文字徵》頁 97

○**馬承源**（2001）　（編按：上博一·詩論 2"多言遂"）"遂、後"通用，"遂"是指文王武王之後。《頌·武》云："於皇武王，無競（編按：當作"競"）維烈。允文文王，克開厥後。""後"當指此。

《上海博物館藏戰國楚竹書》（一）頁 127

○**劉信芳**（2003）　（編按：包山 1）後：整理小組引《呂氏春秋·長見》："知古則可知後。"注："來也。"按：高誘所注"來也"謂"未來、以後"，並非用作趨向動詞"來"。據文意城鄭之事非止一次，故用"後"以別於前此之城鄭。

（編按：包山 90"以其奪其後"）後：後繼者。《孟子·離婁上》："不孝有三，無後爲大。"簡文"後"多謂後繼者，或謂子孫，無子孫則謂具有繼承權的同族之後。簡 152"言謂番戍無後"，249"絕無後者"。用如動詞則謂承其後（即所謂繼承），151："命其從父之弟番敤後之。"

《包山楚簡解詁》頁 6、90

△**按**　《說文》："後，遲也。从彳、幺，夊者，後也。遂，古文後从辵。"六國古文與《說文》古文合，或於夊下增口旁爲羨符，與"復、退"等同例。包山簡 1"魯易公以楚師後城鄭之歲"與新蔡簡乙一 14"大城邟並之歲"表述類似，"後"或應讀爲"厚"。

【**後子**】睡虎地·答問 72

○**睡簡整理小組**（1990）　（編按：辭云"官其男爲爵後，及臣邦君長所置爲後大子，皆爲後子"）後子，《荀子·正論》注："嗣子。"楊樹達《積微居金文餘說》卷一認爲後子即作爲嫡嗣的長子。

《睡虎地秦墓竹簡》頁 110

【**後父**】睡虎地·爲吏 19

○**睡簡整理小組**（1990）　（編按：辭云"贅壻後父"）應指招贅於有子寡婦的男子，實際是贅壻的一種。

《睡虎地秦墓竹簡》頁 175

【逡生】後生戈

○**何琳儀**（2000）　"後"，原篆从"口"，與中山王方壺的"後"吻合。"口"乃裝飾部件，並無意義。

　　"後生"見《詩·商頌·殷武》"以保我後生"、《論語·子罕》"後生可畏"、《孫子·行軍》"前死後生"等。劍銘似是人名。

　　據銘文風格分析，戈銘應屬戰國齊系。

《文史》2000-1，頁 32

【後年】睡虎地·秦律 35

○**睡簡整理小組**（1990）　（**編按**：睡虎地·秦律 35"稻後禾孰，計稻後年"）後年，次年。這兩句的意思是如稻在穀子之後成熟，就把稻記在下一年賬上，因爲秦以十月爲歲首，晚稻的收穫可能已到歲末。

《睡虎地秦墓竹簡》頁 28

【逡嗣】曾姬無卹壺

○**何琳儀**（1998）　曾姬無卹壺"後嗣"，見《左·隱十一》"利後嗣者也"。

《戰國古文字典》頁 334

很 很

卹十鐘

△按　《説文》："很，不聽从也。一曰：行難也。一曰：盭也。从彳，皀聲。"

得 得　昻得遻

故宮 439　　睡虎地·秦律 62　　集粹　　陶彙 5·429　　秦陶 252　　璽彙 1212

集成 2840 中山王鼎　　璽彙 3593　　陶彙 3·891　　山東 157　　璽彙 0291

陶彙 3·25　　上博一·詩論 9　　貨系 3790

郭店·魯穆 4　　楚帛書　　上博二·從甲 17　　包山 6　　郭店·成之 11

中山守丘石刻

集成 184 余義鐘

璽彙 0512　　璽彙 1290　　陶彙 4・75

璽彙 2368“得臣”合文

璽彙 4341“得衆”合文　　璽彙 4342“得衆”合文

○**丁佛言**（1924）　　（編按：璽文、陶文晏）导/得。

《説文古籀補補》卷 2，頁 11

○**張政烺**（1935）　　（編按：陶彙 3・21）“旲”之爲“导”，從丁佛言釋。《説文古籀補補》列“导”字之作“导、旲”形者凡八，羅福頤《古鉢文字徵》又廣益之。由古鉢“相思得志”之亦作“旲”（导志）觀之，知其可信。蓋“导”本從手持貝，示獲得之意，甲骨文作“旲”（《殷虚書契》）卷五第二十九葉）、“旲”（《鐵雲藏龜》）百四十四葉），金文作“旲”（師望鼎）、“旲”（虢叔鐘）可見。漸變則爲“旲、旲”，已失“貝”字之形，若變爲“旲”（古鉢趙导）、“旲”（古鉢長导），乃與小篆相近。至此陶之作“旲”，抑又“旲”之變矣。儆兒鐘“导”字作“旲”，亦與此陶略近。

《張政烺文史論集》頁 47，2004；原載《史學論叢》2

○**張政烺**（1979）　　（編按：中山王鼎）旲，即得，甲骨文金文皆象以手持貝之形，示有所得。戰國時，貝常簡化爲目，下文賢、賈、賃等字同。

《古文字研究》1，頁 237

○**趙誠**（1979）　　（編按：中山王鼎）旲，即得。甲骨文得字從〇從又，《説文》古文訛變從見，古陶古鉢竟訛變從目，古鉢“皇得、得志”均如此作（《古籀彙編》二下 23 頁）。

《古文字研究》1，頁 249

○**羅福頤等**（1981）　　（編按：璽文）导　從目，與余義鐘得字同。

《古璽文編》頁 42

○**李裕民**（1997）　　得　旲楚帛書

　旲鄂君啟節（原注：此字各家都誤釋爲見，按字從貝從又，目是貝的省變，與楚帛書的得字字形全同，應釋得。）

《文物季刊》1997-3，頁 83

○**何琳儀**（1998）　　导，甲骨文作旲（鐵二〇三・一）。從貝從又，會手持海貝有所得之意。得之初文。又亦聲。西周金文作旲（師旟鼎得作得）、旲（曶鼎得作得），三體石經《僖公》作旲，均從貝。春秋金文作旲（儆兒鐘得作得），貝旁漸省作目形。戰國文字承襲春秋金文。目形或省作日形。齊系文字作旲，燕系文字作,晉系文字作,楚系文字作,秦系文字作,各呈地域特點。楚系文字多作形,與春秋文字演變關係尤爲明晰。小篆訛从見,由秦系文字演變。隸書,由秦系文字演變。

《戰國古文字典》頁 16

○**黃錫全**(2000) 此字釋"得"可以無疑。得與德、測、特、登等字可以通假,但均不見合適的地點可供考慮。故懷疑是否可假爲涉。得屬端母職部,涉屬禪母葉部。得、涉同屬舌音,只是舌頭舌上之别。

《戰國策·趙策一》:"韓欲有宜陽,必以路、涉、端氏賂趙。"西漢置爲縣,其地在今河北涉縣西北。今本《漢書·地理志》作"沙"。沙乃涉之誤字,説詳王先謙《漢書補注》。

典籍陟多與德、得相通。陟、涉形音俱近,頗疑地名"涉"乃"陟"之誤。如漢懷縣,隋置武陟縣,宋金時作武涉。記此待考。

《先秦貨幣研究》頁 43,2001;原載《内蒙古金融研究》2000 增刊 1

○**王輝**(2001) 馮得(《秦印輯》14,鴨雄緑齋藏品)

《中一》19"王得"印得字同(《集證》圖版 163·480,278 頁)。

《四川大學考古專業創建四十周年暨馮漢驥教授
百年誕辰紀念文集》頁 303、305

△**按** 《説文》:"得,行有所得也。从彳,𢔔聲。𢔔,古文省彳。"又於見部重出"𢔔",謂"从見从寸",所謂見,乃貝之訛;寸,本作又。六國古文多不从彳,陶璽文字或變从辵,又旁偶易爲攴旁。貝旁戰國文字常省訛與目旁近,然仍有别,前者其上平直,與目常作者不同。李裕民所指鄂君啟節之字實爲"見"。

【𢔔臣】璽彙 2368

○**羅福頤等**(1981) 得臣。

《古璽文編》頁 360

△**按** "得臣"爲吉語璽。

【𢔔事】望山 1·23

○**中大楚簡整理小組**(1977) 𢔔事,得行其事,順利的意思。

《戰國楚簡研究》3,頁 33

【𢔔志】璽彙 4331—4338

△**按** "得志"爲吉語璽。

【𢔔旹】璽彙 4343

△**按** "得時"爲吉語璽。

【旻衆】璽彙 4341—4342

○羅福頤(1981)　　得衆。

《古璽彙編》頁 397

○李東琬(1997)　　璽文"得衆"見於《論語·陽貨》,子張問仁,孔子答:"能行五者於天下爲仁矣。""恭、寬、信、敏、惠。恭則不侮,寬則得衆……"在《大學》裏還有關於"道得衆"的記載。

《北方文物》1997-2,頁 30—31

△按　　"得衆"爲吉語璽。

倚　倚

包山 137 反　　新收 1321 李倚壺

○何琳儀(1998)　　包山簡倚,讀敆。《説文》:"敆,持去也。从攴,奇聲。"

《戰國古文字典》頁 851

○李立芳(2000)　　𨒂字,从彳从奇。包山簡中有倚字作:𢓜,包山 2.317 反(編按:簡號當爲 137 反)(僅倚之),字形與𨒂字相似,包山簡又有遺字作:𨒂,包山 2.68(周倚,人名),从彳从奇从辵,其形比𨒂僅多辵形,其餘字形更爲貼近。

故𨒂字當爲倚。《説文》云:"倚,舉脛有渡也。从彳,奇聲。"

"孝倚"乃人名,即鑄工之姓名。

《古文字研究》22,頁 107

△按　　《説文》:"倚,舉脛有渡也。从彳,奇聲。"皆用爲人名。所謂"孝倚",實爲"李倚",且李立芳字形摹寫有誤,《新收殷周青銅器銘文暨器影彙編》所收摹本作𨒂(912 頁),近是。

律　律

律睡虎地·答問 162　　律睡虎地·秦律 124　　律睡虎地·雜抄 2

【律₌】睡虎地·日甲 158 背

○劉信芳(1991)　　(編按:辭云"律律弗御自行,弗驅自出")律律弗□自行:賀潤坤同志將"律律"二字分屬上下句,讀爲"□者(嗜)飲律,律弗□自行",已不成句。"律律"謂以律爲律,意爲服從駕馭。此處雖有闕文,但意義還是很清楚的。

《文博》1991-4,頁 67

○**劉樂賢**（1994）　律律，劉信芳曰：“謂以律爲律，意爲服從駕馭。”今按：“律律”一詞不易解，《詩·蓼莪》：“南山律律，飄風弗弗。”此“律律”形容山貌，與“烈烈”同，似與本條的“律律”有別。這句話的大意是，使馬不用人駕御就能行走，不用人驅趕就會出來。

《睡虎地秦簡日書研究》頁 311

御　馭　迓　鼓　驜　驗　駿　騥　馴　駻　駐

○**强運開**（1935）　（編按：石鼓文）舊釋作駥，楊升庵作駢，均誤。趙古則、鄭漁仲作馭。張德容云：“馭，《説文》古文御，从又从馬，今惟見於《周禮》，然則此當爲籀文馭字。”運開按，吳愙齋《鞭字説》云：“《説文》鞭古文作𢔉，與諆田鼎𩧀字之左旁相似，知御字古文从馬从鞭。𢔉爲御者所執，上象其褁首之帕也。大鼎御字作𩧀，知𢔉即𢔉之異體。師虎敦‘既令女𩧀乃祖考啻官’，御字省作𢔉，師穌父敦‘既命女御乃祖考嗣’亦省作𢔉，或不知爲𩧀之省文，遂誤釋爲叟。《詩》‘以御于家邦’箋云：‘御，治也。’齊侯壺‘用御爾事’與《書·泰誓》‘越我御事’同意。《説文》御古文作𩧀，則省𢔉爲又，已失執鞭之義，後人變𢔉爲叟，又加人旁革旁，字體日緐而鞭字馭字之象形會意皆不可考矣。”其説甚精而確。此𩧀字左从𢔉，又可識變𢔉爲𢔉之由來已久也。

《石鼓釋文》丁鼓，頁 4—5

○**郭沫若**（1963） （編按：姑發昏反劍）致即御之古文。"莫敢御余"言天下無敵。

《考古》1963-4,頁 181

○**羅福頤等**（1981） （編按：璽彙 3127）與頌鼎御字同。

（編按：璽彙 1818）或从馬从夋,與禹鼎御字同。

《古璽文編》頁 43

○**李學勤、鄭紹宗**（1982） （編按：集成 11292 二年右貫府戈）按《韓非子・外儲説左上》載燕有"右御冶工",在右御之下有鑄造器物的冶人,與此銘右貫府造器事例相似。

《古文字研究》7,頁 128

○**裘錫圭、李家浩**（1989） （編按：曾侯乙 4）"馭",即《説文》"御"字的古文,金文作𦘒、𩢉等形（《金文編》115 頁）,右旁即《説文》"鞭"字古文"夋"。簡文"馭"字所从"夋"旁作𢔀或𢔂,上部从"午"或"五"。"御"从"卸"聲,而"卸"从"午"聲。"午、五"音近古通。《周禮・秋官・壺涿氏》"若欲殺其神,則以牡橭午貫象齒而沈之",鄭玄注:"故書……'午'爲'五'。"簡文把"馭"字所从"夋"旁上部寫作"午"或"五",是有意使其聲符化。

《曾侯乙墓》頁 507—508

○**林素清**（1990） （編按：《古璽文編》）二・一四御字條云:"𢔀與頌鼎御字同,𩢉1818 或从馬从夋,與禹鼎御字同。"然對於所收𢔂形卻無説明,似宜於該形下補入:"與《古文四聲韻》4.9 𢔂字同。"

《金祥恆教授逝世周年紀念論文集》頁 101

○**睡簡整理小組**（1990） （編按：睡虎地・日甲 131）御,《詩・鵲巢》、《甫田》鄭箋並云:"迎也。"

（編按：睡虎地・日乙 181）御,疑讀爲迓,《楚辭・懷沙》注:"逢也。"

《睡虎地秦墓竹簡》頁 198、247

○**湯餘惠**（1993） 《吉林大學藏古璽印選》4.17 著録一鈕朱文私名璽:

左方一字原照摹未釋。今按此字可隸定爲"迮",當釋爲"御"。此字所从的𢔀即辵旁的省訛,周代銅器元年師旋簋還字作𢔀、召卣追字作𢔀,辵旁寫法相近。金文御字多作𩢉（洹子孟姜壺）、𩢉（子禾子釜）,此省卩旁而增加止旁;1967 年遼寧北票出土的燕王職戈"御司馬"之"御"作𢔀,除午、止合書外,結構基本相同,當可互證。

《第二屆國際中國古文字學研討會論文集》頁 394

○張守中（1994）　（編按：睡虎地簡）通禦　弗御　日甲四〇背。

《睡虎地秦簡文字編》頁 24

○陶正剛（1995）　（編按：趙朔之御戈）第 4 字除去中下部艸符，可隸定爲"御"，與競簋、牧師父簋中御字字形基本相似。"ㄓ"是女字符，侯馬盟書中形如"女"符，例子很多。如第 156：23 片跌作踦、第 67：6 片執作鈲等 122 例。基本上都是隨意增損。御，主也。《禮記・曲禮》有問大夫之子長，曰能御矣。注："御，猶主也。"疏主事也。楊樹達稱御往往有禳除災禍之意。

《文物》1995-2，頁 65

○李天虹（1995）　御　《説文》："馭，古文御从又从馬。"

按：古文字御本象以手執鞭策馬形，作馭（盂鼎）、馭（班段）、馭（師寰段），師寰段所从鞭形略省。天星觀簡變作馭，右旁失執鞭之形，與支形混同，古支、又互通，故御字古文从馬从又，當有所本。

《江漢考古》1995-2，頁 75

○何琳儀（1998）　御本義爲侍，許慎之所謂"使馬"乃馭之本義。

《戰國古文字典》頁 510

馭，金文作馭（盂鼎）。从馬从ㄓ（鞭之初文），會執鞭驅馬之意。典籍以御爲之。（中略）或作馭（大鼎），其ㄓ旁上部演化爲二丙形，則屬聲化。鞭、丙雙聲。戰國文字承襲金文。或省鞭首作馭，可隸定馭。或簡化爲馭，可隸定馭，與古文吻合。或附加音符午作馭、馭，可隸定馭。或省又旁作馭，可隸定馭。或附加音符五作馭，可隸定馭。或作馭左下从止有行動之義，可隸定駐。或簡化大鼎馭作馭，可隸定騣。凡此均馭之異體。

《戰國古文字典》頁 510—511

○連劭名（1999）　（編按：集成 155 能原鎛）自"邸禦曰"以下一段話是宣布各項禁令。《爾雅・釋言》云："禦，禁也。"舍人注云："禦，謂未有而預防之也。"《周易・繫辭》上云："以言乎遠則不禦。"《釋文》云："禦，禁止也。"此節與上文相應，上言如何興利，此言如何止害。

《故宮博物院院刊》1999-3，頁 30

○何琳儀（1999）　（編按：夕陽坡簡）"御"，爲劉文所釋，近是。《集韻》："御，進也。"引申有下奉於上之義。《後漢書・清河王傳》："賜什物，皆取乘輿上御。"

《安徽史學》1999-4，頁 16

○李家浩（2000）　（編按：九店 56・36）"車馬"上一字原文殘泐，其右半殘畫與"馭"

字金文"駿"所从"□"旁相似（見《金文編》115、116頁），有可能是"馭"字。"馭"是《説文》古文"御"。"杒吕宊，馭車馬"，秦簡《日書》乙種楚除復、秀之日占辭作"利以乘車、寇"，甲種楚除秀日占辭作"寇，尋車"，其上無"利以"二字。

《九店楚簡》頁 97

○**楊澤生**（2001）　（編按：信陽 1·03）"馭"字原殘，但是表示馬頸上鬃毛的三橫和它的右下部表示聲音的"午"旁非常清楚，對比楚簡常見的從"馬""午"聲的"馭"字，此字確實應該釋作"馭"。"馭"字在《説文》裏是"御"的古文。《説文·彳部》："御，使馬也。"這是"馭"字的本義。其實"御"和"馭"並"不是同字異體"。《詩·召南·鵲巢》："之子于歸，百兩御之。"鄭玄箋："御，迎也。"這是"御"字的本義。"御"因爲假借作"馭"而有"使馬"這個假借義。"馭"也是《周禮》"六藝"之一，指駕馭車馬的技術。在以兵車作戰的年代，馭的地位相當重要，所以"馭"和"射"一樣是帶有軍事訓練性質的武學内容。

《簡帛研究二〇〇一》頁 3

○**徐寶貴**（2007）　（編按：石鼓文）釋"�"

□《霝雨》："徒駿湯湯。"　　　　　　□《鑾車》："徒駿孔庶。"

　　此字應該隸定作"駿"。《鑾車》篇的"駿"字是個刻壞了的字形，此字是誤把□之右旁所從之"攴"的直畫刻穿與最上邊的橫畫相連的形體。郭沫若《石鼓文研究》摹本對此未作認真分辨，而將其摹作□形，將其右旁誤摹成"更"字形。其實此字應當按照《霝雨》篇的□字摹作□形。"駿"的形體結構，應該分析爲：從"馬"從古文"鞭"。是"馭"的古字，爲會意字。其本義如《説文》所訓："使馬也。"西周金文中的"馭"字作□、□、□等形，戰國楚系簡書作□、□、□等形，古璽文作□、□等形，多從馬從古文鞭。其中也有在從"馬"從"又"的"馭"字上加注"五"或"午"聲。以上所舉"馭"字所從之"鞭"作□、□、□、□、□等形。劉釗先生説：□，從"攴"，"免"聲。此説可從。石鼓文"馭"字所從之"鞭"作□形，跟金文□字所從之□相比，多一橫畫。這一筆畫，與字義無涉，純屬裝飾性筆畫。《説文》"鞭"字的古文作□形，跟古璽文□字所從之"鞭"完全相同。刻石的"□"字從"車"從古文"鞭"，可能是"馭"字的異體字。□字所從之"鞭"作□形。橫畫之下的□跟《説文》古文"鞭"、古璽文"馭"字所從之"鞭"是完全相同的，可證其爲"鞭"之古文。

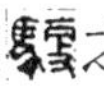

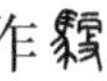

　　"馭"，《説文》作"御"字的古文。李孝定説："御之本義當訓迓，其訓進，

訓用者,均由此誼所孳乳。其用爲祭名者,則假借爲御。卜辭御字以用爲祭名之義爲多。其訓爲‘使馬’之義者,字當作馭,與御截然二字。”唐鈺明説:“細察金文‘御、馭’的全部用例,可知二字仍然是互不相涉的,不簋銘文‘馭方’與‘御追’並見(引者按:大盂鼎“在于御事”,“人鬲至馭至于庶人”,亦“御、馭”並見),也説明二字未可混同,聯繫甲金文以及後世文獻作總體考察,可以確定‘御、馭’本爲形義不同的兩個字。由於音理相通,‘御’字在詞義擴大的過程中將‘馭’字原有的義項全部兼併了,對詞彙中這類兼併現象筆者曾稱之爲‘吞没’。儘管‘御、馭’在後世文獻中發生變化,但追源溯流,二者畢竟不是同字異體。”李、唐二位先生説的是對的。“徒馭”也見於金文,如禹鼎:“雩禹以武公徒馭至于噩。”《詩・大雅・崧高》“徒御嘽嘽”,毛傳:“徒行者,御車者。”

《社會科學戰線》2007-6,頁 284

△按　《説文》:“御,使馬也。从彳从卸。馭,古文御从又从馬。”“御、馭”本非一字。戰國時代二字變體繁多,主要以“御、馭(古文字从又執鞭)”二形爲基礎增、删、變形或重組,大部分保留或變形聲化出午,作聲旁,曾侯乙簡又或易午爲五。

【御戈】

○**孫敬明、王桂香、韓金城**(1986)　“□□御戈”,(中略)果此,則通讀全銘爲“右府御戈五百”。“御”形稍變作“𣲗”,“五百”屬合文作“𣄼”形。據于省吾先生研究,燕國兵器多自稱爲“𣲗×”(《雙劍誃吉金圖録》),“𣲗”即“御”之古文。隨着考古資料日益增多,充分證明于老所説至確。易縣燕下都出土的二年右貫府戈銘作:二年,右𢎜(貫)(**編按**:此處原文如此,疑排印有脱文)寧省北票縣東官營子發現一件銅戈,現藏遼寧省博物館,戈銘:“匽(郾)王職乍(作)御司馬”(《燕王職戈考釋》,《考古》1973 年第 4 期)。河北正定出土一戈銘爲:“左軍之御僕,大夫殷之萃,公孫里睢之介,工橡里疵之御戈”(《雙劍》下 20)。

上揭諸鑄“御”銘戈,都是燕國兵器。張震澤先生以爲“郾王職作御司馬”之“御”是“徒御”之“御”,即“車御”,亦即《詩・黍苗》“我徒我御,我師我旅”之“御”。河北省文物管理處的同志以爲二年右貫府戈之“御”爲職名,戓“應爲任御的人名……(右貫府戈)屬於‘御、右’執有,故不是一般武士的用器”(《河北易縣燕下都 44 號墓發掘報告》,《考古》1974 年第 4 期)。李學勤等先生指出:“右貫府爲燕王室所設機構,督造此戈,授與御戭、右昚二人,作爲戎車所用武器。按《韓非子・外儲説左上》載燕有‘右御冶工’,在右御之下有鑄造器物的冶人,與此銘右貫府造器事例相似。"

"(右府)御戈"贅銘"五百"合文,爲我們對燕兵"御"字的認識提供了新材料。"五百"不可能是"徒御"的編號,應是兵器的鑄作件數編號。如此,"御"不可能是"徒御"之"御",應是《韓非子·外儲説左上》"右御冶工"之"御"。由二年右貫府戈銘知,"御"下屬右貫府;是冶工的上司,後者則由《韓非子·外儲説左上》爲證。

黄盛璋先生研究指出,韓國兵器造者稱"冶",主辦者稱"工師、冶尹",監造者爲"令、司寇";漢代銅弩機的造者稱"郭工",主辦者稱"令、丞、掾、史",監造者爲"監工掾、護工掾、護工令、護工卒史"。上引燕戈銘"左軍之御僕,大夫殷之萃,公孫里睢之介,工(**編按**:此處原文如此,疑排印有脱文)廿三年十月,左陶尹,殷朝陽"(《燕下都城址調查報告》,《考古》1962 年第 1 期)。"左陶尹"之職可與趙國兵器的主辦者——工師、冶尹、左右校相類,都是造器的直接主持者,他們下屬有"冶"或"工",此職位正與燕之"右御"相當,"左陶尹""右陶尹"可省稱"陶尹",同理,"右御"亦可省稱"御"。所以燕國兵器中的"御"應是兵器鑄造主辦者的官職名。

《江漢考古》1986-3,頁 65—66

【御史】

○湖南省文物考古研究所、湘西土家族苗族自治州文物處(2003)　(**編按**:里耶秦簡)152 正:卅二年四月丙午朔甲寅,少内守是敢言之:廷下御史書舉事可爲恆程者,洞庭上帬直書到,言今書已到。敢言之。(**中略**)

御史,《漢書·高帝紀》注引文穎云:"秦時御史監郡,若今刺史。"

《中國歷史文物》2003-1,頁 12

【御司馬】

○張震澤(1973)　《三代吉金文存》卷十九頁 34 著録一戈,又頁 43 著録一件殘戈,其形制皆與此北票出土之戈相似:胡有三穿,内有虎形紋,銘在胡上,銘文文字亦同。惟前者銘文王名泐滅,存"乍御司馬"四字;後者僅存"郾王"二字,餘均漫漶不可辨。三者並是王職之兵,然各不同範。而第二字舊不識,《金文編》未收。

我以爲就是"御"字。此字變化較多(見圖),戈文與齊侯壺"御"字相同而略有出入。

此字是徒御之御,即車御,亦即《詩·黍苗》"我徒我御,我師我旅"之御也。《説文》:"御,使馬也。馭,古文御,从又从馬。"金文則作"馭",即"馭"字原形。

御、馭,字形不同,古代卻是通用的。如師裏毁“無諆徒馭”,禹鼎“以武公徒馭至於噩”,又“戎車百乘,廝馭二百,徒千”,皆作“馭”。而衛毁“懋父賞御正衛馬,匹”,不嬰毁“余命汝御追于署,汝以我車宕伐玁狁于高陵”,通毁“王饗酒,通御亡遣”,皆作“御”。先秦書亦然。

甲骨
甲二七〇

衛毁

牧師父毁

通毁

不嬰毁

齊侯壺

燕王職戈

盂鼎

禹鼎

令鼎

師裏毁

右輅車飾

蓋字从“午”聲,午者杵也,象馬筴。“馭”,从又持筴以驅馬;“御”,易馬旁爲彳旁,易又旁爲卩(人)旁,其意義是相同的。《商周金文錄遺》有車飾,銘曰“右輅”,我以爲“輅”也就是“馭”字,不過又把馬旁換成車旁而已。

古代用馬車作戰,每輛戰車都有車御有徒卒,統治者設置了層層官吏來管轄他們。

司馬,乃古代主兵之官,名目也很複雜。《周官·夏官》有大司馬、小司馬、軍司馬、輿司馬、行(音杭)司馬、兩司馬(軍制:二十五人爲兩)。大致說來,大司馬和小司馬掌全國軍事,軍司馬掌一軍,輿司馬掌車兵,行司馬和兩司馬掌徒兵。等級高下、職掌範圍不同,故官名亦異。東周列國皆有此官,其見於記載者,晉六軍各有司馬,又有元司馬、輿司馬之稱;齊有大司馬,又有雍門司馬;楚有大司馬,又有左司馬、右司馬、城父司馬;宋及吳都有大司馬、少司馬;趙、魏、秦也都有司馬(俱見《左傳》《戰國策》)。

燕國也有司馬,《齊策六》:“安平君(田單)以惴惴之即墨,三里之城,五里之郭,敝卒七千,禽其司馬而反千里之齊。”鮑注司馬云:“主兵之官,謂騎劫。”騎劫是燕國大將,而其官稱實爲司馬,大概至少是軍司馬了。

燕國雖然不是強國,但王噲時“持戟數十萬”(《韓非子·說疑》);燕文公時“帶甲數十萬,車七百乘”(《燕策一》)。燕王職的戰車若干,雖然不知道,然亦可由上面的數字粗見其規模。王職於戰時設置御司馬以控制其軍隊,也是勢所必然的。

至於御司馬的職掌,參考下述材料,可見一斑:《左傳》成公十八年,晉悼公即位於朝,始命百官,其中說到:

> 弁糾爲御戎,校正屬焉,使訓諸御知義……鐸遏寇爲上軍尉,籍偃爲之司馬,使訓卒乘,親以聽命。程鄭爲乘馬御,六騶屬焉,使訓群騶知禮。(《疏》謂騶是主駕之官。)

這裏的御戎、校正、軍尉、司馬、乘馬御,加上前引衛毁的御正,官名不同,但都是管理卒乘車御,使之"知義、知禮"而"聽命"的。而且御戎、乘馬御、御正,皆以"御"名官。則御司馬的名稱及職掌之由,不是可以想見的嗎? 至於戰時官名,別立名色,秦漢猶然。例如《史記·高祖功臣侯表》載:高陵侯王周"以騎司馬、漢王元年從起廢丘"。甘泉侯王竟"以車司馬、漢王元年初從起高陵"。

又《靳歙傳》:"又戰藍田北,斬車司馬二人。(《集解》張晏曰:"主官車。")……別西擊章平軍於隴西……所將卒斬車司馬、侯,各四人。"

燕王職之御司馬,蓋即此騎司馬、車司馬之類。

列國兵器,往往標明所用,如"虢太子元徒戈"(見《考古通訊》1957 年 4 期),"陳子山徒戈"(見《貞松堂集古遺文》十二卷 2 頁),"陳子□徒戈"(見《三代吉金文存》十九卷 41 頁),都是徒卒所用者。

燕國兵器亦然。如有矛銘曰:"郾侯載作左軍。"燕王職另有戈二,銘皆云:"郾王職作王萃。"(以上三器俱見《三代吉金文存》十九卷。)"萃"借爲"卒"。其文皆當於"作"字斷句,謂此戈是某王所作以爲左軍或王卒所用者。準此以推,則此北票發現之戈,亦燕王職所作,而爲他的御司馬所用者。

《考古》1973-4,頁 245—246

○**公孫燕**(1980) 那麼戈上的"燕王職作御司馬"的全文是什麼意思呢? 通俗點說,是燕昭王命鑄此戈爲御司馬所用。"御司馬",官名,據考當是統御兵車作戰的司馬,那時以車戰爲主,所以此戈也就與車戰有關。

《理論與實踐》1980-4,頁 60

○**沈融**(1994) 位於兩者之閒的有"御司馬",御即車御,司馬是大小軍官的泛稱。御司馬,乘車作戰的軍官,也可理解爲軍官身份的戰車兵,是兵器"鏃"的配屬對象之一。

《考古與文物》1994-3,頁 92

○**陳偉武**(1996) 《集成》11059 號戈銘:"乍(作)御司馬。""御司馬"爲管理卒乘訓練之官,此戈爲燕器,銘文省略器名,標明製造御司馬所用之戈。

《華學》2,頁 83

○**馮勝君**(1998) 御司馬或相當於典籍中的輿司馬。《周禮·夏官·輿司馬》:"輿司馬當上士八人。"御司馬亦應是掌管兵車的武官。

《華學》3,頁 246

○**董珊**(1999) 這種戈是爲"御司馬"這一職官所造,燕王是名義上的監造者。御司馬可能相當於典籍中的"輿司馬",《周禮·夏官·輿司馬》"輿司馬當上士十八人",是掌管兵車的武官。

《中國古文字研究》1,頁196

【御府】

○趙超(1982)　御府丞印

印文	釋文	邊長	著錄
	府御印丞	2.3	《古官印集存》 (考古所藏打本)

　　印文由右向左橫讀。丞、印二字具有秦印文特徵。《漢書·百官公卿表》:"少府,屬官有……尚方,御府,永巷,内者,宦者七官令丞。"均係承襲秦制。御府爲管理御用服裝的機構。《史記·李斯列傳》:"(公子高)乃上書曰:'御府之衣,臣得賜之。中廄之寶馬,臣得賜之。'"《通典·職官八》:"秦有御府令丞,掌供御府,而屬少府。"均與此印相合。

《考古與文物》1982-6,頁68—69

○周曉陸、陳曉捷(2002)　御府工室,《風》128頁。"御府之印"見《集》一.二.51。御府也設工室,參見"少府工室"《集》一.二.33。

《秦文化論叢》9,頁264

【御府丞】

△按　參【御府】條。

【御府廷】

○孫慰祖(2000)　御廷府印

　　封泥,有界格。上海博物館藏資料。

　　封泥文字類於秦篆,可訂其時代爲秦。存世封泥近此風格有"太原守印、即墨太守、琅邪水丞、琅邪司丞、泰山司空、新安丞印"等,與"九江守印、清河太守"一路又微見不同。第一組封泥,文字排列皆取一—二—三—四式,略無例外。此封泥中"府"爲官署通名,故釋讀應爲"御廷府";又據印文不省"印"字,知其中官署名未簡縮。

"御廷"不見記載。據《漢書·百官公卿表》載少府屬官有掖廷,武帝太初元年由永巷所改。御,亦謂侍妃,婦官,《周禮·天官·内宰》"以婦職之法教九御",鄭玄注:"九御,女御也,九九而御於王,因以號焉。"《國語·周語上》"王御不參一族",

注:"御,女官也。"掖又謂後宮,其有婦官曰女御長,《漢官儀》:"掖庭,後宮所處。"《漢官舊儀》:"婕妤以下皆居掖庭,置令、丞、廬監,宦者,女御長如侍中。"又曰:"掖庭令畫漏未盡八刻,廬監以茵次上婕妤以下至後庭,訪白録所録,所推當御見……女御長入,扶以出。"據此則宮中置婦官有女御,先秦已然,至漢掖庭亦有女御長,主侍御。又御、掖王力分在鐸、魚部,江有誥、孔廣森併爲魚部;段氏《六書音韻表》屬第五部,兩字陰入對轉,可通假。則御、掖音義皆近,殆漢表之掖庭,即由"御延"所改,以別於同屬少府之御府。

以此封泥與東漢永巷、掖廷兩宮並置相徵,掖廷之設本不始於武帝,至少秦漢之際已有,後來或一度省併。文帝六年,"減諸服御,損郎吏員",七年,"婦夫人以下至少使"(《漢書·文帝紀》),後宮自然隨之裁簡。掖廷省併,或即在此時。故班氏所謂武帝更名,實乃復名掖廷而已。秦時有永巷是明確的,已有封泥資料可證。西漢永巷是否即此未再復置? 同書《東平思王傳》載:思王劉宇姬"胸臑爲家人子,掃除永巷",則至少西漢末年王國仍有之。

《孫慰祖論印文稿》頁 71—72

△按　此封泥風格與上"御府丞印"相似,似應讀爲"御府廷印"。

【御監】<small>集成 10296 吳王夫差鑑</small>

○**曹錦炎**(1989)　猶用鑑,夫差自用之器。

《古文字研究》17,頁 80

【駁右】<small>舒蟄壺</small>

○**張政烺**(1979)　駁,從馬從攴,御之異體。《説文》御之古文作馭,石鼓文從馬從更。西周金文形體無定,大概皆似更,惟師衮簋與此壺相似。馭是駕車者,亦稱僕。《周禮·司馬》屬官有"田僕,掌馭田路,以田以鄙"。又有"戎右",鄭玄注:"右者參乘。此充戎路之右,田獵亦爲之右焉。"

《古文字研究》1,頁 242

○**朱德熙、裘錫圭**(1979)　馭,御者。右,車右。

《朱德熙古文字論集》頁 105,1995;原載《文物》1979–1

○**于豪亮**(1979)　"駁(御)右和同",御,駕車者。右,車右,執武器作戰或射獵野獸者。

《考古學報》1979–2,頁 182

○**湯餘惠**(1993)　馭,駕車者。右,車右。《詩經·鄭風·清人》"左旋右抽",鄭箋:"右,車右也。"《詩集傳》:"右,謂勇士在將軍之右,執兵以擊刺者也。"

《戰國銘文選》頁 41

彶

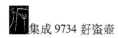集成 9734 奴蚉壺　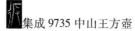集成 9735 中山王方壺

△按　"返"字省體，辵部重見。

伇

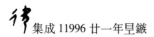集成 11996 廿一年旦鏃

○何琳儀（1996）　伇（廿一年旦鏃），應隸定伇，疑赵之異文，人名。

《于省吾教授百年誕辰紀念文集》頁 225

彷

集成 2840 中山王鼎

○張政烺（1979）　彷，讀爲旁。

《古文字研究》1，頁 231

○于豪亮（1979）　彷讀爲旁，《書・堯典》："共工方鳩僝功。"《史記・五帝本紀》方作旁；《莊子・逍遥遊》："傍徨乎無爲其側。"《後漢書・馬皇后紀》"夜起仿徨"，仿作徬。因此彷可讀爲旁。

《考古學報》1979-2，頁 176

○商承祚（1982）　彷即仿，借爲旁。

《古文字研究》7，頁 61

△按　或與彷徨之"彷"無關。銘文云"栽人在彷"，或爲旁邊之"旁"的專字。

徘

徐國立歷史博物館藏印選輯，頁 16

○吳振武（1998）　戰國私璽中還有一個用上述奇特"弔"字作偏旁的字，見於下揭一璽：

（何浩天主編《"國立"歷史博物館藏印選輯》16 頁，編譯館中華叢書編審

委員會,1978年,臺北)

　　從"借筆"的角度看,此字應分析爲从"彳"从"弔"(↑形筆畫公用),可釋爲"逆"。"逆"字在齊陶文中已出現過(高明《古陶文彙編》118頁3・305,中華書局1990年,北京)。《說文・辵部》:"逆,至也。从辵,弔聲。"訓"至"之"逆",古書皆作"弔"。

《容庚先生百年誕辰紀念文集》頁 556—557

𢔙

 璽彙0856

△按　"去"字繁構。戰國文字又或从止,或从辵。

徂

得 郭店・忠信8

△按　字或从辵,詳見辵部"徂"字條。

使

集成 9693 十三年壺　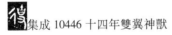集成 10446 十四年雙翼神獸　集成 10477 十四年鳳方案

○湯餘惠(1993)　使,同逑、使。中山王鼎"使知社稷之仕"字作逑。

《戰國銘文選》頁 42

○何琳儀(1998)　使,从彳,吏聲。疑逑之省文。參逑字。或使字異文。戰國文字人旁亦形變作彳形,參伐作彸,像作像。

《戰國古文字典》頁 105

△按　當是"吏"字繁構,"吏、使"本同字,增彳旁以爲動符,專表使役義。又作"逑",見辵部。《集成》9693 銘文實爲《集成》9734 舒盉壺的圈足銘文。

【使車】集成 10446 十四年雙翼神獸,等

○朱德熙、裘錫圭(1979)　"逑"疑當讀爲"置"。《廣雅・釋詁四》:"置,驛也。""左置車"疑是中山王御用的傳驛機構。

《朱德熙古文字論集》頁 106,1995;原載《文物》1979-1

○**王輝**（1987）　左、右使車之"車"李學勤先生釋"庫"。按中山器物衡帽、金泡飾、銀泡飾銘文上都有"私庫"。庫字衡帽作⬚，銀泡飾作⬚，金泡飾作⬚、⬚，其中除金泡飾一例外，庫字多从宀，與車之字形有差別，所以左右使車之"車"不大可能是庫字。

　　朱德熙、裘錫圭以爲左、右使車即左、右"置車"，是中山王之傳驛機構，這說法有一定道理，左、右使車確與車有關。不過我以爲左、右使車之"使"就是事，"使車"乃製造車的機構，也就是"以車爲事"的機構，當然，除了主要任務之外，它也兼造他器。如前所述，左、右使車的器物末尾還有"左繺者、右繺者"的銘文。繺作⬚或⬚，即䡇字。今大徐本《説文》有䡇字，《廣韻》去聲六至下引《説文》作繺，段玉裁《説文解字注》以爲："此蓋陸法言、孫愐所見《説文》如此。"䡇爲駕駛牲口之繮繩，"䡇者"當即御官。中山國器物提梁圓壺、扁壺、盉、有柄箕、燈銘文有左右使車、工、左右䡇者，左右使車嗇夫爲監造之官，工爲製器者，左、右䡇者則爲用器者，可見左、右使車乃製器機構。

　　戰國製器機構是府或庫，左、右使車之"車"既非庫，則有可能是府一類，而且極可能是"車府"前身。

　　左、右使車有嗇夫，而三晉府有嗇夫（安邑下官鍾）、庫有嗇夫（《三代》3.43有"十一年庫嗇夫肖［趙］不㐅［茲］"鼎。字體與梁二十七年鼎相似，亦三晉之物）。所以以職官看，"車"也可能是府一類。

　　古文獻中曾提到車府。《墨子·節葬》："存乎諸侯死者，虛車府，然後含玉珠璣比（比字通行本作北，孫詒讓依道藏本改作比）乎身，綸組、節約、車馬藏乎壙，又必多爲屋幕、鼎、鼓、几、梴、壺、濫、戈、劍、羽旄、齒革，寢而埋之。"這裏的"車府"，孫詒讓《墨子閒詁》本引俞云當爲"庫府"，然無根據，僅爲推測之辭。

　　《史記·秦始皇本紀》提到趙高曾爲"中車府令"，《封泥彙編》11頁有"信宮車府"，10頁有"車府丞印"，信宮爲秦宮，即甘泉前殿，亦曰咸陽宮，可見秦有幾種車府。"車府"前人多以爲是掌車輿的小官。如《漢書·百官公卿表》太僕屬官之車府令丞，及唐太僕寺所屬四署之一的車府署。但這恐怕只是漢以後的情形。秦時車府的職權怕要大得多，如中車府令趙高又"行符璽事"，時隨始皇左右，更搞陰謀，脅迫丞相李斯廢嫡立庶，權傾一時。

　　秦在戰國時府的設置情形不清楚，可能是經過一段向中原國家學習試設階段，如秦少府之設在韓之後就是一例。秦在這一階段出現的車府，可能即從"使車"演變而來，鳳翔"右使車"圓壺的出土，透露出這種演變的蛛絲馬迹。

只是材料有限,我們還只能把這作爲一種假設,有待進一步證明。

《中國考古學研究論集》頁 350

徶

璽彙 0328

△按　"路"字楚文字从辵,各聲,作"逤",或省作"徶",詳本卷足部"路"字條。

微

新蔡甲三 356

○宋華强(2010)　"微"疑當讀爲徵求之"徵"。

《新蔡葛陵楚簡初探》頁 99

俉

詛楚文

△按　字可分析爲从彳,吾聲。詛楚文用爲第一人稱代詞"吾"。參本卷口部"吾"字條。

復

新蔡零 204

△按　"乍(作)"之繁構。古文字"乍"多从又,彳旁當人旁之訛。簡文云"女子之慼,有痾疾復,不爲説"。

徖

侯馬 3:21

△按　字或从辵,辵部重見。盟書用爲人名。

很

璽彙0206

△按　字當分析爲从彳,良聲。

徆

𧗟上博六・競公2

△按　字从彳、及、水,讀法待考。

佷

𢓜郭店・尊德14

△按　簡文云"教以辯説,則民勢陵佷貴以忘","佷"讀爲官長之"長"。

徲

𢓱郭店・唐虞1

△按　字从彳、叓,叓旁下半訛作口,即"遲"字異體,詳見辵部"遲"字條。

徍

𧗁璽彙0274　　**𧗀**璽彙2720

○吳振武(1983)　0274□里徍鉩・□里徍(進)鉩。

　　　　　　　　　　　　　　　　《古文字學論集》(初編)頁491

○蕭毅(2001)　訽里徍(唯)璽　0274《璽訂》

　　徍字在此當讀爲唯。勞幹認爲漢代出土文獻中的"里唯"當讀爲"里魁",漢印中"某某唯印"習見,俞偉超認爲"唯"字亦當讀爲"魁"。

　　　　　　　　　　　　　　　　《江漢考古》2001-2,頁43

○**湯餘惠等**（2001）　同進。

《戰國文字編》頁 120

△**按**　字从彳、隹，當"進"字異體，辵部重見。

徆　德

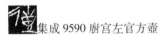侯馬 92:4　　徆侯馬 67:20

德侯馬 194:5

△**按**　字或从止，或从辵，止、辵、彳等皆贅加形旁，未必表意，諸形核心部分當是"亙"或"惡"，盟書云"明徆眂之"。辵部重見。

徸

徸集成 9590 廚宫左官方壺

【徸含】

○**黄盛璋**（1981）　第一字从彳，豈聲，當即"凱"或"愷"字，經傳中"豈弟君子""豈樂"等原只作"豈"，後代或加"心"旁爲"愷"，或加"凡"旁爲"凱"，或加"門"旁爲"闓"，而"凱風"後代或變从"風"旁爲"飈"，凡此皆爲後起字，最初只有一個"豈"字，其後始加各種形旁，而有一些異體字，此加"彳"旁正和"凱、愷"等相同，音讀爲"豈"，意即愷樂等意。

　　"公"字作"含"，最早見於蘇公子戙，它就是"公"字繁文，無可置疑，此種重疊字的最後一部，乃東周三晉文字體系中的一種特殊規律，原爲增飾以表美觀，與構造無關。

　　"徸公"究作何解，舊不能明，一般多從字義上認爲人名或官稱，但下加左官，右官，與私人之名或官稱皆不能合。三晉出土的陶文中也有此字，與人名、官稱皆無關。1978 年至新鄭韓故都城參觀，承河南博物館發掘故城的同志們以所出殘陶文字拓片見示，囑爲審定文字，偶見一殘陶文字"廥公"二字，"公"字作含，下亦重疊一個"○"，寫法全同，當時未明其意，後檢《説文》："廥，芻藁之藏。"《廣雅・釋室》："廥，倉也。"《史記・趙世家》："邯鄲廥燒。"《索隱》"廥積芻藁之處"，《集解》徐廣曰："廥，廄之名。"秦漢田租皆要繳納芻藁，以斗升計，當斬莖作爲牲畜飼料，廥就是收藏芻藁之處，故與倉、廄皆近。

"畬公"之"公"必爲"宫"字之假,此殘陶出土於探溝(T1),當和韓都故城芻藁之"畬"相關。附近同出者還有"嗇夫、廩人"等殘陶文,亦可旁證該處爲倉廩所在。東周三晉假"公"爲"宫",此殘陶文字至爲明確,由此可以斷知:"徺公"爲宫室之名。

公朱右官鼎中,公字寫法也从8,與徺公諸器"公"字寫法皆同,皆爲同字無疑。徺公有左官、右官,公朱也有左官、右官,他們究竟是什麼一種官職,因而有必要進一步考明左官、右官的官制性質與職守。

《中原文物》1981-4,頁 45

○**黃盛璋**(1983)　凡此皆據金村同出諸器對比,得知私官確爲王后宫之專官,故徺公(宫)必爲宫名,而左佋徺公(宫)與左私官必密切相關。

《古文字研究》10,頁 223

○**張亞初**(2001)　徺(廚)公(宫)。

《殷周金文集成引得》頁 33

△**按**　釋"徺"爲"廚"似可從。含字單育辰(《談晉系用爲"舍"之字》,《簡帛》4 輯,上海古籍出版社 2009 年)讀爲"舍"。

鄘

十鐘

△**按**　璽文"鄘印",未詳其讀。

徦

侯馬 185:1

△**按**　"遇"字異體,辵部重見。盟書云"徦之行道"。

逾

新蔡甲三 5　新蔡甲三 5

△**按**　"逾"之異體,辵部重見。

倄

聖彙 2251

△按　“遊”字異體。詳見辵部“遊”字條。

徟

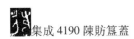集成 4190 陳肪簋蓋

△按　“追”字異體,詳辵部“追”字條。

徦

集成 11931 八年五大夫弩機

△按　銘文云“右徦攻尹”。《殷周金文集成》（修訂增補本）釋爲“遇”（6538 頁）。

猿

上博六・季桓 12

△按　“遠”字異體,辵部重見。

徑

上博二・容成 18

△按　簡文云“禹乃因山陵坪徑之可封邑”,“坪徑”即“平隰”。典籍從巠旁之字楚文字多從至。淫,《説文》謂“巠省聲”,不可信。

㹷

長沙木烙印（楚文字編,123 頁）

△按　字形及釋文皆據《楚文字編》（123 頁）。

復

郭店・緇衣 43

△按　"遟"之或體,當"邇"之古寫,詳辵部"邇"字條。

徶

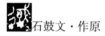陶彙 5・159

△按　或作"遬",皆"速"字異體,見辵部"速"字條。

徲

石鼓文・作原

【徲₌】

○張政烺(1934)　羅曰:"'徲₌'猶言'秩秩'。《説文》:'戴,大也。从大,或聲,讀若《詩》"秩秩大猷"。'又:'趲,走也。从走,戴聲,讀若《詩》"威儀秩秩"。'古音同者相通叚,則'徲₌'即'秩秩'。《釋詁》:'秩秩,常也。'《詩・假樂》'秩秩',有常也。《荀子・仲尼篇》注:'秩秩,順序之皃。''秩秩眘罰',謂罰之有常序。"

《張政烺文史論集》頁 27,2004;原載《史學論叢》1

○徐寶貴(1991)　"徲徲"的"徲"本作𧗝形。所從的呈即呈字。(中略)"或"《説文》作𢦔,"从戈,呈聲"。"徲",从"彳""或"聲,"或"即"或"字,根據古文字偏旁"彳、辵、走"通用之例,"徲"字通"趲",《廣韻》有"趲"字與此正合。"趲"就是《説文》的"趲"字。《説文》:"趲,走也,从走,戴聲,讀若《詩》'威儀秩秩'。""趲"所從之聲"或"(編按:當爲"戴"字誤植),《説文》解作:"大也,从大或聲,讀若《詩》'戴戴大猷'。""徲徲、趲趲、戴戴"均从"或"聲,故其音相同,其義相通。"徲徲、趲趲、戴戴"今《詩》均作"秩秩"。《詩・小雅・賓之初筵》"賓之初筵,左右秩秩",毛亨《傳》:"秩秩然肅敬也。"朱熹《集傳》:"秩秩,有序也。"《秦風・小戎》"厭厭良人,秩秩德音",毛亨《傳》:"秩秩,有知也。"《大雅・假樂》"威儀抑抑,德音秩秩",鄭玄《箋》:"秩秩,清也。"《小雅・巧言》"秩秩大猷,

聖人莫之”,毛亨《傳》:“秩秩,進知也。”王引之《經義述聞》:“秩,大貌。”馬瑞辰
《通釋》:“秩秩與大猷連文,即狀其猷之大貌。”《小雅·斯干》“秩秩斯干,幽幽
南山”,毛亨《傳》:“秩秩,流行也。”陸德明《釋文》:“秩秩,流行貌。”《荀子·仲
尼》“貴賤長少,秩秩焉莫不從桓公而貴敬之”,楊倞《注》:“秩秩,順序之貌。”從
以上所引文獻可見這個用於寫貌的重言形況字,有“肅敬、清、大、流行、次序”等
義。《石鼓文》這個重言形況字的實際含意,根據它在前後文中的特定語言環境
來分析,它有“次序”之義。作者是用這個重言形況字來描寫“次序貌”的。

《中國文字》新 15,頁 195—196

徣

郭店·殘15　郭店·殘11

△按　《說文》“陟”字古文作“徣”,右半與首字形所從同。包山簡 25 有 ,作人
名;上博五《融師有成氏》簡 5 有 ,當是“寁”,讀爲“實”,然則出土文獻暫未見有
明確的寫作歫的“步”字。郭店殘簡 11 之字作 ,有可能是“徣”之異體,戰國文字
日、月作爲義近形旁可替換。此字究竟從步、從寁,還是其他,待考。暫隸定於此。

徶

侯馬 92:23

△按　盟書“虏”字繁構,彳旁無義,盟書中讀爲“呼”。

徶

郭店·成之16

○陳偉(1998)　辟,原釋“庶”,似不確。其字與《汗簡》“人”部引《尚書》、
“辟”部引《義雲章》中的“辟”字大致相同,應釋爲“辟”,讀爲“僻”,意爲偏遠。
《僞尚書·旅獒》云:“不貴異物賤用物,民乃足。犬馬非其土性不畜;珍禽奇
獸,不育于國。不寶遠物,則遠人格;所寶惟賢,則邇人安。”《老子》三章云:
“不貴難得之貨。”這裏的“異物、遠物、難得之物”,約與“僻物”相當。

《江漢考古》1998-4,頁 69—70

○**李守奎**（2003）　徢　遮字異體。

《楚文字編》頁 123

△**按**　《説文》：“遮，遏也。从辵，庶聲。”此字从彳，庶聲，彳與辵義近，故當是“遮”字異體。“庶”古文字本从火，石聲，此石旁簡省，石旁不省之例見九店簡 56·47。簡文云“故君子不貴徢物，而貴與民有同也”，讀爲“庶”。

倕

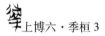上博六·季桓 3

△**按**　倕，即“遳”字異體，辵部重見。

復

集成 2746 梁十九年亡智鼎

【復省】梁十九年亡智鼎

○**李學勤**（1983）　“徂”，義爲往，“徂省”意即往省。

《新出青銅器研究》頁 207，1990；原載《古文字論集》1

○**湯餘惠**（1993）　徂，往。省，巡視。

《戰國銘文選》頁 4

徚

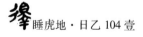睡虎地·日乙 104 壹

○**睡簡整理小組**（1990）　以桔（結）者，不徚（釋）。

《睡虎地秦墓竹簡》頁 238

儇

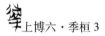新蔡乙四 100、零 532、678

△**按**　儇，爲“還”字省寫，見辵部“還”字條。

徻

集成 2840 中山王鼎 陶彙 6·120

△按　"逾"字異體。詳見辵部"逾"字條。

儶

璽彙 1219

○吳振武(1983)　1219 牛徬·牛儶。

《古文字學論集》(初編)頁 497

○何琳儀(1998)　儶,從彳,慶聲。疑與"行賀人"之慶有關(彳有行義)。慶
之本義爲善。(《廣雅·釋詁》一:"慶,善也。")
　　戰國文字儶,人名。

《戰國古文字典》頁 645

△按　字當從吳振武釋爲"儶"。

徹

十鐘

○湯餘惠等(2001)　徹。

《戰國文字編》頁 119

△按　字可嚴格隸定作"徹",中有力旁。《戰國文字編》釋爲"徹",附於卷二
彳部,《說文》有"徹"字,見卷三攴部,《戰國文字編》卷三亦立"徹"字條,然所
收字形實爲"衕"。《說文》分析"徹"爲"從彳從攴從育",小徐本則作"從彳從
攴,育聲"。然從出土文獻情況看,其所從之散旁及古文"徹"所從之散旁皆單
獨成字("敔"古文字寫作"叡"),故"徹"或可分析爲從彳,散聲,則"徹"當是
從彳,剪聲。

儵

陶彙 3 · 125

○ **高明**(1990)　儵。

《古陶文彙編》頁 13

○ **何琳儀**(1998)　儵,从彳,蝨聲。疑蝨之繁文。

齊陶儵,人名。或作蝨,見蝨字 a。

《戰國古文字典》頁 561

△ **按**　"蝨"字見《陶彙》3 · 143、3 · 144 等。

廷 𢓊

廷睡虎地 · 秦律 197

廷包山 7　廷包山 59　廷上博四 · 昭王 1

廷上博五 · 姑成 9

○ **葛英會**(1996)　包山文書簡受期簡文,另有一個廣爲應用的行文程式,即某月某日,某地官員某受期,某月某日不將(將字從徐中舒釋)某地之某人以廷,阱門有敗。這種受期中包含着"不將……以廷"這樣一個固定句式。

　　　　不將龔倉以廷。　　　　(《包山》一九)
　　　　不將苛辰以廷。　　　　(《包山》三七)
　　　　不將大師值以廷。　　　(《包山》五五)
　　　　不將周緩以廷。　　　　(《包山》七六)

以受期與疋獄簡有關内容互證,可知"不將"與"以廷"之間所記乃獄訟之訟事。簡文亦有將獄訟之事省略不具者。

　　　　十月壬午之日,不以廷。　(《包山》五九)
　　　　癸未之日,不廷。　　　　(《包山》二九)
　　　　己未之日,不廷。　　　　(《包山》七九)

我們認爲,"不廷"應讀爲"丕廷",語義與"丕濮"相近。《廣韻》:"廷,平也。"《漢書 · 百官表》注:"廷,平也。治獄貴平。"《爾雅 · 釋詁》:"平,成也。"《春秋 · 宣十五年》穀梁傳:"平,成也。善其量力而反治曰平。"《秋官 · 大司寇》

注:"平,成也。成之使善。"廷即成平之義,古時將使獄訟者達成和解,棄怨向善之舉稱爲廷,即所謂治獄貴平。

簡文廷字用爲成平之意,包山文書簡已提供了極好的例證:

八月己丑之日,付舉之關敔公周童耳受期,九月戊申之日,不將周敔、周琛以廷。阩門有敗。(《包山》三九)

九月戊申之日,佶大斔六命周霖之人周雁訟付舉之關人周琛、周敔,謂葬於其土。琛、敔與雁成。唯周縣之妻葬女。(《包山》九一)

三九號簡記八月己丑受期,九月戊申將成平周敔、周琛一案。九一號簡則記於所受九月戊申之日,周雁指控周敔、周琛"葬於其土"。爾後,"琛、敔與雁成",即訴訟雙方達成和解。最後,又附記是他人葬女。兩條簡文同記一宗案件,一稱廷,一稱成,足以説明受期簡廷字義爲成平。

由上述,簡文"不廷、不以廷、不將……以廷"之不,亦應讀爲丕,其義爲大大地成平某樁訟事,或大大地將某訟事予以成平。

《于省吾教授百年誕辰紀念文集》頁176—177

○**何琳儀**(1998)　楚系文字承襲西周金文,从土从乚,㣊聲,唯㣊旁略有變異而已。秦系文字則从壬聲,曲旁或訛作乀形。(中略)

包山簡七廷,讀停。《釋名·釋宫室》:"廷,停也。人所停集之處也。"包山簡廷,決訟之所,《後漢書·郭太傳》"母欲使給縣廷",注:"《蒼頡篇》曰,廷,直也。《風俗通》廷,平也。言縣廷、郡廷、朝廷,皆取平均正直也。"引申爲在縣廷審議案件。字亦作聽。《尚書大傳·甫刑》"諸侯不同聽",注:"聽,議獄也。"包山簡"吕廷",讀"以聽"。《禮記·王制》:"以聽獄訟。"

《戰國古文字典》頁806

○**劉信芳**(2003)　(編按:包山19)《説文》:"廷,朝中也。"《後漢書·光武帝紀》"廷尉岑彭",李賢注:"聽獄必質於朝廷。與衆共之。"《風俗通》:"廷,正也,言縣廷、郡廷、朝廷皆取平均正直也。"(《後漢書·郭太傳》李賢注引)

《包山楚簡解詁》頁31—32

○**李守奎、曲冰、孫偉龍**(2007)　(編按:上博簡)所从"勿"當是"人"之訛變。

《上海博物館藏戰國楚竹書(一—五)文字編》頁100

△**按**　《説文》:"廷,朝中也,从乀,壬聲。"金文"廷"字象人乀階而上之形,人旁或變形聲化爲壬。楚文字"廷"與毛公鼎作者近,惟人旁訛作"勿",字形之義遂晦,故又或變左半爲从壬,表音(如上博五《姑成家父》簡9)。秦系文字已訛从乀,與《説文》同。

【廷行事】睡虎地・答問 38

○**睡簡整理小組**（1990）　（編按：辭云"廷行事以不審論，貲二甲"）廷行事，法廷成例。《漢書・翟方進傳》："時慶有章劾，自道：行事有贖論。"注引劉敞云："漢時人言'行事、成事'，皆已行、已成事也。"王念孫《讀書雜誌》四之十二《行事》："行事者，言已行之事，舊例成法也。漢世人作文言'行事、成事'者，意皆同。"漢律常稱爲"故事"。

　　　　　　　　　　　　　　　　　　　　　　　　　《睡虎地秦墓竹簡》頁 102

【廷辟】睡虎地・秦律 185

○**睡簡整理小組**（1990）　（編按：辭云"書廷辟有曰報，宜到不來者，追之"）疑指郡縣衙署關於徵召的文書。

　　　　　　　　　　　　　　　　　　　　　　　　　《睡虎地秦墓竹簡》頁 61

【廷𤖾】包山 9，包山籤牌 400-1

○**陳偉武**（1997）　疑"等、𤖾"應讀作"證"。（中略）包山墓所出籤文稱"廷𤖾"，亦爲司法術語，指廷議證供之類。

　　　　　　　　　　　《第三屆國際中國古文字學研討會論文集》頁 640—641

○**李家浩**（2001）　據出土時位於司法文書簡上的 440-1 號竹籤，司法文書簡原名"廷等"，即法廷文書的意思。

　　　　　　　　　　　　　　　　　　　　　　　　　《簡帛研究二〇〇一》頁 34

○**李家浩**（2006）　根據上面所説的簡册制度，2:140-1（編按："140"當爲"440"）號竹簡當是繫在裝司法文書簡絲囊上的標題籤，其上"廷等"二字無疑是司法文書簡的大題。（中略）"志"與"書"同義。包山司法文書簡大題"廷志"猶小題"集書"，因爲"疋獄、受幾、集書、集書言"是法廷的文字記録，故總名之爲"廷等（志）"。

　　　　　　　　　　　　　　　　《出土文獻與古文字研究》1，頁 30—32

○**劉國勝**（2006）　2:479-5 號籤牌的"廷𤖾"，疑當讀爲"廷志"。郭店《緇衣》4 號簡"爲下可頼而𤖾也"，郭店整理者讀"𤖾"爲"志"，今本《緇衣》正作"志"。《國語・晉語四》"夫先王之法志"，韋昭注："志，記也。""廷志"，可能即指治獄辦案的記録。包山 9 號簡"廷志所以内"，陳偉先生曾認爲其"難以與其他簡書連讀，或許也屬於篇題"，這一意見是合理的。我們還能見到與之措辭相類似的標題名，如包山 258 號簡"相徙之器所以行"、256 號簡"食室所以賓笑"，以及放馬灘秦簡《日書》與孔家坡漢簡《日書》中的"禹須臾所以見人日"。内，讀爲"納"，《尚書・益稷》"以出納五言"，蔡沈《集傳》："自下達上謂之納。""廷志所以内"大概是指要上報的案件記録。

　　2:440-1 號"廷志"籤牌出土於文書簡的上面,它可能是這批文書的"楬",也就是説"廷志"是爲這批文書起的一個標題,可能係左尹屬下整理卷宗檔案時所備。包山文書簡還有兩種標題,一種是單獨寫在一支簡的正面,如 1 號簡"集書"、14 號簡"集書言"、9 號簡"廷志所以内",標題一般頂格書寫,所用的簡不修契口。另一種是寫在已經記録有内容的簡的背面,如 33 號簡"受期"、84 號簡"疋獄",標題一般寫在簡中閒,簡修有契口。這兩種標題大概都是對某一類别文書所作的標識,有的可能就是該類文書的名稱。就包山文書簡而言,它們應該分别統領一部分簡。不過,由於這兩種標題在取名用詞、書寫形式方面有一些差異,大概相互閒存在着從屬關係,這一問題有待進一步考察。

《古文字研究》26,頁 328

○陳偉(2007)　現在看來"廷"也可能是朝、會、理事之意。(中略)具體説,7 號簡是指接受臣下的朝見;19 號簡等是前往官署謁見相關官員,以説明情況或接受審查,而不一定都是接受審理。在這個意義上,"廷志"應該是左尹官署辦公的記録。

　　一般認爲,包山文書簡是司法檔案。其實並不全面。其中一部分應該是行政檔案。103—119 號簡,即貣金記載,即其顯例。

《新出楚簡研讀》頁 26,2010;原載《中國出土資料研究》11

延 迤

陶彙 5·418

○楊澤生(1996)　(編按:《古陶文字徵》)97 頁"延"字引《陶彙》5.418 與《説文》的"延"字同,應分立字頭。

《江漢考古》1996-4,頁 80

○湯餘惠等(2001)　同征。

《戰國文字編》頁 120

△按　《説文》:"延,行也。从廴,正聲。"此字所从,合於《説文》廴"从彳引之"之釋。陶文爲單字。

建 遑　畫 建

集成 11758 中山侯鉞　　曾侯乙 172

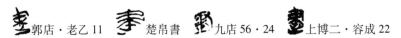

集成 10918 建陽戈

聖彙 0492　　聖彙 1375　　聖彙 0596　　聖彙 1671

陶彙 5·168　　睡虎地·日乙 29 壹

○饒宗頤(1968)　（編按：楚帛書）字从聿从止甚顯,當釋建。建恆猶言立常,建讀如“王建其有極”。

《史語所集刊》40 本上,頁 18

○吳振武(1983)　0807 長　·長建。

《古文字學論集》(初編)頁 494

○何琳儀(1986)　（編按：楚帛書）“聿”,原篆作“”,其“止”形半殘。“聿”雖不見字書,但與“律”(《説文》訓“均布”)、“建”(《玉篇》訓“分布”)必爲一字,《爾雅·釋詁》:“律,法也。”

《江漢考古》1986-1,頁 56

○裘錫圭(1989)　“建”字,《説文》篆文作,平山中山王墓車馬坑所出銅鉞銘文作(《中山王𰯌器文字編》47、99 頁),壽縣蔡侯墓鐘銘作(《金文編》92頁)。石鼓文“田車”石“驣”字右旁作(《石刻篆文編》一〇·三下),秦始皇嶧山刻石“建”字作(泰山刻石略同,參看《石刻篆文編》二·三二上),寫法都同於蔡侯鐘銘,而不同於《説文》篆文。《説文》篆文从廴的“廷”字,周代金文作、等形(《金文編》92 頁),字本从“乚”。“建”字本从“乚”而《説文》訛作从“廴”,與此同例。(中略)

古書“建”字多訓“立”(《老子》“善建者不拔”注:“建,立也。”),訓“樹”(《儀禮·大射儀》“建鼓在阼階西”注:“建猶樹也。”)。《説文》解釋“建”字説:“立朝律也。从聿从廴。”段注説:“今謂凡豎立爲建。許云立朝律也,此必古義,今未考出。”其實,訓“建”爲“立朝律”,於古無徵,應是附會已訛變的字形的臆説。林義光《文源》引石鼓文“建”旁和嶧山刻石的“建”字,解釋其構造説:“建,立也。即廷省,从又持丨在庭中,有所樹立之形。”林氏把“聿”的下部跟“乚”旁合起來,看作“廷”的省文,恐不確。但是他認爲“建”字象“有所樹立之形”,顯然比《説文》的説法合理。

《古文字研究》17,頁 207

○王人聰（1996）　（編按：港續一109）𫝀。

《香港中文大學文物館藏印續集一》頁 167

○施謝捷（1998）　（編按：璽彙）0492　王𫝀·王書（中略）。

0596　王𫝀（建）·王書。

1375　樂𫝀·樂書。

1720　事𫝀·事書。

《容庚先生百年誕辰紀念文集》頁 645、646、647

○何琳儀（1998）　春秋金文作𫝀（蔡侯鐘），人持木之形省簡爲聿形，下加土旁以代表土粒。戰國文字承襲春秋金文。或加𢎒，仍爲土粒之孑遺，晉系文字聿旁作𫝀、𫝀、𫝀等形，秦系文字乚旁則訛作𠂆、乁等形，許慎遂誤立廴旁。

《戰國古文字典》頁 995

○徐在國（1998）　《璽彙》0492 著録一紐朱文私璽：

原書爲“王□”，次字缺釋。《璽文》作爲不識字收在附録中（見該書 480 頁）。今按此字從“聿”從“止”，應釋爲“建”。戰國文字中“建”字的形體如下：

齊：　𫝀武城建戈《集成》17.11025

燕：　𫝀《璽彙》0596

中山：𫝀中山侯鉞《集成》18.11758

三晉：𫝀建信君鈹《集成》18.11677　　　𫝀建信君鈹《集成》18.11680

楚：　𫝀曾侯乙墓簡　　　　　　　　𫝀楚帛書

　　　𫝀九店楚簡 M56·21 上　　　　𫝀同上 M56·23 上

“𫝀”字與建信君鈹中的“建”字形體最爲接近，下部訛從“止”，與燕璽、楚帛書及九店楚簡中的“建”字從“止”同。如此，此字可釋爲“建”，字在璽文中用作人名。

　　釋出了“建”字，見於古璽中的下列未識字也就可以解決了。

　　　　事𫝀《璽彙》1720　　　樂𫝀《璽彙》1375　　　庱𫝀《璽彙》2865

上録三形當與“𫝀”字同釋，應釋爲“建”。字在璽文中均用作人名。後二形所從的“止”作“𢦏”，與古璽“正”字所從的“止”或作“𢦏”（《璽彙》4766）、“逪”字所從的“止”或作“𢦏”（《璽彙》1540）同。

《吉林大學古籍整理研究所建所十五周年紀念文集》頁 115—116

○**李家浩**（2000）　（編按：九店 56·13）簡文“建”皆寫作🔲形，从“聿”从“止”。這種寫法的“建”還見於長沙楚帛書（曾憲通《長沙楚帛書文字編》48 頁，中華書局 1993 年），跟常見的古文字“建”作🔲（《金文編》119 頁）、🔲（《漢印文字徵》）二·一七）等形者有別。金文中有一個从“聿”从“辵”的“逮”字，作🔲、🔲二形（《金文編》119、1181 頁），舊或釋爲“建”。按雲夢秦簡“建”或寫作🔲（張守中《睡虎地秦簡文字編》25 頁），从“辵”，可見把“逮”釋爲“建”恐怕是對的。在古文字中，往往將“辵”旁寫作“止”。例如望山一號楚墓竹簡的“迲”字（六二號），或作“㞚”（六一號）；包山楚墓竹簡的“逾”字（一三五號），或作“龠”（二四四號）。據此，簡文“聿”大概是“逮”這種形體的“建”之簡寫。古璽文字中有🔲、🔲、🔲、🔲等字（《古璽文編》480、481 頁），過去都不認識，現在看來即簡文的“聿”，也應當釋爲“建”。上引古璽文字“建”第四體是反文，此字和第一體所从“聿”旁與“止”旁之間的筆畫爲公用筆畫。爲書寫方便，釋文逕將“聿”寫作“建”。

《九店楚簡》頁 63—64

○**饒宗頤**（2003）　（編按：楚帛書）建讀如《洪範》“皇建其有極”之建。馬王堆帛書《易傳》太極作大恆，建恆猶言建其有極。郭店、九店簡建字形同此。

《饒宗頤二十世紀學術文集》卷 3，頁 273

△**按**　“建”本象以手持器動土之形，六國古文下半變作从止，秦系文字則或从辵或辵。

【建邦】中山侯鉞

○**張政烺**（1979）　建邦疑是肇封。

《古文字研究》1，頁 212

○**何琳儀**（1998）　中山侯鉞“建邦”，見《書·武成》“惟先王建邦啟土”。

《戰國古文字典》頁 995

△**按**　銘文云“天子建邦”，“建邦”當與典籍之“建國”同義，指天子封立諸侯王國。《左傳·桓公二年》：“故天子建國，諸侯立家，卿置側室，大夫有貳宗，士有隸子弟，庶人工商各有分親，皆有等衰。”杜預注：“立諸侯也。”

【建亙】楚帛書

○**饒宗頤**（1968）　見“建”字條。

○**李零**（1985）　（編按：楚帛書）建恆，建字舊多釋畫，今從饒宗頤（1968）釋建。建，《說文》从辵旁，但我們在銅器銘文如蔡侯鎛、中山王鉞所見到的建字都是从乚旁，此字下似从止（右下角當裂痕，裝裱時掩去），則尚有可疑。建恆是指立上所謂“三恆”。

《長沙子彈庫戰國楚帛書研究》頁 60

○**高明**（1985） （編按：楚帛書）“建恆懷民，五政乃明，群神是亯，是謂德匿，群神乃德。”按此五句皆警告之言，如建恆久之制懷惠於民，循時頒發五政，享祀群神，如此則“群神乃德”，但中閒參入“是謂德匿”一句，同上下文義不僅不合，且全不相干。因疑此句非誤即衍。

《古文字研究》12，頁 387

○**劉信芳**（1996） （編按：楚帛書）“建恆”謂建立恆常之祀典，依時祀神，使神有所安。

《中國文字》新 21，頁 95

○**何琳儀**（1998） 聿，从止，聿聲，疑律之異文。

帛書“聿亙”，讀“律恆”。《爾雅·釋詁》：“律，常也。”《説文》：“恆，常也。”

《戰國古文字典》頁 1247

○**連劭名**（2001） 建恆即建極，《洪範五行傳》云：“夏禹受命，爰用五事，建用王極。”《尚書·洪範》云：“皇建其有極，用敷錫厥庶民，惟時厥庶民呈汝極，錫汝保極。”

“建恆”的觀念，源於古代的“立中”。

《江漢考古》2001-2，頁 53

【建易】集成 10918 建陽戈

○**何琳儀**（1998） 建陽戈“建易”，讀“建陽”，地名。見《漢書·地理志》東海郡。在今山東棗莊西南。

《戰國古文字典》頁 995

【建郞君】集成 11695 四年建信君鈹

○**李學勤**（1959） 這七件兵器中有“冶尹”，同於前引司馬朱矛，而有別於趙魏題銘，所以最可能是韓器。如果這一推論成立，則二相的名氏可以考定。建郞君三年矛和八年劍所記職名相同，而與春平侯五年矛不同，這説明它們不同王世。按韓襄王相南公揭、公仲、公叔，任職年次均與題銘不合。釐王、桓惠王均相張平，王安相韓玘。王安在位共九年，所以建郞君宜爲韓玘，春平侯宜是張平。

《文物》1959-8，頁 60

○**黄盛璋**（1974） 以上證明：郞就是信字，建郞君即建信君，建信君即趙相。

《漢書·地理志》千乘郡有建信,與平原君食封之地相近。平原、建信自是趙地而與齊相接壤者。

《戰國策》中有不少關於建信君的記載,此人年代對趙兵器的斷代頗關重要,有必要加以考訂。《戰國策·趙策四》:

> 翟章從梁來,甚善趙王,趙王三延之爲相,翟章辭不受。田駟謂柱國韓向曰:臣請爲卿刺之,客若死,則王必怒而誅建信君,建信君死,則卿必爲相矣。建信君不死,以爲交,終身不敝,卿因以德建信君矣。

這裏可以看出,此時趙相正是建信君。翟章見於《水經注·汾水》引《竹書紀年》:"魏襄王十二年秦公孫爰率師伐我,圍皮氏,翟章率師救皮氏圍。"魏襄王十二年(公元前307年)當趙武靈王十九年。從這條看,建信君所相好像是趙武靈王子惠文王,他所監造的八年諸劍是惠文王八年,但是《趙策一》記載建信君將"建信、春申"並提,據《史記·春申君傳》楚"考烈王元年(公元前262年,相當趙孝成王四年)以黃歇爲相,封春申君",《趙策三》又記:

> 希寫見建信君,建信君曰:文信侯之於僕也,甚無禮。秦使人來仕,僕官之丞相,爵五大夫,文信侯之於僕也,甚矣其無禮也。

據《史記·呂不韋傳》:"秦莊襄王元年(公元前249年)以呂不韋爲相,封爲文信侯。"此年相當於趙孝成王十七年。由此可以確定:建信君相趙,既不是武靈王,也不是惠文王,更不是悼襄王,而是孝成王。《趙策三》還有一條記"建信君貴於趙,公子魏牟過趙,趙王迎之",下文記魏牟説趙王之辭有:"且王之先帝,駕犀首而驂馬服,以與秦角逐,秦當時適其鋒,今王憧憧,乃輂建信以與強秦角逐,臣恐秦折王之椅也。"這裏所講"王之先帝",正是趙惠文王二十九年,"趙使趙奢將擊秦,大破秦軍閼與下,賜號爲馬服君"(《史記·趙世家》),而重用建信君的趙王就是孝成王而不是惠文王。如此相邦建信君監造的兵器銘中三年和八年可以確定爲公元前263年和前258年。從趙孝成王初年上推到魏襄王十二年儘管已有四十多年,但翟章年老失意於魏,於救皮氏圍四十多年後來到趙國於時間上並非不可能。

《考古學報》1974-1,頁19—20

○**張琰**(1983) 《三晉》考證建信君即《戰國策·趙策》之建信君,甚確。但把建信君監造之器定爲孝成王時代則不妥。建信君與文信侯、春申君同時,前人早已指出,其相趙屬悼襄王時。(中略)《三晉》在考證中仍沿襲了吳師道的錯誤。

據《史記·趙世家》記載,孝成王二年以田單爲相,十五年封相國廉頗爲信平君。又，呂不韋被封爲文信侯在秦莊襄王元年（趙孝成王十七年），而傳世的建信君監造兵器只有三年、四年、八年幾種年號，此三年、四年、八年絶不可能是孝成王年號，建信君爲相至少不早於孝成王十八年（十八年爲相的是廉頗），繼孝成王在位的是悼襄王，只有九年，與建信君監造兵器的年號吻合。

《古文字論集》1，頁 57

○**于中航**（1989）　此器爲趙國器，爲相邦建信君所監造。《戰國策·趙策》有其人事迹。《趙策三》：“建信君貴於趙。”又《希寫見建信君》：

“希寫見建信君，建信君曰：‘文信侯之於僕也，甚無禮。秦使人來仕，僕官之丞相，爵五大夫。文信侯之於僕也，甚矣其無禮也。’”

按：文信侯即呂不韋。《史記·呂不韋傳》：“秦莊襄王元年（前 249 年）以呂不韋爲相，封爲文信侯。”其年當趙孝成王十七年。可知建信君之貴於趙，當在趙孝成王時。器銘之元年，應爲趙孝成王元年，當公元前 265 年，其時建信君已爲趙相。

《海岱考古》（一）頁 324—325

○**黄盛璋**（1991）　建信君與春平侯都見於《戰國策》及其它一些記載。第一，建信君在先，春平侯在後，根據文獻即可決定。大攻尹韓尚分別見建信君八年與春平侯十五年、十七年監造的兵器，八年相邦建信君應該在先，十五年與十八年相邦春平侯應該在後。八年與十五年、十七年年代既先後相接，應該同屬一王世。第二，據《戰國策·趙策三》建信君與秦文信侯呂不韋同時，至少他所仕的趙王有一個可以考定。“希寫見建信君，建信君曰：‘文信侯之於僕也，甚無禮。秦使人來仕，僕官之丞相，爵五大夫，文信侯之於僕也，甚矣其無禮也。’”據《史記·呂不韋傳》，“秦莊襄元年（公元前 249 年）以呂不韋爲相，封爲文信侯”，此年相當於趙孝成王十七年。如此建信君可以決定，曾仕於趙孝成王。《趙策三》又記：“建信君貴於趙，公子魏年過趙，趙王迎之。”魏年説趙王曰：“且王之先帝，駕犀首而驂馬服，以與秦角逐，秦當時適其鋒，今王憧憧，乃輦建信以與强秦角逐，臣恐秦折王之椅也。”犀首爲公孫衍，相魏，但仕趙未聞，馬服君指趙奢，此所記乃是趙惠文王二十九年“趙使趙奢將擊秦，大破秦軍閼與下，賜號爲馬服君”（《史記·趙世家》）。如此“先帝”明指趙惠文王，則今王輦建信君必指趙孝成王重用建信君，據此可以肯定建信君所仕爲趙孝成王，三年與八年建信君爲相邦監造之兵器，皆趙孝成王紀年。

《考古》1991-1，頁 59—60

○**董珊**（1999）　建信君見於《戰國策・趙策》，其封地建信，據《漢書・地理志》，屬漢千乘郡（今山東省境内）。黄盛璋先生考證，建信君爲趙孝成王（前265—前245年）相邦，故此鈹的絶對年代爲公元前263年。

《中國古文字研究》1，頁198

○**吴振武**（2000）　關於建信君兵器的年代，黄盛璋先生認爲歸孝成王時（前265—245年）；李學勤、張琰、高明等先生主張歸悼襄王時（前244—前236年）。武襄君鈹與元年及四年相邦建信君鈹皆記邦右庫"段工帀吴疢"，顯然有利於建信君器屬悼襄王時説。因武襄君鈹的鑄造年代，不出孝成王十六至悼襄王元年之範圍。若將元年和四年建信君鈹屬悼襄王時，與武襄君鈹的閒隔分别是0—6年和3—9年；若屬孝成王時，閒隔則分别是15—21年和12—18年。同一個工師在閒隔十幾年甚至二十幾年後再度出現，並非不可能，但若無特别理由，而又有較近的年份可取，自宜取近不取遠。將已知各年份的相邦建信君鈹安排在悼襄王時，應是合適的，跟文獻中所見的各種相關記載，也是不矛盾的。

《文物》2000-1，頁67

○**吴振武**（2002）　張琰先生和高明先生都曾舉《戰國策・趙策三・希寫見建信君章》説明建信君和文信侯吕不韋在同一時期分别爲趙國和秦國的相邦，而吕不韋爲秦相的這段時閒，正當趙孝成王五十七年至悼襄王八年，故認爲紀年未超過八年的建信君兵器不能排在孝成王時，只能排在繼孝成王在位的悼襄王時。這個看法顯然是合理的。這裏我們再舉一則文獻資料。《戰國策・韓策三》：

> 建信君輕韓熙，趙敖爲謂建信侯曰："國形有之而存，無之而亡者，魏也。不可無而從者，韓也。今君之輕韓熙者，交善楚、魏也。秦見君之交反善於楚、魏也，其收韓必重矣。從則韓輕，横則韓重，則無從輕矣。秦出兵於三川，則南圍鄢，蔡、邵之道不通矣。魏急，其救趙必緩矣。秦舉兵破邯鄲，趙必亡矣。故君收韓，可以無亹。"

這則資料黄盛璋先生在討論新鄭兵器的年代時也曾用過，他説："建信君是趙國的相邦，《戰國策》中有好幾條關於建信君的記載，韓熙僅見此條，並未交代他的身份，但從上下文意不難看出，他在韓國的地位和建信君在趙國正是相當，肯定是當時掌握韓國政權者，所以輕他不得。"按黄先生的這個推論當然是有道理的。但是如果我們像黄先生那樣，將建信君在趙國爲相的時閒安排在趙孝成王元年至八年，卻要遇到一點麻煩。因爲在這段時閒裏（相當於韓桓惠王八年至十五年），韓國的相邦是張平而非韓熙。張平卒於韓桓惠王二十三年，此後一直到桓惠王三十四年，韓國何人爲相史書並無記載。假如韓熙確實像黃先生所推論的那樣，做到韓國的相邦，那麼他爲相的時間很可能就在這段時間内；而這段時間在趙國，正對應於孝成王十六年至悼襄王六年。因此，將建信君兵器安排在悼襄王元年至八年，顯然要比安排在孝成王元年至八年合理得多。這跟學者據呂不韋在秦爲相之時間所作出的推斷，也正相吻合。回過頭來再細看上引策文内容，可知前人將其繫於春申君合縱抗秦之時（當韓桓惠王三十二年、趙悼襄王四年），不僅是合理的，而且也是合拍的。

《揖芬集》頁 307

○**崔恆昇**（2002）　八年相邦劍：“相邦建郖君。”郖曾將右邊邑誤爲呂，黃盛璋予以糾正爲郖。建郖即建信。戰國趙地，在今山東高青縣西北，與平原君封邑近。《戰國策 · 趙策四》翟章從梁來章：“建信君死，則卿必爲相矣；建信君不死，以爲交，終身不敢。”

《古文字研究》23，頁 222

【建陵】

○**周偉洲**（1997）　建陵丞印　《漢書 · 地理志》東海郡下屬縣有建陵，本注“侯國”。《水經注》卷二十五《泗水》注郯縣云：“東海郡治，秦始皇以爲郯郡，漢高帝二年，更從今名，即王莽之沂平者也。”則建陵原爲秦郯郡（東海郡）屬縣，在今江蘇新沂。丞爲縣令佐官。

《西北大學學報》1997-1，頁 36

集成 261 王孫遺者鐘　　集成 980 魚鼎匕　　璽彙 0634

新蔡甲三 145　　新蔡甲三 261

○**羅福頤**（1981）　（編按：璽彙 0634）延。

《古璽文編》頁 43

○**何琳儀**（1998）　西周金文作 𣥐（康侯簋），春秋金文作 𣥐（蔡侯申鐘）。戰國文字承襲兩周金文。或加丁（●）爲疊加音符，與定、真異文加丁旁同例。（中略）延加丿爲飾，則演化爲延。春秋金文之 𣥐（王孫鐘）已露其端倪。（中略）許慎誤析延、延爲二字，且訛彳爲廴。（中略）

魚顚匕延,讀誕。語首助詞。《書·大誥》:"延敢紀其敘。"《書·君奭》:"延無我責。"《詩·大雅·皇矣》:"誕先登于岸。"

《戰國古文字典》頁 1029

○**詹鄞鑫**(2001)　(編按:魚鼎匕)曰蚩尤人,述王魚鼎。

"曰蚩尤人"原作"曰𤔔蟲人",此四字特別長大,且字體也跟其餘各字不同,采用粗塊筆畫,象形程度較高。例如其中所從的"虫"尾部上鈎,"人"字完全爲商周之際的象形寫法。這種現象也許透露出此銘文從周初古器上抄録下來的痕迹,舊讀作五個字,釋爲"曰誕又蚰人",恐不確。"曰"下一字作𤔔,略似古文字"𤔔",而所從的"止"下有一粗筆橫畫,其實所從爲"之"而不是"止",釋爲"延"無據。即使是從"止"的"𤔔"字,舊釋爲"延"也是有問題的。《説文》"徙"篆或體正作"𤔔",故𤔔應釋爲"徙"。此字從"之"得聲,則應借爲"蚩"字(《説文》"蚩"從虫之聲)。下文之"蚩"則從"寺"得聲,"寺"亦從"之"聲。此猶從言寺聲的"詩"字《説文》古文從之作"訨"也,故得通用。

《中國文字研究》2,頁 176

△**按**　《説文》:"延,安步延延也。从廴从止。""延"與"延"實一字分化。

【延鐘】新蔡甲三 136

○**陳偉**(2003)　(4)甲三 136:……□以能(从羽)禱,大牢饋,前鐘樂之,百之□。鹽埶貞之曰:吉。既尚□……

前,字原從"辶","舟"上所從的"止"寫得有些走形。從"辶"之"前"見於包山第 185、193 號簡。前鐘,已見於信陽 1 號楚墓竹簡 2-018(作"前")與天星觀楚墓竹簡(作"鏾")。其中天星觀簡云:"與禱巫獵霝酒,鏾鐘樂之。"文例與此相同,可以印證對"前"字的釋讀。李家浩先生指出:信陽簡和天星觀簡中的"前鐘"應讀爲"棧鐘","棧"有"編"義,棧鐘即編鐘。新蔡簡的"前(从辶)鐘"亦應如此理解。

《華學》6,頁 97

○**何琳儀**(2004)　腱鐘樂之,百之。(甲三:136)

《説文》:"腱,生肉醬也。从肉,延聲。"(4 下 13)段玉裁曰"按,此字從△(从"廴"从"止"),非從延也"。驗之簡文,段説至確。

"腱鐘",疑讀"縣(懸)鐘"。《儀禮·鄉飲酒禮》疏"諸侯之卿大夫,半天子之卿大夫,西縣鐘,東縣磬"。"腱鐘樂之",又見甲三:145、甲三:200、甲三:209、甲三:199-3、甲三:261 等。《淮南子·時則》"季夏之月……律中百鐘",注:"百鐘,林鐘也。是月陽盛陰起,生養萬物,故云百鐘。"此"百鐘"與簡文

“百之”暗合。

○**徐在國**(2006) 新蔡葛陵楚簡中多次出現“延”字,如:

鐘樂之甲三145 　　鐘樂之甲三209 　　鐘樂之甲三261

或從“月”作如下之形:

鐘樂之甲三136 　　鐘樂之甲三212 　　祭竟平王甲三201

又作如下之形:

鐘樂之乙三63

從辭例看,、、多用在“鐘”前,當指同一鐘名。(中略)

原書隸定作“延”,隸定作“胅”,可從。原書也隸定作“胅”,不可從。《説文》有“延”字,又有“延”字。實際上“延、延”一字分化,後“延”行而“延”廢。因此,可釋爲“延”。隸定作“胅”,與《説文》“胅”字同。《説文》:“胅,生肉醬也。從肉,延聲。”上部略殘,但仍看出是“延”字,下部不從“肉”,而是從“丙”,應是加注的聲符。上古音“延、胅”爲透紐元部字,“延”爲喻紐元部字,“丙”爲透紐侵部字,聲紐均爲舌音,元、侵、月三部的字音也有關。“丙”,《説文》有三種讀音,其中一種讀音爲“誓”。“誓”上古音爲禪紐月部字,從“丙”得聲的“茜”字屬定紐月部,月、元對轉。典籍中“延、誓”二字相通。如《禮記·射義》“使子路執弓矢出延射”,鄭注:“延或爲誓。”《周禮·地官·鄉大夫》鄭注引“延射”爲“誓射”。因此,“延”字加注“丙”聲應無問題。應爲“延”字繁體。

簡文中的延鐘、胅鐘、鐘均應讀爲“棧鐘”。上古音“延、胅”與“棧”均爲元部字。李家浩先生曾將信陽2-018簡中的“前鐘”與天星觀楚墓竹簡中的“鏽鐘”均讀爲“棧鐘”,義爲編鐘。其説可從。

甲三268:“迓(及)江、灘(漢)、泥(沮)、漳,延至於灢。”“延”字訓及。《戰國策·齊策三》“倍楚之割而延齊”,高誘注:“延,及也。”

甲三201“胅祭竟平王”之“胅”,祭名,似應讀爲“衍”。“延、衍”二字古通。“衍祭”,見於《周禮·春官·大祝》:“辨九祭:一曰命祭,二曰衍祭,三曰炮祭,四曰周祭,五曰振祭,六曰擩祭,七曰絶祭,八曰繚祭,九曰共祭。”鄭司農云:“衍祭,羨之道中,如今祭殤,無所主命。”鄭玄注:“衍字當爲延,炮字當爲包,聲之誤也。延祭者,《曲禮》曰‘客若降等,執食興辭,主人興辭於客,然後客坐,主人延客祭’是也。”孫詒讓説:“衍、羨聲近通用……‘衍祭羨之道中’,疑當作‘衍祭祭羡之道中’,今本脱一祭字。祭羡之道中者,謂祭於墓道中。”各家對“衍祭”的理解不同,姑録之備考。

以上是對新蔡簡中的“延”及從“延”之字所作的分析。由“𠱷”形,我們可以解決傳抄古文中的下列字形:

    筵𦥑碧落碑   𦥑集篆古文韻海2·3(《傳抄古文字編》447頁)

    延𨖈汗簡1·9(《傳抄古文字編》183頁)

    𨖈𨖈古文四聲韻2·4(《傳抄古文字編》183—184頁)

關於《汗簡》中的“延”字形體,清代學者鄭珍曾考證如下:

    丙,正之誤,魏孝昌二年元寧造像記有延字,從正從辵作延,是六朝俗字。

黄錫全先生不同意鄭珍的説法,他説:

    《説文》延、延二字音義同,而與延字義近音别。此形本是延字,注“延”當是因後來延、延、延三字混通之故。

按二説可商。碧落碑“筵”字作𦥑,字形由兩部分組成,一是“辵”,一是“丙”,而“丙”應當是聲符。上文對𠱷字的分析可以爲證。《汗簡》《古文四聲韻》中的𨖈所從的丙當是“丙”之省變。𦥑、𨖈、𨖈均應分析爲從辵,丙聲,釋爲“延”。碧落碑、《集篆古文韻海》是假“延”爲“筵”。

《簡帛》1,頁 199—201

△按   新蔡簡“延鐘”即“延鐘”,信陽簡作“前鐘”,天星觀簡作“鉬鐘”,上博五《弟子問》“前陵季子”,張光裕已指出即典籍的“延陵季子”,可見“前、延”古音相通。“延鐘”與“前鐘、鉬鐘”並當從李家浩讀爲“棧鐘”(參見本卷【前鐘】條)。

延 延

延睡虎地·日甲50背叁

○張守中(1994)   通涎 筵延 日甲五○背。

《睡虎地秦簡文字編》頁 25

【延陵】

○袁仲一(1987)   延陵工□。“工”下所缺字爲人名。延陵爲縣邑名。《漢書·地理志》記代郡轄下有延陵縣。秦之延陵是否指此,待進一步考證。

《秦代陶文》頁 51

△按　《説文》：“延，長行也。从延，丿聲。”“延、延”一字分化，參“延”字條。

行

集成 2840 中山王鼎　　貨系 4170　　集成 11111 左行議敔戈　　陶彙 3·1254

曾侯乙 154　　包山 16　　楚帛書　　郭店·語三 33　　包山竹籤 14

睡虎地·日乙 90 壹　　官印 0005　　陶彙 5·150

璽彙 5347“行子”合文　　貨系 2462“行易”合文

○鄭家相（1941）　（編按：貨幣文）右布文曰行，在左。行字取行用之義。

《泉幣》8，頁 27

○俞棪（1944）　（編按：貨幣文）行，殷代地名（按殷契［佚 1 頁七版］文同，商承祚釋爲地名［考釋 3 頁]）。

《泉幣》24，頁 3

○饒宗頤（1958）　（編按：楚帛書）凡言“之行”即指日月星辰之運行，見上文引《呂覽·孟春紀》。

《長沙出土戰國繒書新釋》頁 31

○饒宗頤（1968）　（編按：楚帛書）《洪範》：“日月之行，有冬有夏。”與繒書同。

《史語所集刊》40 本上，頁 9

○鄭家相（1959）　（編按：貨幣文）文曰行，按行取通行之義。

　　行取財貨通行之義。皆紀名物，見刀布文。

《中國古代貨幣發展史》頁 40、175

○中大楚簡整理小組（1977）　（編按：信陽 1·16）行有道，謂行爲符合奴隸主階級的道德規範。

《戰國楚簡研究》2，頁 10

　　（編按：望山 1·28）行，《爾雅·釋宮》“道也”，又“堂上謂之行”。宮行，疑即宮中之中室。《禮記·月令》“其祀中霤”，鄭注：“中霤猶中室也，土主中央而神在室。”

　　《禮記·郊特牲》“家主中霤而國主社”，鄭注：“中霤亦土神也。”“塈禱宮行”，如五祀中的祭祀中霤土神。

《戰國楚簡研究》3，頁 30

○**李學勤**（1982）　（編按：楚帛書）古書分釋爲“亂行、逆行”，均爲天體運行與推算不合的現象。“行”，《詩·十月》箋：“道度也。”

　　如《五行傳》云：“時則有日月亂行，星辰逆行。”即帛書“日月星辰，亂逆其行”。傳注：“亂，謂薄食、鬭並見；逆，謂嬴（編按：當作“贏”）縮、反明、經天、守舍之類也。”正可借爲帛書的注腳。

《湖南考古輯刊》1，頁 68、71—72

○**高明**（1985）　（編按：楚帛書）鄭箋：“行，道度也。不用之者，謂相干犯也。”孔穎達疏：“日月告天下以王有凶亡之徵，故不用其常道度，所以橫相干犯也。”繪書所謂“日月星辰亂達其行”，即不循道度，橫相干犯，與《詩》言“不用其行”義同。

《古文字研究》12，頁 384

○**睡簡整理小組**（1990）　（編按：睡虎地·日甲 5）行，道路。古代常祭門和道路。《禮記·祭法》：“大夫立三祀：曰族厲、曰門、曰行。適士立二祀：曰門、曰行。庶士、庶人立一祀，或立戶，或立竈。”注：“門戶主出入，行主道路行作。”

《睡虎地秦墓竹簡》頁 181—182

○**劉信芳**（1996）　（編按：楚帛書）行　常也。《禮記·樂記》：“道五常之行。”鄭玄注：“五常，五行也。”《國語·越語下》：“嬴（編按：當作“贏”）縮以爲常，四時以爲紀，日月以爲常，明者以爲法。”《楚語下》：“乃命南正重司天以屬神，命火正黎司地以屬民，使復舊常，無相侵瀆。”是謂區別人神之位，恢復祭祀之常典。據此知帛書“日月之行”包含兩層意思，其一謂依日月運行的規律以紀日紀月；其二謂先民勞作、祭祀有常，不致違失時節。

　　行　《詩·小雅·十月之交》：“日月告凶，不用其行。”鄭玄箋：“行，道度也。”

《中國文字》新 21，頁 83、85

　　行　常也，“勿行”謂當時置閏尚有未有“常”例。曆法史研究者多認爲戰國時行四分曆，無中氣置閏，用的是平朔平氣，即一年十二月均可置閏。從下文所述的實際內容看，帛書作者是反對一月至五月置閏的，這是一個值得深究的問題。根據包山楚簡及雲夢秦簡的記載，已知戰國楚曆與夏曆月次的對照關係如次：

	(2)	(3)	(4)	(5)	(6)	(7)				(11)	(12)	(1)
楚曆	屈夕	援夕	刑尸	夏尸	享月	夏示	八月	九月	十月	臭月	獻馬	冬夕
秦曆	十一	十二	正	二	三	四	五	六	七	八	九	十
夏曆	十一	十二	正	二	三	四	五	六	七	八	九	十

可知帛書“一月、二月、三月”正當夏曆冬季之十月、十一月、十二月。“四月、五月”正當夏曆春季之正月、二月。由於置閏於楚曆之“一月、二月、三月”，屬冬季置閏，已至歲末，故帛書稱“遊（徉）終”，徉終者，徘徊徜徉於歲末也，亦即使冬季滯延。而置閏於楚曆“四月、五月”，正值開春歲首，帛書稱爲“亂紀”，《方言》卷十：“緤、末、紀，緒也。南楚皆曰緤，或曰端，或曰紀，或曰末，皆楚轉語也。”《禮記・月令》季冬月：“是月也，日窮于次，月窮于紀，星回于天，數將幾終。”疏云：“月窮于紀者，紀猶會也，去年季冬月與日相會於玄枵，自此以來，月與日相會於他辰，至此月窮盡還復會於玄枵，故云月窮於紀。”“紀”既爲日月之會，故《方言》既釋之以“末”，又釋之以“端”。帛書作者認爲歲首月置閏，亂一年之紀日紀月也。

　　由上述可知，帛書作者認爲夏曆冬季十、十一、十二月及春季一、二月均不宜置閏，這究竟是數術家的偏執之辭，抑或是爲了説明楚國曆法行楚曆年終置閏的理由？尚有待進一步研究。如果楚曆以年終置閏，則最末之月“獻馬”當夏曆九月，與帛書作者的主張是相吻合的。《荊楚歲時記》：“閏月不舉百事。”包山簡所記有明確月日的案例數百，無一例是獻馬月審案的記録，其中原因很可能與楚曆置閏於獻馬有關。

《中國文字》新 21，頁 87—89

○**黃錫全**(1999)　　(編按：貨幣文)行，有此字的銅貝，目前發現很少。(中略)“行”字見於燕明刀背文，有一行、七行、十行等，可能是表示範次的排列，與銅貝之行當有所不同。銅貝之“行”，可能是通行、流行之義。《左傳・隱公三年》：“潢汙行潦之水。”注：“行潦，流潦。”《孟子・滕文公下》：“水逆行氾濫於中國。”《素問・舉痛論》：“氣不行。”注：“行，謂流行也。”銅貝名“行”，當指此種貨幣通行無阻之義。

《先秦貨幣研究》頁 227，2001；原載《錢幣研究》1999-1

○**劉釗**(1999)　　(編按：中山王墓西庫 428 石片)“行”字非指出行，而是指道路。雖然出行與道路相關，但“行”字在此明顯用爲“寘”字的賓語。“行”是古代七祀之一，諸侯五祀，大夫二祀、適士二祀也都包括“行”，可見其在古代祭祀體系中的重要性。

《中國古文字研究》1,頁 159

○李朝遠(2004)　（編按:上博四·内豊 8）"行",祭主道路行作之神的祀名。《禮記·祭法》記"王七祀""諸侯五祀""大夫三祀""適士二祀",皆有行。

《上海博物館藏戰國楚竹書》(四)頁 227

【行厶】璽彙 4537

○羅福頤等(1981)　行私。

《古璽彙編》頁 414

○葉其峰(1983)　"私行"。爲自己做的事。《禮記·曲禮下》:"大夫私行出疆必請反。"鄭玄注:"私行,謂以己事也。"《公羊傳·莊二十七年》:"通乎季子之私行也。"何休注:"不以公事行曰私行。"

《故宫博物院院刊》1983-1,頁 77

【行士】

○鄭超(1986)　56.行士璽(《古璽彙編》0165)

　　57.行士之璽(《古璽彙編》0166)

　　從"璽"字的寫法看,上兩璽俱爲楚璽。"行",當讀爲"行伍"之"行"。春秋時代,貴族有卿、大夫、士三級,他們都是能文能武的,説明當時不分文武(參看童書業《春秋左傳研究》369 頁)。戰國時代,文武分職,故楚有行士之名。行士的地位應高於士。

《文物研究》2,頁 94

○何琳儀(1998)　楚璽"行士",讀"行理",官名。《禮記·雜記》下"則里尹主之",注:"里或爲士。"是其佐證。《左·昭十三年》"行理之命",注:"行理,使人通聘問者。"《左·僖卅年》作"行李",《戰國策·魏策》作"行使"。

《戰國古文字典》頁 624—625

【行大夫】璽彙 0105

○鄭超(1986)　行大夫(《古璽彙編》0105)

　　"行"也是"行伍"之"行"。行大夫大概相當於秦爵的五大夫。頗疑"五大夫"的"五"當讀爲"行伍"之"伍"。五大夫既是爵稱,也是軍官。《史記·秦本紀》昭襄王四十八年"五大夫陵攻趙邯鄲。四十九年正月,益發卒佐陵,陵戰不善,免。王齕代將",可證。

《文物研究》2,頁 94、98

○何琳儀(1998)　晉璽"行夫",官名。《周禮·秋官·行夫》:"行夫掌邦國傳遽之小事。”

《戰國古文字典》頁 624

△**按** 釋“行大夫”是,“大夫”二字合文。

【行子】璽彙 5347

△**按** “行子”合文。

【行市徒】九店 56·30

○**李家浩**(2000) “秵吕行市徒,出正,导”,秦簡《日書》甲種楚除達日占辭作“利以行帥〈師〉,出正(征),見人”,“帥”是“師”字之誤。乙種楚除平、達之日占辭作“利以行帥〈師〉徒,見人,入邦□☒”,“師”下有“徒”字,與本簡文字同。“行師徒”與“行師”同義,指出兵。《周易·謙》上六:“利用行師,征邑國。”其文字與簡文此句占辭相近。

《九店楚簡》頁 87—88

【行戈】曾侯邸之行戟,等

○**孫稚雛**(1982) 行戈,大概是出行所用之戈。

《古文字研究》7,頁 106

【行升】集成 2084 連迁鼎

○**吳振武**(1982) 本鼎既然自名爲“行升”,那就應該是用於外出祭祀時升牲的鼎。

《考古》1982-6,頁 663

【行水】睡虎地·日甲 4

○**睡簡整理小組**(1990) 行水,乘船。《周禮·考工記》:“作車以行陸,作舟以行水。”

《睡虎地秦墓竹簡》頁 182

○**李家浩**(1999) “行水”在古代有五義:1.行於水上;2.使水流行;3.巡視水情;4.流動的水;5.分送給水。第三、四義的“行水”,與秦簡的“行水”意思不合。第五義的“行水”出現較晚,與秦簡的“行水”無關。所以,第三、四、五義的“行水”在此不談。第一義的“行水”,即《睡虎地》注釋所説的“乘船”。第二義的“行水”屢見於古書,指跟使水流行有關的水利之事。例如:《孟子·離婁下》“如智者若禹之行水也,則無惡於智矣。禹之行水也,行其所無事也”,趙歧注:“禹之用智,決江疏河,因水之性,因地之宜,引之就下,行其空虛無事之處。”《禮記·月令》:“季夏之月……土潤溽暑,大雨時行,燒薙行水,利以殺草,如以熱湯,可以糞田疇,可以美土疆。”《淮南子·時則》:“毋行水,毋發藏。”《漢書·溝洫志》“令吏民勉農,盡地利,平繇行水,勿使失時”,顏師古注:“平繇者,均齊渠堰之力役,謂俱得水利也。繇讀曰徭。”我們認爲秦簡的“行水”當是第二義,而不是第一義。九店楚簡“叢辰”篇交日占辭“行水”作“行水事”,似乎可以證明這一點。“行水事”古書或説成“水事”。《吕氏春秋·上農》:“奪之以水事,是謂籥。”夏緯瑛對此句的解釋,可以參考:“劉熙《釋名》:‘籥,躍也,氣躍出也。’……疑此‘籥’,即‘躍’之借義字,該是今日所謂‘冒進’的意思。‘水事’,指治水利之事,如浚河修渠等。治水事,要在農閒的時候;若當農時而治水事,就是奪於農時。治水事,本是爲農的一件好事,但若是奪去農時而爲之,那就叫做冒進了。”

《著名中年語言學家自選集·李家浩卷》頁 382—383,2002;
原載《史語所集刊》70 本 4 分

【行水事】九店 56 · 27

○**李家浩**(2000)　“行水事”,《秦簡》日書甲種楚除交日占辭此句位於下文“以祭門行”之後,“行水”下無“事”字。睡虎地秦簡整理小組注:“行水,乘船。《周禮·考工記》:‘作車以行陸,作舟以行水。’”按簡文以“行水”與“鑿井”並列,其義非是“乘船”。“行水”除作行於水上講外,還作使水流通講。後一種講法的“行水”猶言“治水”,屢見於古書。《孟子·離婁下》“如智者若禹之行水也,則無惡於智矣。禹之行水也,行其所無事也”,趙岐注:“禹之用智,決江疏河,因水之性,因地之宜,引之就下,行其空虛無事之處。”《禮記·月令》:“季夏之月……土潤溽暑,大雨時行,燒薙行水,利以殺草,如以熱湯,可以糞田疇,可以美土疆。”《淮南子·時則》:“毋行水,毋發藏。”據此,秦簡“行水”當指治水利,本簡“行水事”當指治水利之事。“行水事”也可以説成“水事”。《吕氏春秋·上農》“奪之以水事,是謂籥”,夏緯瑛解釋説:“劉熙《釋名》:‘籥,躍也,氣躍出也。’……疑此‘籥’,即‘躍’之借義字,該是今之所謂‘冒進’的意思。‘水事’,指治水利之事,如濬河修渠等。治水事,要在農閒的時候;若當農時而治水事,就是奪於農時。治水事,本是爲農的一件好事,但若是奪去農時而爲之,這就叫作冒進了。”見《吕氏春秋上農四篇校釋》22 頁,農業出版社 1979 年。

《九店楚簡》頁 82—83

【行車府】

○**周曉陸、陳曉捷**(2002)　行車府印,北京某家藏。“車府”見《集》一.二.19。行有二意,一指出行,巡狩,行某官爲隨行之吏;二指大官兼理小官之事,《後

漢書·陳俊傳》“拜俊太山太守,行大將軍事”。在秦約爲第一種情況。

《秦文化論叢》9,頁 264

【行作】

○**劉樂賢**(1994)　(編按:睡虎地·日甲 9 正)行作是勞動的意思。如《商君書·墾令》:“聲服無通於百縣,則民行作不顧,休居不聽。”《論衡·辨祟篇》:“世信禍祟,以爲人之疾病死亡,及更患被罪,戮辱歡笑,皆有所犯。起功、移徙、祭祀、喪葬、行作、入官、嫁娶,不擇吉日,不避歲月,觸鬼逢神,忌時相害。”正可與《日書》互相參證。

《睡虎地秦簡日書研究》頁 26

○**李家浩**(1999)　(編按:睡虎地·日甲 9 正)“行作”該書未注,但後來劉樂賢先生曾作過注釋。(中略)

　　劉氏不僅對“行作”的意思作了解釋,而且還引了兩條書證。我們在這裏先補充兩條書證,然後再説“行作”的意思。《管子·小匡》:“居處相樂,行作相和。”《禮記·祭法》“王爲群姓立七祀……曰國門、曰國行……”鄭玄注:“行,主道路、行作。”舊以“行作”爲“勞作”。劉説即沿襲這一説法。其實把“行作”解釋爲“勞作”,於文義並不十分貼切。北京大學歷史系《論衡》注釋小組注釋《辨祟》篇的“行作”時説:“行作,出門辦事。”其説可從。不過把“辦事”改從舊説“勞作”,似乎於文義更妥帖一些。上引《商君書》以“行作”與“休居”對言,《禮記》鄭注以“道路”與“行作”連言,秦簡以“行作”與“之四方野外”連言。更值得注意的是,鄭注説“行作”是由行神主管的。眾所周知,古人平時外出遠行要祭“行”。這些情況都足以證明“行作”的意思是“出門勞作”,而不是一般的“勞作”。

《著名中年語言學家自選集·李家浩卷》頁 378—379,2002;
原載《史語所集刊》70 本 4 分

○**劉國勝**(2000)　(編按:九店 56·31)比較一下,可以看出“行作四方野外”與(1)中的“建野外”是相當的條目。“行作”,劉樂賢先生引徵《商君書·墾令》“則民行作不顧,休居不聽”認爲是勞動的意思,可從。“行作”既與“休居”對舉,則是指墾地整田一類的户外活動。

《奮發荆楚　探索文明》頁 216

○**李家浩**(2000)　(編按:九店 56·31)“行作”亦見於下三二號簡外害日和秦簡《日書》甲種楚除外害日的占辭,是出門作事的意思。《商君書·墾令》:“聲服無通百縣,則民行作不顧,休居不聽。休居不聽,則氣不淫;行作不顧,則意必壹。"《管子·小匡》:"居處相樂,行作相和。"《禮記·祭法》"王爲群姓立七祀……曰國門,曰國行……"鄭玄注:"行,主道路、行作。"《論衡·辨祟》:"起功、移徙、祭祀、喪葬、行作、入官、嫁娶,不擇吉日,不避歲月,觸鬼逢神,忌時相害。"舊以爲"行作"是"勞作"(《辭源》2800 頁),於文義不十分貼切。北京大學歷史系《論衡》注釋小組《論衡注釋》四册 1386 頁注⑤説:"行作,出門辦事。"可從。上引《商君書》以"行作"與"休居"對言,《管子》以"居處"與"行作"對言,《禮記》鄭玄注以"道路"與"行作"連言。更值得注意的是,鄭注説"行作"是由行神主管的。衆所周知,古人外出遠行才祭"行"。這些情況都足以説明"行作"的意思是"出門辦事",而不是一般的"勞作"。

《九店楚簡》頁 88—89

【行気】行氣玉銘

○**陳邦懷**(1982)　《玉篇·辵部》收有遆字,訓"行貌"。遆意爲行,與"行気"的行字正相呼應。

《古文字研究》7,頁 188

○**許國經**(1989)　運行内氣。

《湖北大學學報》1989-1,頁 22

○**何琳儀**(1998)　行氣玉銘"行気",讀"行氣"。《左·昭九年》"日昧以行氣,氣以實志"注:"氣和則志充。"

《戰國古文字典》頁 624

○**趙峰**(1998)　張光裕認爲銘中的"行気",蓋屬兵家所重之"氣",而廣含天地稟給之精者也。郭沫若也曾認爲:"気即氣字,爲後世氚字所從出。"而"行"則有"用、爲"的意思,《周禮》:"掌行火之政令。"注:"行,猶用也。"又《荀子·議兵》:"設何道何行而可。"注:"行,動用也。"此首言氣之爲用,遂引出下文。

《寧德師專學報》1998-2,頁 31

△**按**　"行"即運行,不煩改讀。

【行易】貨系 2462,集成 11673 王立事鈚,等

○**裘錫圭**(1978)　"徢"下的"="顯然是符號而不是文字,釋作一二的"二"是錯誤的,但是《東亞》和《概述》根本不管這個符號也不妥當。在戰國文字裏,"="這個符號一般用來表示重文或合文。"徢"字不見於字書,古今地名用疊字的又極其少見,"徢"下的"="應該是合文符號而不是重文符號,"徢"應該是"行、易"二字的合文。

"徢="這一地名也見於下引的戰國銅劍銘文:

王立(蒞)事,䚻㕣(令)咟卯,右庫工帀(師)司馬导,冶倉報(?)齋（劑）

䚻和㕣無疑是一字的異體。（中略）

所以,上引三孔布面文可以釋爲"南行易"。古代"易、唐"二聲相通,其例習見。就地名而言,姚本《戰國策·趙策一》"趙收天下且以伐齊"章中,"羊腸"作"羊唐";《春秋·昭公十二年》"齊高偃帥師納北燕伯于陽",《左傳》"陽"作"唐",都是例子。幣文的南行易應該就是古書上的南行唐。南行唐在漢代屬常山郡,其地在今河北省行唐縣附近,戰國時屬趙,《史記·趙世家》惠文王八年有"城南行唐"之文。

《古文字論集》頁 433—434,1992;原載《北京大學學報》1978-2

【行㝷】

○**韓自强、韓朝**（2002）　同類的"行㝷大夫璽",還有"江陵行㝷大夫璽"（上博藏）;"上塌(唐)行㝷大夫璽"（故宮藏）,兩璽據傳均出土於壽縣。這方"鄝厚行㝷大夫璽"是同類璽的第三方,彌足珍貴。璽中的㝷,曾被誤釋爲宮,隨着近年大批楚簡的出土,才釋爲㝷。楚國的㝷和邑用法有區別,㝷是作爲縣㝷用,邑是作爲如《周禮·地官·小司徒》所載"四井爲邑",《注》"方二里"的縣、鄉以下的基層單位來用,包山楚簡㝷和邑絕不混用。

三枚行㝷大夫璽裏的"行"字很值得注意,按照古籍對行字的多種解釋:《獨斷》"天子以四海爲家,故謂所居爲行在所";《周禮·州長疏》"行謂巡狩";《素問》"行者移也";《呂覽》"行去之他也"。還有"天子行所立名曰行宮";"大吏出行所駐處謂之行轅";"魏晉以後以行尚書省事者號爲行臺";"元代於各路設行中書省稱爲行省"等等。至於行㝷的含義古籍失載,但我們不能像理解行在、行宮、行轅是天子,大吏出巡駐蹕那樣,把行㝷理解爲大夫出巡的住所,也不能像理解代行尚書省政務的行臺或代行中書省政務的行省那樣,把行㝷理解爲代行政務的派出機構。我們今天看到的葬於公元前316年的包山竹簡《文書》《受期》等記載有幾處㝷大夫,沒有一處稱作行㝷大夫的,反觀稱作行㝷大夫的官璽都出土於淮河流域。江陵、上唐和鄝厚都不是淮河流域的地名,這些㝷大夫的官璽流落到潁淮一帶,這與楚國後期受强秦的步步進逼,楚國統治集團重心東移有關,隨着楚都徙陳、徙鉅陽、徙壽春,一定有大批貴族以及大小官吏隨考烈王逃難到潁淮流域,這些失去了原有的封地或領地的封君、大吏,身雖已"去之他所",逃到新的駐地,仍要保留原有的封號或封地的名稱。這些僑置的有名無實的流亡政權,楚人稱之爲"行宮"。楚被秦滅後,這些流亡的"行宮大夫"隨着消失,他們的官璽卻流落到潁淮流域。

歷史上流亡政權出逃的事例不勝枚舉,戰國末年楚國東徙留下的流亡政權的官璽,是目前我們所能見到的最早的流亡政權的實物。

《古文字研究》22,頁 176—177

○**趙平安**(2003)　例(3)至(6)中的"行宛",和"宛"既有聯繫又有區別。《古璽彙編》有"邟行廥之璽"(0130)、"行廥之璽"(0128),又有"高廥之璽"(0132)、"廥"璽(5343),"宛"和"行宛"的區別,似與"廥"和"行廥"相當。近來有學者認爲,"行宛"是指僑置的有名無實的縣,爲我們提供了一種新的思路。

《第四屆國際中國古文字學研討會論文集》頁 537

△**按**　趙平安釋"宮"爲"宛",故所論"行宛"即指"行宮"。

【行華官】

○**周曉陸、陳曉捷**(2002)　行華官印,《風》143 頁,《讀》59。此泥曾釋"行平官印",仔細辨認後,當讀作"行華官印"。"行"作巡視意,參見本文例5。"華"當指華嶽,《史記·封禪書》記:"西嶽,華山也。""如岱宗之禮",即"柴,望秩於山川。遂觀東后。東后者,諸侯也。合時月正日,同律度量衡,修五禮,五玉三帛二生一死贄"。又"及秦并天下,令祠官所常奉天地名山大川鬼神可得而序也"。"自華以西,名山七……曰華山……"近年發現秦華大山玉簡,也證明了這點。行華官當爲巡視祀華山之官。

《秦文化論叢》9,頁 268

【行宗】璽彙 0214

○**吳振武**(1991)　"行宗之鈢"璽著録於《古璽彙編》36·0214。據《璽彙》,此璽現藏北京市文物管理處。

此璽璽面 2.9cm 見方,陰文,有邊框。從風格上看,屬楚的可能性較大。

璽文第二字前人未釋,《古璽文編》列於附録(499 頁第 2 欄)。

我們認爲,此字從"宀"從"录",應隸定爲"宗"。西周金文中的"录"字作:

　　　　彔　彔　彔《金文編》498—499 頁

漢印"禄"字所從的"录"或作:

𢍺 𢍺《漢印文字徵》1.2 上

皆與此字"录"旁相似。"寁"字雖不見於後世字書,但按照漢字構造的通例來看,它應該是從"录"得聲的。在楚文字中,常有一些字贅加"宀"旁,也許此字就是"录"字的異體。

　　璽文"行寁"應該讀作"衡麓",是官名。"衡"字本從"行"聲,典籍中從"行"得聲的字常和"衡"通。例如:《詩·小雅·采芑》:"有瑲葱珩。"韓、齊、魯三家"珩"作"衡"。《禮記·雜記》"甕、甒、筲、衡,實見閒",鄭注:"衡當爲桁。"可見"行"字可以讀作"衡"。"寁"字從"录"得聲,自可讀爲"麓"。《説文》説"麓"字從"林","鹿"聲,古文則從"录"聲作"禁"。商代卜辭和西周金文中的"麓"字亦作"禁"(《甲骨文編》267—268 頁、《金文編》410 頁),和《説文》古文同。又卜辭中的"录"字也多讀作"麓",這是大家所熟知的。

　　衡麓實古代掌管林麓的官,大致相當於上引銅器銘文中的"林"和《周禮》中的"林衡"。《左傳·昭公二十年》:"山林之木,衡鹿守之。"杜注:"衡鹿,官名也。"孔疏説:"《正義》曰:《周禮》司徒之屬有林衡之官,掌巡林麓之禁。鄭玄云:'衡,平也,平林麓之大小及所生者。竹木生平地曰林,山足曰麓。'此置衡鹿之官守山林之木,是其宜也。"按前人多認爲衡鹿之"鹿"是"麓"的借字。《周禮·地官》記林衡的具體職責是:"掌巡林麓之禁令,而平其守,以時計林麓而賞罰之。若斬木材,則受法于山虞,而掌其政令。"

　　林衡掌管林麓,虞人掌管山澤,兩者的關係顯然是十分密切的。因此典籍中掌管山林之官也往往通稱爲"衡、虞、虞衡"或"麓"。孫詒讓在《周禮正義》卷十七中説:"《國語·齊語》云'山立三衡',韋注云:'《周禮》有山虞、林衡之官。'案彼蓋兼山林官言之。三衡者,山與林麓各有大中小三等,亦通謂之虞。故《喪大記》云:'復有林麓,則虞人設階。'《易》屯六三爻辭云:'即鹿無虞,惟入于林中。'鹿、麓字通,彼虞即謂林衡也。山林地相比,故虞衡通稱亦通謂之麓。《説文·林部》云:'麓,守山林吏也。'《國語·晉語》云:'主將適螻而麓不聞。'《左》昭二十年傳云:'山林之木,衡鹿守之。'是也。"

《江漢考古》1991-3,頁 86—87

○**牛濟普**(1992)　行汙。

《中原文物》1992-3,頁 95

△**按**　吳振武説可從。

【行道】侯馬盟書

○**廖序東**（1999）　塑蘊：“勿事嘰虐從獄，孚奪隙行道。”《爾雅·釋宮》：“行，道也。”《詩·小雅·小弁》“行有死人”箋：“行，道也。”郭沫若云：“行道即商旅經由之路，曾伯棗簠言‘金道錫行，具既卑方’，是其義。”“金道錫行”，以金錫入貢或交易之路，“道行”分用，組成了四字格。

《中國語言學報》4，頁 160

○**何琳儀**（1998）　侯馬盟書“行道”，見《詩·大雅·綿》“行道兌矣”。

《戰國古文字典》頁 624

【行悥府】璽彙 0134

○**施謝捷**（1998）　0134 行疐（惠）府鉨·行悥（置）府鉨。

《容庚先生百年誕辰紀念文集》頁 644

【行軖】曾侯乙 120

○**裘錫圭、李家浩**（1989）　《説文·車部》：“軖，紡車也。從車，㞷聲，讀若狂。一曰一輪車。”此與簡文“軖”不同義。簡文有少軖、乘軖、行軖、行軖，“軖”均用爲車名，當讀爲廣車之“廣”。“軖”從“㞷”聲，“㞷、廣”古音極近。《左傳》宣公十二年“楚子爲乘廣三十乘，分爲左右”。又襄公十一年“廣車、軘車淳十五乘”，杜預注：“廣車、軘車，皆兵車名。”《周禮·春官·車僕》“廣車之萃”，鄭玄注：“廣車，橫陳之車也。”但是，稱廣車的其實並不一定是兵車。《戰國策·西周策》“昔知伯欲伐厹由，遺之大鐘，載之廣車，因隨入以兵”，高誘注：“廣，大車也。”漢代有一種大車叫“廣柳車”（《史記·季布傳》），可能與此種載物之廣車有關。120 號是車的總計簡，所記車名既有“廣車”，又有“行廣”。“廣車”似是指斾、殿等兵車，“行廣”則是其他性質的廣車。

《曾侯乙墓》頁 513

【行廥】

○**鄭超**（1986）　20.厱行府之璽（《古璽彙編》0130）

葉其峰指出，厱即六，古國，在今安徽省六安縣東北。《左傳·文公五年》“六人叛楚……仲歸帥師滅六”。行府，葉氏疑是楚王行宮之府庫，我們則認爲行府之“行”當和“行宮”之“行”同義。六行府可能是楚王設在六地之府，它和行宮可能沒有什麼從屬關係。

21.行府之璽（《古璽彙編》0128、0129）

這種“行府之璽”沒有標出行府所在地，大概是在行府和當地地方政府之閒使用。

《文物研究》2, 頁 90

○**王輝**（1987）　楚又有行府。《古璽彙編》0128 爲“行賡之鉨”, 0129 爲“邟行賡之鉨”。二賡字所从之貝字亦作🄰, 從風格看, 此亦楚璽。《周禮·秋官》亦有大、小行人, 掌朝覲會同。《周禮·秋官》又有行夫, 掌供邦國之閒使人往來所需車馬之事。行人、行夫、行賡之“行”均當爲征行之義, 行府當爲國家在地方上所設之府。

《中國考古學研究論集》頁 348

【行議】左行議達戈, 等

○**李學勤**（1959）　“行議”是使用該兵器的人員職名。

《文物》1959-7, 頁 54

○**李學勤、鄭紹宗**（1982）　“行議”一辭曾見於兩件燕王詈戈（《三代》一九、五二、三,《小校經》一〇、五三、二）。那兩件戈銘均云“燕王詈作行議鏃”, 足見行議也是燕王的侍衛之類。“議”可讀爲“儀”,“行議”大概是一種儀仗隊伍的名稱。

《古文字研究》7, 頁 127

○**沈融**（1994）　行：獨立的建制步兵, 主要執行戰車兵力所不及的險地作戰任務, 是軍的補充。《左傳·昭公元年》晉魏舒“毀車以爲行”皆可作證。議通儀, 銜通率（帥）, 行議銜即步兵儀仗隊的統帥。從晉有左中右三行、燕有左軍右軍來看, 當時燕國至少還有一支與“左行議”並存的步兵儀仗隊“右行議”。

《考古與文物》1994-3, 頁 92

○**何琳儀**（1998）　燕兵“行議”, 官名。疑與品行道義有關。《漢書·食貨志》：“先行議而黜魂辱。”或作“行義”,《荀子·賦》：“行義以正, 事業以成。”

《戰國古文字典》頁 624

○**馮勝君**（1998）　行義（議）, 讀行儀。“大概是一種儀仗隊伍的名稱”。

《華學》3, 頁 246

△**按**　當是某種軍隊建制, 具體所指未能確定。

術　衔

🄰十鐘　🄰睡虎地·爲吏 37 貳　🄰睡虎地·答問 101

○**睡簡整理小組**（1990）　（編按：睡虎地·答問 101“有賊殺傷人衛術”）衛術, 見《墨子·

備城門》,意爲大道。

【怵愯】睡虎地·爲吏 37 貳

〇**睡簡整理小組**(1990)　怵(音處)愯,戒懼。《漢書·淮南厲王傳》:"日夜怵愯,修身正行。"

〇**張守中**(1994)　通怵　術愯之心　爲三七。

△**按**　《説文》:"術,邑中道也。从行,术聲。"秦系"術"所表之意,楚簡以"述"大致當之。

　　睡虎地簡《爲吏之道》37"術愯之心不可長",整理小組以爲當作"術愯之心不可不長",補一"不"字。上博三《彭祖》簡 6 有"述惕之心不可長",與睡虎地簡同,故知整理小組擬補不當。"術愯、述惕"皆讀爲"怵惕",參本卷辵部"述"字條。

街　街

街官印 0081　　街睡虎地·封診 21

【街亭】睡虎地·封診 21

〇**睡簡整理小組**(1990)　街亭,城市内所設的亭,如《續漢書·百官志》注引《漢儀》:"雒陽二十四街,街一亭。"

【街鄉】官印 0081

〇**羅福頤**(1987)　《漢書·百官公卿表》,縣下有鄉。鄉有三老、有秩、嗇夫、游徼。

〇**王人聰**(1990)　以上諸印,均是鄉印,其隸屬之縣無考。由印文字體及印面有邊闌及田字格、日字格的特徵來看,應當也是秦印。《續封泥考略》著録漢鄉印封泥如安鄉之印、新息鄉印、東鄉、西鄉、南鄉、北鄉等,不論方印或長方印,印面均無邊闌與界格。

《古璽印與古文字論集》頁 61,2000;原載《秦漢魏晉南北朝官印研究》

衝 𧗜

睡虎地・日甲 1 背

【衝術】睡虎地・答問 101

○**睡簡整理小組**（1990）　（編按：辭云"有賊殺傷人衝術"）衝術，見《墨子・備城門》，意爲大道。

《睡虎地秦墓竹簡》頁 117

△**按**　《説文》："衝，通道也。从行，童聲。《春秋傳》曰：及衝以戈擊之。"

衛 𧗸　衝 衙

詛楚文 　　睡虎地・答問 198　　　睡虎地・爲吏 20 壹　　上博一・緇衣 17

郭店・尊德 28　　　包山 194　　　上博二・容成 7　　　楚帛書

集成 2590 十三年上官鼎　　　集成 11111 左行議逵戈

上博一・緇衣 8　　上博一・緇衣 8

○**吳大澂**（1884）　逵　古逵字，上官鼎。

《説文古籀補》卷 2，頁 5

○**李學勤、鄭紹宗**（1982）　（編按：左行議逵戈）"衝"即《説文》"衛"字，通作"率"，《荀子・富國》注："率，與帥同。"長沙子彈庫帛書"乍（作）□北征，衝又（有）咎"，即"帥有咎"，字的寫法亦與此戈相同。由此可知，此戈是燕王儀仗隊伍的首領使用的。

《古文字研究》7，頁 127

○**饒宗頤**（1985）　（編按：楚帛書）"作□北征，率有咎"者，率讀爲帥。《説文》："衛，將衛也。"《孫子兵法》簡，帥字作衛，正月出師不宜北方。此古兵陰陽家言。《荀子・儒效篇》楊倞注引《尸子》云："武王伐紂，魚辛諫曰：'歲在北方，不宜北征，武王不從。'以太歲在北方，故不宜北征也。"

《楚帛書》頁 73

○**何琳儀**（1986）　（編按：楚帛書）"衝"，即"率"，語首助詞，無義。見《詞詮》。

《江漢考古》1986-2，頁 84

○**曾憲通**（1993）　（編按：楚帛書）三體石經古文率字作🔣，與帛文同。王國維《魏正始石經殘石考》云：“《説文》行部‘衞，將衞也’。又辵部‘達，先導也’。二字音義並同。毛公鼎作🔣，師裏敦作🔣，十三年上官鼎（六國時器）作🔣。正與此同。”按禹鼎有🔣字，與帛文同，衞字今通作帥，帥行而衞、衞遂廢。

　　　　　　　　　　　　　　　　　　《長沙楚帛書文字編》頁 100—101

○**張守中**（1994）　（編按：睡虎地簡）通率　衞敖當里典謂殿　法一九八。

　　　　　　　　　　　　　　　　　　　《睡虎地秦簡文字編》頁 25

○**劉信芳**（1996）　（編按：楚帛書）率，帛書作“🔣”，字又見包山簡一九四，與三體石經“率”之古文同形，《説文》作“衞”，字同“帥”。《荀子·富國》：“將率不能則兵弱。”楊倞注：“率與帥同。”

　　　　　　　　　　　　　　　　　　　《中國文字》新 21，頁 99—100

○**李零**（2000）　（編按：楚帛書）“率有咎”，饒文認爲是指北征則太歲當衝，李文則認爲楚在南方，常出兵北向。按古代兵陰陽家有順斗逆斗之説。《漢書·藝文志》“兵陰陽”類小序：“陰陽者，順時而發，推刑德，隨斗擊，因五勝，假鬼神而爲助者也。”正月，由北向南擊爲隨斗，北征，則是逆斗而擊，犯其忌諱，所以説“率有咎”。“率”指軍率。

　　　　　　　　　　　　　　　　　　　《古文字研究》20，頁 173

○**馬承源**（2001）　（編按：上博一·詩論27）七衞　即今本《詩·國風·唐風》篇名《蟋蟀》。“七”與“蟋”爲同部聲母通轉字。“衞”釋爲“衞”，古文作“衞”，與“蟀”爲同音。

　　　　　　　　　　　　　　　　《上海博物館藏戰國楚竹書》（一）頁 157

○**陳佩芬**（2001）　（編按：上博一·緇衣17）衞　即“率”字。郭店簡及今本皆作“從”。

　　言衞行之，今本作“言從而行之”。

　　　　　　　　　　　　　　　　《上海博物館藏戰國楚竹書》（一）頁 193

○**濮茅左**（2003）　（編按：上博三·周易 8“長子衞師”）“衞”即“達”字，《玉篇》：“達，先道也，別也，今爲帥。”又：“古文帥字。”《古文四聲韻》“率”字下引《義雲章》作“🔣”，與簡文同。“達、帥、率”古通用。《象》曰：“‘長子帥師’，以中行也。‘弟子輿尸’，使不當也。”

　　　　　　　　　　　　　　　　《上海博物館藏戰國楚竹書》（三）頁 147

○**李守奎**（2003）　與行部之衞同字。

　　　　　　　　　　　　　　　　　　　　　《楚文字編》頁 94

○**李零**（2004） （編按：上博四·曹沫28）銜　讀“帥”，指三軍之將，《論語·子罕》“三軍可奪帥也”的“帥”就是這個意思。

《上海博物館藏戰國楚竹書》（四）頁 261

○**李零**（2004） （編按：上博四·曹沫58）銜車以車，銜徒以徒　“銜”同“率”。這裏是指率車則與車同在，率徒則與徒同在。

《上海博物館藏戰國楚竹書》（四）頁 281

○**禤健聰**（2005） 上博《緇衣》簡 8：

　　子曰：下之事上也，不縊（C）其所以命，而 C 其所行。

C 字整理者直接釋爲“從”。李零認爲：“原作从言（言當爲辵，當是排版錯誤——引者）从雙虫，與楚‘融’字所从相同，估計是冬部字，而借爲東部字。”陳偉則謂：“此字辵旁之外的部分，作二匕。其中左邊的匕形體較大，且下部彎曲；右邊的匕則顯得較小，故較難看出。恐當釋爲‘比’。”按以上説法均未能認清字形，因此所釋皆誤。原字當下从止，上从行从二彎畫作。所謂雙虫、二匕均誤把中間的二彎畫與亍旁連在一起看，導致偏旁拆分錯誤。對比同簡的行字，能夠看得更清楚。

　　上二字郭店簡和傳世本對應的字均爲“從”。上博《緇衣》簡 17 有“䢇（D）”字，郭店簡 34 對應的字亦爲“從”。D 字整理者和李零釋爲“率”，陳偉則釋爲“道”：“《孔子詩論》27 號簡有‘率’字，其中間部分即‘幺’與此字顯然有異。此字的中間部分應該是‘人’字，只是與常見寫法略有不同而已。而在郭店簡原定名《成之聞之》的簡書中，即有類似寫法的‘人’字（7 號、9 號簡）。因而此字大概就是在郭店簡中多次出現的左旁爲彳，右旁爲亍，而中間作‘人’的‘道’字。”此字中間所从之形與“人”形體上差別較大，與同篇的人字形體尤不類。通過字形比較，C、D 二字當爲一字之兩個變體，從 D 到 C，只是纍增止旁，並且中間所从的二彎畫由相交變爲相連。郭店簡與兩字對應的字均爲“從”，也可以作爲兩字實爲一字的一個證據。

　　《説文》：“達，先道也。”段注：“《釋詁》《毛傳》皆云：率，循也。此引申之義，有先導之者，乃有循而行者。”《漢語大字典》：“率，遵循，順服。《詩·大雅·假樂》：‘不愆不忘，率由舊章。’鄭玄箋：‘率，循也。’”則率有從義。陳偉指出 D 字中間所从與“幺”形異是有道理的，故是否把 C、D 釋爲率，尚可探討。有可能 D 字所从，因下彎畫未向上勾而寫訛，C 字承之，從而出現上博簡的率字變體。

《中山大學研究生學刊》2005-1，頁 7

○**李守奎、曲冰、孫偉龍**(2007)　與"衛"當爲一字之異。

《上海博物館藏戰國楚竹書(一—五)文字編》頁 80

△**按**　《説文》："衛,將衛也。"又："達,先導也。"二字本或爲一字異體,古文字从辵、从行、从止多無別。參見辵部"達"字條。

衛　衛　壐

集粹　　秦陶 1030　　睡虎地·秦律 196

璽彙 1339　　璽彙 1340　　璽彙 1335　　璽彙 1341

郭店·性自 27　　包山 224　　望山 2·35　　上博二·容成 31　　新蔡乙一 26

○**羅福頤等**(1981)　(編按:璽彙 1341)《汗簡》衛作𪭮,與此相似。

《古璽文編》頁 44

○**朱德熙、裘錫圭、李家浩**(1995)　(編按:望山 2·10"壐,霝光之純")此字亦見三五號簡,當是"衛"之繁體,在此疑當讀爲"幃"。

《望山楚簡》頁 119

○**劉信芳**(1997)　(編按:包山 263)"衛"讀如"緌",繫冠纓之飾。《禮記·內則》:"冠緌纓。"鄭玄《注》:"緌,纓之飾也。"《説文》:"緌,系冠纓也。"段氏校正爲"系冠纓垂者"。

　　望二·一〇:"□聯綴之軑勒(勒),丹組之裏,衛霝光之純。"此"衛"應是馬勒之垂纓。二·三五:"□□笲,衛⊘"五八:"⊘衛吕二膚,丹纏之宮□。"此二例因句例不全,謹存疑。

《中國文字》新 23,頁 95

○**李零**(2002)　(編按:上博二容成 31"壐於溪谷,濟於廣川")壐　疑同《説文·足部》"躗"字,讀法有待研究,含義當與"濟"字相近。《改併四聲篇海》引《龍龕手鑒》有"蹓"字,訓爲"踐也"。

《上海博物館藏戰國楚竹書》(二)頁 275

○**劉信芳**(2003)　(編按:包山 263)壐:讀爲緌,系冠纓之飾。《禮記·內則》:"冠緌纓。"鄭玄《注》:"緌,纓之飾也。"《説文》:"緌,系冠纓也。"蓋冠纓下垂部分可以結成各種式樣,稱爲"緌"。

《包山楚簡解詁》頁 283

【衞侯之筮】新蔡零 112、甲三 114、113

△**按**　辭云:"應嘉以衞侯之筮爲平夜君貞。""衞侯之筮"爲卜筮工具名,所指未詳。

【衞筮】新蔡乙一 16

△**按**　卜筮工具名,所指未詳。

【竉筮】新蔡乙一 26、2

△**按**　辭云"公子號命謠生以竉筮爲君貞""謠生以竉筮爲君貞","衞筮、竉筮"爲一事,卜筮工具名。

衍

石鼓文・鑾車　　郭店・老甲 6　　郭店・性自 12

△**按**　"衍"戰國文字多讀爲"道",或是以人步於行中會意。詳辵部"道"字條。

衛　竉　遮　遾

包山 142　　上博一・緇衣 1

上博三・周易 32　　上博二・魯邦 3

包山 144　　郭店・緇衣 1

秦文字集證 134・18　　睡虎地・日甲 83 背壹

○**睡簡整理小組**(1994)　(編按:睡虎地・日甲 83 背"其咎在渡衚")衚,疑讀爲澔,即港字。一説衚讀爲巷。

《睡虎地秦墓竹簡》頁 221

○**湯餘惠**(1993)　(編按:包山簡)衛 142　遮 144　這兩個字原分別隸定爲"衛"和"遮"。古文字从行、从辵每無別。二形當是一字之異。所从之"甶",爲"席"之省體。《説文》謂席字"从巾,庶省聲"(小徐及段注本)。又"遮,遏也。从辵,庶聲"。可見席、庶聲類本相同,因此二字皆可釋爲"遮"。遮謂遮遏、阻截。142 簡:"(小人)遊趄至州,~小人,牺敷之。"是説小人某跑到州中,受到州人的阻截,並將逮捕他。144 簡:"小人逃至州,~州人,牺敷小人。"遮州人,是"遮於州人"的省語,跟前句話是一個意思,只是换了一種説法。

曾侯乙墓竹簡人名有"![席]梯",姓氏字,右从席省,"鄘"即古文席氏之"席",《廣韻》:"席,亦姓,出安定,其先姓藉,避項羽名改姓席氏,晉有席坦。"

《考古與文物》1993-2,頁 72—73

○**何琳儀**(1993)　(編按:包山簡) 遊逧至州![巷] 142

△原篆作![字],與![字] 144 爲一字異體,應釋"逤",即"迅"(《字彙》"吊俗弔字")。《説文》:"迅,至也。从辵,弔聲。"隨縣簡 167 應釋"鄡",讀"叔",姓氏。

《江漢考古》1993-4,頁 59

○**白於藍**(1997)　包山楚簡中有一字作如下兩形:

![字]簡 142　　　　![字]簡 144

舊不識,按此應釋爲巷字。《説文》字云:"里中道,从㘪从共,皆在邑中所共也,巷,篆文从㘪省。"

考古新發現有如下兩方漢代封泥,見於《西安北郊新出封泥選拓》(《書法報》1997 年 4 月 9 日,第 15 期)一文。

原編者將此兩方封泥的釋文分別釋寫爲"永巷"和"永巷丞印",對"巷"字的考釋可謂獨具慧眼。永巷在漢代是妃嬪、宫女居住的地方,同時也是幽禁妃嬪、宫女的場所。《史記·吕后紀》:"吕后最怨戚夫人及其子趙王,乃令永巷囚戚夫人。"裴駰《集解》:"如淳曰:'《列女傳》云周宣王姜后脱簪珥待罪永巷。後改爲掖庭。'"司馬貞《索隱》:"永巷,别宫名,有長巷,故名之也。"永巷丞應是管理永巷的官員。《漢書·百官公卿表》少府、詹事屬官皆有永巷令、丞。

值得注意的是在漢代所封的諸王宫中亦往往有永巷,如:

《漢書·五行志》:"昭帝元鳳元年,燕王宫永巷豕出圂,壞都竈,銜其輻六七置殿前。"

《漢書·景十三王傳》:"後去(廣川王)立昭信爲后,幸姬陶望卿爲脩靡夫人,主繒帛,崔脩成爲明貞夫人,主永巷。"

《漢書·宣元六王傳》:"宇(東平王)聞,佴胸臑爲家人子,掃除永巷。"

在已發現的漢代官印及封泥中有"楚永巷丞、楚永巷印"和"齊永巷丞",應即楚、齊王宫中管理永巷的官員所使用的官印。

現在,我們再回到關於"巷"字的考釋問題上來。漢魯峻碑中有"巷"字作"![衖]",此字从行从共,可隸定爲"衖",衖字亦見於古代典籍,《爾雅·釋宫》:

“衖門謂之閎。”郭璞《注》：“閎，衖頭門。”陸德明《經典釋文》：“衖，道也。《聲類》猶以爲巷字。”《易·睽》：“遇主于巷。”《經典釋文》：“字書作衖。”朱駿聲《説文通訓定聲》巷字下云：“（巷）篆文从邑，今字作巷，省字，亦作衖。《廣雅·釋詁二》：‘衖，尻也。’《釋室》：‘閎謂之衖。’又，‘衖，道也’。《三巷》：‘衖，里中別道也。’”

包山楚簡“🔲”實即巷字的原始寫法，由“🔲”演變爲漢封泥之“🔲”，實是在其原字形上又纍加了“🔲（収）”聲，古音巷爲匣母東部字，収爲見母東部字，兩字聲紐同屬喉音，韻則疊韻，是故巷可以从収聲作。以後巷字遂更由漢封泥之“🔲”演變爲漢碑之“🔲”（小篆“共”字作“𠔁”，與漢封泥“🔲”字中閒作“🔲”者形近），使其成爲从行共聲的形聲字。共字古音是群母東部字，與巷聲紐同屬喉音，韻則疊韻，所以巷可以从共聲作。

由包山簡中巷字作“🔲”，我們推測巷字在古代可能並非像《説文》所言是一個會意字，而是一個从行“🔲（帘）”聲的形聲字，巷字《説文》云：“里中道。”古代从行表義的字大都與道路有關。（中略）

“帘”字目前雖不識，然其古音與巷應當相近。獨體的“帘”字亦見於青銅器🔲伯段的銘文當中，原文爲：“乃且（祖）克辥（弼）先王，異（翼），自也（他）邦，又帘于大命。”過去或將“帘”釋爲“席”，則於文義未安，很難讀通，而如將之讀爲與巷字音近的“共、恭、龔”，則文通義順，古代典籍中“共命、恭命、龔命”之辭頗爲常見。（中略）由此可見，巷字本是从行“帘”聲的形聲字的可能性是很大的。

包山簡中巷字又寫作“🔲”，是由於偏旁行、彳、辵可通用之故。此兩字在包山簡中分別出現在如下之辭句當中：

　　簡 142：遊取至州巷

　　簡 144：小人逃至州巷

“州巷”一詞亦見於典籍，《禮記·祭義》：“……而弟達乎朝廷矣……而弟達乎道路矣……而弟達乎州巷矣。”鄭玄《注》：“一鄉者五州。巷猶閭也。”據陳偉《包山楚簡初探》（武漢大學出版社，1996 年 8 月第 1 版）研究，包山簡中之州與里、邑一樣，爲官府確定居民所在的具體單位，其規模可能與里、邑相當。若此，則包山簡與《禮記》之“州巷”應即通常意義上的“里巷”，指里中道路而言，這與包山簡 142、144 原簡之文義也是相符的。

《殷都學刊》1997-3，頁 44—45

○陳煒湛（1998）　（编按：包山簡）🔲 142　🔲 144 釋文照録其形，無説，謹慎。（中

略)今按此字之芇實乃市之異構,所从㞢乃之而非廿,與席庶皆無涉。字當釋
迒。關於戰國文字中的"市",裘錫圭同志考證甚詳,可信。

《容庚先生百年誕辰紀念文集》頁 588

○**陳秉新、李立芳**(1998)　　(編按:包山簡)簡文有字作嶺　迚

釋文、字表未隸定。按:當分別隸定作衙和迒。簡 142"遊(送,讀爲亡)
迎(趣)至州衙",簡 144 作"逃至州迒",因知衙和迒爲一字之異,字書均不見,
以聲求之,當是蹣之古文。《玉篇·足部》:"蹣,蹣跚,旋行貌。"《廣韻》:"蹣,
踰牆。"《集韻》:"蹣,踰也。"蹣从㒼聲,㒼从芇聲。芇字見金文,宋伯簋云:"又
(有)芇于大命。"于思泊師云:"《説文》:'芇,相當也,讀若宀。'母官切。即芇
字之訛。朱駿聲謂'不从羊角之丷,疑从廿',是矣。言有當於大命也。"㒼从
芇聲,古音同屬明母元韻。作爲聲符自可通用。足與行、辵用作偏旁意符時
可以互換,故衙和迒可確釋爲古文蹣字。簡文"州蹣"當讀爲"州畔"。畔與蹣
並元旁紐,元部疊韻。《説文》:"畔,田界也。"由此引申爲疆界。《國語·周
語》"修其疆畔"韋注及《廣雅·釋詁》俱云:"畔,界也。"《周禮·地官·大司
徒》:"令五家爲比,使之相保;五比爲閭,使之相受;四閭爲族,使之相葬;五族
爲黨,使之相救;五黨爲州,使之相賙;五州爲鄉,使之相賓。"州是鄉的下屬行
政單位,州畔,即指州界。

《江漢考古》1998-2,頁 79

○**荊門市博物館**(1998)　　(編按:郭店·緇衣 1)迚,讀作"巷"。《説文》"巷"字作
𨛜,《古文四聲韻》引崔希裕《纂古》"巷"字作𨜞、𨜮。上述各形之"巷"字均
从"共","巷"字从"共"聲。簡文的芇似爲"共"字的異構。《包山楚簡》第一
四二、一四四號簡也有"巷"字,作𨜏、嶺等形。巷爲邑中道。包山簡中的"州
巷"即州府之巷。

《郭店楚墓竹簡》頁 131

○**趙平安**(1998)　　從文義看,**衙**和**迒**用法相同;從字形看,行辵可以通用,可
見二者應爲一字。《包山楚簡》一書對二字未予隸定,也未作解釋。滕壬生
先生在《楚系簡帛文字編》中把它們隸定在迗下,並在**迒**下解釋説:"簡文从
吊从辵,《字彙》:吊俗弔字。"滕先生是根據弔之俗字作吊把**迒**中與吊近似
的部分逆推爲弔,進而把**迒**釋爲迗的。問題在於,芇是戰國古文,而吊只是
漢唐之間出現的俗字。因此吊的古文字是弔,而不可能是**迒**。把**迒**釋爲迗
是錯誤的。關於這一點,考察一下吊的演進過程(圖一,1—8),就會獲得更
明晰的認識。

　　黃錫全先生曾把 **箻**、**箌** 釋爲衞。這一釋法爲陳偉先生《包山楚簡初探》所採用。但認真比較就會發現,此字與衞的寫法明顯不同,不可能是一個字。因此釋衞也是不能成立的。

　　箻 和 **箌** 的形體確實很奇特,若沒有類比的材料,很難釋讀。可喜的是,新近公布的一批秦封泥爲這一問題的解決提供了新的契機。其中有這樣兩種(圖二)。

　　這兩種秦封泥分別由兩枚官印鈐出。我們知道,秦代職官中能與印文對照的只有"永巷"和"永巷令丞"。《漢書·百官公卿表》:"少府,秦官,掌山海池澤之税,以給供養,有六丞。"屬官有"永巷令丞"。又:"詹事,秦官,掌皇后、太子家,有丞。"屬官有"永巷令長丞"。除此之外,印文的寫法與巷的或體衖也比較近似,所以有的研究者把它們釋爲"永巷"和"永巷丞印",無疑是正確的。

　　楚簡中的 **箻** 比印文 **箌** 少"𡕄"形,其餘部分基本相同,我們認爲應視爲一字,前者是後者的古形,後者是前者的增纍字。把楚簡中兩個字釋爲巷,可以説文從字順。簡文"州巷"是名詞,處在介詞"至"的後面,表示處所。另外,"州巷"是個古語詞,見於古籍。如《禮記·祭義》:"居鄉以齒,而老窮不遺,强不犯弱,衆不暴寡,而弟達乎州巷矣。"鄭玄注:"一鄉者五州。巷,猶閭也。"州巷就是州閭的意思。

　　對於楚簡中 **箻**、**箌** 的解釋,反過來可以證明釋讀封泥的正確性。

 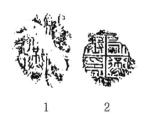

圖一　弔字演進過程　　　　　　　　　圖二　秦封泥拓本

1. 京津 1292　2. 陳肪篤　3. 説文小篆　4. 吴谷朗碑　　1. 永巷　2. 永巷丞印

5. 晉爨寶碑　6. 魏元欽墓　7. 弔比干文　8. 刁遵墓志

《考古》1998-5,頁 80—81

○**李學勤**(2001)　相家巷秦封泥中"永巷"一詞的例子,讀者很容易在周曉陸等先生所編《秦封泥集》内找到。其"巷"字從"行",中閒上部作"弔",下部作"収"。這爲什麽是"巷"字,需要稍加説明。

　　《説文》的"巷"字在"𨛜"部,云:"里中道,從𨛜從共,皆在邑中所共也。"

這是説它是會意字。書中“巷”篆文還有另一體，从“共”从“邑”，許慎認爲是“从𨛜省”。《爾雅・釋宫》也有“巷”字，寫作从“行”的“衖”。由這個字的古音，以及字可从“𨛜”，从“邑”，或者从“行”看，恐怕實際上是形聲字，段玉裁《説文解字注》講“共亦聲”，是太牽就許慎的説法了。

“共”字，《説文》云：“从廿、収。”“共”字何以从“廿”，研究《説文》的學者都有懷疑，可是西周金文中確切可定的“共”字，如善鼎“秉德共（恭）純”、禹鼎“賜共（恭）朕辟之命”，真是从駢列兩個“十”字的“廿”，至於更早的，於“収”上有圓圈形或“口”字形的字，是不是“共”，尚可討論。“廿”可以是駢列二“十”，也可以作“廿”形，因此秦封泥的“巷”字，中閒應理解爲从“共”从“巾”。

从“共”从“巾”，也是一個以“共”爲聲的字，在作爲偏旁時，每每省去“共”所从的“収”，包山楚簡的“巷”字就是這樣。周原出土的西周金文再鼎、再鬲，有字从“芇”从“龍”，已有學者指出便是“龔”字的異體。

綜合上面所説，自戰國至漢，“巷”字已有下面幾種不同的寫法：

从“𨛜”“共”聲　《説文》正篆
从“邑”“共”聲　《説文》篆文或體
从“行”“共”聲　《爾雅》
从“行”“帣”聲　秦封泥
从“行”“芇”聲　包山楚簡
从“辵”“芇”聲　包山楚簡

《陜西歷史博物館館刊》8，頁24

○**何琳儀、徐在國**（2001）　1997年，西安出土的秦代封泥中有如下四方“永巷”封泥：

1

2　書法報1997年4月9日

3

4　考古與文物1997年1期

第四方封泥略殘，僅存“巷”字，第一、三方封泥原文釋爲“永巷丞印”，第二方封泥原文釋爲“永巷”。

有關“永巷”的官印，漢印及漢封泥中多見，如：

封成118

同上366

同上367

同上365

徵存227

《封成》118“永巷丞印”與上録第一、四方秦封泥内容同。“齊永巷丞、楚永巷丞、楚永巷印”並爲西漢諸侯王國“永巷”官印。據《漢書・百官公卿表》，少府屬官有永巷令丞,秦置。武帝太初元年更名爲掖庭。應劭《漢官儀》:"婕妤以下皆居掖庭。"又"掖庭后宫所處"。劉向《列女傳》:"吳勝楚,入至郢,昭王亡。吳王闔閭盡妻其後宫。次至伯嬴,持刀曰:'近妾而死,何樂之有? 如先殺妾,又何益於君王?'王慚,遂退舍。伯嬴與其保阿閉永巷之門,皆不釋兵。三旬,秦救至,昭王乃復矣。"《史記·吕太后本紀》:"吕后乃令永巷囚戚夫人。"《索隱》:"永巷,別宫名,有長巷,故名也。後改爲掖庭。"

據上述記載可知,"永巷"本是別宫名,因爲掌管後宫的官吏稱爲永巷令、丞,所以"永巷"就成爲官名。其職掌當如唐杜佑《通典》所載:"秦置永巷,漢武更名掖庭,置令,掌宫人簿帳、公桑、養蠶及女工等事。後漢掖庭令掌後宫貴人采女,又有永巷令,典官婢皆宦者,並屬少府。"

從上録秦、漢封泥的對比中,可以證明上述四方秦封泥中的"🔲",原文讀爲"巷",無疑是正確的。但字形如何分析,卻頗爲棘手。原因是此字所从的"帒"令人費解,而"帒"及其相關字,古文字中又多次出現,舊皆不得確解。本文試對古文字中的"帒"及其相關字予以解釋。

首先,我們談一下西周乖伯簋"又帒于大命"(《大系》上 137 頁)中的"帒"字:

A 帒

(中略)A 與上引秦封泥中第二字所从的"帒"形體完全一致。我們懷疑 A 應分析爲从"巾","共"省聲,乃"帎"之省文。

《集韻》:"帎,徽幟類。"

《字彙》:"帎,幟類。"

而《璽彙》5389"恭"字作🔲,从"心","共"省聲,是其佳證。

其實,古文字中還有許多諸如此類特殊的省聲現象。這並不是通常意義的所謂"省聲"(即聲符全省),而是特指形聲字中聲符的某一構件可以省略,姑且稱之爲"部分省聲"。舉例説明如下:

1. 悉 🔲璽彙 4284 　　🔲璽彙 4324

2. 夜 🔲包山 206 　　🔲包山 214

3. 嚴 🔲畢狄鐘 　　🔲㝬鐘

4. 寢 🔲隨縣 70 　　🔲郭店·尊德 34"寢"所从

5. 敝 🔲甲骨文編 337 　　🔲散盤"幣"所从

6. 策 🔲中山王鼎 　　🔲仰天湖 22

7. 早　　[中山王鼎]　　　　　[郭店·老乙 1]

8. 愆　　[郭店·緇衣 6]　　　　[郭店·語叢 2.10]

9. 勝　　[郭店·成之 9]　　　　[郭店·尊德 36]

10. 觀　　[王孫鐘]　　　　　　[璽彙 3615]

11. 恭　　[帛書乙]　　　　　　[璽彙 5389]

12. 衞　　[秦封泥]　　　　　　[包山 142]

凡此説明，類似“吊”的“部分省聲”，並不是孤立的簡化方式。尤其“恭”和“衞”的平行關係，也説明“吊”確爲“帗”之省簡。

乖伯簋“又（有）吊（帗）于大命”，與叔弓鎛“女（汝）敬共（恭）辭（予）命”、蔡侯尊“蔡侯申虔共（恭）大命”語例相仿。故“吊”（帗）亦應讀“恭”。“帗”從“共”聲，“共、恭”典籍中往往通假。如《尚書·甘誓》：“汝不恭命。”《墨子·明鬼上》引“恭”作“共”。《禮記·表記》：“靖共爾位。”《釋文》：“共本亦作恭。”準此，“又吊（帗）于大命”即“有恭于大命”。（中略）

再次，談一下楚簡中的下列三字：

C 衞　　[包山 142]

D1 [字]　　[包山 144]　　　　D2 [字]　　[郭店·緇衣 1]

C、D1 原書未釋。學者或釋“遮、迠、街、迒、衞”等。

今按：諸釋均有可疑。C 字從“行”，“吊”聲，與上引秦封泥中的薇（從“行”，“帗”聲）字，當爲一簡一繁。C 似爲“衕”字異文。《廣雅·釋詁》：“衕，道也。”釋慧琳《一切經音義》卷六“巷”字古文作“衕”。雲夢秦簡日書 813 反“巷”字亦作“衕”。凡此可證，“衕”乃“巷”之異文。魯峻碑“巷”字作[字]（《篆隸表》439 頁），從“行”從“共”，猶存古形。

D1、D2 從“辵”，“吊”聲，與 C 當爲一字之異。古文字中“行、辵”用作表義偏旁時可通用。

C、D1 所從“吊”作苐形，下部從“市”，D2、A 均從“巾”。與此同例的有：

布　　[守宮盤]　　[信陽 1.010]　　　　常　　[包山 203]　　[包山 214]

如上所述，C、D 應釋爲“衕”。

《包山》141—142 號簡：

甲辰之日，小人之州人君夫人之故愴之匄一夫失，迒至州 C（衕），小人將敷之，夫自傷，小人女獸之，以告。

《包山》143—144 號簡：

　　欽言曰：�… 路君憍執小人于君夫人之故愴。甲辰之日，小人取愴之刀以解小人之桎，小人逃至州 D1（迷），州人將敷小人，小人信以刀自傷。州人女以小人告。

　　從辭例看，C、D1 用法相同，"州衒（迷）" 應讀 "州巷"。《禮記・祭義》："居鄉以齒，而老竊不遺，强不犯弱，衆不暴寡，而弟達乎州巷矣。" 鄭玄注："一鄉者五州。巷，猶閭也。"

　　《郭店・緇衣》1：

　　　夫子曰：好媺（美）女（如）好茲（緇）衣，亞亞（惡惡）女（如）亞（惡）D2（迷）白（伯）。

　　"迷白" 應讀 "巷伯"。《詩經・小雅・巷伯》序："巷伯，刺幽王也。寺人傷于讒，故作是詩也。" 鄭玄箋："巷伯，奄官。寺人，内小臣也。"《左傳・襄公九年》："令司宮、巷伯儆宮。" 杜預注："司宮，奄臣；巷伯，寺人。皆掌宮内之事。" 巷伯、寺人均以奄者爲之，職掌亦相同。

　　最後，談一下曾侯乙墓 167 號簡下面一字：E 𦊆

《簡帛編》459 頁隸作 "鄁"。

　　今按：此字右旁與 C、D1 所從的 "𢁅" 完全相同，左旁从 "邑"。E 可分析爲从 "邑"，"𢁅" 聲，疑 "郰" 之異文。《玉篇》："郰，邑名。"《集韻》："郰，亭名。在宣城。"《隨縣》167 "郰枾之□爲左驂" 之 "郰（郰）"，姓氏。《萬姓統譜》："郰，亭名。以亭爲氏。"

　　綜上所述，"𢁅" 字應分析爲从 "巾"，"共" 省聲，疑 "帤" 之省文，見於《集韻》《字彙》。古文字中除 "𢁅" 字外，尚有若干从 "𢁅" 之字，諸如 "龏、衒、迷、鄁"，本文分別釋爲 "龏、衒、迷、郰"。文中還對古文字中存在的特殊省聲現象試作初步探討。古文字中這種特殊的省聲現象似應引起研究者特加重視。它不僅能夠豐富古文字構形學的內容，而且能夠拓寬古文字考釋者的視野。

《中國文字》新 27，頁 103—110

○ **劉釗**（2003）　（**編按**：郭店・緇衣 1）"迷" 字從 "辵" 從 "𢁅"，"𢁅" 字又見於西周金文 "龏" 字、秦印 "永巽丞印" 的 "巽" 字、包山楚簡簡 142 "州衒" 的 "衒" 字。據研究，"巽、衒" 就是 "衒" 字，即 "巷" 字古文。"迷" 字無疑也應讀爲 "巷"。

《郭店楚簡校釋》頁 51

△ **按**　《說文》："𢁅，里中道。从�从共，皆在邑中所共也。巷，篆文从�省。"

古文字未見从邕之巷字,字亦不从共,何琳儀、徐在國謂“帯”从共省聲,尚無確證。“衒”或增止旁,或从辵旁,其義一也。秦封泥增収旁,疑睡簡作“衒”者,即秦封泥之字變形聲化而來。“衒”字《説文》未收,《爾雅·釋宮》:“衒門謂之閌。”《説文》:“閌,巷門也。”至於“巷”,則是易行旁爲邑旁。卷六邑部重見。

【衒白】上博一·緇衣 1

○陳佩芬(2001)　衒白　即“巷伯”。“巷”《包山楚簡》作“衒”,上博簡《周易》篇作“衢”。《爾雅·釋宮》:“衒門謂之閌。”陸德明釋文:“衒,道也。《聲類》猶以爲巷字。”《左傳·襄公九年》“令司宮巷伯儆宮”,杜預注:“司宮,奄臣,巷伯,寺人。皆掌宮内之事。”《詩·小雅》有《巷伯》篇。郭店簡作“迣伯”,今本作“巷伯”。

《上海博物館藏戰國楚竹書》(一)頁 174

【衢迏】上博二·魯邦 3

○馬承源(2002)　衢迏　讀作“巷路”。“衢”从帯从行、止,帯爲字之聲符,从行、止,爲意符,宜讀作“巷”。(中略)此辭見於《後漢書·賈琮傳》:“簡選良吏,試守諸縣,歲閒蕩定,百姓以安,巷路爲之歌曰⋯⋯”

《上海博物館藏戰國楚竹書》(二)頁 207

衒

集粹

○湯餘惠等(2001)　徹。

《戰國文字編》頁 195

△按　此字中閒偏旁上半實爲“古”,當釋爲“衒”。

衙

郭店·語二 38

△按　“道”戰國文字或作“衙”,“衙”或是“道、衙”糅合之變體。詳辵部“道”字條。

齒

○ **吳振武**（1982）　《説文》：“齒，口齗骨也，象口齒之形，止聲。𦥑，古文齒字。”按甲骨文齒字作𦥑 𦥑，象形。卜辭稱：“壬戌卜，互貞，虫疾𦥑，隹有咎。”（續 5・5・4）“疾齒”是指牙齒患病。後世又在象形的𦥑（或作𦥑）上加注音符“之”，如《中山王𡿕方壺》“而退與者（諸）侯齒𢓊（長）于會同”之齒作皆，《仰天湖楚簡》第 5 簡“一齒𡰩（疏）”之齒作𦥑（此墓中同出木製梳子一把），古璽文作𦥑 𦥑（《字形表》2・24），古陶文作𦥑（《叴錄》2・4）。由此亦可知，《説文》謂齒从“止”聲是由𡳿（之）聲而誤。

《吉林大學研究生論文集刊》1982–1，頁 52

○ **許學仁**（1983）　（編按：仰天湖 5）一簡之中，𦥑 𦥑 並見。𦥑 象張口見齒之形，與《説文》古文合。而𦥑加止表音，又合於小篆。簡文“一齒𡰩𤇆”，“𡰩𤇆（齒）”即櫛髮之梳，亦即《釋名・釋首飾》“梳，言其齒疏也”之“梳”，而上一齒字爲梳比之單位。

《中國文字》新 7，頁 89

○ **施謝捷**（1996）　《陶彙》4・169 著錄一易縣出土的陶文戳印（如圖二）：

　　印文右一字𦥑，《陶徵》作爲不識字歸在附錄（348 頁），《陶字》從之（737 頁）。

圖二

　　我們認爲，𦥑應該釋作“齒”字。戰國時期的文字資料中“齒”屢見，或與《説文》篆文𦥑（編按：原文如此）構形相似，寫作：𦥑《陶彙》3・791

　　這種寫法在秦漢時期的文字資料中最爲常見；或寫作下列諸形：

　　𦥑《璽彙》2239　　𦥑《璽彙》2288　　𦥑《璽彙》0912　　𦥑《璽彙》5411

　　𦥑《金文編》122 頁，中山王𡿕壺　　𦥑《信陽》2–02　　𦥑《信陽》2–09

　　均在古文“齒”（與“臼”爲同形字）上加注聲符“止”。《集韻》上聲六止：“齒，古作皆。”現在看來確有所據。若將上揭陶文𦥑的結構作如下分析：

　　𦥑—— 𦥑 + 𦥑

顯然跟上舉諸已釋之“齒”形構相同,因此釋爲“齒”字異構,是非常合適的。

“齒”在圖二戳印中,用作姓氏。《姓氏考略》云:“齒,見《姓苑》。一云百濟國有黑齒氏,當爲黑齒氏所改:又或墨者已齒之後。”

《文物春秋》1996-2,頁58

○**連劭名**(2001) (**編按**:秦駰玉版)《廣雅·釋詁》七:“齒,年也。”《禮記·文王世子》云:“古者謂年齡,齒亦齡也。”

《中國歷史博物館館刊》2001-1,頁52

○**王輝**(2001) 毛齒(《秦印輯》38,《康典》3·1792頁)

“齒”字與睡虎地秦簡《日書》乙“而在耳乃折齒”齒字同。

《四川大學考古專業創建四十周年暨馮漢驥教授百年誕辰紀念文集》頁303、308

【齒孚】望山2·2

○**朱德熙、裘錫圭、李家浩**(1995) 簡文“齒孚”疑指用象牙裝飾的“孚”。《周禮·春官·巾車》記王之五路有“象路”。《楚辭·離騷》“雜瑶象以爲車”,王逸注:“象,象牙也。”可知古人有時以象牙飾車。

《望山楚簡》頁115

【齒長】中山王方壺

○**張政烺**(1979) 齒長,按年齒序列,長者居前,《禮記·祭義》:“周人貴親而尚齒……是故朝廷同爵則尚齒。”

《古文字研究》1,頁217

○**趙誠**(1979) 齒,年齒,《左傳》隱公十一年:“寡人若朝於薛,不敢與諸任齒。”孔疏:“《禮記·文王世子》曰:‘古者謂年齡,齒亦齡也。’然則齒是年之別名。人以年齒相次列,以爵位相次列亦名爲齒,故云齒。”“與諸侯齒長”,意爲與諸侯論長幼先後。

《古文字研究》1,頁251

○**李學勤、李零**(1979) 方壺銘第廿行“齒長”,意思是敘年齒的長幼。

《考古學報》1979-2,頁152

○**徐中舒、伍仕謙**(1979) 《左傳》隱公十一年“不敢與諸任齒”,疏:“以年齒相次列,以爵位相齒列,名曰齒。”

《中國史研究》1979-4,頁87

【齒珥】信陽2·2

○**朱德熙、裘錫圭、李家浩**(1995) 信陽二〇二號簡以“一司(笥)齒珥”與

"一司(笥)翠珥"對舉,指象牙耳飾,皆以"齒"稱象牙。

《望山楚簡》頁 115

【齒鋪】曾侯乙 18

○**裘錫圭、李家浩**(1989)　"齒輔"亦見於 58 號、63 號等簡,54 號簡作"齒鋪",天星觀一號墓竹簡作"齒桶"。望山二號墓竹簡記車馬器有"赤金桶",毛公鼎、吳彝、師兌簋、录伯戒簋等銘文記車馬器有"金甬",疑皆指同一種車器。

《曾侯乙墓》頁 513

【齒𣦼】仰天湖 9

○**史樹青**(1955)　齒梳。

《長沙仰天湖出土楚簡研究》頁 25

○**中大楚簡整理小組**(1977)　齒字此簡有兩種寫法:一是一般寫法,一省去止的聲符,甲骨文作𬺰 𬺱 𬺲 𬺳,象張口露齒,簡文及《説文》之古文都是一個來源。古齒臼同用,後增止聲分爲二字,我們從幾個不同寫法的齒形結構,可以看出這字的産生、發展和變化。

　　牙齒排列整齊,櫛髮的梳子與人的牙齒排比相類似,遂以齒名之。齒有疏密,在使用時互起作用,於是把齒密的叫作"櫛齒",把齒疏的叫作"齒𣦼"。馬王堆一號墓竹簡有"疎、比一具"及"象疎、比一雙",《急就篇》"承塵"條下亦見"疏比"之名。是漢人對此物的名稱已有改變。比,後世又作枇、篦,比爲"密"的聲轉。

　　𣦼從㢋,㢋從厂,疋(疏)聲,疋《説文》作𤴕,似足而開口,疏窗的疎、疏通的𣦼皆從疋(疏)音,胥字亦然,則㢋亦當讀疏聲,從厂,猶如疎之從囪、𣦼之從爻,各有其涵義,𣦼從齒義,此字後以梳代之。

《戰國楚簡研究》4,頁 9

○**朱德熙、裘錫圭、李家浩**(1995)　古代稱象牙爲象齒,亦簡稱齒。《尚書・禹貢》"齒革羽毛",僞孔傳:"齒,象牙。"《荀子・王制》"南海則有羽翮齒革……",楊倞注:"齒,象齒。"仰天湖五號簡"一齒𦐇"指象牙梳。

《望山楚簡》頁 115

△**按**　《説文》:"齒,口齗骨也,象口齒之形,止聲。𠔒,古文齒字。"甲骨文"齒"或指人齒,或指象牙。六國古文"齒"字下半所從與《説文》古文同,即甲骨文"齒"字作𬺰 𬺱之訛,上從之得聲。秦系訛從止,爲《説文》所本。楚遣册簡中多指象牙製之物。戰國文字未見獨立的𠔒字,僅作偏旁,故仰天湖簡

“𪘀”不能析爲“匛、𪘄”二字。

齫　

　　　十鐘

──────────

△按　《説文》:“齫,無齒也。從齒,軍聲。”

齮　齮

珍秦 72　　　十鐘　　　曾侯乙 142

──────────

△按　《説文》:“齮,齚也。從齒,奇聲。”曾侯乙簡中用爲人名。

齰　齰

　　　十鐘　　　津藝 80

──────────

△按　《説文》:“齰,齚也。從齒,昔聲。齚,齰或從乍。”

齂　齂　𪗴

十鐘　　　璽彙 0956

──────────

○丁佛言(1924)　(編按:璽彙 0956)齂。

　　　　　　　　　　　　　　　　　　　　《説文古籀補補》卷 2,頁 11

○吳振武(1983)　0956 肖𪗴·肖(趙)齂。

　　　　　　　　　　　　　　　　　　　　《古文字學論集》(初編)頁 495

△按　《説文》:“齂,齚也。從齒,气聲。”《古璽彙編》0956“齂”從齒之古文。

齚　齚

　　　睡虎地·答問 83

──────────

○睡簡整理小組(1990)　齚,咬。

　　　　　　　　　　　　　　　　　　　　《睡虎地秦墓竹簡》頁 113

△按　《説文》：“齧，噬也。从齒，㓞聲。”簡文辭例爲：“齧斷人鼻若耳若指若脣。”

歮齒

仰天湖 5

○**史樹青**（1955）　歮齒。

《長沙仰天湖出土楚簡研究》頁 25

○**中大楚簡整理小組**（1977）　齒从歮，歮从厃，疋（疏）聲，疋《説文》作足，似足而開口，疏窗的綎、疏通的涎皆从疋（疏）音，胥字亦然，則歮亦當讀疏聲，从厃，猶如綎之从囪、涎之从㸚，各有其涵義，齒从齒義，此字後以梳代之。

《戰國楚簡研究》4，頁 9

○**許學仁**（1983）　簡文“一齒歮齒”，“歮齒（齒）”即櫛髮之梳，亦即《釋名 · 釋首飾》“梳，言其齒疏也”之“梳”，而上一齒字爲梳比之單位。

《中國文字》新 7，頁 89

○**郭若愚**（1994）　齒，《説文》：“口齗骨也，象口齒之形。𦥑，古文齒字。”與此簡相同。齒，从歮从齒。歮即疋字，此字从疋聲，當爲梳字。《説文》：“理髮也。从木，疏省聲。”梳有木齒，故曰“齒梳”。仰天湖二五號木椁墓出土有木梳一件，高 9、寬 6、厚約 1 釐米，背作半圓形。梳齒長 4.7 釐米。

《戰國楚簡文字編》頁 123

○**朱德熙、裘錫圭、李家浩**（1995）　仰天湖五號簡“一齒歮”指象牙梳。

《望山楚簡》頁 115

○**李守奎**（2003）　梳　从梳之象形，从疋聲。

《楚文字編》頁 349

△按　此字應是从齒之象形，从疋聲，齒表梳齒之意，讀爲“梳”是。“齒”應是“梳”字異構，卷六木部“梳”字條重見。

戕齒

曾侯乙 130

○**何琳儀**（1998）　齹，从齒，戕聲。疑齺之異文。《集韻》：“齺，小齒。”

《戰國古文字典》頁 704

△按　字从齒，戕聲。曾侯乙簡中用爲人名。

齛

秦陶 1343

△按　字從齒，善聲。陶文中用爲人名。

歡

曾侯乙石磬　　　曾侯乙石磬　　　包山 151　　　上博三·周易 33　　　上博七·吳命 5

郭店·語四 19　　　郭店·老甲 22

○**饒宗頤**（1985）　（編按：曾侯乙石磬）其字從臽，可讀爲陷或坎。陷指低音，《説文》：“陷，一曰陜也。”陜，《説文》云：“落也。”音向下不抗而墜者曰歡。

《楚地出土文獻三種研究》頁 22

○**裘錫圭、李家浩**（1989）　（編按：曾侯乙石磬）此字所代表的詞，在鐘磬銘文裏有三種寫法：

（1）下.1·1 等　　（2）中.1·11 等　　（3）磬下.7 等

甲骨文和西周金文的“昔”字都作“昔”，上引（2）的左旁與（3）的上部的左旁應是“昔”的異體。“辛”即《説文》“讀若愆”的“辛”字省體。“愆、遣”讀音極近，所以“昔”字加注“辛”聲。（中略）（3）的上部的右旁是“臽”。“臽”應是“臽”的變體。《説文·臼部》：“臽，小阱也。從人在臼上。”“臽、欠”古音極近（“埳、坎”爲一字），磬銘將“臽”所從的“人”旁寫作“欠”，是有意使其聲符化。戰國古印有“餡”字（《古璽文編》112 頁），當釋爲“餡”，即“胳”或“啗”的異體，可以與此互證。“欠”與“昔”古音尾聲不同，但聲母與主要元音相同。金文有“遷”字，郭沫若認爲是“遣”的繁文，（《兩周金文辭大系》邦造遣鼎考釋）。很可能“遷”字的“欠”旁和上舉（3）“餡”字的“臽”旁，也都是加注的音符（古代有些方言裏，“欠”“遣”二字的收聲也許是相同的）。（中略）總之，（1）（2）（3）諸字的讀音應該與“遣”相近。它們所代表的詞經常出現在音階名之前，地位與“變商、變徵”的“變”字相同。這個詞很可能就是與“遣”音近的“衍”。“衍”字古訓“溢”，訓“廣”，訓“大”（參看《經籍籑詁》），有“延伸、擴大、超過”一類意思。

《曾侯乙墓》頁 553—554

○**荊門市博物館**（1998）　（編按：郭店·老甲 22）澨,待考,今本此處爲"逝"字。

　　（編按：郭店·語四 19）嚉,从"臼"聲,讀作"愲"。《説文》:"亂也。"

《郭店楚墓竹簡》頁 116、219

○**裘錫圭**（1998）　（編按：郭店·語四 19）此字見於曾侯乙墓鐘磬銘文,可能有"臼"和"臽"兩種讀音,參看裘錫圭、李家浩《曾侯乙墓鐘磬銘文與考釋》(《中國音樂文物大系·湖北卷》343 頁)。在此似當讀爲"臽(陷)"或"衍(訓錯過)"。

《郭店楚墓竹簡》頁 219

○**劉信芳**（1999）　（編按：郭店·老甲 22）澨　字从滔,臽(臽)聲。

《荊門郭店竹簡老子解詁》頁 25

○**李零**（1999）　（編按：郭店·語四 19）此字如照裘按的第二種讀音,似可讀"遣",與"遠、反"等字押韻,如夏德安教授有這種意見。這裏暫讀爲"逝"。

　　按此字與《老子》甲本簡 22 讀爲"逝"的字所从相同,疑應讀爲"噬"("噬、逝"都是禪母月部字)。我們理解,原文此句是說牙齒配合舌頭但不咬舌頭,故讀爲"噬",即使按裘按理解的讀音,從文義看,亦以讀"啗"爲好,同樣是咬的意思。

《道家文化研究》17,頁 466、481

○**何琳儀**（2000）　（編按：郭店·老甲 22）此字又見曾侯乙墓編鐘,異體甚多,似應據其中 形隸定"澨"。字在鐘銘音階字之前,疑讀"殺"。《集韻》:"殺,降也。"簡本"澨"應據王弼本作"逝",帛書甲本、乙本作"筮"。"逝、筮、澨、殺"均屬月部字,故可通假。

《文物研究》12,頁 196

○**孟蓬生**（2002）　我們認爲,嚉(齹)當即噬字,亦即齧字。

　　從讀音來看,"嚉"字在《語叢四》中與"舌、敗、害"三字押韻,這三個字古音在月部。郭店簡《老子》之"大曰澨",今本《老子》作"大曰逝",馬王堆帛書《老子》甲、乙本並作"大曰筮","逝"和"筮"同音,古音皆在月部。所以"嚉"字及从之得聲的"澨"字,跟"逝筮"音同或音近,古音當在月部,應該是沒有問題的。

　　從語境來看,"嚉"字的主語應是齒。換句話說,"嚉"應該是跟齒有關的一個動詞。

　　從字形來看,"嚉"字所从的"臼"字也可以看成齒字。《説文》齒字的古文作 。牙字古文作 。與"臼"字十分相近。戰國文字齒字的下半,即齒的象形初文,往往與臼字無別。《汗簡》齒齫齱齡齘等字所從的齒字亦均作"臼"形。所以我們認爲"齾"字應重新隸定爲"齾",從齒,歓聲。郭店簡《老子》甲的"瀥"字,應重新隸定爲"瀥"從水,齾聲。(中略)

"齾"既讀爲噬,則"瀥"也許就是《説文》"澨"字的異體。《説文·水部》:"澨,埤增水邊土,人所止者。從水,筮聲。《夏書》曰:過三澨。"但由於《老子》甲中借爲"逝"字,所以"瀥"是否就是"澨"字的異體,有待於進一步證實。

進一步分析"齾"的字形結構,我們發現它也可以看成"齒"字的異體。

第一層:"齾"從齒,歓聲,

第二層:"歓"從欠,音聲。

根據異文和語境提供的線索,"歓"如果是個形聲字,它的聲符應首選月部字。欠,古音在談部,與月部較遠,作聲旁的可能性較小。所以我們傾向於將"歓"分析爲從欠,音聲。我們認爲,音實際上就是辟(辟檗檗所從的聲符,"辛"爲"丂"之變形)。其中構件"立"爲"辛(丂)"的省形,只不過爲了照顧整字的構形,將左右結構變爲上下結構而已。辟本從丂聲,古音在月部,所以"歓"當即《説文》的"呙"字。《説文·口部》:"呙,語相訶距也。從口距丂。丂,惡聲也。讀若檗。"呙辟檗均衍丂聲,古音相同。口旁與欠旁相通,如嘯或作歗,嘔或作歐,呦或作欨,是其證。

《古文字研究》24,頁 406—407

○**李零**(2002)　　我們認爲《老子》甲組的這個字的確應分析爲從昔從次得聲,但不一定要把通常釋爲欠的偏旁直接視爲次字本身(從水方爲次)。從文義考慮,我們最好還是把它讀爲"羨"("羨"是從次得聲),而不是讀爲"遣"(儘管大西克也先生提到我的舊釋,説他與我的第一個看法基本一致,但現在考慮,我的讀法並不正確)。因爲簡文"大曰羨,羨曰連,連曰反","羨"與"反"均見於曾侯乙墓鐘磬銘文,前者是加於音階名之前,表示音階損益;後者是加於音階名之後,表示八度反復。(中略)"衍"與"羨"音義俱近,古書或通用,但值得注意的是,古文字中的"衍"字,其寫法另有來源,用法與"羨"字不盡相同。從我們的書寫習慣和閱讀習慣看,讀"羨"比讀"衍"更好。簡文的這段話,我們理解,應是表示物盈必極,物極必反。簡文中的"連"字,也未必是"遠"字的誤寫。我們懷疑,它也可能是楚文字中用爲"傳"字的"迣"字,這裏讀爲"斷"或"轉"字。至於《語叢四》的兩個例子,我們考慮,第一條,字既從欠不從次,似應讀爲"唸"("欠"與"唸"都是談部字)。第二條,字既從辵從昔省(比較曾侯乙墓鐘磬銘文,可知"啻"是省去自的"曹"字),似應讀爲"遣"。

《郭店楚簡校讀記》(增訂本)頁 10—11

○陳偉(2003)　(編按:郭店·語四 19)此字應可釋爲"衍",讀爲"愆"。此字也可能釋爲"遣",讀爲"譴",亦爲過錯義。

《郭店竹書別釋》頁 240

○濮茅左(2003)　"齘",字見於《包山楚簡》,待考,或隸定爲"齘",據帛書、今本可讀爲"筮(噬)"或"齧"。"齘肤",噬齧肌膚。

《上海博物館藏戰國楚竹書》(三)頁 181

△按　《説文》:"噬,啗也。喙也。从口,筮聲。"秦漢簡帛假"筮"記寫"噬","噬"當是後起本字。楚簡"噬"記寫作"齘",下爲"齒"之象形,表義,上爲"歂",表音。"歂"應是"臂、次"雙聲,曾侯乙鐘磬中常見,讀爲"衍"。"歂"或省作"歂",字又或纍增"水"旁。上博三《周易》簡 33 之字對應今本《周易·睽》正作"噬",郭店《語叢四》簡 19 前言"齒之事舌",與"噬"及其字从"齒"密合。上博七《吳命》簡 5 之字與《詩·唐風·有杕之杜》"彼君子兮,噬肯適我"之"噬"同例,朱熹《集傳》:"噬,發語辭。"參復旦大學出土文獻與古文字研究中心研究生讀書會《〈上博七·吳命〉校讀》(《出土文獻與古文字研究》3 輯 267 頁,復旦大學出版社 2010 年)。所引"噬肯適我",陸德明《釋文》則謂:"《韓詩》作逝。逝,及也。"而楚簡相當於"逝"的詞,正有用从"齘"之字記寫者。郭店《老子》甲簡 22 之字从"齘",中增"水"旁,對應馬王堆帛書《老子》甲、乙本作"筮",今本作"逝",此例"齘"自可讀爲"噬"。

牙 ꈆ 齒

陶彙 6·102　　上博三·周易 23

郭店·緇衣 9　　上博五·競建 6　　上博五·鮑叔 6

上博五·鮑叔 9　　上博一·緇衣 6　　璽彙 2503

○羅福頤等(1981)　(編按:璽彙 2503、0412)與《説文》古文同。

《古璽文編》頁 44

○湯餘惠(1986)　古璽牙字繁構作ꍿ(2503),結體略同《説文》古文,字下均增齒旁爲義符。商周古文牙字作ꍿ,象牙齒上下交錯之形,璽文牙旁省略了上下兩短畫,遂與"丩"形無別了。

《古文字研究》15,頁 11

○**高明、葛英會**（1991）　(編按:陶彙 6・102)《説文》古文牙作甗,與此同。

《古陶文字徵》頁 150

○**李家浩**（1993）　(編按:辟大夫虎符)簡文"居延"之後是"與"字,節銘"填丘"之後是"牙"字。"与"字的繁體作"與"(編按:原文"與"字均誤排作"興",下文徑改正),《説文》説从"舁"从"与",但兩周金文和秦漢篆隸"与"旁皆寫作"牙"。馬王堆漢墓帛書"與"字或以"牙"字爲之。例如《戰國縱横家書》:"寡人牙子謀功(攻)宋,寡人恃燕勺(趙)也。天下之欲傷燕者牙群臣之欲害臣者將成之。毋牙奉陽君言事。今三晉之敢據薛公牙不敢據,臣未之識。"這些"牙"字都讀爲"與"。"與、牙"古音都是魚部字。是"與"字本从"牙"得聲。簡體"与"字見於《説文》,原文説:"与,賜予也。"不過古書中當"賜予"講的"与"皆寫作"與"。"牙、与"二字形近。"与"大概是後人將用作"與"的"牙"字字形略作改造,以示區別,於是分化出一個"与"字。這跟《説文》"無"字古文奇字"无"是從"夫"字分化出來的情況相同。古文字有無之"無"或以"夫"字爲之。例如長沙楚帛書乙篇有"群神五正,四□夫羊"語,我們在一篇講楚帛書的稿子中指出,"夫羊"當讀爲"無恙"。後人將用有無之"無"的"夫"字字形略作改造,以示區別,於是分化出一個"无"字。"與"字所从的"牙"作"与",又是根據改造後的"与"而改的。據此,疑節銘"牙"應該讀爲"與"。

《中國歷史博物館館刊》1993-2,頁 52

○**陳偉武**（2003）　酉:上博簡《材(緇)衣》6 引《君牙》作《君酉》,"酉"爲"牙"之專字,下加"齒"之古文"⿰",仰天湖簡"齒"字作⿰。《説文》古文亦作"酉"。

《華學》6,頁 99

○**李守奎**（2003）　(編按:郭店・緇衣9)酉　从牙省形。

《楚文字編》頁 128

○**李守奎、曲冰、孫偉龍**（2007）　(編按:上博三・周易23)鑫　从齒,与聲。
　　　(編按:上博一・緇衣6)與"與"字所从"与"之省形相同。

《上海博物館藏戰國楚竹書(一—五)文字編》頁 103、104

△按　《説文》:"牙,牡齒也。象上下相錯之形。甗,古文牙。"戰國文字"牙"从齒之古文,與《説文》古文作甗者略同,所謂"与",亦牙也。⿰既是齒字古文,則鑫似宜隸定作甗。

觭 觭

集成 11363□年上郡守戈　文博 1988-6,頁 39 上郡守戈　璽彙 5528

○**羅福頤等**(1981)　　(編按:璽彙 5528)觭。

《古璽文編》頁 45

○**王輝、程學華**(1999)　　(編按:上郡守戈)"觭"字其它幾件戈都不十分清楚,唯此戈及十五年戈清楚。《説文》:"觭,武牙也。"鈕樹玉《校録》:"宋本及《繫傳》'虎'作'武',蓋沿唐人諱。"觭爲虎牙,冶工以之爲名。

《秦文字集證》頁 41

△**按**　《説文》:"觭,武牙也。从牙从奇,奇亦聲。"秦文字用爲人名。

足 足

睡虎地・封診 46　　郭店・老甲 6　　郭店・尊德 35　　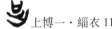上博一・緇衣 11

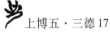上博五・三德 17

近二 835 春成侯盉　璽彙 0946

○**吳振武**(1983)　　0946 肖芝・肖(趙)足。

《古文字學論集》(初編)頁 495

○**何琳儀**(1998)　　足,甲骨文作足(類纂○八八三)。下从止(趾之初文),上象脛肉之形(或説象踝骨之形)。借體象形。金文作足(免簋)。戰國文字足與疋始分化。疋作足、足,承襲金文。足作足、足、足、芝、足,上从口形與疋有別。故足、疋一字之分化。足,精紐;疋,心紐;均屬齒音。(中略)許慎所謂疋字"亦以爲足字",反映戰國文字疋、足偶爾相混的現象,如燕陶足讀疋,楚簡綎讀疏,燕璽騎右上从足形等。不過戰國文字疋、足形體大多涇渭分明。

《戰國古文字典》頁 384

○**唐友波**(2000)　　疋字上从廿。按《説文》,疋,"足也,上象腓腸"。故疋本應从"○",《申簋》之"疋"、詛楚文之"楚"正从此。準此,"厎戈"之足亦應隸作㢉,疋聲,即仰天湖簡"一齒靣(梳)"之"梳"字所从者。戰國文字中"○"等形已多訛爲口,此一變,再變則爲廿,戰國文字中亦多見之。本銘中疋讀作

"楚"。《説文》,楚,"从林,疋聲"。楚、胥、疏等从疋聲之字多有假疋爲之者。金文中疋、胥、楚相通例頗多,如申簋、瘋鐘之"疋"讀作"胥";弨叔簋、毛公鼎之"楚"亦讀作"胥"等。文獻亦然。"楚"又通"黼"。《詩·蜉蝣》之"衣裳楚楚",《説文》及《玉篇》均引作"衣裳黼黼"。金文黼作黼、䵼,師龢鼎"玄袞䵼(黼)屯(純)"正可與他銘多見之"玄衣黹(黼)屯(純)"相對應。本銘疋(楚)、繡(黼)並見,正與金文所見相應。金文"黼純"和"黼純"本分别指"繪五采"(《説文》)的衣緣和縿绣的衣緣。在本銘中,楚(黼)和繡(黼)用作對銅器裝飾的描述。戰國時盛行在銅器上用金銀及紅銅等異色金屬,乃至各種玉石材料作鑲嵌裝飾,再配以繁缛律動的花紋,其異彩紛呈、華美奪目的效果,用"繪五彩鮮貌""鮮明貌"(《詩》毛傳)之義的"楚(黼)"來描述,正可當之。本器雖僅有紅銅嵌飾,但其色彩裝飾之美亦自可稱。至於銘中之"繡(黼)",是指器表所飾之"黼紋",其源亦或出於衣著類縿绣之花紋。

《上海博物館集刊》8,頁 155

△按 《説文》:"足,人之足也,在下。从止、口。""足"與"疋"本一字分化,戰國文字二者一般可别,前者从口,後者从⬭;秦漢簡帛則形近易混。《古璽彙編》0946 之字"口"旁横筆穿出,此與"呈"或作⚘(侯馬盟書)、"也"或作⧖(詛楚文)類似。春成侯盉之字固宜按字形釋爲"足"。

【足以】上博四·曹沫 15—16

△按 辭云:"其食足以食之,其兵足以利之,其城固足以捍之。""足以"一辭習見於傳世文獻。

【足骭】秦駰玉版

○曾憲通、楊澤生、蕭毅(2001) "足骭(?)"當即足脛。"足"字李文缺釋,後一字从"骨",右旁不太清楚,但是根據文義和殘留的筆畫,應是"骭"字。《説文·骨部》:"骭,骹也""骹,脛也。"

《考古與文物》2001-1,頁 52

踦 㩻

璽彙 1684

○吴振武(1983) 1684 奇䇂·奇踦。

《古文字學論集》(初編)頁 500

○**吳振武**（2000） 踦𩨂 古璽一六八四（中略）

古璽"足"字可作𧾷（《古璽彙編》〇九四六）。

《古文字研究》20，頁 323

跪𨂠 疋𤴓𧾷

𧾷包山 263　𧾷上博四・曹沫 63　𧾷上博五・季庚 20

𡖊璽彙 0724

𡘙上博六・平王 5

○**何琳儀**（1993） （編按：包山簡）一踓筶 263

△原篆作𧾷，從"止"，從"危"省，應釋"跪"。"跪筶"即"跪席"。

《江漢考古》1993-4，頁 60

○**張鐵慧**（1996） 包山楚簡 263 號有一字作"𧾷"，《字表》隸作"踓"，劉釗先生將此字釋作"跪"字初文，甚確。按此字上部所從之"𠂺"爲"危"字初文。《說文》："危，在高而懼也。從厃，自卩止之。"楊樹達先生在《積微居小學述林》中談到："在高而能自卩止，則不危矣。是字形與字義相反，非其義也……安危之危字，象人在厂上之象形，故危也。"其說可信。楊樹達關於"跪"字亦有說解："跪用卻，故危字以卩，從厃聲，即跪之初字也，跪爲加注義旁字……"包山楚簡之"疋"字即證明了楊說甚確。"𧾷"字從厃從止，古文字中從止、從足同，故字即"跪"字初文，後加注形符"足"而成今之"跪"字。

《江漢考古》1996-3，頁 69—70

○**何琳儀**（1998） 疋，從止，厃聲。疑跪之異文。《說文》："跪，拜也。從足，危聲。"《釋名・釋姿容》："跪，危也。兩膝隱地，體危陧也。"

包山簡"疋筶"，讀"跪席"，薦跪之席。

《戰國古文字典》頁 1203

○**徐在國**（1998） 《璽彙》1203 著録一紐朱文私璽：

原書釋爲"長□"，次字缺釋。《璽文》作爲不識字收在附録中（見該書 539 頁）。

今按此字應釋爲"璧"。"璧"字洹子孟姜壺或作𤣩，召伯簋作𤣩（《金文編》24 頁）。"𡘙"與召伯簋"璧"字右部所從同，似應分析爲從"玉""辟"省聲，釋爲“璧”。“璧”字作“𧆑”，與遲字作𧊒（王孫誥鐘）、又作𦀟（曾侯乙編鐘）相類。“𧆑”字所從的“𐰣”是辛字，古文字中“辟”字所從的“辛”常作“𐰣”形，如商卣“辟”字作𨻵，師翰鼎作𨻵，師害簋作𨻵（《金文編》648—649 頁），均是如此。“𧆑”字所從的“玉”作“𐰤”形，一種可能是“Ｏ”（象璧玉形，“辟”字所從）與“玉”字上部共用一橫畫，另一種可能是受“辛”旁影響類化的結果。總之，“𧆑”似應釋爲“璧”。字在璽文中用作人名。

　　釋出了“璧”字，古璽中下列未識字也就可以解決了。

長屖　《璽彙》0724　　郵屖　《璽彙》2034　　司馬屖《璽彙》3784

“屖”與“𧆑”所從同，當釋爲“璧”。“屖”字從“尸”從“玉”，省去了“辛”，似可視爲“璧”字異體。三字在璽文中均用作人名。

　　附帶說一下，《璽文》436 頁第四欄著録以下兩個未釋字：

厈《璽彙》0416　　　　厈《璽彙》2401

二字所從的“厂”與上釋“璧”字所從“辛”形近，應是“辛”字。如此，二字可分析爲從“辛”從“月”，釋爲“薛”。“薛”字𦥑薛尊作𩰬，薛侯鼎作𩰬，薛仲赤匜作𩰬（《金文編》34 頁），並從“辛”從“月”。

　　　　　　　　《吉林大學古籍整理研究所建所十五周年紀念文集》頁 116—117

〇劉信芳（2003）　（編按：包山 263）坒：字從止，坐聲，“坐”之繁形。或釋爲“跪”，與字形不合。

　　　　　　　　　　　　　　　　　　　　　　　《包山楚簡解詁》頁 282

〇田煒（2006）　《璽彙》0724、1203、2034、3784 號分別重新著録了右揭幾方燕璽，

其中左字相同，均缺釋。徐在國先生釋爲“璧”，亦未安。根據古璽文字“卩”旁作𐰤、𐰤等形，該字上部可以分析爲從卩從厂。其中 0724、1203、2034 號諸璽的“卩”旁在垂筆上多加了一個飾筆，“卩”旁的這種寫法在戰國文字中屢見，如楚簡“色”字作𦰢，“鍺”字作𨫃等等，皆其例。楚簡“㟴（跪）”字作𦥑、𦥑，“厃”旁寫作“尸”，與璽文正同，故知我們討論的字均從厃。至於下部所從的𐰤、𐰤、𐰤、𐰤則可以分析爲從卩從土，所以屖、𧆑、屖、厈諸字可以隸定爲“厓”。

　　“厓”字也見於楚簡。裘錫圭先生根據馬王堆帛書《陰陽五行甲篇》“坐”字有𐰤、𐰤兩種寫法，認爲𐰤是“坐”字的古體。後來發表的九店楚簡也證明

了裘説是很有道理的。在上古，"坐、跪"是一對近義詞。《釋名·釋姿容》："跪,危也,兩膝隱地,體危隉也。"畢沅疏證："古人危坐乃跪也,故管寧坐榻,當膝處皆穿。"《禮記·曲禮上》："先生書策,琴瑟在前,坐而遷之,戒勿越。"孔穎達疏："坐亦跪也。"《禮記·曲禮上》："授立不跪,授坐不立。""坐、跪"對言,明爲一事。所以我們認爲"隺"是一個从卫广聲的形聲字,應該釋爲"跪"。

　　　　　　　　　　　　　　　　　　　　《古文字研究》26,頁 386—387

○陳佩芬（2007）　（編按:上博六·平王5）聖於疇中　"聖",爲"聽"之初文。

　　　　　　　　　　　　　《上海博物館藏戰國楚竹書》（六）頁 272

△按　上博六《平王與王子木》之字作"𧿠",从止从卫（"卫"是"坐"字古體）,當是"跪"字異體。又見本卷止部。

踐　踐　遱

睡虎地·封診68

包山202　包山238　上博五·競建6　上博六·鄭壽5　璽彙3080

○羅福頤等（1981）　（編按:璽彙3080）遱。

　　　　　　　　　　　　　　　　　　　《古璽文編》頁 41

○睡簡整理小組（1990）　踐,《漢書·文帝紀》注引孟康云："跣也。"即赤足。

　　　　　　　　　　　　　　　　　《睡虎地秦墓竹簡》頁 159

○何琳儀（1998）　遱,从辵,戔聲。疑踐之異文。《説文》："踐,履也。从足,戔聲。"

　　包山簡遱,讀踐。《禮記·中庸》"踐其位",注："踐猶升也。"

　　　　　　　　　　　　　　　　《戰國古文字典》頁 1042

○白於藍（1999）　（編按:包山202、238）即《説文》㣟字。偏旁彳、辵可通用。

　　　　　　　　　　　　　　　　《中國文字》新 25,頁 177

△按　"遱"即"踐"字六國古文寫法,从辵。

【遱処】上博六·鄭壽5

△按　"遱処"即"踐處"。

距 距

集成 11915 悍距末

【距末】

○**曹錦炎**（1999）　距末，器名。從形制看，這是一件兵器的鐏，稱"末"，正和鐏作爲兵器柲的末端附件相合。由此可知，鐏的別名稱"距末"。

《鳥蟲書通考》頁 193

○**陳松長**（2002）　"距末"，器名。阮元在《商銅距末跋》中説："按距末不知何器？沈心醇據《戰國策·蘇秦説韓王》曰：谿子少府時力距來，皆射六百步之外，疑此爲弩飾。孔檢討廣森亦以爲飾弓簫者，二説皆近之。特此'末'字甚明，斷不得疑爲'來'字之訛。按《荀子·性惡篇》曰：繁弱巨黍，古之良弓也。又潘安仁《閒居賦》曰：'谿子巨黍，異絭同機。'據此，則《國策》之'來'，《荀子》《文選》又作'黍'矣。楊倞注欲改黍從來，尚未見此器之作'末'字也。《荀子》'巨黍'，今'巨'作'距'者，亦古字通借耳。此器中空，一面有陷圓而向下，確是弓簫末張弦之處，以今弓末驗之，可知矣。"據此説來，"距末"應是所謂的"弭型器"。但爲什麼稱"距末"爲"弓簫末張弦之處"，阮元也没有説清楚。曹錦炎先生則認爲："距末，器名。從形制看，這是一件兵器的鐏，稱'末'，正和鐏作爲兵器柲的末端附件相合。由此可知，鐏的別名稱'距末'。"

　　對此，我們借助常德新出的距末實物來檢驗，似乎還是古人説得比較合理。常德出土的這兩件距末的大小一樣，顯然是一對。驗之以馬王堆三號漢墓出土的長弓，確如阮元所説，是"弓簫末張弦之處"。再驗之以湖南歷年戰國楚墓所出土的衆多的銅鐏，則不僅形制完全不同，而且長度也短，且無論是何種式樣的鐏，均無穿孔。因此，將其稱爲"鐏的別名"，不確。此所謂"距末"，應如孔廣森、阮元所説，爲弓端飾件。古文獻中的"距來、巨黍"等良弓之名顯然不能與"距末"等同，距末僅爲弓端的飾物。筆者認爲此器之所以自名爲"距末"，當是"距來之末"或"距黍之末"的簡稱。"距來、距黍"，良弓也。"末"，末端也。"距來之末"，意即良弓末端的飾物，省稱爲"距末"。如"弓旌"一詞，是古代徵聘之禮中，以弓招士，以旌招大夫之省。據此，"距末"應爲"距來之末"的省稱。

《文物》2002-10，頁 77—78；《古文字研究》24 略同

路踙　逄佫

逄 珍秦 103　　路 睡虎地・日甲 54 背叄　　逄 秦駰玉版

逄 曾侯乙 118　　逄 包山 159　　逄 包山 141　　逄 上博五・弟子 19　　逄 新蔡乙二 10

逄 上博六・鄭壽 4　　逄 曾侯乙 195

逄 璽彙 0328

○ **裘錫圭、李家浩**（1989）　（編按：曾侯乙 115）“逄”即“路”的異體。“辵”旁“足”旁古或通用，如“迹”亦作“跡”。“路車”常見於古書，字或作“輅車”。

《曾侯乙墓》頁 520

○ **張守中**（1994）　（編按：睡虎地簡）路　日甲五四背　通露　飲以爽路。

《睡虎地秦簡文字編》頁 26

○ **陳煒湛**（1998）　（編按：包山 88）逄 88 釋文釋道。按此字構形清楚，右从各，當釋徦（即佫，格也）。簡文稱“陽佫”，爲地名。此字又見 94、159 簡，作 逄逄，釋文、字表均釋逄，不誤。

《容庚先生百年誕辰紀念文集》頁 589

○ **李家浩**（2001）　見本卷口部【尚佫】條。

○ **劉信芳**（2003）　（編按：包山 3）逄：疑是楚國的行政建置名，惟具體内涵有待於進一步研究。除本簡“郢逄”外，另有“嬴逄”（18、86），“羕逄”（41），“郊逄”（81、82、128、141、143、179），“邾逄”（94），“鄙逄”（143），“白逄”（150），“夏逄”（159）等。僅“夏路”見載於史書（《史記・越王句踐世家》：“夏路以左，不足以備秦。”）管理“逄”的職官有“公”、“尹”、“史”等。簡 167 有“珞尹”，疑“珞”讀爲“逄”。“逄”似可讀爲“路”，簡 121“棄之於大逄”，“大逄”即“大路”。

《包山楚簡解詁》頁 11

△ **按**　“路”字楚文字从辵，各聲，作“逄”，或省作“佫”，辵部、彳部重見。

【路車】秦駰玉版

○ **曾憲通、楊澤生、蕭毅**（2001）　“路車”，《詩・大雅・韓奕》：“其贈維何？乘馬路車。”鄭玄箋：“人君之車曰‘路車’。”《後漢書・輿服志上》：“天子路，以玉爲飾。”注引《釋名》曰：“天子所乘曰路。”

《考古與文物》2001-1，頁 52

○**連劭名**（2001）　天子之車稱爲"路車"。《白虎通・車旂》云："路者,君車也。"《儀禮・覲禮》云："路先設。"鄭注："路,謂車也,凡君所乘車曰路。"《釋名・釋車》云：

　　　　天子所乘曰路,路亦車也。謂之路者,言行於道路也。

《禮記・玉藻》云："乘路車不式。"鄭注："王祀昊天上帝……乘玉路。"諸侯亦可乘路車,《詩經・崧高》云："王遣申伯,路車乘馬。"《詩經・韓奕》云："其贈維何,路車乘馬。"

《中國歷史博物館館刊》2001-1,頁 52—53

○**王輝**（2001）　路車,即輅車,本君王貴族所乘之車。《詩・大雅・韓奕》："其贈維何? 乘馬路車。"鄭玄箋："人君之車曰路車。"秦漢人對重要祭祀常獻路車,以見其心誠。《漢書・郊祀志》："(漢文帝)詔有司增雍五時路車各一乘,駕被具。西時、畦時寓車各一乘,寓馬四匹,駕被具。"

《考古學報》2001-2,頁 151

【逄車】曾侯乙 115

○**裘錫圭、李家浩**（1989）　古代的路車有所謂"五路"。《周禮・春官・巾車》記王之五路是：玉路、金路、象路、革路、木路。《禮記・月令》則謂"春乘鸞路,夏乘朱路,中央土乘大路,秋乘戎路,冬乘玄路"。178 號至 184 號簡所記的路車有"大路、戎路、朱路、鞘路",前三路的名稱與《月令》相同。

《曾侯乙墓》頁 528—529

跎 跎

陶彙 3・685

△**按**　《説文》新附："跎,蹉跎也。从足,它聲。"陶文"跎公氏","跎"用爲氏名。

蹲

睡虎地・日乙 147

○**張守中**（1994）　蹲　《説文》所無　日乙一四七　通旁　戊辰不可祠道蹲。

《睡虎地秦簡文字編》頁 26

踐　蹍

踐 睡虎地·爲吏 37 伍　　蹍 睡虎地·秦律 78

○**睡簡整理小組**（1990）　蹍，疑即“足”字，與簡文“負”字或作“籛”同例。

《睡虎地秦墓竹簡》頁 39

○**曾憲通**（1992）　睡虎地秦墓竹簡有兩個結構奇特的字，秦簡整理小組分別隸定作踐和籛。現將有關簡文分列如下：

第一組

（1）百姓叚（假）公器及有責（債）未賞（償），其日踐以收責之……（簡 144）

（2）終歲衣食不踐以稍賞（償），令居之……（簡 145）

（3）司寇不踐，免城旦勞三歲以上者，以爲城旦司寇。（簡 213）

（4）人各食其所耆（嗜），不踐以貧（分）人。（簡 714）

（5）各樂其所樂，而踐以貧（分）人。（簡 715）

以上例（1）（2）見於《金布律》，例（3）見於《司空律》，例（4）（5）見於《爲吏之道》。“踐”在句中義爲“夠數”，與“足”同誼，它簡或徑寫作“足”。如簡 212：“城旦司寇不足以將，令隸臣妾將。”此處“城旦司寇不足”即簡 213 之“司寇不踐”，二簡上下相聯，語氣連貫，而上簡作“不足”，下簡作“不踐”，都是指城旦司寇的人數不夠而言。

第二組

（6）毋（無）金錢者乃月爲言脂、膠，期踐。（簡 196）

（7）有實官縣料者，各有衡石羸（累）、斗甬（桶），期踐。（簡 261）

例（6）見於《司空律》，例（7）見於《内史雜》，均有“期踐”一語。它簡或寫作“期足”，如簡 130“用犬者，畜犬期足”（倉律），可證“期踐”同於“期足”。期，限度也。《詩·南山有臺》：“樂只君子，萬壽無期。”期，限也，竟也；《吕氏春秋·懷寵》“徵斂無期”，注：“期，度也。”簡文“期足”爲意動用法，即“以足爲期”，意謂“以夠數爲限度”。

第三組

（8）禾粟雖敗而可飤（食）殹（也），程之，以其耗石數論籛之。（簡 292）

（9）甲盜名曰耤鄭壬籛强當良。（簡 815 反）

例（8）見於《效律》，句中“籛”字義爲賠償，與“負”同誼。此句又見於《秦律十八種・效律》，作“禾粟雖敗而尚可食殹，程之，以其耗石數論負之”（簡233）。兩條律文完全相同，只是簡292之“籛”字，簡233作“負”，正是“籛”同於“負”的佳證。例（9）見於《日書》甲種，“籛”爲盜者之名，文義無從查考。從隸定結構看，字之右旁下體从貝不从夊，是否與籛同字，尚有待於研究。

從以上六組可以看出，秦簡文字中結構奇特的蹊和籛，在句中的意義和用法與足和負完全相同。因此，把蹊和籛視爲足、負的別體是不成問題的。可是，既然二者完全相同，爲何在形體上卻存在如此的差異，應如何理解蹊、籛二字所从的“夋”旁，它在字中起着何種作用，等等。這些問題，都有進一步探討的必要。

要查考“夋”旁的來歷和作用，自然會聯繫到籀文中的“夒”旁。《説文・示部》：“禵，籀文齋从禴省。”“禴，籀文禱。”“禵，籀文祟从禴省。”王國維氏《史籀篇疏證》云：“案此三字齊、卩、出皆聲，則疑从褮。意古當有褮字，而褮从示从夒，是又當有夒字。褮古文字中未之見，夒則項肆簠之𡘇，番生敦之𡕹，《考古圖》所載秦弔龢鐘之𡕻，其所从之𡕺若夒，與篆文夒字均爲近之。其字上首下止，實象人形，古之《史篇》與後之《説文》屢經傳寫，遂訛爲夒矣。褮字象人事神之形，疑古禱字，後世復加卩以爲聲。”王氏在這裏所揭示的籀文“夒”旁的演變，對於我們考察秦簡“夋”旁的由來是深有啟迪的。我們頗疑心蹊、籛所从的“夋”旁，也可能是由人形訛變的結果，但苦無實證。

最近，筆者有機會到湖北省博物館仔細核對了原簡，發現上引諸例蹊、籛二字的夋旁存在多種不同的寫法。現按字形相近者依次排列，下附簡號，揭示如下：

A　　　B　　　C　　　D　　　E　　　F　　　G　　　H　　　I

蹊 144　蹊 145　蹊 213　蹊 196　蹊 261　籛 714　籛 715　籛 292　籛 815 反

上列九個例字的右偏旁可以分爲兩組：A—E 爲一組，均由三個夊形或其變體相重疊所組成，秦簡整理小組將右旁隸定爲“夋”，即以本組形體爲依據。F—I 爲另一組，實由上肀下夊所構成，尤以簡292之 H 作𦥑形者最爲明顯。試與秦公簠、鎛之䣕字作一比較：

𦥑秦公簠　　　𦥑秦公鎛　　　籛簡 292　　　籛簡 714　　　蹊簡 145 反

由秦公簠、秦公鎛的𦥑演變爲秦簡的𦥑、夋、夋，其間遞嬗蛻變的軌迹十分清楚，它們都是由上肀下夊的人形逐步演化訛變而成的。由此看來，秦簡的“夋”旁爲側向的人形，與《史籀篇》的“夒”旁爲正面的人形有異曲同工之妙。從秦簡的材料分析,前一組五例均見於《秦律十八種》,爲同一書手所抄;後一組的前三例分別見於《爲吏之道》和《效律》,書手雖然不同,字體卻差別不大,可見其流行的範圍更廣。將它們同秦公簋、鎛銘文比較,字形略有變異而不失其本來的面目。至於《日書》甲種的𧾆字(簡 815 反),諦審原簡作𧾆,右旁下體仍存夂形,並非从貝,從整理看,仍是人形的訛變。顯而易見,前一組的夋若夋是後一組夋若夋的寫訛。所以,如果將足和負的別體根據前一組分別隸定作蹊和𧶔,便不能正確反映上述二字形體結構的實質,必須按照後一組的形體結構改定作𧿘和𧶔。

　　秦簡的足、負,它簡或寫作𧿘、𧶔,這同小篆的齌、褐、崇,籀文分別作齌、齌、齌的情形正相仿佛。與此同類的現象在秦國的銅器銘文中也時可見到。如秦國最早的銅器不𡢖簋,器主爲秦莊公。據《史記·十二諸侯年表》所載,秦莊公名其,而簋銘作“不𡢖”(“不”在此爲助詞,無義),銘末“子子孫孫其永寶用”則用“其”。可見當時已有“其”或作“𡢖”的用例。以夋、夊爲同類偏旁例之,簋銘之“𡢖”,與籀文之齌、齌、齌等也應屬同類現象。不𡢖簋是秦莊公於周宣王四至六年(前 824—前 822 年)所作,正與《說文·敘》言《史籀篇》爲周宣王太史所作的年代相當,這或許不是偶然的巧合。值得注意的是,不𡢖簋“其”“𡢖”並用在它器中也有所表現,如秦公及王姬鎛銘“具即其服”作“其”,而同銘“秦公𡢖唆鰰在位”及銘末“𡢖康寶”則用“𡢖”;北宋出土的秦公鎛銘文“其音銑銑”用“其”,而同一器主所作的秦公簋“𡢖嚴遳各”則用“𡢖”。甚至在石鼓文中,也可以找到同類形體結構的痕迹。石鼓《作原》篇有“爲所斿𡢖”句,郭沫若引錢大昕云:“斿𡢖即游優,與優游義同。”郭氏補充錢説云:“乃因與下文‘嶅導’爲韻,故倒言之也。”按錢、郭二氏説“斿𡢖”爲“優游”甚是,惟於“圣”旁之構形仍不得其解,總覺未安。張德容氏云:“憂即優之本字……石鼓从圣,蓋籀文也。《説文》璿,籀文作𤫝;叡,籀文作𣿅。可證憂之作𡢖。”羅振玉氏云:“如張説則許書之𣿅籀文从圣,乃从圣之訛也。”今將秦石之“圣”,與秦簡之“夋、夋”及秦器之“夋”相互比照,便不難發現,《作原》“𡢖”字所从的“圣”旁,其實就是不帶“夊”形的夋(夋)即卂,與金文“其”或作“期”(刺鼎),或作“𡢖”(秦公簋)、“𡢖”(不𡢖簋)同例,故“𡢖”也當隸寫作“𡢖”。或許在石鼓文的年代,即有憂或作𡢖的用例,後來人形左移而成爲優,故曰“斿𡢖即游優”,義同“優游”。

　　綜上所述,秦簡中的𧿘、𧶔不但與籀文的齌、齌、齌等結體相同,而且與秦國早期某些金石文字的寫法也是一脈相承的,當是秦系文字這一特殊寫法的孑遺。在秦系文字中,足之作𧿘,負之作𧶔,其之作𡢖、𡢖,憂之作𡢖,亦同齌之作龥、鼻之作龡、崇之作龡一樣,前者和後者的區別,僅在於人形(夒、夋等)的有無而已。許氏《説文》及王氏强以"省聲"説龥、龡二字,恐不足信。在古文字資料中,丮字的早期寫法作，象人跪踞而有所操作之形,其後才有站立帶趾的人形（夋）及訛趾爲女的人形（妥）出現,然兩手操持之狀仍約略可見;至秦簡訛作三夊重疊之形,操持之狀已不復見,形義也隨之失去了聯繫。意先民造字之初,从丮的字大抵與人的行爲動作有關,或者在一定程度上帶有使名詞動化的傾向。後來由於語言發展、語音變異以及字形的孳乳、分化,从丮的字表示行爲動作的作用慢慢淡化,某些字動化與非動化的用法趨於混同,在書寫上从丮與否也就隨意任作,因此,才會出現如上所述的種種情況。此一饒有趣味的語言文字現象端賴秦系資料得以保存,真可謂難能可貴了。

《古文字與出土文獻叢考》頁 81—84,2005;原載《江漢考古》1992-2

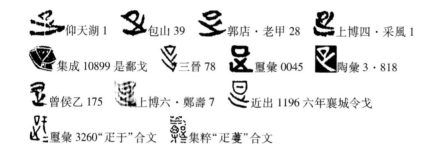

○**史樹青**(1955)　(編按:仰天湖1)足字是促字的初文,足纚就是短促的厚衣,穿短衣是楚人的風俗。

《長沙仰天湖出土楚簡研究》頁 21

○**朱德熙、裘錫圭**(1972)　　疋下一字或釋足。今按古疋、足二字往往不分。戰國文字中字多應釋疋。例如古印有複姓"疋于":

　　　　　　《古璽文字徵》附41上　　　《濱虹草堂藏古鉥印》

當釋爲疋于,即見於漢印的胥于(《十鐘山房印舉》5·25 有"胥于毋智"印)。簡文疋屨當讀爲疏屨。《儀禮·喪服傳》:"疏屨者,藨蒯之菲也。"從這一點看,上文的智屨似乎可以肯定是指的草製之履。不過《釋名·釋衣服》説:"履,……荊州人曰麤,絲麻韋草皆同名也。"又《方言》四:"扉、屨、麤,履也……南楚江沔之閒總謂之麤。"簡文的疋屨也可能當讀爲麤屨。(麤、疏音義皆近,《儀禮·喪服》"疏衰裳"鄭注:"疏猶麤也。"《禮記·儒行》"麤而翹之"鄭注:"麤猶疏也。")據《方言》和《釋名》,麤乃楚人稱履之通名。那麼把上文的智屨解釋成革履,也可以説得通。

《朱德熙古文字論集》頁 39,1995;原載《考古學報》1972-1

○曽憲通(1983)　(編按:集成 171 之利鐘)鐘銘𣄰上體與𣄰上體構形相同,都是疋字之變體,由“楚尚”車轄楚字所从之疋字作✗可證。下體𣄰純係裝飾,與下文自字作𦥑,全之古文作𡣕者同類。楚从疋聲,故疋在此可讀爲楚。

《古文字學論集》(初編)頁 370

○許學仁(1983)　仰天湖一號簡,簡文曰:“皆又(有)薹(苴)疋(疏)縷(屨)。”字作𧾷,史氏釋“足”,以當“促之初文”,解爲“短衣”。引《史記·叔孫通傳》云:“服短衣,楚制。”索隱孔文祥云“高祖楚人,故從俗裁製”爲例,以證穿著短衣乃楚人之俗尚。然則,觀長沙一地出土之木俑、漆奩、帛畫,彼等裝束,固亦偶見著短衣短褌者,要以長衣廣袖,交襟右衽者最爲常見。史氏以“短衣”説之,實乏周延。朱德熙釋“疋屨”,可備一説。

又簡文五曰:“一齒疕齒。”字作𧾷,史氏舉墓中出土木梳一把爲物證,釋爲“疕”,謂即“梳”字,是也。考壽縣所出銅器銘文,楚字作𣤴𣤴𣤴,所从疋字,皆近簡文。又先秦古璽文字有複姓“疋于”者,如:

　　𤴔𤴔𤴔古璽文字徵附録41　　𤴔濱虹草堂藏古印鉢

朱德熙以爲即漢印“胥于毋智”(十鐘山房印舉 5·25)之胥于,知古疋、足二字雖往往不分,於茲當讀爲“疋”,字作疋、疕,並讀疋聲,字形稍異耳。簡文疕(梳)齒,《釋名·釋首飾》:“梳,言其齒梳也。”《史記·匈奴傳》索隱引《倉頡篇》云:“靡者爲比,麤者爲疏。”《急就篇》:“鏡籢疏比各異功。”疏比即梳箆。

《中國文字》新 7,頁 92—93

○曹錦炎(1984)　(編按:《先秦貨幣文編》)𤴔(27 頁)𤴔𤴔(223 頁)

此字應釋爲“疋”,《文編》將前者收入“是”字條下,後者入於附録。

《中國錢幣》1984-2,頁 68

○裘錫圭、李家浩(1989)　(編按:曾侯乙 175)“疋”字原文作𤴔,與簡文“楚”字所从“疋”旁相同。

《曾侯乙墓》頁 528

○孫敬明、蘇兆慶(1990)　(編按:近出 1195 十年汝陽令戈)疋與新鄭兵器 146 號銘刻“疕”所从之“疋”相似,作“𤴔”形;金文“楚”所从“疋”,亦多作此形。朱德熙和裘錫圭兩位先生舉古印複姓疋于(胥于)爲例,謂戰國文字中“𤴔”多應釋“疋”。其説誠是。

《文物》1990-7,頁 39

○高明、葛英會（1991）　（編按：陶彙4·7“疋”）此即疋字，匋文楚字或作𤴓，所从疋字與此相同。

《古陶文字徵》頁160

○郭若愚（1994）　（編按：仰天湖34）疋，《説文》：“足也。所菹切。”又《説文》：“𤴐，通也，从𠬪从疋，疋亦聲。所菹切。”𤴐即疏。《説文》：“通也，从㐬从疋，疋亦聲。所菹切。”故疋即疏字。《管子·問篇》：“大夫疏器。”注：“疏，飾畫也。”何晏《景福殿賦》：“羅疏柱之汨越。”注：“疏柱，畫柱也。”“疋縷”爲有畫飾之“翣柳”。《禮記·檀弓上》：“飾棺牆置翣。”注：“牆，柳衣，翣，以布衣木如攝與。”疏：“鄭注喪大記云：漢禮翣以木爲筐，廣三尺高二尺四寸，方兩角高，衣以白布，畫雲氣。柄長五尺，云如攝與者，攝與，漢時之扇。”於此知翣與縷（柳）均有飾畫也。

《戰國楚簡文字編》頁115

○王人聰（1997）　（編按：六年襄城令戈）冶下一字𣄸爲疋字，古璽複姓疋于之疋，構形與戈銘此字相同，戈銘此字上部𠙺內之橫畫，亦爲飾筆。疋爲冶之名。

《第三屆國際中國古文字學研討會論文集》頁416

○曾憲通、楊澤生、蕭毅（2001）　（編按：秦駰玉版）“疋”字據B版第三行倒數第一字形釋寫。“玉疋”的“疋”讀爲禨或糈，指用來祭神的祭具或精米。《説文·示部》：“禨，祭具也。”《説文·米部》：“糈，糧也。”

《考古與文物》2001-1，頁51

○劉信芳（2003）　（編按：包山28）疋：字又作“疋”，並讀爲“胥”，《周禮·天官·敘官》：“大宰……胥十有二人。”又《秋官·敘官》：“大司寇……胥十有二人。”鄭玄《注》：“胥讀入諝，謂其有才知爲什長。”簡文之“疋”計有疋𦀙、疋具、疋忻、疋郘、疋𦝩、疋敓、疋獻、疋吉、疋碨、疋𤲒、疋竟，計十一人，依制亦應是十二人之數，或者因爲諸侯國較天子之制低一等，僅備十一人。由左尹備疋官十一人，可知戰國時楚“左尹”位當周官“大司寇”。

《包山楚簡解詁》頁43

○濮茅左（2003）　（編按：上博三·周易38“丌行綝疋”）“綝”，與“姜”聲符同，可通假。“疋”，與“且”同韻。“綝疋”，讀爲“姜且”，盡心盡力。《詩·周頌·有客》“有姜有且，敦琢其旅”，毛亨傳：“姜且，敬慎貌。”《象》曰：“‘其行次且’，位不當也。”

《上海博物館藏戰國楚竹書》（三）頁188

○曹錦炎（2005）　（編按：上博五·鬼神3）“疋”，讀爲“胥”，《説文》：“疋，或曰胥字。“五子疋”，即“伍子胥”，名員。

《上海博物館藏戰國楚竹書》（五）頁 317

○**吳振武**（2007）　**（編按：仰天湖 1）** 苴（蘆）本是指一種可以用來製作鞋墊的草，也可以當草製的鞋墊講。“疋”跟“縷（屨）”結爲一詞，可以有兩種讀法。一是讀作“疏縷（屨）”。疏屨是“蘑蒯之菲”，即指用蘑草或蒯草做的鞋。如果確實要讀作“疏縷（屨）”的話，那麼簡文前面所説的“智（鞮）縷（屨）”一定是草製之履。二是讀作“粗縷（屨）”。粗是楚人對履的通稱。如果讀作“粗縷（屨）”的話，則上文的“智（鞮）縷（屨）”也有可能是指革履。

　　朱文顯然傾向於讀作“疏縷（屨）”，原因大概是“疏屨”一詞是見於古書的。所以朱文最後將簡文的意思總結成：一雙新的鞮屨，一雙舊的鞮屨，都是有草墊的疏屨。

　　對朱文的説法，我們過去初讀時並未覺得有什麼特別問題。而且認爲從考證技巧上説，此文可以稱得上是一篇思慮周全的範文。譬如，要照顧到“疋”字的兩種可能讀法，就需要在解釋“鞮屨”時想辦法交待出“鞮”除了常見的革履一説外，還有可能跟“扉（菲）”一樣，既可指革製之履，又可指草製之履。只是覺得簡文前面既説“一新鞮屨，一舊鞮屨”，後面接下來的補充説明似乎應説“皆有……鞮屨”或“皆有……屨”，甚至乾脆簡説成“皆有……”，方爲合理。若説成“皆有……疏屨”或“皆有……粗屨”，總覺得有點奇怪。但當時對“皆又蔓疋縷”一句究竟應該怎麼講，卻也想不出合適的説法來。直到1986 年，筆者在讀到李家浩先生所作《戰國於疋布考》一文中關於“疋、且”二聲相通一節後，方悟出簡文很可能不是以“疋縷（屨）”爲一詞的，而是以“蔓疋”爲一詞。“蔓”仍可從朱文釋作“蘆”（或“苴”），當“作履苴草”講，指的是一種可用來做鞋墊的草；而“疋”則可讀作當“履中之藉”講的“苴”，也就是鞋墊。簡文的意思大概是説一新一舊兩雙鞮屨（即革履）都是有“蘆苴”的履。“蘆苴”就是用蘆做的鞋墊。**（中略）**

　　李文所提到的《易》夬卦“其行次且”之“且”及李文未提到的《易》姤卦“其行次且”之“且”，在近年新刊布的上博楚簡《周易》中均作“疋”。此外，如春秋時期的蓬邻編鎛、編鐘銘文中的“終鳴且好”之“且”作“姁”，戰國新蔡楚簡“宅茲雎、漳”、“江、漢、雎、漳”之“雎”作“泏”（古書亦作“沮”），上博楚簡《孔子詩論》中所記的《詩·周南》篇名“關雎”之“雎”作“疋”等，也都是“疋、且”二聲相通的確證。因此，簡文中的“疋”可讀作“苴”，從古音方面來看，應該是沒有問題的。而真有可能支持這一想法的，則是後來發現的一方三晉私璽：

此璽最早刊登在日本淡交社 1994 年出版的《篆刻入門》一書中（第 22 頁），係日本著名篆刻家菅原一廣（石廬）先生鴨雄綠齋藏品。後又收錄在菅原先生所編的《中國璽印集粹》一書中。兩書印製極佳，除鈐本外，均收有璽面及璽身照片。璽文爲“弁（卞）蔓疋”三字，其中人名“蔓疋”二字作合文，右下角標有合文符號“＝”。施謝捷先生在《古璽雙名雜考（十則）》一文中最先指出璽文中的人名“蔓疋”可與本簡上的“蔓疋”二字相比較。（中略）

按施文所説的“蘆”，跟本文所説的“蔓”，只是同一字的不同隸定方法，並無本質上的差別。施先生雖然發現璽文“蔓疋”可與簡文“蔓疋”相比較，但因未跳出朱文的思路，所以也就無法知道“蔓疋”一名的含義以及它跟簡文“蔓疋”有無關係。實際上，在我們看來，此人取名“蔓疋”，正可以説明簡文當以“蔓疋”爲一詞。換句話説，璽文上的人名“蔓疋”跟簡文上的“蔓疋”應該是有關係的。若將此人的名字讀作“蘆苴”，按上文所説，其含義也自然極易通曉。

《簡帛》2，頁 41—44

○郭永秉（2008）　（編按：上博六·鄭壽7）我們在這條小札中要補充談的是此簡的倒數第三字🔲。整理者將此字釋作“是”，各家皆無異議。其實此字缺乏“是”字中間的一橫，釋作“是”根據不足。此字曾在曾侯乙墓竹簡中出現過，整理者裘錫圭、李家浩先生釋爲“疋”。曾侯乙墓竹簡 175 號“疋乘之駟”，裘、李兩位先生指出：“疋字原文作🔲，與簡文‘楚’字所从‘疋’旁相同。”曾侯乙墓竹簡“楚”字作🔲（126 號簡“一楚甲”），所从“疋”旁與此字同；此外，中子化盤、楚王酓章戈及曾侯乙鐘銘“楚”字所从的“疋”旁亦同，可見其説甚是。值得注意的是，《平王問鄭壽》的🔲字上部的“日”恰被“止”旁交會的兩筆夾住，這和楚文字“疋”字多作🔲（《上博[一]·孔子詩論》10 號簡）、🔲（《郭店楚墓竹簡·窮達以時》9 號簡）之形特徵相同，可見此字釋爲“疋”，在字形上是有根據的。《説文·五下》“夏”字古文从“疋”，其實是戰國文字“夏”字左半寫作🔲（包山 209 號簡“夏”字所从）這類形體被誤認的結果，由此也可見在古人心目中“🔲”的確是“疋”字。1984 年江蘇丹徒縣北山頂墓葬出土春秋前期邾㧴編鐘、鎛有“中鳴🔲好”一句，其中的🔲字各家皆釋爲“媞”，何琳儀先生指出鐘

銘“是”字作■,與此不同,他認爲此字“從‘女’‘疋’聲,疑爲‘婿’之省文”,
“‘胥’與‘且’音近可通……鐘銘‘中鳴婿好’可讀‘終鳴且好’,與春秋金文中
習見的‘中翰盧楊(引按,原文如此,似爲“揚”字之誤排)’句式完全相同”。
其説可從。這也説明簡文■字的這種寫法不但曾侯乙墓竹簡所在的戰國早期
已有,甚至還可以追溯到春秋時代。

　　“胥”字從肉疋聲,《説文・二下》“疋,……或曰胥字”,楚文字中“疋”字
即可讀爲“胥”。簡文的“疋”當讀爲訓“皆”的“胥”。簡文“溫恭淑惠,民胥瞻
望”,應是説“溫恭淑惠的君子,下民都仰望依賴他”。《詩・小雅・角弓》:
“爾之遠矣,民胥然矣。爾之教矣,民胥效矣。”“民胥如何”的辭例與簡文相
同。陳劍先生在解釋簡文“瞻”字意義時曾舉《詩・小雅・節南山》“赫赫師
尹,民具爾瞻”爲證,是正確的。《節南山》毛傳云:“具,俱。”“民具爾瞻”和簡
文的“民胥瞻望”顯然是一個意思。陳先生文中還指出,簡文“‘喪、望’似乎
有韻,其體例也跟《平王問鄭壽》和《平王與王子木》不同”,也很有道理。我
們懷疑簡文很可能就是引的佚詩或者性質相近的文體,因此會和《詩經》有如
此類似的表達。用“胥”來表示“皆”,是比較古老的用法,在目前已發表的戰
國時代出土文獻中,此例似爲僅見;而這個“疋(胥)”恰用在有韻的文體中,大
概不是偶然的。

　　　　　《古文字與古文獻論集》頁 100—101,2011;原載《語言研究集刊》5
△按　戰國文字“疋、足”二字形近而別,“足”上從口,“疋”上從▢或▢。《古
陶文字徵》“足”字下所收 3・818、6・105 等字均爲“疋”。“疋”字或於▢中
增一橫,“是”字所從日旁亦可省去橫筆,二者遂至形近,然“是”字日旁之下尚
有一橫,與“疋”相別,《先秦貨幣文編》27 頁所收之■,無疑仍是“是”字。《説
文》:“疋,足也。象腓腸,下從止。《弟子職》曰:問疋何止。古文以爲《詩》大
疋字,亦以爲足字;或曰胥字。一曰:疋,記也。”《詩經》“大雅”,戰國文字作
“大夏”,楚簡“夏”字作“顕”,所謂“疋”即“顕”右半之訛。秦漢簡帛足旁與
疋旁訛混,馬王堆帛書《戰國縱橫家書》188“胥”字作■,上半與“足”同形,即
《説文》“亦以爲足字”所本。

　　楚簡疏密之“疏”常記寫作“疋”,如郭店《老子》甲簡 28“不可得而親,亦
不可得而疋(疏)”,又上博五《季庚子問於孔子》簡 19“慎小以合大,疋(疏)言
而密守之”。

【疋于】璽彙 3260

○朱德熙、裘錫圭(1972)　　見“疋”字條。

○**許學仁**（1983）　　見"疋"字條。

○**吳振武**（1983）　　3260 ⟨字⟩甘·疋（胥）于甘。

　　3261　⟨字⟩字同此釋。

　　　　　　　　　　　　　　　　　　　　　《古文字學論集》（初編）頁 514

○**何琳儀**（1998）　　疋于，讀"胥余"，複姓。見《莊子·大宗師》。或讀"華胥"，亦複姓。見《史記·補三皇本紀》。後説近是，今暫列於此。

　　　　　　　　　　　　　　　　　　　　　　　《戰國古文字典》頁 1488

【疋荅】璽彙 0045

○**何琳儀**（1998）　　魏璽"疋荅"，讀"籍姑"，地名。《史記·晉世家》"子獻侯籍立"，索隱："籍，《世本》及譙周皆作蘇。"而蘇與疋相通，見上"烏疋"讀"烏蘇"。是其佐證。《史記·秦本紀》靈公"十三年，城籍姑"，在今陝西韓城東北。

　　　　　　　　　　　　　　　　　　　　　　《戰國古文字典》頁 581

【疋祱】新蔡甲三 300、307

○**沈培**（2007）　　簡文前面所説的"解於太，迻其疋祱"，"解"與"迻"連用，大概跟包山簡 211"囟攻解於盟詛，且除於宮室"的"解"與"除"連用近似。由此可見，"迻"當解釋爲"移去、移除"。"疋祱"之"疋"疑讀爲"作"，"迻其疋祱"讀爲"移其作祟"，即"移去太所作之祟"的意思。

　　　　　　　　　　　　　　　　　　　　《古文字與古代史》1，頁 422

○**宋華强**（2010）　　"疋"疑當讀爲"邪"。"疋"屬疑母魚部，"邪"屬邪母魚部，音近可通（疑母與齒音相通的例證，參看陳劍《據戰國竹簡文字校讀古書兩則》，《第四屆國際中國古文字學研討會論文集》，香港中文大學中國語言及文學系，2003 年 10 月）。《廣韻》麻韻："邪，鬼病。"《説文·示部》："祟，神禍也。"可知"邪、祟"義近。古書常見"邪祟"連言，指鬼神所降之災禍，尤多與疾病相關。（中略）沈培認爲簡文"迻"當解釋爲"移去、移除"，可信。"迻其邪祟"與古書"除邪祟""驅逐其邪祟"義近。

　　　　　　　　　　　　　　　　　　　　《新蔡葛陵楚簡初探》頁 419

【疋獄】包山 80

○**劉彬徽、彭浩、胡雅麗、劉祖信**（1991）　　疋獄，篇題。疋，《説文》："記也。"獄，《周禮·秋官·大司寇》："以兩劑禁民獄"，注："謂相告以罪名者。"疋獄即獄訟記録。本篇的有關内容與《受期》互爲關聯。

　　　　　　　　　　　　　　　　　　　　　　　《包山楚簡》頁 44

○**黄盛璋**（1994）　《疋獄》即記獄訟，是楚司（編按：疑漏"法"類字樣）機構把官、民向它提出訴訟的各種獄訟案記録下來，以備立案審訊，簡 81、82 最後皆記預訂，故《疋獄》應置於《受稽》前，現反置於《受稽》之後，是編者對兩者簡文未能完全通讀，缺乏全面瞭解。

《湖南考古輯刊》6，頁 190

○**李零**（1994）　這部分簡文（簡 80—102 反）不繫年，只記月日（包括正、四、八、九、十、十一月）。但簡 91 所述與《受期》簡 34、39 爲同案，特別是簡 39 連日期也相同，可見與《受期》屬於同一年。題目"疋獄"，原書注（123）以爲"疋"是記録之義，"獄"指獄訟，但簡文實際只是投訴内容的摘記，一般都很短，不包括審理之辭和判決之辭。我們懷疑，題目"疋"字可能應讀爲作等待之義講的"胥"字（通須），"胥獄"指待決之獄。（中略）

這些記録多由兩人署名，一人"識之"，一人"爲李"。其中有些簡提到"期×× 之日"（簡 81、82），顯然就是上節所述的"受期"，説明已受理；還有些提到"既發節，執勿失"［按：節，原從竹从子］（簡 80），或"既發節，將以廷"（簡 85 反），簡文"節"是傳票或逮捕證一類東西，意思是此物一經發出，則立即拘捕，不得有失，或傳被告到廷。

《李零自選集》頁 138—139，1998；原載《王玉哲先生八十壽辰紀念文集》

○**葛英會**（1996）　"疋獄"是《包山》簡文的又一個篇題。《包山》認爲，疋獄即記獄，是正確的。《説文》："疋，記也。"又，"記，疋也"。段注云："疋、記二字轉注也。疋，今字作疏，謂分疏而識之也。"《廣雅》曰："註、紀、疏、記，學刊志識也。"獄，《秋官・大司寇》注"謂相告以罪名者"。《地官・大司徒》注又云："爭則曰訟，爭罪曰獄。"《正義》引黄度云："小曰訟，大曰獄。"孫詒讓以黄説爲是，謂："獄者，訟之大者也，不必告以罪名。"

今讀《包山》疋獄簡文，其所記訟事極爲廣泛，有民訟，亦有地訟。民訟如傷人、殺人、奪子、霸妻妾等；地訟如徵田、賗田、不分田、葬於其土等。還有"小人"反官及官府執法不公引起的訴訟。另外，也有金錢借貸逾期不還造成的訟案。凡此種種，不論民訟地訟，也不論訟事大小，亦不論告官告民，簡文一律稱之爲訟。（中略）

見於典籍，獄與訟這兩個詞，大都混同不分。如《秋官・大司寇》："凡鄉大夫之獄訟，以邦法斷之；凡庶民之獄訟，以邦成弊之。"《士師》："察獄訟之辭，以詔司寇斷獄弊訟。"兩字或連用，或分用，詞義確是近同不易區分。實際上，獄、訟兩個辭的辭義是存在差別的。《説文》："訟，爭也。"《易・訟卦》疏注："訟，爭辯也。"《六書故》:"訟,爭曲直於官有司也。"可知,訟乃是針對爭財、爭罪雙方而言的。《説文》:"獄,確也。"《釋名》:"獄,確也,確實人之情僞也。"《尚書·甫刑》王氏箋曰:"獄亦訟也,下曰訟,聽訟曰獄。"《包山》疋獄簡都是相告以罪名的案件,對當事雙方都稱爲訟,而對聽訟治事者卻稱作獄,所以,《包山》文書簡把這組記録訟事的簡文篇題定爲疋獄,疋獄者乃主獄官員所爲。可見,獄與訟不是爭財爭罪之分,也不是訟事大小之分。鄭玄以"相告以罪名者"爲獄,簡文則以相告以罪名爲訟。獄訟乃一事兩面:爭財爭罪叫作訟,聽訟訊鞫叫作獄。

《南方文物》1996-2,頁 88

○**劉信芳**(1996) "疋獄"即"疏獄",分條記録獄訟之辭。疋、疏爲古今字,《説文》解"疋"字云:"一曰疋,記也。"又"記"下云:"疋也。"是疋、記爲轉注。段玉裁云:"疋字今作疏,謂分疏而識之也。"《漢書·蘇武傳》:"數疏光過失。"師古注:"疏謂條録之。"《漢書·杜周傳》:"後主所是疏爲令。"師古注:"疏爲分條也。"

簡八一:"冬柰之月癸丑之日,周賜訟鄢之兵邋(甲)執事人宮司馬競(景)丁,以其政其田。期甲戌之日。鄭逤公蛙歆之,泟競(景)爲李。"此是典型的"疋獄"格式,内容包括:接案日期;原告姓名、身份;被告姓名、身份;訴訟事由;期約的審案日期;疋獄官員簽名,理獄官員簽名。若擬之於秦律,可與《封診式》諸條參對。

《簡帛研究》2,頁 22—23

【疋鄱】集成 10899 疋鄱戈

○**吳振武**(1998) 《殷周金文集成》第十七册(中國社會科學院考古研究所編,中華書局 1992 年,北京。以下簡稱"集成")10899 號戈銘文如下: 原書編者釋爲"是播"。按釋戈銘第一字爲"是"不可信。先秦古文字中"是"字習見,從未見有如此作者。字當釋爲"疋"。戈銘第二字左側所從暫不識,但絶非從"又"之"尹"。估計此字從"番"得聲。

"疋播"是地名,疑應讀作"胥靡"。"胥"從"疋"聲,例可通假。《説文》謂:"疋,……或曰胥字。"三晉私璽中所見的"疋于"複姓(羅福頤主編《古璽彙編》305·3260、3261,文物出版社 1981 年,北京。以下簡稱"璽彙"),漢印作"胥于"(羅福頤《漢印文字徵》4·14 下,文物出版社 1978 年。參朱德熙、裘錫圭《戰國文字研究[六種]》,《考古學報》1972 年 1 期,80 頁,北京),並爲其證。"番"是元部字(從"番"得聲的字或入歌部,如"播"字),"靡"是歌部字,聲母都是脣音,古音亦近。

胥靡在今河南省偃師縣東南,春秋時先屬鄭,後屬周。《左傳・襄公十八年》:"楚師伐鄭……蔿子馮、公子格率鋭師侵費滑、胥靡、獻于、雍梁。"又《昭公二十六年》:"(七月)庚辰,王入於胥靡。辛巳,王次於滑。"

《容庚先生百年誕辰紀念文集》頁 551—552

○中國社會科學院考古研究所(2001)　疋鄱。

《殷周金文集成釋文》6,頁 329

△按　次字釋"鄱"是,地名"疋鄱"具體地望待考。

疋

陶彙 3・811

○高明、葛英會(1991)　疋。

《古陶文字徵》頁 230

△按　字从疋不从足,作爲偏旁亦見於仰天湖簡 9"䟽"。"䟽"以疋爲基本聲符,簡文中讀爲"梳"。"疋"在陶文中用爲人名。

品　品

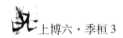上博六・季桓 3

【品勿】上博六・季桓 3

△按　《説文》:"品,衆庶也。从三口。"簡文"夫士,品勿不窮,君子流其觀焉。品勿備矣,而無成德☐","品勿"即"品物"。

喦　喦

集成 11669 王立事鈹

○何琳儀(1998)　立事劍喦,人名。

《戰國古文字典》頁 1434

○中國社會科學院考古研究所(2007)　星。

《殷周金文集成》(修訂增補本)頁 6396

△按　《説文》:"喦,多言也。从品相連。《春秋傳》曰:次于喦北。讀與聶

同。"王立事鈹此字上從三口,與星字不倫,中豎雖下穿,仍略具"從品相連"之象,暫從何琳儀釋。或疑此字爲"槑"之省訛,木旁省去下半筆畫,《新收》1412相邦張儀戟"操"作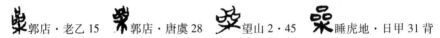,"槑"之木旁則省去上部筆畫。

槑 槑

郭店·老乙 15　　郭店·唐虞 28　　望山 2·45　　睡虎地·日甲 31 背

○**張守中**(1994)　(編按:睡虎地簡)通諜　鬼來陽灰殽箕以槑之　日甲三一背。

《睡虎地秦簡文字編》頁 27

○**朱德熙、裘錫圭、李家浩**(1995)　(編按:望山 2·45"二居槑")《方言》卷五:"甾,……趙、魏之閒謂之槑。"《儀禮·有司徹》鄭玄注:"此二匕者(指疏匕、桃匕)皆有淺斗,狀如飯樔。"簡文之"槑"疑當是飯樔之類。"居"疑當讀爲倨句之"倨",指柄與器身成鈍角。《禮記·樂記》:"倨中矩,勾中鈎。"此墓出兩件長柄漆圓勺,而未見樔一類器物。

《望山楚簡》頁 124

○**劉信芳**(1997)　望山簡二·四五:"二居槑。"《儀禮·有司徹》:"二手執桃匕枋,以挹湆注于疏匕。"鄭玄注:"此二匕者,皆有淺斗,狀如飯樔。""槑"與"樔"本一字之孳乳。知簡文"居槑"應是匕、勺之類。該墓出土長柄勺二件,標本 B 二六長 62、勺徑 7.5、柄寬 4、厚 12 釐米。

《中國文字》新 23,頁 89—90

○**劉釗**(2000)　(編按:郭店·性自 33"槑,遊樂也")"槑"字應讀作"謲"。"謲"意爲歡呼。《周禮·夏官·大司馬》:"及所弊,鼓皆駴,車徒皆謲。"鄭玄注:"謲,讙也,亦謂喜也。"

《郭店楚簡國際學術研討會論文集》頁 92

△**按**　《説文》:"槑,鳥群鳴也。從品在木上。"望山簡人名"王孫槑",又作"王孫巢"。

龠 龠 龠

睡虎地·爲吏 9 叁　　集成 198 者減鐘　　吉林 202

○**張英、任萬舉、羅顯清**(1992)　(編按:吉林 202)龠。

《吉林出土古代官印》頁 212

○張守中(1994)　(編按:睡虎地簡)龠　爲九　通鑰　門户關龠。

《睡虎地秦簡文字編》頁 27

△按　《説文》:"龠,樂之竹管,三孔,以和衆聲也。从品、侖。侖,理也。"甲骨文"龠"本象排管上有口之形,後增亼,非从侖。者減鐘銘"協于我靈龠",讀爲"籥"。

龢　鑫

近出 60 王孫誥鐘　　近出 51 齢鐘

○張頷、張萬鍾(1963)　此鼎銘文中有"用龢用鬻"四字,"龢"字一鼎作"龘",一鼎作"鑫",與"沇兒鐘"銘文中"自作龢鐘"之"鑫"字意味亦相同。"龢"之一字於鐘習見,如"沇兒鐘"有"自作龢鐘""龢會百姓"之句。"王孫遺者鐘"有"闌闌龢鐘"之句。在鼎的銘文中"龢"字少見,特別是"用龢"的句子更爲罕見。此鼎"用龢"之意與鐘銘文"龢"字不同,可通於"盉",亦"和"字,蓋五味調和之意。詩《商頌》"亦有和羹"箋:"和羹者五味調,腥熱得節,食之於人性安和……"

《考古》1963-5,頁 270

○黃翔鵬(1981)　參"穆"字條。

【龢平均韹】齢鐘

○李家浩(1998)　龢平均韹

"龢平",古書多作"和平"。我們把趙文所引《國語·周語下》伶州鳩論鐘的文字轉引在這裏:"夫政象樂,樂從和,和從平……聲應相保曰和,細大不踰曰平。"韋昭注:"和,八音克諧也。平,細大不踰也。"

"均",疑應該讀爲"韻"。《文選》卷一八成公子安《嘯賦》"音均不恆",李善注:"均,古韻字也。"《玉篇》音部:"韻,聲音和曰韻。"

"韹"字原文作從"音"從"光"聲,當是"韹"字的異體。《爾雅·釋訓》:"鍠鍠,樂也。"陸德明《釋文》"鍠鍠"作"韹韹",注云:"《詩》作'喤喤',華盲反。"按陸氏所説的"喤喤"見於《詩·周頌·執競》,原文説"鐘鼓喤喤",毛傳:"喤喤,和也。"古代重言字可以單説。鐘銘的"韹"字也應該是樂聲之和的意思。

《著名中年語言學家自選集·李家浩卷》頁 72—73,2002;原載《北大中文研究》

【龢遵】集成 203 沇兒鐘

○廖序東（1991）　龢遵　沇兒鐘：“用盤飲酉，龢遵百生。”“龢”即和字。《禮記·郊特牲》“陰陽和而萬物得”疏：“和，合也。”“遵”即會。《説文》：“會，合也。”是“龢遵”同爲集合、聚合之義。《書·康誥》“四方民大和會”，義同。

　　　“會”作合解，金文中有單用者，如《新郪虎符》“必會王符乃敢行之”。

《中國語言學報》4，頁 166

【龢=倉=】集成 197 者減鐘

△按　鼄鐘有“遵奏倉倉”句，“倉倉”爲樂器合奏聲音之模擬。

竽

近出 51 鼄鐘

○張亞初（1993）　竽爲竽之本字。龠爲義符，于爲其聲。竽字本義是樂器，此假爲吁。《説文》：“吁，驚也。”這兩句話的意思是説：鐘鎛樂工擊鐘奏樂十分地賣力，鐘鎛發出讙譁的聲音，熱鬧非凡，周圍的聽樂者被這種熱鬧場面感動得驚歎不已。

《第二届國際中國古文字學研討會論文集》頁 306

○李家浩（1998）　竽

　　　“竽”字原文作“竽”。張亞初《金文新釋》（以下簡稱“張文”）説此字“爲竽之本字。龠爲義符，于爲聲符（編按：“聲符”張文作“其聲”）”。按“簾”字異體作“鱳”，從“龠”從“虍”聲。“竽”與“鱳”的結構相同。“竽”與“竽”的關係，猶“鱳”與“簾”的關係。於此可見，張文所説甚是。（中略）

　　　　舌者長竽

　　　此句與“批者馨馨”並列。“舌”所處的語法位置與“批”相同，當是動詞。“長竽”是吹奏的樂器。蔡邕《月令章句》：“吹者，所以通氣也。管、簫、竽、笙、塤、簾，皆以鳴吹者也。”古代“舌、吹”二字音近。“吹”屬昌母歌部，“舌”屬船母月部，昌船二母都是舌上音，歌月二部陰入對轉。疑鐘銘的“舌”應該讀爲“吹”。

《著名中年語言學家自選集·李家浩卷》頁 66、74，2002；原載《北大中文研究》

△按　字從龠，于聲。銘文云“至者長竽”，讀爲“吁”。

鱐

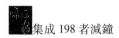集成 198 者減鐘

【鱐=剖=】

○**鄭剛**（1996）　者減鐘：“鱐鱐剖剖，和和鈒鈒。”鱐，讀惠，訓仁訓愛；剖讀諳，安也，《詩經·湛露》“厭厭夜飲”傳：“安也。”韓詩作愔愔，《左傳·昭公十二年》：“祈招之愔愔。”和和，形容樂聲。鈒鈒，聲音和貌，倉字楚帛書丙篇作𨪍，鄭東倉銅器作𨪍，當是此字變體，戰國文字常以兩橫點取代形體。《荀子·富國》“管磬瑲瑲”，注：“聲和貌。”字又作“將將”見《詩經·執競（編按：當作“競”）》。石鼓文·汧沔：“其𣄬孔庶……汪汪溥溥。”汪汪溥溥並大意，飾主句。博，大也。《文選·江賦》“汪汪油油”，注：“皆廣大無際之貌。”石鼓文·馬薦：“驍驍馬薦，葍葍芃芃。”葍葍芃芃即旨旨迅迅，旨，美也，迅，疾也，作上一句的補充説明。

《中山大學學報》1996-3，頁 113

册　冊

新蔡甲三 137　　新蔡甲三 267　　集成 10407 鳥書箴銘帶鉤　　貨系 229

○**鄭家相**（1959）　（編按：貨幣文）文曰册。《説文》“符命也，諸侯進受於王也，象其札，一長一短，中有二編之形”，又云“古文册从竹”，次首多二筆，似从竹。

《中國古代貨幣發展史》頁 42

△**按**　《説文》：“册，符命也。諸侯進受於王也。象其札一長一短、中有二編之形。簹，古文册从竹。”从竹之簹未見，所謂竹，蓋新蔡甲三 137 等字長簡端部筆畫之變。

【册告】新蔡簡甲三 267

○**陳偉**（2003）　册告，古書亦寫作“策告”，常用在祈求神靈的場合。《國語·鄭語》記《訓語》載：夏之末世，褒人之神化爲二龍。夏后卜請其漦而藏之，“乃布幣焉而策告之，龍亡而漦在，櫝而藏之”。韋昭注：“布，陳也。幣，玉帛也。陳其玉帛，以簡策之書告龍，而請其漦。”《尚書·金縢》記武王有疾，周公旦請求太王、王季、文王，讓自己替代武王承擔凶咎。其云：“史乃册祝曰：‘惟爾元孫某，遘厲虐疾。若爾三王，是有丕子之責于天，以旦代某之身。予仁若考，

能多材多藝,能事鬼神……今我即命于元龜,爾之許我,我其以璧與珪歸俟爾命。爾不許我,我乃屏璧與珪。'"孔傳:"史爲策書祝辭也。"《史記·魯世家》集解引鄭玄曰:"策,周公所作,謂簡書也。祝者讀此簡書,以告三王。"大概也正是基於這種理解,《史記·魯世家》在移録前引《尚書·金縢》的文字之後接着説:"周公已令史策告太王、王季、文王,欲代武王發,于是乃即三王而卜。"即將前面所説的"册祝"改説成"策告"。由上可知,册告或策告是將對神靈的祝辭寫在簡策上宣讀;在這同時要向神靈進獻祭品,如《鄭語》所説的"布幣"、《金縢》所説的"璧與珪"。在簡文中,册告似當與下文相聯繫,"各束錦加璧"即册告文王至聖趄王各位楚王時的禮神之物。

《華學》6,頁 96

○**宋國定、賈連敏**(2004)　"册告"即依典册而祭告。

《新出簡帛研究》頁 21

○**宋華强**(2010)　"册祝"是古人對神靈進行祈禱的一種方式,(中略)古書中簡册之"册"多假"策"字爲之,故"册祝"又作"策祝"。(中略)"祝"字初文象一跪踞之人張口向天,其本意大概就是向神靈禱告,所以"策祝"又可以稱爲"策告"。(中略)

"策祝"的含義在古人對上引文獻的注疏中多有論述。如《周本紀》"尹佚策祝"下《正義》云:"尹佚讀筴書祝文以祭社也。"《魯周公世家》"史策祝"下《集解》引孔安國曰:"史爲策書祝詞也。"又引鄭玄曰:"策,周公所作,謂簡書也。祝者讀此簡書,以告三王。"《大祝》"六曰筴祝"下孫詒讓《正義》論述更詳,兹引其説如下:

《聘禮記》云:"百名以上書于策。"筴祝蓋亦多文辭,必書於簡策以告神,故特以"筴"爲名。《國語·晉語》云:"川涸山崩,策于上帝。"韋注云:"以簡策之文告於上帝。"此遠罪之筴祝也。《書·金縢》周公爲武王禱疾,云:"史乃册祝曰:'惟爾元孫某,遘厲虐疾。'"《史記·魯世家》"册"作"策",《集解》引鄭《書注》云:"策,周公所作,謂簡書也。祝者讀此簡書,以告三王。"此遠疾之筴祝也。《書·洛誥》:"戊辰,王在新邑烝祭歲文王騂牛一,武王騂牛一,王命作册逸祝册,惟告周公其後。"《史記·周本紀》亦説武王克殷,祭社,使尹佚筴祝,告受命,然則筴祝不徒遠罪疾矣。

從上引文獻可以知道,"册祝"或"策告"這種祈禱方式包括兩項内容:一是奉獻祭品,如《金縢》之"璧與圭",《訓語》之"幣";二是有祝史一類的人"讀筴書

祝文”，以昭告神靈。第二項内容，即在祝禱時宣讀簡書以昭告神靈的行爲，古書稱之爲“祝號”。（中略）

葛陵簡中既有“册告”（即上引古書的“策告”），也有“祝號”，見於下面兩組卜筮簡：

第一組：

(1)[王徙]於鄩郢之[歲]☑。（零 580、730）

(2)☑[長]刺爲坪[夜君貞]☑。（零 180）

(3)☑貞☑。（零 583）

(4)☑[樂]之，百之，贛。以祈[福]☑。（零 287）

(5)☑[鹽]侸占之曰：吉。册告自文王以就聲桓[王]☑。（甲三 267）

(6)☑樂之，百之，贛之，祝唬。（甲三 298+甲三 295）

第二組：

(7)☑嬰禱佩玉各櫋璜，册告自文王以就聲桓王，各束錦珈璧。（甲三 137）

(8)☑璧，以罷禱大牢，饋，棧鐘樂之，百之，贛。鹽侸占之曰：吉。既告，且☑。（甲三 136）

以上兩組簡文都是根據各自的簡寬、字體、内容等幾方面的情况分别編排在一起的。

第一組卜筮簡的占卜工具是“長刺”，可知是筮占。第一組的貞人是鹽侸，第二組的貞人是鹽侸，“侸”從“侸”聲，二者應該是同一個人。兩組卜筮簡都有“册告”，而且對象都是“自文王以就聲桓王”，其所擬定的祭禱内容又都包括“樂之，百之，贛”。由這些情况來看，這兩組卜筮簡所記録的很可能是同一次筮占。

第一組簡文雖然殘缺較多，但是根據我們對楚卜筮簡的現有知識，還是可以大致拼連“復原”如下：

[王徙]於鄩郢之[歲]……[鹽侸以長]刺爲坪[夜君]貞……[樂]之，百之，贛，以祈[福]……[鹽]侸占之曰：吉。册告自文王以就聲桓[王]……樂之，百之，贛之，祝唬。

楚卜筮簡的一般格式，主要分爲前辭、命辭、占辭、説辭、後占辭等幾個部分。“[王徙]於鄩郢之[歲]……[鹽侸以長]刺爲坪[夜君]貞”是前辭，貞問的具體時間及命辭、占辭都已殘去。試與下面一條簡文對照來看：

☑歲，八月，己未之日，鹽侸以長[刺]☑。（甲三 26）

此簡貞人與上揭兩組卜筮簡相同,筮具與第一組卜筮簡相同,它們所記錄的應是同一次筮占,具體時間是八月己未之日。

　　説辭部分所記錄的,通常是貞人根據卜筮的結果所擬定的祭禱祈福方案。"[樂]之,百之,贛,以祈[福]……"屬於説辭部分,其所説的祭禱祈福方案是擬定的,要等待第二次占斷的結果來決定是否施行。自"[鹽]俟占之曰"到"祝唬",屬於後占辭。這次占斷的結果是決定施行説辭中所提出的祭禱方案,對"文王以就聲桓[王]"舉行"册告"之禮。"册告"無疑就是上引傳世文獻中的"策告"或"册祝"。簡文(7)在葛陵簡全部公布以前就已經發表過,整理者注釋説:"'册告'即依典册而祭告。"陳偉對這條簡文也作過研究,對"册告"的解釋更爲詳明。(中略)簡文"册告"的位置正與"就禱、嬰禱"等祭禱名相當,可見確實應該看作是一種祭禱儀式。

　　簡文(5)(6)所記祭禱活動的内容殘去了一部分,但最後幾項内容還在,包括"樂之,百之,贛之,祝唬"。"樂之,百之,贛之"是娛神、降神的儀式;而"祝唬"就是上引文獻中的"祝號",即向神靈宣讀祝禱簡册的儀式,屬於"册告"。

《新蔡葛陵楚簡初探》頁 261—269

嗣　嗣　异　孠

石鼓文·而師　　集成 9710 曾姬無卹壺　　上博五·鮑叔 1　　集成 9735 中山王方壺　　集成 9734 釨盗壺　　集成 290 曾侯乙鐘　　曾侯乙鐘架　　上博三·周易 2　　集成 9719 令狐君嗣子壺

○劉節(1933)　(編按:令狐君嗣子壺)孠即嗣字,《汗簡》引古文尚書正作𧥣。

《古史考存》頁 94,1958;原載《國立北平圖書館館刊》7-2

○强運開(1935)　(編按:石鼓文)《説文》:"諸侯嗣國也,從册、口,司聲。"段注云:"引申爲凡繼嗣之偁。小徐曰:册必於廟,史讀其册,故從口。"運開按,鄭漁仲以石鼓爲秦物,故曰秦自惠文王偁王,始皇偁帝,今其文有曰嗣王,有曰天子,天子可謂帝亦可謂王,故知此則惠文之後始皇之前所作也。此説殊謬。春秋以後諸侯多僭偁公,戰國後則僭偁王,然僭王之君考諸經史無偁天子者,《書·無逸》:"繼自今嗣王。"又曰:"嗣王其監于兹。"《立政》曰:"告嗣天子王矣。"是偁天子偁嗣王正是周制。是毛氏先舒定石鼓爲成王蒐岐陽後所作,亦非無據也。

《石鼓釋文》庚鼓，頁 5—6

○**張政烺**（1979）　（編按：舒盎壺）昇，从奴，司聲，字書不見，疑是异之異體，在此讀爲嗣。《説文》：“嗣，諸侯嗣國也。”

《古文字研究》1，頁 233

○**李純一**（1981）　《説文》《汗簡》都説是嗣字的古文。它又作孠或胏。這個赢孠當即《國語・周語（下）》所説的“無射之上宫”的“赢亂”。郭沫若認爲“凡是古書上有亂字應該訓治的地方應該通作‘嗣’”。嗣字金文每作嗣或嗣。赢與赢、嗣與嗣皆形近易訛，而且都相當於無射，所以二者必爲同律。

《音樂研究》1981-1，頁 59

○**何琳儀**（1986）　平安君鼎之所以爲衛國遺物，除了有漆盒“三十七年”和鼎銘“單父”兩條内證之外，還可以從鼎銘中找到另一條内證。

　　上揭鼎銘中的 𣆉、𣆉、𣆉 顯然是一個字，舊釋宰、釋孝、或釋“勹宰”合文，或釋“冢子”合文。按，此字形體與“宰”或“孝”判然有別，不宜混同。合文一般要加合文符號“＝”（當然也有不加者）。本銘“之冢”作“𣆉”就加了合文符號。如果把 𣆉、𣆉、𣆉 釋爲“冢子”合文，那麼在一篇短小的銘文中，“冢”分別作“𧻹”和“于”；而且一加重文符號，一不加重文符號，似乎不大可能。因此，這個字有重新考察的必要。

　　𣆉 與 𣆉 相較多一豎畫，應是正體。（《古璽彙編》0026 司作“𠇑”，可資參證。）𣆉 與 𣆉 相較少一橫畫，應是脫筆。𣆉，《三代》4.20.1 和《文物》1972.6.23 都非常清晰：“子”脫筆作“𣴎”，與上方橫筆不聯。《恆軒》摹本作𣆉，似从辛，殊誤。

　　𣆉，應是嗣的六國古文。嗣的早期和晚期形體變化較大：

　　一、殷周：𣆉戍嗣鼎　　　𣆉盂鼎

　　二、秦：𣆉石鼓

　　三、六國：

　　　　a.𣆉中山王方壺　　　𣆉曾姬無卹壺　　　b.𣆉中山王方壺

　　　　c.𣆉令狐君壺　　　𣆉曾侯乙割洗鐘

c 式與《説文繫傳》嗣作𣆉形體吻合（《汗簡》引古《尚書》嗣亦作𣴎）。如果將其形體與平安君鼎的𣆉相比較，也只是省“口”或不省“口”的差別而已。衆所周知，戰國文字增“口”或減“口”往往無別。其實司省“口”作“𠇑”早在西周金文中已經出現。上舉盂鼎嗣右旁作“𠇑”即其一例。西周金文司作“嗣”亦屢見不鮮。上舉中山王方壺的嗣，其實亦省一“口”。至於六國古璽彙編“司馬”作“🔲”（《古璽彙編》3782），“司工”作“🔲”（同上 2227）與🔲的結構位置尤有相近之處。還有一個更直接的證據：魏三體石經《君奭》嗣作“🔲”，從子從司，與平安君鼎“🔲”形體密合無閒，（石經“𠃌”作“🔲”形，與齊刀幣文“邦”作“🔲”形十分相似。兩者的“𠃌”與“卩”均作彎環之筆勢。）因此，釋🔲爲嗣是毫無疑義的。

《考古與文物》1986-5，頁 81

○**李天虹**（1995）　《説文》：“𭹧，古文嗣从子。”

　　按，曾侯乙墓編鐘銘文嗣字作🔲，從司從子，與《説文》古文相同。戍嬰鼎🔲字，郭沫若釋“嗣子”二字合文，疑誤，當即嗣字異體。嗣字從册，是因繼嗣的儀式與册有關，從子，則涉及到繼嗣的主體，子册從不同側面，表達了嗣字的含義。

《江漢考古》1995-2，頁 75

○**張亞初**（1999）　第 80 頁嗣字條，第一欄缺。按，在商代金文中有嗣字。在安陽後岡圓坑墓中，曾出土一件鼎，作器者有人稱之爲戍嗣子（《安陽圓坑墓中鼎銘考釋》，《考古學報》1960 年 1 期 1—3 頁）。嗣子二字緊湊地寫在一起，作🔲。我們認爲這不是二字，而是一個字，應隸定爲嬰。《説文》古文嗣从司从子，字形稍訛。戰國時的令狐君壺的嗣字就很清楚是上從司下從子，近幾年來出土的竹簡文字嗣字也作此形。我們往往以爲嗣字的初文作𭹧，其實𭹧字已經是後起的簡化字了。其初文即嬰，從子從册從司。子爲子嗣的義符，册爲立子嗣要册告先祖的意符，司則是此字的聲符。這就是嬰字的造字本意。到東周，它才簡化成從子從司司亦聲的𭹧。盂鼎和中山王壺從册從司之字，則是另一種簡體字。現在的嗣字就是從這一種形體演變來的。嗣字演變情況可圖示如下（編按：見左圖）：

《中國古文字研究》1，頁 290

○**李守奎、曲冰、孫偉龍**（2007）　（編按：上博五·鮑叔 1）可理解爲“口”形借筆，隸作“嗣”。

　　（編按：上博三·周易 2）帛本作“襦”，今本作“需”。從司從子，《説文》古文。簡文“𭹧”當是借筆字，與“尋”作“𡬻”同例。

《上海博物館藏戰國楚竹書（一—五）文字編》頁 105

△**按**　《集成》290 曾侯乙鐘等三“𭹧”字，趙平安釋爲“乳”，見《釋戰國文字中

的"乳"字》(《中國文字學報》4 輯,商務印書館 2012 年),《集成》9719 令狐君嗣子壺等器的"孚"字,郭永秉亦釋爲"乳",見《從戰國楚系"乳"字的辨釋談到戰國銘刻中的"乳(孺)子"》(《簡帛・經典・古史》,上海古籍出版社 2013 年)。有關意見值得重視。

【嗣王】詛楚文,中山王方壺

○**姜亮夫**(1980)　　按嗣字金文或作㠯。或似台。以字變論,及《詩》"似續祖妣"之似,似從人從台。台即胚胎字,引申爲子姓。惟曰嗣王,則當爲《曲禮》"踐阼,臨祭祀,内事曰孝王某,外事曰嗣王某"。内事稱孝王者,祭宗廟對先祖言之也,乃宗子之事,故稱孝。對外事則祭天地、社褉、山川,言嗣續先王之王,亦天之所命也,猶言天延其阼,使繼先王爲王耳。嗣、似、台,古通。別詳余《文字樸識》。秦自惠文王已稱王,此昭襄言詛,故稱嗣王也。

《蘭州大學學報》1980-4,頁 55

扁　扁

睡虎地・秦律 130

【扁解】睡虎地・秦律 130

○**睡簡整理小組**(1990)　　(**編按**:睡虎地・秦律 130"攻閒其扁解,以數分膠以之")扁,當讀爲辨,意思是分。辨解,指車輛上用膠黏接的地方開離。《鹽鐵論・大論》:"膠車脩(條)逢雨,請與諸生解。"

《睡虎地秦墓竹簡》頁 50